Tod und Sterben in der Antike

Tod und Sterben in der Antike

Grab und Bestattung bei Ägyptern, Griechen, Etruskern und Römern

Dennis Graen (Hrsg.),
mit Beiträgen von Jana Brückner
und Henning Wabersich

Die Autoren:

DR. DENNIS GRAEN studierte Klassische Archäologie, Ur- und Frühgeschichte, Kunstgeschichte und Etruskologie an den Universitäten Jena und Siena. Er ist Kustos der Antikensammlungen an der Friedrich-Schiller-Universität Jena und leitet Ausgrabungen in Portugal. Seine Forschungsschwerpunkte sind die ländliche Besiedlung im Imperium Romanum und antike Grabmonumente, zu denen er zahlreiche Publikationen verfasste.

JANA BRÜCKNER studierte Klassische Archäologie, Alte Geschichte sowie Ur- und Frühgeschichte an der Friedrich-Schiller-Universität Jena. Sie ist als freischaffende Archäologin tätig und arbeitet vorwiegend im Museumsbereich und an Ausstellungsprojekten.

HENNING WABERSICH studierte Klassische Archäologie, Ur- und Frühgeschichte, Alte Geschichte und Gräzistik an den Universitäten Jena und Edinburgh und ist an verschiedenen Projekten des Lehrstuhls für Klassische Archäologie in Jena beteiligt. Er forscht unter anderem zur Entwicklung der römischen Keramik und zu den römischen Provinzen.

Bibliografische Information der Deutschen Nationalbibliothek
Die Deutsche Nationalbibliothek verzeichnet diese Publikation in der Deutschen Nationalbibliografie; detaillierte bibliografische Daten sind im Internet über http://dnb.d-nb.de abrufbar.

Die Herausgabe des Werkes wurde durch die Vereinsmitglieder der WBG ermöglicht.
Lektorat und Bildredaktion: Dr. Birgit Wüller, Stuttgart
Umschlaggestaltung: Stefan Schmid Design, Stuttgart, unter Verwendung einer Abbildung von picture-alliance / akg-images (Grabrelief der Mnesarete)
Layout und Satz: primustype Hurler, Notzingen
Druck und Bindung: CPI – Ebner & Spiegel, Ulm

Gedruckt auf säurefreiem und alterungsbeständigem Papier
Printed in Germany

Besuchen Sie uns im Internet: www.theiss.de

ISBN: 978-38062-2306-4

Lizenzausgabe für die WBG (Wissenschaftliche Buchgesellschaft), Darmstadt

Umschlaggestaltung: Peter Lohse, Heppenheim
Umschlagmotiv: Detail einer antiken griechischen Vase, © Gianni Dagli Orti / Corbis

ISBN 978-3-534-22792-1

www.wbg-wissenverbindet.de

INHALT

VORWORT

Im Gegensatz zu unserer heutigen Gesellschaft, in der wir den Tod weitgehend aus unserem direkten Blickfeld verbannt haben oder es zumindest versuchen, spielte er in der Antike eine unvergleichlich größere Rolle. Trotz des hohen zivilisatorischen Niveaus der großen antiken Kulturen des Mittelmeerraumes war der Tod ein ständiger Begleiter der Menschen. So war vor allem die Kindersterblichkeit hoch, Mangelernährung weit verbreitet, Krankheiten waren aufgrund mangelnder Hygiene und der Unwissenheit um Bakterien und Viren zahlreich und Gewalt war ein allgemein verbreitetes und akzeptiertes Mittel zur Lösung von Konflikten.

Eine medizinische Versorgung stand dagegen vor allem der Oberschicht und dem Militär zur Verfügung. Gerade das Militär war es aber auch, das besonders viele Tote zu verzeichnen hatte; erinnert sei nicht nur an die vielen bei Feldzügen Gefallenen, sondern auch an die Epidemien, die nach der Rückkehr des Heeres aus der Ferne in die Heimat eingeschleppt wurden – allen voran die Pest.

Diese immerwährende Präsenz des Todes hat dazu geführt, dass die antiken Gesellschaften den Verstorbenen besondere Aufmerksamkeit widmeten. Gerade durch die Hoffnung auf große Ehrungen in Form einer prächtigen Beisetzung und in Form von regelmäßigen Opfermahlen am Grab im Kreise der Familie und vor allem durch die Vorstellung eines glückseligen Weiterlebens in einer jenseitigen Welt wurde den Menschen weitgehend die Angst vor dem Tod genommen.

Beispiellos für den Totenkult der antiken Völker waren die Ägypter: Für sie bedeutete der Tod nicht das Ende, sondern er stellte lediglich den Übergang in eine andere Welt dar und war damit ein auf Dauer verlängertes Diesseits.

Der unglaubliche Aufwand, den die alten Griechen, Etrusker, Römer und vor allem die Ägypter für die Versorgung ihrer Toten betrieben, übt auf uns heute eine eigentümliche Faszination aus. Nicht selten überstieg die Ausstattung eines Grabes diejenige des eigenen Heimes und brachte die Hinterbliebenen in finanzielle Schwierigkeiten. Dennoch war die gesellschaftliche Verpflichtung der Familie eines Verstorbenen, ihm ein anständiges Begräbnis zu bereiten, derart groß, dass nicht nur peinlich genau auf die Einhaltung aller Bestattungsriten geachtet wurde, die für den Verstorbenen für ein Weiterleben im Jenseits unabdingbar waren, sondern dass sie im Laufe der Zeit auch zu einer enormen Prachtentfaltung führte, die die Familien zur Repräsentation der gesellschaftlichen Stellung geschickt nutzten.

Entsprechend groß und ausgefeilt waren die Angebote und Dienstleistungen der Bestattungsbranche: von der Organisation professioneller Klageweiber, die den Toten im Haus und beim Leichenzug beweinten, über Bestattungsvereine, die ein Grabgrundstück und die Bestattung selbst organisierten, bis hin zu Handwerkern, die sich auf die Errichtung, Verzierung und Bemalung der Grabmonumente spezialisiert hatten. Ganze Heerscharen von Spezialisten verdienten auf diese Weise ihr Geld mit dem Tod und stellten so auch einen bedeutenden Wirtschaftszweig in den antiken Gesellschaften dar.

Angesichts dieses Stellenwertes, den der Tod und die Bestattung in der Antike einnahmen, verwundert es auch kaum, dass sich diese Gewichtung auch im archäologischen Befund widerspiegelt. Am deutlichsten wird dies bei der Erforschung des Alten Ägypten. Bis in die jüngste Vergangenheit waren die Zeugnisse, aus denen wir unser Wissen über das Land am Nil bezogen, ausschließlich mit Tod und Bestattung verbunden. Angefangen bei den gewaltigen Pyramiden des Alten Reiches über das Tal der Könige bis hin zu Tausenden von Mumien erzählen uns die mit dem Jenseits verbundenen Zeugnisse auch viel über das Diesseits der altägyptischen Kultur.

Ähnliches gilt auch für die Etrusker: Noch bis in die 1960er Jahre waren die Gräber mit ihren kunstvollen Malereien und reichen Beigaben die einzigen nennenswerten Zeugnisse, die wir von dieser vergangenen Kultur Mittelitaliens besaßen. Erst danach beschäftigten sich die Archäologen verstärkt auch mit den Siedlungen.

Diese intensive Beschäftigung der frühen Archäologie mit den Nekropolen der großen Kulturen rührt natürlich von der reichen Ausstattung der Gräber mit Beigaben, die noch heute den Kern vieler Museen bilden. So stammen vor allem die zahlreichen gut erhaltenen und prachtvollen griechischen Vasen fast ausnahmslos aus Gräbern.

Auf einen weiteren wichtigen Aspekt sei an dieser Stelle noch hingewiesen: Die meisten der im Folgenden beschriebenen Bestattungen und Grabmonumente sind bestimmten sozialen Gruppen, vor allem Angehörigen der oberen und der obersten Gesellschaftsschichten, zugehörig. Das gilt für die Mastabas, Pyramiden und Felsgräber Ägyptens genauso wie für die ausgemalten Grabkammern und großen Tumuli der Etrusker oder die aufwendig gestalteten Reliefs und Mausoleen, die sich entlang der griechischen und römischen Straßen aneinanderreihten.

Die meisten Bestattungen der Antike jedoch waren schlicht und beschränkten sich meist darauf, dass man die Toten ohne größeren Aufwand in einfachen Gruben niedergelegte; die Ausstattung bestand meist nur aus wenigen Beigaben des täglichen Bedarfs wie Kleidung, Nahrung oder – wenn vorhanden – Schmuck und persönliche Gegenständen des Verstorbenen.

Eine Darstellung der Bestattungssitten und Grabmonumente des Mittelmeerraumes von der Bronzezeit bis in die Spätantike kann niemals vollständig sein. Deshalb wird in diesem Buch lediglich versucht, die wichtigsten und verbreitetsten Bestattungs- und Grabtypen über Zeit- und Kulturgrenzen hinweg schlaglichtartig zu beleuchten, wobei vor allem archäologische und kunsthistorische Aspekte berücksichtigt werden. Auch die zahlreichen schriftlichen Überlieferungen sowie epigraphische und anthropologische Befunde wurden zur Erhellung bestimmter Bräuche, Objekte und deren Zusammenhänge herangezogen. Dabei wurde Wert darauf gelegt, Entwicklungen und gegenseitige Beeinflussungen zwischen den Kulturen aufzuzeigen, die auch das Totenbrauchtum betreffen. So sind etwa die römischen Sarkophage ohne die Vorbilder aus Ägypten oder die griechisch beeinflussten Sarkophage Zyperns aus archaischer Zeit kaum vorstellbar.

Bestimmte Grabtypen tauchen unabhängig voneinander in ganz unterschiedlichen Kulturen auf, wie etwa die Tumuli, die es in Kleinasien, Nordafrika und Etrurien genauso gab wie im spätrepublikanisch-frühkaiserzeitlichen Rom oder bei den Treverern im Osten Galliens. Auch die in den Fels geschlagenen Grabkammern können über kulturelle und zeitliche Grenzen hinweg als allgemein verbreitet angesehen werden.

Die Darstellung endet mit dem Zeitpunkt, als das Christentum seinen Siegeszug über die damals bekannte westliche Welt antrat und damit zur Auflösung der überlieferten Jenseitsvorstellungen und den damit verbundenen Bestattungssitten beitrug.

1. JENSEITSVORSTELLUNGEN

1.1 Ägypten

Der griechische Geschichtsschreiber Herodot (490/480 v. Chr. – ca. 424 v. Chr.) schreibt in der ersten Hälfte des 5. Jhs. v. Chr. im 2. Buch seines großen Geschichtswerks: „Die Ägypter sind aber die Ersten, die behauptet haben, dass die Seele des Menschen unsterblich sei; wenn aber der Leib vergeht, so tritt sie ein in ein anderes lebendes Wesen, wie es gerade in der Zeit entsteht. Und wenn sie alle Land- und Seetiere wie auch die geflügelten Tiere durchlaufen hat, geht sie wieder in den Leib eines Menschen, der geboren wird, ein. Diesen Umlauf aber macht sie in einem Zeitraum von 3000 Jahren" (Hist. 2,123). Was dem Griechen Herodot seinerzeit so fremd erschien, ist dem christlich geprägten Menschen von heute keineswegs so fern, denn auch die alten Ägypter glaubten an die Unsterblichkeit der Seele, die allerdings eine konkreter greifbare äußerliche Erscheinung hat als in der christlichen Vorstellung.

Unsere wichtigste Quelle für die Jenseitsvorstellungen der alten Ägypter sind neben den archäologischen Quellen vor allem die überlieferten Texte, die sich in drei Kategorien gliedern lassen:

Die Pyramidentexte. Dabei handelt es sich um die älteste erhaltene religiöse Spruchsammlung, die sich seit der 5. Dynastie (um 2350 v. Chr.) vor allem auf den Wänden der Pyramiden und in Grabkammern findet.

Die über 700 Sprüche, überwiegend Ritualsprüche, sind generell ohne Illustrationen, und die Umrisse der eingemeißelten Schriftzeichen sind meist grün bemalt, wahrscheinlich als Hinweis auf die erhoffte Regeneration des Verstorbenen. Inhaltlich dienten sie vornehmlich der Orientierung des verstorbenen Königs bei seinem Himmelsaufstieg und seiner Aufnahme unter die Götter und gaben ihm wichtige Hinweise zu den dafür erforderlichen Verhaltensweisen (s. Kap. 7.5.1).

Die Sargtexte. Sie lösen am Ende des Alten Reiches (8. Dynastie, um 2130 v. Chr.) die Pyramidentexte ab und finden sich im gesamten Mittleren Reich vor allem auf Särgen von Beamten und deren Angehörigen sowie auf Wänden von Grabkammern, auf Stelen, Kanopenkästen, Totenmasken und sogar Papyri; allerdings haben sie eine eher lokale Verbreitung und können sich regional unterscheiden. Im Unterschied zu den Pyramidentexten waren die Sargtexte, insgesamt 1185 Sprüche, nicht nur für die Könige, sondern für alle Verstorbenen gedacht und machten die Hoffnung auf ein angenehmes Leben im Jenseits gewissermaßen einer breiten Bevölkerung zugänglich.

Die Sprüche waren nun auch gelegentlich mit symbolischen Bildern, sogenannten Vignetten, illustriert, die die Absicht oder den Inhalt des jeweiligen Spruches zusätzlich zusammenfassten. Die Inhalte der Pyramidentexte wurden zwar fortgeführt, als neue Elemente kamen aber Sprüche hinzu, die die Verwandlung der Seele in eine Vogelgestalt oder in verschiedene Gottheiten betrafen; zudem wurde nun auch die Wiedervereinigung mit den Angehörigen im Jenseits thematisiert (s. Kap. 7.5.1).

Das Totenbuch. Damit wird eine weniger als 200 Sprüche umfassende Sammlung bezeichnet, die vorwiegend auf Papyri aufgezeichnet ist und die Sargtexte des Mittleren Reiches ablöste. Die Sprüche, im Original als *Buch vom Herausgehen am Tage* bezeichnet, sind in ganz Ägypten verbreitet und datieren vom Neuen Reich (1550–1070 v. Chr.) über die Dritte Zwischenzeit (1070–664 v. Chr.) bis in die Spätzeit (664–332 v.Chr.) und die hellenistisch-römische Zeit, mit einer kurzen Unterbrechung während der Amarna-

Zeit (14./13. Jh. v. Chr.) – allerdings finden sich schon auf den goldenen Schreinen und anderen Gegenständen der Grabausstattung Tutanchamuns wieder Sprüche des Totenbuches.

Wie schon die Sargtexte sind auch die Sprüche des Totenbuches mit Vignetten illustriert, in der Spätzeit werden die Vignetten öfter als Abkürzung für den gesamten Spruch verwendet oder erscheinen dann sogar gänzlich ohne den Text.

Den beiden vorangegangenen Spruchsammlungen gleich diente auch das Totenbuch in erster Linie der Versorgung und Sicherung des Verstorbenen und gab praktische Hinweise und magische Unterstützung für das Jenseits. Nun war nicht mehr die Vereinigung mit den verstorbenen Angehörigen von zentraler Bedeutung, sondern die Idee von einem allgemeinen Totengericht, dem sich jeder Verstorbene zu unterwerfen hatte (s. Kap. 7.5.1). In griechisch-römischer Zeit spielte darüber hinaus auch noch das sogenannte *Buch vom Atmen* eine Rolle, in dem Reinigung, körperliche Ganzheit und die Rechtfertigung des Verstorbenen im Mittelpunkt standen, dessen Ziel das selige Weiterleben im Jenseits war, wo er atmete und sah.

Die im Folgenden ausgeführten Vorstellungen sind im Wesentlichen dem Totenbuch entnommen und entstammen der Zeit seit dem Mittleren Reich.

Streng genommen existierte der Tod für die Ägypter nicht, sondern er war nur die Fortsetzung des Lebens in einer anderen Welt – dem Jenseits. Der Tod stellt also nach ägyptischer Vorstellung nur den Übergang dorthin dar, und die Hinterbliebenen mussten dafür sorgen, dass der Tote unversehrt dorthin gelangte. Neben den großen Mühen zur Erhaltung des Körpers – der Mumifizierung – galt die Sorge aber auch dem Seelenheil.

Die nicht körperlichen Aspekte eines Menschen bezeichnen wir heute als Seele, ohne dass wir irgendeine konkret visualisierbare Vorstellung davon hätten. Nach dem Glauben der alten Ägypter setzte sich der Mensch aus sechs Bestandteilen zusammen, nämlich drei „irdischen" (*chet*: der Leib, *ren*: der Name und *schut*: der Schatten) und drei geistigen, gewissermaßen „überirdischen" (*ka*: die schützende Kraft, *ba*: die Seele und *ach*: das Wesen, das Einfluss nehmen kann).

Der *ka* war von Geburt an Begleiter des Menschen; da jeder *ka* auch für die Versorgung des Toten zuständig war, wurden in Gräbern Speise- und Trankopfer dargereicht.

Die Seele, den sogenannten *ba*, stellten sich die Ägypter als eine Vogelgestalt mit menschlichem Kopf vor, wobei das menschliche Antlitz in den bildlichen Darstellungen die Gesichtszüge des Verstorbenen trug. Waren die sechs Bestandteile des Körpers zu Lebzeiten noch vereint, löste sich der *ba*, also die Seele, zum Zeitpunkt des Todes vom Körper. Durch die Vogelgestalt war es dem Verstorbenen als *ba* möglich, besonders beweglich zu sein; er konnte verschiedenen alltäglichen Tätigkeiten und Bedürfnissen nachgehen, während er nachts wieder zu seinem Körper ins Grab zurückkehrte.

Der *ach* entfaltete seine Macht und Lebensfähigkeit hauptsächlich im Jenseits, konnte aber, zum Beispiel als Gespenst, auch in das Diesseits hinauswirken. Erst wenn *ka* und *ba* sich durch das Begräbnisritual wieder mit dem Körper vereinigt hatten, konnte der Verstorbene in seiner göttlichen Form eines *achs* weiterleben.

Die Existenz im Jenseits war dem *ba* jedoch erst nach einer besonderen Prüfung, dem sogenannten Totengericht möglich, bei dem er über sein Leben im Diesseits Rechenschaft ablegen musste (Abb. 1). Der Verstorbene konnte nach dieser Gerichtsverhandlung zwar nicht in sein Leben auf Erden zurückkehren, bekam aber das Leben in der anderen Welt, dem Jenseits, zugesprochen.

Die Vorstellung vom Totengericht hat sich erst im Laufe des Mittleren Reiches, seit Beginn des 2. Jts. v. Chr., herausgebildet und resultiert aus der Vorstellung, dass der Verstorbene nicht mehr, wie früher, mit dem Tod als Feind, sondern mit seinem Leben und seiner eigenen Schuld konfrontiert wird, für die er sich vor einem Richter zu verantworten hat. Im Alten Reich trat das Totengericht nur zusammen, wenn jemand gegen den Verstorbenen Anklage erhob, im Neuen Reich hingegen musste sich jeder Verstorbene vor dem göttlichen Richter – Osiris, dem Herrscher über das Reich der Toten – rechtfertigen,

Abb. 1: Totenbuch-Papyrus des Hunefer mit Totengerichtsszene (London, British Museum)

indem er ihm eine lange Liste möglicher Verfehlungen vortrug und gleichzeitig beteuerte, diese im Leben nicht begangen zu haben. In Anlehnung an die christliche Vorstellung bezeichnet man diese Unschuldsbeteuerungen auch als „negatives Sündenbekenntnis". Im Kapitel 125 des Totenbuches heißt es: „Ich habe kein Unrecht gegen die Menschen vollbracht. Ich habe keine Gruppe [von Leuten] bedrängt. Ich habe nichts Krummes an die Stelle der *maat* getan. Ich weiß nicht von Sünden. Ich habe kein böses Übel getan. Ich habe nicht gelästert. Ich war nicht schwach. Ich habe nicht den Abscheu der Götter getan. Ich habe keinen Diener vor seinem Vorgesetzten schlecht gemacht. Ich habe nicht geschlagen." Während dieser Beteuerungen lag das Herz des Verstorbenen in der linken Schale einer Waage, während in der rechten Waagschale Wahrheit, Gerechtigkeit und die rechte Weltordnung, die sogenannte *maat*, in Gestalt einer Feder lagen. Die Wägung wurde überwacht von dem schakalköpfigen Anubis und dem falkenköpfigen Horus, während der ibisköpfige Thot als Gerichtsschreiber das Ergebnis notierte. Sagte der Verstorbene die Wahrheit, blieb die Waage in der Balance; log er hingegen, wog sein Herz schwer und die Waage geriet ins Ungleichgewicht. In diesem Fall wurde der Verstorbene von der „Totenfresserin", einem Mischwesen aus Krokodil und Löwe, verschlungen. Diesen Vorgang bezeichnet man als zweiten Tod, der im Gegensatz zum ersten Tod endgültig war und als das Schlimmste aller Schicksale galt. Wenn auch furchteinflößend, so wurde die „Totenfresserin" aber dennoch keinesfalls als negativ angesehen, denn sie hielt ja das Unreine aus der jenseitigen Welt fern. Außerdem war der gerechte Ausgang der Wägung dadurch gewährleistet, dass sich das Herz zum Zeitpunkt der Befragung außerhalb des Körpers des Verstorbenen befand und sich damit dessen Kontrolle entzog.

Ging die Verhandlung gut aus, erhielt der Verstorbene Zutritt zum Reich des Osiris; er folgte Osiris nach, wurde auch Osiris genannt, ihm sogar gleichgesetzt und zu einem seiner Gefolgsleute.

Die Idee des Totengerichts ist eng mit dem Mythos um Osiris selbst verbunden: Osiris herrschte einst als König auf Erden, bis er von seinem Bruder Seth ermordet wurde, der dann selbst den Thron bestieg. Seiner Schwester und Gattin Isis gelang es jedoch, ihn wiederzubeleben und mit ihm ein Kind zu zeugen: Horus, der schließlich seinen Onkel Seth vor Gericht brachte. Im Verlauf des Prozesses wurde Seth die unrechtmäßig angeeignete Königsherrschaft entzogen und Horus zugesprochen, der seitdem auf Erden herrscht. Osiris jedoch erhielt die Herrschaft über das Reich der Toten.

Eine andere Gottheit, in deren Mythos der Verstorbene im Jenseits fest eingebunden war, ist der Sonnengott Re (oder Ra). Wie der Mensch unterlag auch Re dem täglichen Kreislauf von Werden und Vergehen. Wurde sein Erscheinen am Morgen als Geburt und seine Fahrt in der Sonnenbarke über den Himmel bis zum Abend als Alterung verstanden, so galt der Sonnenuntergang gleichsam als Tod des Re.

Der ägyptischen Vorstellung nach war in der Nacht nur der *ba* des Sonnengottes unterwegs, während sein Körper in der Unterwelt ruhte. Kurz vor Sonnenaufgang hingegen vereinten sich Körper und *ba* des Sonnengottes wieder und gaben ihm Kraft für einen neuen Zyklus. Dementsprechend stellte man sich das Jenseits im Westen und das Diesseits im Osten vor; so verwundert es auch nicht, dass die Friedhöfe grundsätzlich am westlichen Nilufer lagen.

Aus dieser stetigen Erneuerung des Sonnengottes konnte jeder Verstorbene auch für sich selbst Hoffnung schöpfen, wünschte man sich doch ein ähnliches Schicksal. Im Grab wird diese Vorstellung vor allem auch anhand der Beigaben sichtbar: Nicht selten wurden den Verstorbenen Boote und sogar größere Schiffe beigegeben, wie im Falle der Friedhöfe um die Pyramiden von Gizeh. Aber noch im Alten Reich wurden die Schiffe in Originalgröße bald schon durch kleinere Modelle ersetzt. Diese finden sich in unzähligen Gräbern und sollten dem Verstorbenen für seine Fahrt in der Sonnenbarke zusammen mit dem Sonnengott Re dienen.

Für alle seine Tätigkeiten im Jenseits benötigte der Verstorbene allerlei Gegenstände des täglichen Lebens, die ihm als Beigaben mit ins Grab gegeben wurden. Neben Speisen und Getränken für die Reise ins Jenseits samt zugehörigem Geschirr waren dies vor allem Kleidung, Waffen, Werkzeuge, Spiele und – je nach Geldbeutel – Luxusartikel, etwa Schmuck und Parfüms.

Eine andere wichtige Beigabe sind die sogenannten Uschebtis (Abb. 2). Dabei handelt es sich um kleine Figuren aus Ton, Holz oder Fayence, die im Erscheinungsbild einer verpackten Mumie mit verschränkten Armen ähneln. Sie stellen die Dienerschaft des Verstorbenen dar und sollten an seiner statt für ihn arbeiten, denn er bekam im Jenseits ein kleines Stück Land zugewiesen, das er beackern musste, um für seine Nahrung zu sorgen. So steht im Totenbuch: „Oh, ihr Uschebti, wenn ich verpflichtet werde, irgendeine Arbeit zu leisten, die dort im Totenreich geleistet wird, wenn nämlich ein Mann dort zu seiner Arbeitsleistung verurteilt wird, dann verpflichte du dich zu dem, was dort getan wird, um die Felder zu bestellen und die Ufer zu bewässern, um den Sand des Ostens und des Westens überzufahren. ‚Ich will es tun, hier bin ich', sollst du sagen." Gleichzeitig dienten die Uschebtis dem Verstorbenen als Ersatzkörper, wenn er selbst zu anderen Verpflichtungen herangezogen wurde; in dieser Funktion waren sie mit dem Toten identisch und trugen auch dessen Namen. Die Uschebtis kommen oft in großer Zahl als Beigaben vor; die optimale Anzahl lag bei 401, nämlich 365 als Diener für jeweils einen Tag des Jahres und die restlichen 36 als Aufseher für jeweils eine Dekade.

Was die Topographie der jenseitigen Welt betrifft, so gab es im Laufe der Jahrhunderte unterschiedliche Vorstellungen. Dass das Totenreich in der westlichen Wüste, jenseits der Friedhöfe liegen sollte, ist die wohl älteste und findet sich hauptsächlich in den Grabinschriften der Beamten des Alten Reiches. Der Glaube hingegen, dass es im Himmel in der Nähe des Sonnengottes zu lokalisieren sei, entstammte zunächst nur der Vorstellung des Königs im Alten Reich. Der Nachthimmel war ein Gegenhimmel zum Taghimmel, er lag nicht unmittelbar im Westbereich oder etwa in der Unterwelt, sondern im Norden. Erst im Neuen Reich kristallisierte sich die Vorstellung heraus, dass die Sonnenbarke des Sonnengottes Re in den zwölf Stunden der Nacht durch die Unterwelt ziehen und etlichen Gefahren ausweichen musste. Die Vorstellung, dass die jenseitige Welt jedoch unter der Erde läge, findet man schon in den Pyramidentexten des Alten Reiches, in denen das Jenseits als „untere *dat*" bezeichnet wird. Es ist das Reich des Gottes Osiris, das zunächst noch abgelehnt wurde, denn die Vorstellung von einem Weiterleben auf der Barke des Sonnengottes Re war wesentlich reizvoller als die diejenige von einer dunklen Welt unter der Erde. Zum Ende des Alten Reiches setzte sich die Vorstellung vom Reich des Osiris

Abb. 2: Uschebtis aus unterschiedlichen Zeiten und Materialien (Berlin, Staatliche Museen, Antikensammlung)

aber immer mehr durch, denn mit dem Mythos von der Wiedererweckung des Osiris hatten die alten Ägypter die Gewissheit, dass auch sie nach dem Tod weiterleben würden.

Die beschriebenen Jenseitsvorstellungen machen deutlich, dass die Ägypter keineswegs ein negatives Bild vom Jenseits hatten. Sie verstanden es lediglich als eine andere Welt, die sich kaum von der diesseitigen unterschied.

1.2 Griechenland

Zahlreiche Schriftquellen belegen, dass der Tod für die Griechen keineswegs ein erstrebenswerter Zustand war, mochten die Vorstellungen vom Jenseits auch noch so positiv sein. So hält ihn etwa der Philosoph Epikur (um 341–271/70 v. Chr.) für das „Schauerlichste aller Übel" (Men. 125,5 f.), und Homer (8. Jh. v. Chr.) lässt den toten Achill klagen: „Suche mich nicht über den Tod zu trösten, strahlender Odysseus! Wollte ich doch lieber als Ackerknecht Lohndienste bei einem anderen, einem Manne ohne Landlos leisten, der nicht viel Lebensgut besitzt, als über alle dahingeschwundenen Toten Herr zu sein!" (Od. 11,488–491).

Im Gegensatz zum Alten Ägypten gab es im antiken Griechenland nur wenige Elemente, die zum festen Bestand einer allgemeinen Jenseitsvorstellung gehörten. Dass sich die griechischen Vorstellungen relativ frei entfalten konnten, ist vor allem dadurch bedingt, dass es keine dogmatisch ausgerichtete Religion gab, die von einer mächtigen Priesterschaft oder von einem allmächtigen Herrscher kontrolliert wurde, so wie dies beispielsweise in Ägypten oder im Alten Orient der Fall war.

Im Gegensatz zu den ägyptischen Quellen, die fast ausschließlich aus dem „Jenseits-Kontext", also aus Gräbern selbst, stammen, sind die Quellen für die griechischen Jenseitsvorstellungen vor allem literarischer Natur und spiegeln daher eher die Vorstellungen einer gebildeten Oberschicht wider. Die wichtigsten Quellen sind dabei Homer, Hesiod und die klassischen Philosophen, vor allem Platon. Dabei ist zu beobachten, dass die Dichter in ihren Werken vor allem traditionell überlieferte Jenseitsbilder verwendeten, während die Philosophen ein Jenseitsbild entwickelten, welches nicht nur mit den religiösen Anschauungen ihrer Zeit brach, sondern in seinen topographischen und weltanschaulichen Angaben auch etwas völlig Neues vor Augen führte, aber trotzdem eine geschlossene Einheit repräsentierte. In der griechischen Frühzeit ist der Tod allerdings zunächst fast nur ein Thema der Dichtung, während die Philosophie zunächst vor allem an kosmologischen Spekulationen interessiert war.

Zunächst sollen aber die Vorstellungen zusammengestellt werden, die gewissermaßen zum festen Bestand eines ursprünglichen Jenseitsglaubens gehörten. Eine Schlüsselszene für unsere Kenntnis des Jenseits bei den Griechen ist der 11. Gesang von Homers *Odyssee*, die sogenannte Nekyia, in der die Zauberin Kirke dem Helden Odysseus einen Besuch in der Unterwelt ermöglicht, um sich dort von dem bekannten Seher Teiresias und anderen Verstorbenen, die im Diesseits in irgendeiner Beziehung zu Odysseus standen, Instruktionen für seine weitere Heimreise zu holen. Zusammen mit anderen Anspielungen auf das Jenseits in Homers *Odyssee* und Hesiods *Theogonie* lassen sich folgende Konstanten festhalten: Das Totenreich liegt unter der Erde und jenseits des Okeanos, jenes Flusses, der die damals bekannte Welt umspülte; außerdem ist es der Aufenthaltsort der Seelen der Verstorbenen und Wohnort des Herrscherpaares Hades und Persephone, die dort in einem Palast residieren; noch tiefer verborgen und mit einem ehernen Tor verschlossen ist der Tartaros, die Verbannungsstätte der Titanen, die vor den olympischen Göttern über die Welt herrschten.

Die genannten Aspekte der jenseitigen Welt finden sich bereits im Alten Orient: Auch hier liegt das Reich der Toten unter der Erde, die dort herrschenden Götter bewohnen ebenfalls einen Palast und das Leben ähnelt demjenigen in der diesseitigen Welt. Das Reich der Unterwelt war gleichermaßen für alle Sterblichen bestimmt – unabhängig von ihrer sozialen Stellung und ihres Verhaltens im Diesseits. Sie lebten dort nicht weiter wie zu Lebzeiten, sondern westen lediglich als Schatten. Nur wenigen Sterblichen, darunter zum Beispiel Herakles, blieb ein Dasein im Hades erspart und sie wurden unter die unsterblichen Götter in den Olymp aufgenommen.

Der Eingang zum Hades lag der Vorstellung nach am Rande der Welt an den Ufern des Okeanos, wo die beiden Flüsse (Pyri)phlegethon und Kokytos in die Tiefe rauschten; auch die Flüsse Acheron und Styx galten als Teil der Unterwelt. An einem dieser Flüsse angekommen, wurden die Verstorbenen von dem greisen Fährmann Charon mit einer Fähre an den Eingang zur Unterwelt gebracht. Auf die Fähre dieses unbestechlichen Fährmannes durfte man nur, wenn man die Bestattungsriten empfangen und die Überfahrt mit einer Münze, dem sogenannten Charonspfennig, bezahlt hatte. Diese Münzen bekamen die Toten bei ihrer Bestattung unter die Zunge gelegt; dadurch war sichergestellt, dass der Tote diese Münze auch bei sich hatte. Jene Toten, die kein Begräbnis erhalten hatten und denen Charon deshalb den Zugang verwehrte, mussten auf ewig am Acheron (oder Styx) warten und an seinem Ufer als Schatten umherirren. Beim Übergang in die Unterwelt tranken die Toten aus dem Fluss des Vergessens und kannten danach weder Zukunft noch Vergangenheit, sondern nur noch die ewige Gegenwart der Unterwelt.

Der Eingang zur Unterwelt wurde von dem Höllenhund Kerberos bewacht, dem auch Odysseus begegnete und den er folgendermaßen beschrieb: „Auch den Kerberos sah ich, mit bissigen Zähnen bewaffnet, böse rollt er die Augen, den Schlund des Hades bewachend. Wagt es einer der Toten, an ihm vorbei sich zu schleichen, so schlägt er die Zähne tief und schmerzhaft ins Fleisch der Entfliehenden und schleppt sie zurück unter Qualen, der böse, der bissige Wächter." Hesiod (um 700 v. Chr.) charakterisiert ihn als fünfzigköpfig, sein Schwanz hat die Gestalt einer Schlange (Theog. 311); seine Geschwister sind unter anderem die Sphinx, die Chimäre und die Hydra – allesamt schreckliche und den Menschen Verderben bringende Mischwesen. Lediglich Herakles gelang es in einem seiner Abenteuer, den Kerberos zu überwältigen und lebendig vor den König Eurystheus zu bringen. Dabei tropfte sein Geifer auf den Boden und ließ daraus den giftigen Eisenhut entstehen.

Auch die Vorstellung eines Totengerichts war den Griechen geläufig. Als Richter fungierten die Brüder Minos und Rhadamanthys, die jeden Eintretenden über seine Verdienste und Sünden befragten und ihm anschließend die entsprechende Strafe und den ihnen zustehenden Platz zuwiesen.

Uneingeschränkter Herrscher über die Unterwelt ist der strenge und bei den Menschen gefürchtete und ungeliebte Hades. Er ist ein Sohn des Titanen Kronos und der Rhea und ein Bruder des Zeus und des Poseidon. Hades wurde dem Mythos nach von seinem Bruder Zeus aus der unterirdischen Gefangenschaft seines Vaters Kronos, dem ersten Herrscher der vorolympischen Göttergeschlechter, den sogenannten Titanen, befreit. Dabei half ihm eine unsichtbar machende Kopfbedeckung, die sogenannte Hadeskappe – das Symbol seines unsichtbaren Waltens in der Tiefe der Erde –, die er von den Kyklopen, den Söhnen des Uranos und der Gaia, geschenkt bekommen hatte; gemeinsam kämpften sie schließlich gegen die Titanen. Als die Teilung der Welt unter den Brüdern Zeus, Poseidon und Hades vorgenommen wurde, erhielten Hades die Unterwelt, Zeus den Himmel und Poseidon das Meer.

Hades verlässt sein Reich fast nie, eine Ausnahme bildet die Geschichte von der Entführung Persephones: Bei dem Kampf gegen Herakles, der im Zuge seiner zwölf Taten den Kerberos entführen wollte, wurde Hades durch einen Pfeil an der Schulter verwundet, woraufhin er auf den Olymp stieg, um sich heilen zu lassen. Bei dieser Gelegenheit entführte Hades Persephone, die Tochter der Göttin Demeter, als seine Gemahlin in die Unterwelt. Von tiefer Trauer bewegt, verhinderte sie – als Göttin der Fruchtbarkeit und des Ackerbaus – das Wachstum der Pflanzen und bewog Zeus schließlich zu dem Richterspruch, dass ihre Tochter nur ein Drittel des Jahres bei

Abb. 3: Lokrischer Pinax mit Hades und Persephone (Reggio di Calabria, Museo Nazionale)

Hades in der Unterwelt verbringen müsse. Während dieser Zeit der Trauer jedoch – dem Winter – wuchs keinerlei Vegetation, wie die Griechen glaubten. Der geschilderte Mythos verdeutlicht den engen Zusammenhang von Wachstum und Fruchtbarkeit mit dem Herrscherpaar der Unterwelt, das meist thronend und umgeben von Feldfrüchten dargestellt wird (Abb. 3).

Die Attribute des Hades sind ein Getreide- oder Fruchtmaß oder auch das Füllhorn als Symbol seines Besitzes aller Bodenschätze und Früchte der Erde sowie eine Krone und ein Zepter als Symbol der Herrschaft über die Unterwelt; manchmal trägt er auch einen Schlüssel zum Zeichen dafür, dass er sein Reich für alle, die sich dort aufhalten, verschlossen hält.

Ein Kult für den nicht sehr beliebten Hades wurde an nur wenigen Orten zelebriert, zum Beispiel in Pylos (Messenien) oder in Koroneia (Böotien), wo man ihm mit abgewandtem Antlitz schwarze Schafe opferte. Manchmal wurde er gemeinsam mit Persephone als Fruchtbarkeitsgott verehrt.

Zum Gefolge des Hades gehören auch die Brüder Hypnos (der Schlaf) und Thanatos (der Tod)

sowie die drei Rachegöttinnen, die sogenannten Erinnyen: Alekto, Megaira und Tisiphone. Bei den Orphikern (s. u.) galten sie als Töchter von Hades und Persephone, in anderen Überlieferungen sind sie die Töchter der Nyx (Nacht) oder von Gaia (Erde) und Skotos (Dunkelheit).

Ebenfalls mit der Unterwelt verbunden ist der Götterbote Hermes, der als *psychopompos* (Seelenführer) auch dafür zuständig war, die Seelen *(eidola)* der Verstorbenen in die Unterwelt zu begleiten. Bei den Griechen findet sich, ähnlich wie bei den Ägyptern, der Begriff der Seele *(psyche)* relativ klar umrissen. Im Augenblick des Sterbens, so die Vorstellung, löste sich die Seele vom Körper, um in das Reich der Toten zu fliegen. Sie wurde, wie in Ägypten, als geflügeltes Ebenbild *(eidolon)* des verstorbenen Menschen angesehen – zwar körper- und schwerelos, aber dennoch fähig, Gefühle zu empfinden (Abb. 4).

Abb. 4: Attisch-weißgrundige Lekythos mit Hermes Psychopompos und *eidola* (Jena, Antikensammlungen der Friedrich-Schiller-Universität)

Mit der Zeit entwickelte sich aus der Vorstellung der Unterwelt ein dualistisches Modell: Innerhalb des Hades gab es schließlich den Tartaros, den Ort ewiger Verdammnis, in dem die Feinde der Götter in einem dunklen Abgrund noch jenseits der Unterwelt schreckliche Qualen erleiden mussten. Berühmte Beispiele dafür sind etwa Sisyphos, der bis in alle Ewigkeit einen Felsklotz einen steilen Hang hinaufrollen musste; kurz bevor er das Ende des Hanges erreicht hatte, entglitt ihm der Stein und rollte den Berg hinab; die mühsame Arbeit begann von vorne (Sisyphosarbeit). Ein anderer Sünder gegen die Götter war Tantalos, der mit ewigem Hunger und Durst bestraft wurde (Tantalosqualen).

Ein erstrebenswerter Ort hingegen war das Elysion, das man sich im äußersten Westen der Erde gelegen vorstellte. Auf diese sogenannte Insel der Seligen wurden nach ihrem Tod jene Helden entrückt, die von den Göttern geliebt wurden oder denen diese Unsterblichkeit schenkten. Ganz im Gegensatz zum Tartaros handelt es sich also um einen paradiesähnlichen Ort mit rosengeschmückten Wiesen, auf denen ewiger Frühling herrschte und wo ein nektarähnlicher Trank, der aus einer Quelle entsprang, den Verstorbenen das ewige Vergessen aller irdischer Leiden ermöglichte. Dem Glauben nach sollten sich hier Menelaos und seine Gattin Helena sowie Kadmos, der sagenhafte König von Theben, neben anderen Helden befinden und die Zeit im Schatten von Weihrauchbäumen mit Würfel- und Lautenspiel vertreiben. Die Vorstellung vom Elysion galt zwar als Hoffnungsschimmer auf ein paradiesisches Dasein nach dem Tod, allerdings war es eben nur einigen großen Helden und Götterlieblingen vorbehalten und keineswegs für jeden Sterblichen erreichbar.

Abhilfe versprachen in dieser Hinsicht die Mysterienkulte, die bei Befolgung von moralischen

Richtlinien ein glückseliges Leben nach dem Tod in Aussicht stellten. Da es sich um geheime Kulte handelte, zu denen nur Eingeweihte Zugang hatten, ist über sie aufgrund fehlender schriftlicher Überlieferungen allerdings nicht viel bekannt. Zu den Mysterienkulten gehörten beispielsweise die eleusinischen Mysterien mit ihrem Demeterkult beziehungsweise die bacchischen Mysterien und die Orphik; hinzu kam die Philosophie der Pythagoreer.

DIE ELEUSINISCHEN MYSTERIEN. Sie waren Initiations- und Weiheriten, die sich um die Götter Demeter, Persephone und Bacchos/Iakchos (= Dionysos) drehten und nach dem berühmten Heiligtum in Eleusis bei Athen benannt waren, in dem sie stattfanden. Sie gehörten zum athenischen Staatskult.

Die Teilnehmer der Mysterien mussten die Geschehnisse unter Androhung der Todesstrafe geheim halten und wurden dadurch zu einem exklusiven Kreis. Sie glaubten, auf diese Weise an der göttlichen Macht teilhaben und nach dem Tode davon profitieren zu können.

Mangels schriftlicher Überlieferungen ist eine Rekonstruktion der Mysterien schwierig. Dennoch lässt sich sagen, dass mit den Mysterien von Eleusis Persephones Rückkehr aus der Unterwelt in die Welt der Lebenden gefeiert wurde, also der Frühlingsbeginn. Ihre Wiedergeburt steht symbolisch für die Wiedergeburt alles pflanzlichen Lebens im Frühjahr und im größeren Rahmen allen Lebens auf Erden.

Man unterschied zwischen den größeren und den kleineren Mysterien. Die kleineren Mysterien *(myesis)* wurden im Monat Anthesterion (= Februar/März) abgehalten. Die Priester läuterten die Kandidaten für die Initiation. Dem ging die Opferung eines Schweines voraus; danach reinigten sich die Priester selbst rituell durch ein Bad im Fluss Ilissos.

Die größeren Mysterien *(teletai)* fanden im Monat Boedromion (= August/September) statt, dem ersten Monat des attischen Kalenders und dauerten neun Tage. Im Rahmen der Zeremonien gab es Prozessionen sowie Opfer an Demeter und Iakchos; zudem wurden Fastenperioden eingehalten, denen Kultmahle, begleitet von

Abb. 5: Marmorrelief mit Orpheus, Eurydike und Hermes (Rom, Villa Albani)

Tänzen, folgten. Was allerdings genau im Telesterion, dem großen zentralen Saal des Heiligtums, geschah, wissen wir nicht. Am Tag nach dem eigentlichen Fest, dem 22. Boedromion, ehrten die nun Eingeweihten den Tod durch ein Trankopfer.

DIE ORPHIK. Sie gründet sich auf den Mythos von Orpheus und Eurydike und entstand um 500 v. Chr. in Süditalien. Der aus Thrakien stammende Sänger und Kitharaspieler Orpheus besaß mittels seiner wunderbaren Musik einen unwiderstehlichen Zauber, der ihm Macht und Einfluss über alle Geschöpfe der Natur verlieh, dem sich schließlich selbst Hades nicht entziehen konnte. So gelang es Orpheus, ihn zu überreden, ihm seine an einem Schlangenbiss verstorbene Gemahlin Eurydike aus der Unterwelt zurückzugeben. In Begleitung des Hermes stieg Orpheus schließlich in die Unterwelt hinab, um Eurydike zu holen (Abb. 5). An die Rückgabe knüpfte Hades allerdings die Bedingung, dass Orpheus sich vor Erreichen der Oberwelt nicht nach ihr umdrehen dürfe. Als er jedoch gegen dieses Gebot verstieß, entschwand ihm die Geliebte auf immer und Orpheus wurde in seiner Trauer zu einem

Frauenverächter, bis er schließlich von thrakischen Mänaden – den rasenden Begleiterinnen des Dionysos/Bacchos – zerrissen wurde.

Der auf diesem Mythos konstruierte Kult, die sogenannte Orphik, berief sich auf heilige Schriften, die angeblich von Orpheus selbst stammen sollten. Das zentrale Motiv der Orphik bildete das jenseitige Schicksal der Seele. Nach Auffassung der Orphiker trug der Mensch von Dionysos das Göttliche und Gute in sich, von den Titanen hingegen das Böse. Die im menschlichen Körper gefangene Seele konnte – so der Glaube – ihr Gefängnis nur durch die Einhaltung orphischer Lebensweise und nach mehreren Wiedergeburten verlassen. Es war allerdings möglich, diesen ewigen Kreislauf von Leben und Tod, die Seelenwanderung, durch sittlich einwandfreies Leben und die Einhaltung asketischer Vorschriften abzukürzen, woraufhin dann ein glückseliges Leben im Jenseits erreicht wurde.

Die orphischen Vorstellungen scheinen eng mit denen der eleusinischen und bacchischen Mysterien verbunden zu sein. So galt beispielsweise der Gott Bacchos in der Orphik als Sohn der Persephone. Ein Verbindungsglied sind anscheinend die sogenannten orphischen, mit Texten versehenen Goldblättchen, die in Gräbern Unteritaliens, Kretas, Thessaliens und auf Lesbos gefunden wurden und eine Art Pass für die Unterwelt waren. Oft haben sie die Form eines Efeublattes, der dem Bacchos/Dionysos heiligen Pflanze. Während sich die Seele in einem Teil der Texte direkt an die Mächte der Unterwelt wendet, beinhaltet der andere Teil Anweisungen an den Verstorbenen. So wird der Person zum Beispiel aufgetragen: „Sag Persephone, dass Bacchos selbst dich befreit hat." Ob die Goldblättchen bei der Einweihung in die Mysterien oder aber bei der Bestattung Verwendung fanden, ist unklar.

Die Klientel der Mysterienkulte muss eher wohlhabend gewesen sein, woraufhin ja schon das Material (Gold) der erwähnten Schriftträger in den Gräbern deutet. Auch Platon (Pol. 2,364) erwähnt, dass an den Türen der Reichen Bettelpriester und Wahrsager auftauchten, die für ihr Ritual orphische Bücher benutzten und Opfer für kultische Reinigungen sowie spezielle Riten für die Verstorbenen durchführten. Platons Bemerkung zeigt außerdem, dass für orphisch-bacchische Initiationen Geld verlangt wurde. Eine bekannte Darstellung orphisch-bacchischer Mysterien dürfte in dem berühmten Fries der nach diesem Motiv benannten Mysterienvilla in Pompeji zu erkennen sein, deren Deutung in der archäologischen Forschung seit ihrer Entdeckung kontrovers diskutiert wird.

Wie beschrieben, galt das Totenreich allgemein als freudlose, düstere Ruhestatt, so dass der Gedanke an den Tod die Griechen mit Grauen erfüllte. Insofern wundert es nicht, dass sowohl die Mysterienkulte als auch die Philosophie schon früh Versuche unternahmen, diese Ängste zu entschärfen – dies geschah mithilfe unterschiedlicher Konzepte: zum einen durch die Heroisierung des Lebens und das damit verbundene Versprechen an ein ewiges ruhmvolles Andenken, zum anderen dadurch, dass ein Verhalten angestrebt wurde, dass sich ins Unvermeidliche fügte und mit dem begnügte, was vorhanden war (= Reduzierung des Glücksanspruchs); eine dritte Möglichkeit bestand in dem Glauben, das jenseitige sei besser als das diesseitige Leben. Der Tod wurde also als Durchgang betrachtet, der zu einem besseren Leben führte.

Die Pythagoreer. Die frühe griechische Philosophie beschäftigte sich nur am Rande mit dem Problem des Todes. Erst mit Pythagoras von Samos (570–510 v. Chr.) wurde der Tod und die damit verbundene Frage nach der Beschaffenheit der Seele thematisiert. Pythagoras glaubte an die Göttlichkeit und Unsterblichkeit der Seele und revolutionierte damit die griechische Vorstellung von der Vergänglichkeit des Lebens. An die Stelle der blutleeren Schatten, die im düsteren Reich der Unterwelt ein dumpfes und freudloses Dasein fristeten, trat nun die Hoffnung auf ein individuelles, wie auch immer geartetes jenseitiges Weiterleben. Einer Legende zufolge war Pythagoras selbst imstande, sich an seine früheren Inkarnationen zu erinnern, zu denen auch der trojanische Held Euphorbos gehörte. Dessen Schild, der im Tempel der Hera in Argos aufbewahrt wurde, soll Pythagoras als den seinigen erkannt haben.

Zwar legte Pythagoras den Grundstein für eine neue Seelenauffassung, Platon (428/27–348/47 v. Chr.) jedoch schuf deren philosophische Form, die bis auf den heutigen Tag nachwirkt; Tod und Unsterblichkeit bilden ein zentrales Thema seiner Philosophie. In Platons Philosophie ist die Seele *(psyche)* als immaterielles Prinzip des Lebens unsterblich, und ihr Dasein ist von dem des Körpers gänzlich unabhängig, denn sie existiert vor seiner Entstehung und besteht nach seiner Zerstörung unversehrt fort (Prä- und Postexistenz). Daraus ergibt sich auch die Rangordnung der beiden: Der Leib, der Beeinträchtigungen und mit dem Tod auch der Vernichtung unterliegt und nach und nach verfällt, ist der unsterblichen, unzerstörbaren Seele untergeordnet; die Seele herrscht somit über den Leib. Der Körper ist gleichsam das „Gefäß", die „Wohnstatt", der Seele, aber auch – negativ ausgedrückt – ihr „Grab" oder „Gefängnis", wie Platon sagt. Im Tod löst sich nach Platon die Seele vom Körper, das ewig Lebendige befreit sich von der nur durch seine Einwirkung belebten Materie. Nun vom Leib entbunden, kann die Seele frei von äußeren Beeinträchtigungen alles erkennen, weshalb der wahre Philosoph den Tod sogar als sinnvoll anstrebt. Immer noch umstritten ist dabei allerdings, was Platon unter „Unsterblichkeit" eigentlich verstand: Gibt es eine „individuelle Unsterblichkeit" (lebt der Verstorbene als Individuum weiter) oder geht die Seele ein in die ihr verwandte Substanz der Gestirne, wird selbst ein Stern?

Inwieweit diese hoffnungsvollen Überlegungen in der Realität tatsächlich ernst genommen und Eingang in den Jenseitsglauben einer breiten Öffentlichkeit gefunden haben, darüber lässt sich nur spekulieren. Als Beweis für die Unsterblichkeit der Seele können Platons Argumentationen jedoch kaum gelten. So bekennt Cicero, der philosophisch den Werken Platons sehr nahestand, bereits rund 400 Jahre später, dass er die Bedeutung der Unsterblichkeitsbeweise Platons (vor allem im *Phaidon*) zwar hoch einschätze, aber nach dem Beiseitelegen des Buches immer noch Angst vor dem Tod habe.

1.3 Etrurien

Unsere Kenntnis über die Religion der Etrusker beruht im Wesentlichen auf der *disciplina etrusca*, einer bis in römische Zeit tradierten Niederschrift über die bei den Etruskern verbreiteten religiösen Praktiken, von der sich allerdings keine bis in unsere Zeit überlieferte Abschrift erhalten hat, so dass wir, was die etruskischen Jenseitsvorstellungen betrifft, nur bruchstückhafte Informationen besitzen und in erster Linie auf den archäologischen Befund angewiesen sind. Hier sind vor allem die zahlreichen und oft wunderbar erhaltenen Wandmalereien in den Grabkammern mit ihren ausführlichen Bildthemen zu nennen, aber auch die figürlichen Darstellungen auf Sarkophagen und Urnen sowie auf Vasen oder Bronzespiegeln.

Die nicht erhaltene *disciplina etrusca*, deren Hauptinhalt sich mittels lateinischer Quellen der späten Republik und der frühen Kaiserzeit rekonstruieren lässt, war eingeteilt in die *libri fulgurales* (Blitzlehre), die *libri haruspicini* (Eingeweideschau) und die *libri rituales* (Ritualbücher); die *libri acherontici* beschäftigten sich speziell mit dem Jenseits und den damit verbundenen Riten. Kern der etruskischen Disziplin war der richtige Umgang mit den Göttern, die nach etruskischer Vorstellung mit den Menschen in ständigem Kontakt standen und sowohl Einfluss auf das Geschick des Staatswesens wie auch auf das Leben eines jeden Einzelnen nehmen konnten.

Durch die Eingeweideschau bei Opfertieren oder die Deutung von Vogelflug oder Blitzen taten die Götter den Menschen über das Medium der Priesterschaft ihren Willen kund. Im Unterschied zu den griechischen oder römischen Priestern besaßen die etruskischen *haruspices* die Fähigkeit, mit den Göttern direkt zu kommunizieren und konnten auf diese Weise sogar mit den göttlichen Mächten in Verhandlungen treten. In dem hier betrachteten Zusammenhang bedeutet das, dass es zum Beispiel möglich war, bei dem obersten etruskischen Gott, Tinia, den Tod eines Individuums um bis zu zehn oder bei den noch über Tinia stehenden *dii involuti* das Ende eines Volkes um bis zu 30 Jahre aufzuschieben. Dabei ist es wichtig zu erwähnen, dass die

Etrusker im Rahmen ihrer Lehre von den Zeitaltern *(saecula)* an die zeitlich festgelegte Vorherbestimmung einer Lebensdauer glaubten. So ist die Existenz eines Menschen wie auch einer Nation nach etruskischer Vorstellung in verschiedene Altersstufen eingeteilt und umfasst von der Geburt bis zum Tod die drei Phasen Wachstum – Blüte – Untergang. Durch bestimmte Opfer an Götter, die – wie die meisten hier genannten Begriffe – nur in der lateinischen Benennung fassbar sind und *hostiae animales* genannt werden, glaubten die Etrusker sogar Unsterblichkeit erlangen zu können. Die vergöttlichten Seelen der Verstorbenen wurden dann als *dii animales* verehrt und konnten mit der Welt der Lebenden in Verbindung treten.

Unsere Kenntnis der etruskischen Jenseitsvorstellungen ist, wie oben erwähnt, sehr vage und beruht vor allem auf der oft umstrittenen Deutung archäologischer Quellen. Bereits in der etruskischen Frühzeit, der sogenannten Villanova-Zeit (10.–8. Jh. v. Chr.), zu der uns keine schriftliche Überlieferung vorliegt, scheinen die Etrusker an ein Weiterleben nach dem Tod geglaubt zu haben.

Im Gegensatz zu vielen anderen Kulturen verbrannten sie ihre Toten. Sofern nicht pragmatische Gründe für diesen Brauch zugrunde liegen (Schutz vor Seuchen), könnten auch religiöse Gründe eine Rolle gespielt haben: Durch die Zerstörung der körperlichen Hülle war es der Seele nun möglich, ihre Reise ins Jenseits anzutreten. Dies führt natürlich zu der Frage nach der Seelenvorstellung der Etrusker.

In verschiedenen sepulkralen Kontexten findet sich der Begriff „*hinthial*“ als Beischrift, etwa auf einem Wandgemälde in der Tomba dell'Orco II in Tarquinia, das eine Nekyia – also einen Besuch in der Welt der Toten – zeigt und eine verschleierte Figur als *hinthial teriasals* (= Seele? des Teiresias) bezeichnet. Offensichtlich ist hier die Seele des berühmten Sehers der griechischen Mythologie als *hinthial* benannt, und man darf annehmen, dass eine ähnliche Vorstellung dahintersteht, wie bei der griechischen *psyche*, wenn man an die schon erwähnte Nekyia in Homers *Odyssee* denkt (s. Kap. 1.2), wo die Seele des verstorbenen Teiresias, die als Schatten erscheint, aus der Unterwelt auftaucht und mit Odysseus in Kontakt tritt.

Zwar stammt das besagte Wandbild in der Tomba dell'Orco aus dem 4. Jh. v. Chr., doch gibt es bereits in der Villanova-Zeit Hinweise auf die Vorstellung einer Seele. Häufig belegt sind Darstellungen von Wasservögeln (Enten?) im sepulkralen Kontext, bei denen es sich – ähnlich wie bei den Ägyptern (s. Kap. 1.1) – um Seelenvögel handeln könnte, die sich mühelos zwischen den Elementen Erde, Luft und Wasser bewegen konnten.

Bereits im 8. Jh. v. Chr. zeichnen sich auch Tendenzen ab, die Kremation (Verbrennung) und damit Zerstörung des Körpers zu kompensieren, indem versucht wurde, den Urnen ein anthropomorphes Aussehen zu geben: Die sogenannten Kanopen besitzen Kopf und Gliedmaßen und wurden im Grab auf eine Art Thron gesetzt. Aus diesen bescheidenen Anfängen, die verstorbenen Angehörigen abzubilden, entstand im Laufe der Jahrhunderte bei den Etruskern ein ausgeprägter Ahnenkult, der in zum Teil lebensgroßen Statuen gipfelte, die in den Grabkammern (und nur dort) aufgestellt und verehrt wurden. Gleichzeitig existierte in der Frühzeit auch eine Form, bei der der Aschenbehälter als Hütte gestaltet wurde, was darauf hinweist, dass man sich das Grab als Aufenthaltsort der Seele des Verstorbenen vorstellte, dem man eine dem Diesseits ähnliche Gestalt geben wollte. Die Hüttenurnen waren aber offenbar den höhergestellten sozialen Schichten der frühen, noch einfach organisierten etruskischen Gesellschaft vorbehalten.

Nach der Verbrennung und nachfolgenden Beisetzung der Asche konnte die Seele ihren Weg ins Jenseits antreten. Die Reise dorthin spielte bei den Etruskern offensichtlich eine weit größere Rolle als in den anderen antiken Kulturen, denn unzählige Abbildungen im Grabkontext haben die Jenseitsreise zum Motiv. Zwar stammen die meisten dieser Darstellungen aus stark von griechischer Kultur geprägter klassischer oder hellenistischer Zeit, doch schöpfen sie anscheinend auch aus früheren Epochen.

Die Reise ins Jenseits konnte über Land mittels Pferd oder Wagen erfolgen oder aber über das

Abb. 6: Tarquinia. Wandmalerei in der Tomba dei Tori mit der Darstellung eines Verstorbenen auf dem Weg zur Insel der Seligen

Wasser in einem Boot oder auf dem Rücken von Hippokampen oder anderen Meerwesen. Vor der Reise verabschiedete sich der Verstorbene von seinen Angehörigen, wie zahlreiche Motive zeigen.

Offenbar stellten die Etrusker sich das Jenseits als eine abgeschiedene Insel vor, eine Art Insel der Seligen, möglicherweise ähnlich dem griechischen Elysion. Am deutlichsten ist diese Vorstellung auf einer Malerei in der Tomba dei Tori in Tarquinia fassbar: Das Bildprogramm des Grabes zeigt neben einer homerischen Szene (Auflauerung des Troilos durch Achill) über der Eingangstür einen mehrfarbigen Felsen, dem sich von links ein nackter Mann auf einem Hippokampen reitend nähert; dahinter folgt ein weiteres Meerwesen (Abb. 6). Die Forschung ist sich in der Interpretation dieser Szene einig: Demnach handelt es sich um eine Darstellung des Verstorbenen bei seiner Reise auf die Insel der Seligen beziehungsweise das Elysion, das durch den isolierten Felsen symbolisiert wird. Diese Deutung wird durch den Anbringungsort des Motivs über der Eingangstür noch gestützt: Der Verstorbene kann durch die Grabtür ins Freie entschwinden. Das Medium, mit dessen Hilfe der Verstorbene ins Jenseits gelangt, ist also ein Hippokamp.

Durch seine Eindeutigkeit erklärt das Motiv in der Tomba dei Tori die Unzahl von Meerwesen in der etruskischen Sepulkralkunst, die sich offenbar alle auf die Jenseitsreise beziehen lassen. Ähnlich eindeutig ist auch die Darstellung auf einem Sarkophag aus Chiusi: Gezeigt ist ein Krieger, der durch seine Beischrift als Vel Tlesna, Sohn des Larth, identifiziert werden kann. Er reitet auf einem Pferd bis zum Ufer des Meeres, wo ihn schon ein Meerwesen empfängt, auf dem er dann vermutlich die weitere Reise zur Insel der Seligen antritt (Abb. 7).

Im 5. und 4. Jh. v. Chr. taucht ein Bildmotiv auf, das zwei geflügelte Wesen zeigt, die einen Leichnam tragen; die Flügel weisen darauf hin, dass die Gestalten, die als Dämonen zu deuten sind, fliegen können und den Verstorbenen in die jenseitige Welt bringen. Ob es sich bei den geflügelten Wesen um die bei den Griechen als Hypnos (Schlaf) und Thanatos (Tod) bekannten Dämonen handelt, ist nicht bekannt.

Abb. 7: Sarkophag des Vel Tlesna mit einer Darstellung des Verstorbenen während der Reise ins Jenseits (Chiusi, Museo Nazionale. Umzeichnung)

Wie sich die Etrusker das Jenseits genau vorstellten, darüber wissen wir nur sehr wenig. Die zahlreichen Wandmalereien in den Grabkammern des 6. und 5. Jhs. v. Chr., auf denen Gelage mit fröhlichen Tänzen, reichlich Wein und sexueller Ausgelassenheit im Kreise von Verwandten und Freunden dargestellt sind, vermitteln den Eindruck eines friedlichen und fröhlichen Weiterlebens nach dem Tode – oder zumindest den Wunsch danach. Auf anderen Bildern hingegen wird die Angst vor dem Tod deutlich.

Im Unterschied zu den anderen antiken Kulturen ist die jenseitige Welt der Etrusker bevölkert von zahlreichen, zum Teil furchteinflößenden Dämonen. Im Grab der Anina in Tarquinia aus dem 3./2. Jh. v. Chr. wird die Eingangstür von zwei Dämonen bewacht: Rechts steht die jugendliche Dämonin Vanth, die zwar Flügel, aber sonst menschliche Gestalt besitzt; sie ist nur teilweise bekleidet und hält eine Fackel in der Hand, mit der sie vermutlich den Weg in die Unterwelt erhellen soll. Links steht der Dämon Charun, eine etruskische Verschmelzung des griechischen Unterweltsfährmannes Charon mit einem etruskischen Dämon; die hässliche Gestalt mit bläulicher Hautfarbe ist ebenfalls geflügelt und trägt einen Hammer, der wohl die Unabwendbarkeit des Todes symbolisieren soll (Abb. 8). Neben diesen beiden Totenbegleitern gibt es noch den furchterregenden, geflügelten Dämon Tuchulcha, der einen Schnabel, Eselsohren und wildes Schlangenhaar besitzt; er bewacht die Seelen in der Unterwelt.

Das Herrscherpaar der Unterwelt waren Aita und Phersipnai – eine etruskische Nachempfindung des griechischen Paares Hades und Persephone. Oft trägt Aita eine Wolfskappe, was als Anspielung auf den nachtaktiven Wolf zu verstehen ist, der in der Unterwelt der Etrusker eine wichtige Rolle spielte und als eigener Wolfsdämon mit Messer und Blitzbündel auftrat; vermutlich hatte er die Funktion eines Rächers und Bestrafers in der Unterwelt inne.

Auf den Wandmalereien sind Aita und Phersipnai entweder thronend zwischen griechischen Helden dargestellt oder sie wohnen dem Gelage der vergöttlichten Verstorbenen bei. Nach etruskischer Vorstellung war jedem Gott eine bestimmte Himmelsrichtung zugeordnet; dabei saßen die Unterweltsgötter im Nordwesten – das erklärt, warum zahlreiche Gräber in diese Richtung orientiert sind.

Die allmähliche Einflussnahme Roms auf die Etrusker und schließlich die vollständige Eingliederung Etruriens im Laufe des 1. Jhs. v. Chr. führten schrittweise zu einem Niedergang der etruskischen Kultur bis zu ihrem nahezu vollständigen Aufgehen in der römischen im 1. Jh. n. Chr., wovon auch die religiöse Vorstellungswelt und die Bestattungsriten betroffen waren. Dennoch gibt es einige typisch etruskische Eigentümlichkeiten, die im Römischen weiterlebten und sich über Jahrhunderte erhalten haben.

1.4 Rom

Zur Analyse der römischen Jenseitsvorstellungen steht uns eine Fülle von Quellen zu Verfügung; neben dem reichen archäologischen Befund und

Abb. 8: Tarquinia. Wandmalerei in der Tomba degli Anina mit einer Darstellung der Dämonen Charun und Vanth

zahlreichen literarischen Quellen geben vor allem auch die Grabinschriften einen detaillierten Einblick in die römische Vorstellungswelt. Die römischen Auffassungen vom Jenseits sind, ähnlich denen der Griechen, keineswegs homogen und vor allem regional unterschiedlich. Das führt zunächst zu der Frage, was wir eigentlich unter „römisch" verstehen. Unter „römisch" sind alle kulturellen Aspekte zusammenzufassen, die in der Stadt Rom und deren unmittelbarem Umland und während der römischen Herrschaft in den verschiedenen Regionen der antiken Welt entstanden sind. In einigen Regionen Italiens (Etrurien, das Picenum, Daunien, Messapien, Sizilien oder den griechischen Kolonien Unteritaliens, um nur einige zu nennen) und vor allem in den Gebieten des Römischen Reiches, die später als Provinzen in das Staatsgebilde des Imperium Romanum eingegliedert wurden, haben sich allerdings die verschiedensten Kulturen – und damit auch deren religiöse Vorstellungen – miteinander vermischt, was gemeinhin mit dem Begriff der Romanisierung umschrieben wird.

Ursprünglich herrschte in Rom, soweit sich das aus den spärlichen Quellen der Frühzeit ablesen lässt, der einfache Glaube, dass die Verstorbenen in ihren Gräbern wohnen. Ein Indiz für diese Vorstellung liefert die Tatsache, dass die Hinterbliebenen ihren bestatteten Angehörigen regelmäßig Speisen und Getränke brachten, am Grab mit ihnen zusammen speisten und dort zum Teil sogar längere Zeit lebten.

Die Welt der Toten und die Welt der Lebenden waren keineswegs so getrennt wie in unserer heutigen Gesellschaft. Gleichwohl existierte aber auch eine Angst vor der Wiederkehr der Toten in die Räume der Lebenden.

Die Toten verehrte man als Manen *(dii manes)*, gestaltlose Totengeister, denen auch die Gräber gehörten und über die sie wachten. So findet man spätestens ab dem 2. Jh. n. Chr. auf den Grabsteinen, meist am Beginn, die Formel *„D M S"*, eine Abkürzung für *„Dis Manibus Sacrum"*, die besagt, dass der Grabstein den Totengeistern des Verstorbenen geweiht war. Grabschänder und -räuber mussten daher nicht nur eine strafrechtliche Verfolgung, sondern auch die Rache der Manen fürchten.

Unter zunehmendem etruskischen und vor allem, ab hellenistischer Zeit, unter griechischem Einfluss entwickelten sich aber komplexere Vorstellungen vom Jenseits als einer vom Diesseits getrennten Welt. Besonders detailliert beschreibt der Dichter Vergil (70–19 v. Chr.) im 6. Buch seiner *Aeneis* die Unterwelt. Wie in Homers *Odyssee* gibt es auch in Vergils Heldenepos eine Nekyia: Der Titelheld Aeneas steigt, ähnlich dem Odysseus, in Begleitung der Wahrsagerin Sibylle (vgl. *Odyssee:* Zauberin Kirke) in die Unterwelt hinab, um seine Vorfahren um Rat zu fragen. Auch die Unterwelt selbst unterscheidet sich kaum von derjenigen, die schon Homer beschrieben hat: Hier gibt es ebenfalls die Flüsse Acheron und Styx, die man mithilfe des Fährmannes Charon überquert; der Kerberos bewacht den Eingang, an dem Minos (der sagenhafte König von Kreta) sein Amt als Totenrichter ausübt, jeden Verstorbenen über seine Verdienste und seine Schuld verhört und ihm schließlich seinen Aufenthaltsort und seine Strafe zuweist. Noch im Vorhof der Unterwelt halten sich die verstorbenen Kleinkinder, die Opfer von Verleumdungen und die im Krieg gefallenen Helden auf.

Zwei Ebenen tiefer im Abgrund und durch unüberwindliche Mauern von der Unterwelt abgetrennt, ist der Tartarus, wo besonders schlimme Frevler grausame Qualen erleiden müssen. In einem Palast residieren die Herrscher über die Unterwelt, Pluto und Proserpina (= Hades und Persephone). Im Elysium hingegen verbringen die Seligen ihre Zeit inmitten blühender Wiesen mit Spielen, Gesängen und Tänzen, begleitet von der wunderbaren Musik des Orpheus. Die Beschreibung der Verstorbenen ähnelt ebenfalls der Vorstellung Homers, denn Vergil beschreibt sie als leere Schatten.

Elemente der griechischen Philosophie finden sich hingegen in Vergils Beschreibung, dass die Seele *(anima)* zu Lebzeiten im „schädlichen Körper" wie in einem Gefängnis gefangen ist, befleckt mit Unreinheit. Nicht einmal der Tod reinige die Seelen von allen Seuchen des Körpers, weil viele Laster und Sünden ihre Spuren hinterlassen hätten, so Vergil. Nach ihrer Reinigung im Jenseits jedoch, die 1000 Jahre dauert, werden die Seelen zu den Ufern des Lethe gerufen, um aus seiner Quelle zu trinken und ihr damaliges irdisches Dasein zu vergessen.

Dass Vergil in der *Aeneis* ein weitverbreitetes Bild vom Jenseits beschreibt, darf allerdings bezweifelt werden; vielmehr handelt es sich um ein literarisches Konstrukt, das auf ältere Werke, namentlich Homers *Odyssee*, die Ideen der Pythagoreer oder die Schriften Platons, zurückgreift und vor allem erzählerischen Wert hat.

Eine andere Vorstellung vom Aufenthaltsort der Seele nach dem Tod wird im *somnium Scipionis (Traum Scipios)* deutlich, einem weitgehend separaten Teil der Schrift *De re publica (Über den Staat)* von Marcus Tullius Cicero (106–43 v. Chr.), die ähnlich aufgebaut ist wie Platons *Politeia*. Ihr Inhalt ist die fiktive Erzählung des Scipio Aemilianus in einem Gesprächskreis im Jahr 129 v. Chr. Er schildert seinen Zuhörern einen Traum, in dem er seinem Adoptivgroßvater Scipio Africanus (236–183 v. Chr.) begegnet, der ihm über die Beschaffenheit des Kosmos berichtet. Im Traum wird Scipio zu seinem Großvater Scipio Africanus auf die Milchstraße versetzt, welche schon bei den Pythagoreern als Wohnsitz der von der Körperlichkeit gelösten Seelen galt, und überblickt den gesamten Kosmos von oben: Die ruhende, kugelförmige Erde liegt im Zentrum und wird umkreist von sieben Planetenbahnen und der Sphäre der Fixsterne, auf der sich auch Scipio beziehungsweise dessen Seele befindet. Die menschliche Seele – zumindest derjenigen, die sich herausragende Verdienste in der Staatsführung verdient haben – ist dieser Meinung nach also unsterblich und erreicht nach der Trennung vom Körper den Himmel, wenn sie es sich aufgrund ihrer guten Taten zu Lebzeiten verdient hat. Diese Vorstellung spielt eine wesentliche Rolle bei der Divinisation (Vergöttlichung) der guten Kaiser, bei der ihre Seele auf dem Rücken eines Adlers vom Scheiterhaufen zu den Göttern in den Himmel auffuhr (s. Kap. 3.4.3). Bei der Verbrennung Julius Caesars im Jahre 44 v. Chr. will man einen Kometen am Himmel gesehen haben, von dem man glaubte, dass es dessen Seele gewesen sei. Auch der Dichter Ovid (43 v. Chr. – 14 n. Chr.) beschreibt in seinen *Metamorphosen* (15, 840–848) den Aufstieg von Caesars Seele in den Himmel: „Aus dem gemordeten Leid indessen entraffe die Seele! / Wandle zum Licht sie, dass immer der göttliche Iulius unser / Kapitol und das Forum aus himmlischer Halle bescheine! / Kaum sind die Worte gesprochen, so steht sie, die gütige Venus, / Mitten im Saal des Senats, für niemand sichtbar; des teuren / Caesar entweichende Seele entführt sie dem Körper. Sie will nicht, / Dass in die Luft sie schwinde: Sie trägt sie empor zu den Sternen. / Aber beim Tragen wird licht sie und feurig; sie spürt es und lässt sie / Los vom Busen: Da schwingt sie sich über die Mondregionen, / Zieht einen langen flammenden Schweif und funkelt als Stern jetzt."

Auch wenn hier das politische Kalkül sicherlich eine größere Rolle gespielt hat als tatsächliche religiöse Vorstellungen, so wurden hier wohl auch Elemente aus dem Volksglauben über das Leben nach dem Tod aufgegriffen; andernfalls hätten diese groß aufgezogenen Inszenierungen wohl kaum eine solch nachhaltige Wirkung entfaltet.

Neben diesen Vorstellungen über das Weiterleben zumindest der Seele nach dem Tod gab es auch die schon erwähnten Mysterienkulte, bei denen den Eingeweihten noch andere Möglichkeiten für ein glückliches Dasein im Jenseits eröffnet wurden (s. Kap. 1.2). In römischer Zeit kamen zu diesen Kulten vor allem orientalische Heilsreligionen wie die Mithras- und die Isis-Mysterien hinzu, die den Gedanken ablehnten, dass der Verstorbene nach dem Tod in ein anonymes, hoffnungsloses Nichts eintaucht, dessen grauer Alltag lediglich von gelegentlichen Feiern am Grab erhellt wird. Die Versprechungen auf Wiedergeburt und ein Leben nach dem Tod bescherten diesen neuen Kulten im Verlauf des 2. und 3. Jhs. n. Chr. einen enormen Zulauf und gipfelten schließlich im Siegeszug des Christentums.

Der Mithraskult. Der beliebteste Mysterienkult der römischen Kaiserzeit war der kosmische Erlösungskult des Mithras, von dem sich archäologische Zeugnisse vom Schwarzen Meer bis nach Hispanien und von Schottland bis nach Nordafrika erhalten haben. Wie auch die anderen Mysterienkulte der griechisch-römischen Welt kreiste der Mithraskult um ein Geheimnis, das nur Eingeweihten enthüllt wurde. Daher sind auch über die Lehren dieses Kultes keinerlei schriftliche Zeugnisse niedergelegt worden, die uns helfen könnten, die esoterische Doktrin des Mithraismus im Detail zu rekonstruieren.

Wie zahlreiche erhaltene Kultbilder erkennen lassen, stand im Mittelpunkt des astrologisch ausgerichteten Kultes der ursprünglich wohl persische Licht- und Sonnengott Mithras, der in den Lauf der Gestirne eingriff und durch die Tötung eines Stieres (als Symbol des Taurus) die kosmische Macht bezwang und dadurch die Menschheit erlöste (Abb. 9). Um an der Erlösung teilhaben zu können, mussten sich die Gäubigen einem bestimmten, geheimen Ritual – stufenweise aufsteigend in sieben Graden entsprechend den sieben antiken Planetengöttern – unterziehen, ehe sie in die Gemeinde der Eingeweihten (Mysten) aufgenommen wurden. Wie genau die Vorstellung aussah, die die Mithrasanhänger vom Jenseits beziehungsweise von einem Leben nach dem Tod hatten, wissen wir nicht.

Frauen blieb der Mithraskult grundsätzlich verwehrt; sie wandten sich vor allem den Kulten der ägyptischen Isis oder der orientalischen Kybele zu.

Der Isiskult. Der Kult der in der Kaiserzeit ebenfalls äußerst beliebten Isis beruht auf dem ägyptischen Mythos, dem zufolge Isis ihren Bruder

Abb. 9: Relief mit Stiertötungsszene (Frankfurt, Archäologisches Museum)

Osiris nach seiner Tötung durch Seth wieder zum Leben erweckte und mit ihm in der Unterwelt herrschte. Die ursprünglich nur als Unsterblichkeitsritual für die Verstorbenen gedachten Isis-Mysterien nahmen im Laufe der Jahrhunderte – wohl unter griechischem Einfluss – die Gestalt eines separaten Kultes auch für die Lebenden an. Allerdings musste man sich vor Eintreten in die Glaubensgemeinschaft einem geheimen Initiationsritual unterziehen, das uns der Schriftsteller Apuleius (125–170 n. Chr.), der offenbar selbst zu den Eingeweihten gehörte, bruchstückhaft im *Goldenen Esel* (11,23) schildert: „[...] so höre denn und glaube, traue! Es ist wahrhaftig. Ich ging bis zur Grenze zwischen Leben und Tod. Ich betrat Proserpinas Schwelle, und nachdem ich durch alle Elemente gefahren war, kehrte ich wieder zurück. Zur Zeit der tiefsten Mitternacht sah ich die Sonne in ihrem hellsten Licht leuchten. Ich erblickte die unteren und die oberen Götter von Angesicht zu Angesicht und betete sie in der Nähe an. Sieh, nun hast du alles gehört! Aber auch verstanden? Unmöglich!“

Der Kybelekult. Auch der Kult der kleinasiatischen Göttin Kybele fußt auf einer Auferstehungsgeschichte: Dem Mythos nach liebte Kybele den schönen Jüngling Attis. Als dieser aber die Tochter des Königs von Pessinus heiraten wollte, ließ Kybele die ganze Hochzeitsgesellschaft in Wahnsinn verfallen. Attis rannte fort, entmannte sich und verblutete schließlich. Man bat Zeus, ihn wiederzubeleben; dieser gestand aber lediglich zu, dass der Körper des schönen Jünglings nicht verweste. Kybele bestattete ihren Geliebten und stiftete an der Stelle einen Kult.

Bereits im Jahr 204 v. Chr. wurde der Kult der Kybele und des Attis nach Rom gebracht, wobei die ursprünglichen ekstatischen und orgiastischen Elemente nicht übernommen wurden. In jedem Frühjahr feierte man die Mysterien, die den Tod und die Wiederkehr des Attis – als Symbol für das Sterben und Sich-Erneuern der Vegetation und als Hoffnung auf die eigene Erhaltung (und Wiedergeburt?) nach dem Tod – zum Inhalt hatten.

Eine sehr nüchterne Auffassung von dem, was einen nach dem Tod erwartete, war vor allem in der römischen Oberschicht verbreitet. Zwar erwähnen zahlreiche Inschriften auf Grabmonumenten einzelne Elemente der Unterwelt, dennoch ist nicht jede Anspielung auch als ein konkreter Hinweis auf einen Unsterblichkeitsglauben des Verstorbenen oder seiner Angehörigen zu werten. Derartige Erwähnungen bildeten zum Teil lediglich einfache Synonyme, die sich im allgemeinen Sprachgebrauch eingebürgert hatten. Darüber hinaus sollte durch das Aufgreifen von Mythen auch die Kenntnis des klassischen Bildungskanons des Verstorbenen demonstriert werden. Die tatsächlichen Vorstellungen vom Jenseits waren vermutlich oft wesentlich nüchterner. Besonders deutlich führt uns Plinius der Ältere (23–79 n. Chr.) im 7. Buch seiner Naturgeschichte (188–190,56) eine sehr rationale Sichtweise vor Augen: „Alle haben nach dem letzten Tag dasselbe Schicksal, was sie vor dem ersten hatten. Vom Augenblick des Todes an hat der Leib sowie die Seele ebenso wenig Empfindung, [sic] wie vor der Geburt. Unsere Eitelkeit dehnt sich aber sogar auf die Zukunft aus, [sic] und lügt sich selbst ein Leben nach dem Tode vor, indem sie bald der Seele Unsterblichkeit, bald eine Seelenwanderung, bald den Verstorbenen Empfindung beilegt, die Manen verehrt und den zum Gotte macht, der bereits aufgehört hat [sic] Mensch zu sein; gleichsam als wenn das Leben des Menschen sich in irgend etwas [sic] von dem des Thieres [sic] unterscheide, oder als ob wir im Leben nicht viele weit dauerndere Dinge fänden, denen doch Niemand [sic] eine ähnliche Unsterblichkeit weissagt. Welche Gestalt hat die Seele? Aus welchem Stoff besteht sie? Wo hat ihre Denkkraft den Sitz? Wie sieht, hört, fühlt sie? Was tut sie oder worin besteht ohne diese Organe ihr Glück? Wo hat sie ferner ihren Wohnsitz und wie gross [sic] ist die Menge der seit so vielen Jahrhunderten als Schatten abgeschiedenen Seelen? Alles dies sind Einbildungen kindischer Schwärmerei und der Sucht des Menschen, nie aufhören zu wollen. [...] Welch ein Unsinn ist es zu behaupten, dass mit dem Tode ein neues Leben beginne? Wie kann der Mensch je Ruhe haben, wenn seine Seele oben und sein Schatten in der Unterwelt Empfindung behalten? Wahrlich, dieser süsse aber [sic] alberne Glaube vernichtet das vornehmste Gut, das uns die Natur verliehen hat, den Tod, und macht den Austritt aus dem Leben doppelt schmerzhaft, in dem uns sogar noch der Gedanke an die Zukunft bekümmert."

Auch andere Schriftsteller, zum Beispiel der Satiriker Juvenal (um 55–130 n. Chr.) begegneten dem Glauben an das Weiterleben der Seele in einer unterirdischen Welt mit Skepsis und verspotteten ihn als Kindermärchen. Dieser Pessimismus wird auch stellenweise in den Grabinschriften deutlich, wenn darauf hingewiesen wird, dass nach dem Tod *„vestigia nulla"* (keinerlei Überreste) bleiben, oder wenn es heißt: „Nichts war ich, nichts bin ich. Und du, der lebt: Iss, trink, scherze, komm!" (Grabinschrift aus Gades).

2. BESTATTUNGSARTEN

2.1 Mumifizierung

Bei der Mumifizierung handelt es sich um einen Brauch, der die Verwesung des Körpers auf künstlichem Wege unterbindet. Dem Glauben der Ägypter nach war die Erhaltung des Körpers für das Leben eines Verstorbenen im Jenseits notwenig. Die Einbalsamierung und somit Erhaltung eines menschlichen Körpers spielte demnach eine zentrale Rolle im ägyptischen Totenkult. Umso erstaunlicher ist die Tatsache, dass dieser Vorgang in den ägyptischen Totentexten und bildlichen Darstellungen sehr selten thematisiert wird. Wichtige Informationen über das Ritual der Einbalsamierung liefern stattdessen die griechischen Historiker Herodot (Hist. 2,85–89) und Diodor (Bibl. hist. 1,91) beziehungsweise die Mumien selbst, die heute beispielsweise mittels Computertomographie untersucht werden können.

Die ältesten Mumifizierungen stammen aus der vorgeschichtlichen Zeit Ägyptens und sind auf natürliche Weise entstanden: Die in einfachen Grabgruben im Wüstensand Beigesetzten trockneten aufgrund des vorherrschenden Klimas und des natronhaltigen Wüstenbodens aus und blieben dadurch sehr gut erhalten. Vor diesem Hintergrund ist davon auszugehen, dass die Ägypter durch die Beobachtung natürlicher Vorgänge dazu angeregt wurden, ihre Verstorbenen auf künstlichem Wege zu konservieren.

Mit der künstlichen Mumifizierung wurde in der Frühzeit Ägyptens, um 3000 v. Chr., begonnen, als man die Toten in Särgen und Grabkammern bestattete und damit die natürliche Konservierung durch den Wüstensand und das Klima nicht mehr gegeben war. Zu Beginn dieser Tradition bestand die Mumifizierung nur aus einer Umwicklung des mit Wasser gereinigten Körpers mit Leinenbinden. Diese waren mit Harz getränkt und hatten somit eine leicht konservierende Wirkung, die in späterer Zeit noch durch einen Gipsüberzug verstärkt wurde. Die Modellierung des Gesichtes des Toten in Form einer Stuckmaske ließ den Körper sehr lebensecht erscheinen.

Diese frühen Methoden der Mumifizierung trugen aber nicht zur vollständigen Konservierung des Körpers bei, da der Leichnam nicht vorbehandelt wurde und der Körper infolgedessen dennoch verfiel. Ab der Zeit des Alten Reiches, etwa 2700 v. Chr., griff schließlich ein neues Verfahren: Nun erfolgte die Entnahme der inneren Organe sowie die Behandlung des Körpers mit chemischen Mitteln, wodurch eine dauerhafte Erhaltung des Körpers garantiert wurde.

Im Laufe der Zeit wurden die Techniken immer ausgefeilter. Ihren Höhepunkt erreichte die Mumifizierungstechnik im Neuen Reich; die Mumien der Könige, aber auch diejenigen der Privatpersonen aus dieser Zeit sind noch heute nahezu perfekt erhalten.

Für die Einbalsamierung waren spezielle Fachleute und Priester verantwortlich, die während der Arbeit manchmal eine Maske des Gottes Anubis trugen. Nach ägyptischem Glauben war Anubis für die Versorgung der Verstorbenen zuständig, da dieser dem Mythos nach den Leichnam des Osiris mumifiziert hatte. Eine komplette Mumifizierung, die nicht im Haus, sondern in einer eigens dafür vorgesehenen Balsamierungsstätte durchgeführt wurde, umfasste mehrere Arbeitsschritte, die je nach Kostenaufwand variieren konnten. Mit einem gekrümmten Eisendraht oder Haken aus Bronze wurde zunächst das Gehirn durch die Nasenlöcher entfernt. In den leeren Schädel brachte man meist Leinenbinden oder heißes Harz ein, was ebenfalls über die Nasenlöcher geschah. Danach folgte die Öffnung des Körpers durch einen Einschnitt in die linke Bauchseite und die Entnahme der inneren Organe, bis auf Herz und Nieren, da sie schwer zu erreichen waren beziehungsweise das Herz aus religiösen Gründen meistens nicht entfernt wurde.

Für einen im Jenseits vollständig funktionstüchtigen Körper mussten auch die Eingeweide einbalsamiert und mit Leinenbinden umwickelt werden. Danach wurden sie in vier Behältnisse, die sogenannten Kanopenkrüge, aus Kalkstein verbracht und bei der späteren Prozession zum Grab in einem Kanopenkasten mitgeführt. Ab etwa 800 v. Chr., während der Dritten Zwischenzeit, wandelte sich diese Tradition dahingehend, dass die balsamierten Eingeweide wieder in den Körper verbracht, die Krüge aber dem Brauchtum gemäß dennoch dem Toten mitgegeben wurden.

Der mit Palmwein und Myrrhe gereinigte Körper wurde mit Natron, in Form von gefüllten Säckchen im Bauchraum, behandelt, was eine Austrocknung bewirkte. Dieser Prozess dauerte etwa 35 Tage, wobei das Natron nach neuen Erkenntnissen mehrmals gewechselt werden musste. Nach dieser Zeit war der Leichnam zu einer Mumie geworden, bei der sich Haut, Haare und Nägel erhalten hatten.

Nach der vollständigen Entwässerung des Körpers wurde dieser gewaschen und mit verschiedenen Harzen sowie Ölen gesalbt. Um das Einfallen der Bauchdecke zu verhindern, konnte der Bauchraum mit Sägemehl, Leinen oder Harzen ausgefüllt werden. Etwa um die Wende vom 2. zum 1. Jt. v. Chr., in der Dritten Zwischenzeit Ägyptens, kam die Technik auf, sämtliche Hohlräume des Körpers mit Harzen und Leinen, die unter der Haut platziert wurden, auszufüllen. Auch kleinere Schönheitskorrekturen waren keine Seltenheit, etwa das Unterlegen der Wangen mit unterschiedlichsten Materialien, die Belegung der Fingernägel mit Goldplättchen oder das Einlegen künstlicher Augen. Durch die Verwendung von gelber (bei Frauen) oder roter Farbe (bei Männern) wurde der Haut ein realistisches Aussehen verliehen.

Nach der Austrocknungs- und Verschönerungsprozedur wurde der Leichnam mehrlagig in Mumienbinden eingehüllt, wobei man dabei zum Schutz der Mumie Amulette aus Gold, Halbedelsteinen oder Fayence mit einwickelte. Nach etwa 70 Tagen waren die Balsamierungsarbeiten abgeschlossen und der mumifizierte Leichnam konnte der Familie übergeben werden. Die Mumie erhielt meistens noch eine Totenmaske aus Kartonage, um sie vor Beschädigungen zu schützen und dem Toten ein neues, unwandelbares Antlitz zu verleihen; danach wurde sie in einen Sarg gelegt, der in älterer Zeit aus einem einfachen Kastensarg bestand, seit dem Neuen Reich aber meist menschengestaltig war.

Ab etwa 1000 v. Chr., der Dritten Zwischenzeit Ägyptens, wurden die Mumien mit einer auf der Rückseite zugeschnürten Kartonagenhülle aus Leinen umschlossen, die außerdem in Stuck modelliert und polychrom bemalt sein konnte. Diese Hülle wurde im Laufe der Zeit immer kunstvoller ausgeführt und bekam in der Spätzeit, ab etwa 745 v. Chr., eine größere Bedeutung als die Mumifizierung selbst. In römischer Zeit, ab etwa 30 v. Chr. entstand daraus die typische Kassettenwicklung, bei der die Leinenbinden rhombenförmig angeordnet wurden (Abb. 10). Hinzu

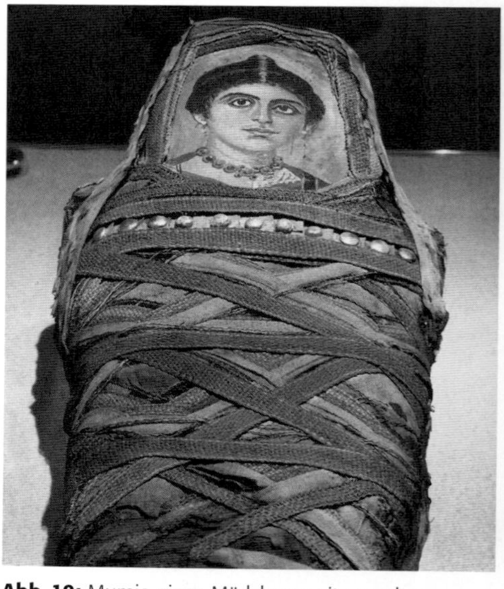

Abb. 10: Mumie eines Mädchens mit gemalter Porträttafel und gewickeltem Körper aus Er-Rubayat (Berlin, Staatliche Museen, Antikensammlung)

kamen zum Teil vergoldete Mumienmasken und Mumienporträts, auf Holz oder Leinen aufgetragen, die in die Mumienbinden integriert waren. In der Spätantike, als sich das Christentum auch in Ägypten verbreitet hatte, ging die Tradition der Mumifizierung immer weiter zurück, da sie dem heidnischen Brauchtum angehörte; nach christlichem Glauben muss der Leichnam für das Jenseits nicht mehr unversehrt sein.

2.2 Inhumation/Kremation und Grabbeigaben

2.2.1 Griechenland

Da in der griechischen Welt eine Trennung der beiden Bestattungsformen – Körperbestattung (Inhumation) und Verbrennung (Kremation) – recht schwierig erscheint, werden diese hier gemeinsam behandelt. Bei der Betrachtung beider Varianten fällt auf, dass sich keine auf Dauer als die dominante durchzusetzen vermochte. Vielmehr existierten sie in geometrischer, archaischer und klassischer Zeit parallel, wobei eine immer als die beliebtere Form hervorstach. Die Wahl der Bestattungsart könnte demzufolge eine persönliche oder familiäre Entscheidung gewesen sein oder mit der Tradition der jeweiligen Landschaft Griechenlands zusammenhängen. Mit der stetigen Änderung der Bestattungsform änderten sich auch die Grabbeigaben. Sie werden deshalb in den nachfolgenden Ausführungen mit betrachtet.

In der griechischen Eisenzeit, der submykenischen und protogeometrischen Phase Griechenlands, dominierten im 12. Jh. v. Chr. die Körpergräber in einfachen Steinkisten, während ab dem 11. Jh. v. Chr. die Brandbestattung für Erwachsene vorherrschend war. Kinder wurden weiterhin unverbrannt beigesetzt. Körper- und Brandgräber kamen gleichzeitig in einer Nekropole vor; es erfolgte keine räumliche Trennung.

Für die Aufnahme des Leichbrandes, der sekundär, also nach der Verbrennung des Körpers, in das Grab eingebracht wurde, waren Amphoren beliebte Gefäße. Aber auch einfache Krüge konnten diesem Zweck dienen. Die Mündung der Urne wurde mit einer Platte, Scherbe oder mit einer Lehmschicht verschlossen. Das Grab selbst bestand aus einer einfachen, rechteckigen oder quadratischen Grube, mit einem separaten Loch für die Aschenurne, die dort mitsamt den Grabbeigaben versenkt wurde.

Die Grabbeigaben waren in der frühen Phase nicht sehr zahlreich oder fehlten komplett. Neben Keramik – beispielsweise Lekythen, Bügelkannen, Pyxiden, Schalen – wurde einfacher Schmuck aus Bronze, wie Nadeln, Ringe und Fibeln, in das Grab gelegt. In einigen Gräbern fanden sich auch Waffen in Form von eisernen oder bronzenen Speerspitzen. In der protogeometrischen Zeit kamen grob gearbeitete Tonwaren in Form von Perlen, Spinnwirteln und glockenförmigen Puppen mit beweglichen Armen und Beinen hinzu.

Die Brandbestattung blieb auch zu Beginn der geometrischen Zeit die dominierende Bestattungsform. Die Grabtypen gleichen dabei denen der protogeometrischen Zeit. Die Urnen wurden in einer Grube mitsamt den Beigaben deponiert (Abb. 11). Hierbei war es üblich, Männer in Halsamphoren und Frauen in Schulteramphoren zu bestatten. Als Aschengefäß fanden aber auch Bronzekessel, mit einem Durchmesser von ca. 30 cm, Verwendung; in Attika wurden sie von der geometrischen bis in die hellenistische Zeit hindurch für die Bestattung verwendet.

In spätgeometrischer Zeit wurde in Attika die Körperbestattung in Kisten- oder Schachtgräbern wieder üblicher. Der Tote wurde in ausgestreckter Rückenlage mit den Armen am Körper, meist nur mit einem Leichentuch bedeckt, in das Grab eingebracht. In seltenen Fällen fand man Spuren von Särgen oder Bahren. Als Kindergräber dienten oft nur einfache Gruben, wobei Säuglinge häufig in großen Vorratsgefäßen, sogenannten Pithoi, in Amphoren oder Hydrien bestattet wurden.

Ab der geometrischen Zeit waren die Gräber zumeist gekennzeichnet, beispielsweise durch eine grob behauene, blockartige und schmucklose

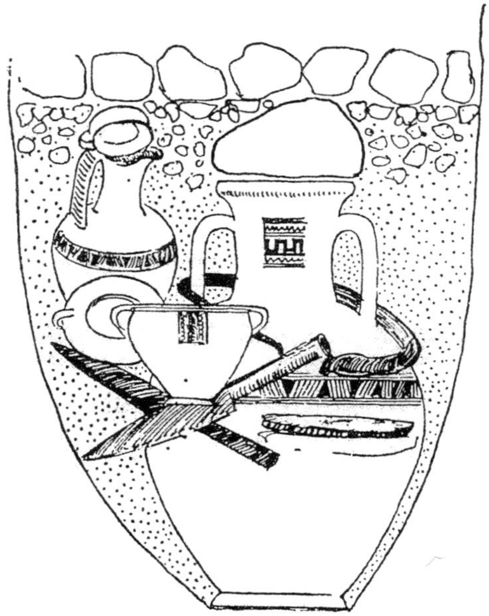

Abb. 11: Athen, Kerameikos. Typische Brandbestattung der geometrischen Zeit (Umzeichnung)

Steinplatte. Diese befand sich bei Körperbestattungen am Kopfende, bei Urnengräbern direkt über der Urne. Darüber hinaus kommen in Athen ab etwa 800 v. Chr. auch große Tonvasen als Grabkennzeichnung vor.

Was die Grabbeigaben betrifft, so waren die geometrischen Gräber reicher ausgestattet als diejenigen der frühen Eisenzeit. Typisch sind dabei Keramikobjekte. Pyxiden mit Deckeln und Pferden aus Ton darauf, Krüge, Fläschchen und Henkelgefäße aller Art, mit geometrischen Mustern dekoriert, gehören zu den charakteristischen Formen dieser Zeit. Auch Tonfiguren – Pferde, Kentauren, Wagengruppen, anthropomorphe Statuetten – fanden sich in den Gräbern. Weibliche Statuetten sind hierbei im Gestus der Totenklage, mit den Händen zum Kopf erhoben, dargestellt. Metallgegenstände sind in Form von Speerspitzen, Schwertern und Messern überliefert und gehörten zur Ausstattung der Männer. Hinzu kommen Nadeln und Fibeln, die einst an der Kleidung der Toten angebracht waren.

Eine Besonderheit der geometrischen Epoche ist die Tatsache, dass in den Gräbern Attikas erstmalig seit der Bronzezeit Goldschmuck von hoher Qualität auftritt. Zum Repertoire gehören beispielsweise goldene Ohr- und Fingerringe, Halsketten, Haarspiralen sowie einfache Ringe und Bänder. Zum Teil waren diese mit Reliefs oder anderen Mustern verziert. Hervorzuheben sind Bänder aus dünner Goldfolie mit orientalischen Tierfriesen, die wahrscheinlich zum Kopfschmuck gehörten.

In der archaischen Periode dominieren in Attika wiederum die Brandgräber; Körperbestattungen kommen zwar noch vor, sind aber in dieser Zeit weniger geläufig. Die Sekundärverbrennung auf dem Scheiterhaufen wird im späten 8. und frühen 7. Jh. v. Chr. durch die Primärverbrennung im Grab selbst abgelöst. Außerdem entwickelte sich die Tradition, die Grabbeigaben in separaten Gruben oder Rinnen, den sogenannten Opferrinnen, in der Nähe des Grabes niederzulegen, während das Grab selbst nahezu beigabenlos blieb. Es handelt sich dabei um ein Beigaben- und Opferritual, welches speziell in Attika praktiziert wurde.

Die Opferrinnen bestanden aus flachen Furchen, die bis zu 12 m lang sein konnten. Darin fanden sich Holzkohlereste, zahlreiche verbrannte Keramikscherben, Asche sowie in manchen Fällen Knochen und Muscheln. Die Hochwertigkeit der Keramik sowie deren Formenvielfalt lässt vermutet, dass diese Gefäße extra für den Totenkult hergestellt und verkauft wurden.

Den Ablauf einer solchen Zeremonie muss man sich als rituelles Opfer zu Ehren des Verstorbenen vorstellen, das vermutlich während des Begräbnisses stattfand. Die Gefäße wurden auf einem brettartigen Gestell entlang der Opferrinne aufgestellt und rituell verbrannt. Danach wurde die Rinne verschlossen und wahrscheinlich nie wieder benutzt. Diese „Opferrinnen-Zeremonie" spiegelt wahrscheinlich ein Begräbnisritual der attischen Oberschicht wider und diente neben der Ehrerbietung der Verstorbenen der Inszenierung und Demonstration des eigenen Status innerhalb der attischen Aristokratie.

Recht wenige Grabbeigaben fanden sich demgegenüber außerhalb der Opferrinnen. So beschränkte sich die Ausstattung der archaischen

Gräber zumeist auf Keramik, beispielsweise eine Schale, ein Trinkgefäß oder eine Ölflasche. Metallgegenstände und Schmuck wurden nur in seltenen Fällen beigegeben.

In der klassischen Epoche Griechenlands ist das Phänomen der Opferrinne am Grab weniger gebräuchlich. Körper- und Brandbestattungen wurden gleichermaßen praktiziert, wobei im Laufe des 4. Jhs. v. Chr. ein Anstieg der Brandbestattungen zu verzeichnen ist.

Für Körperbestattungen verwendete man nun Sarkophage aus Marmor und Kalkstein, deren Wände zum Teil sogar bemalt waren. Kinder wurden ebenfalls in Sarkophagen bestattet oder, etwas weniger kostspielig, in Tonwannen, die außen ebenfalls bemalt waren. Zudem ist die Bestattung von Kindern in Gefäßen noch eine gängige Praxis.

Bei der Brandbestattung dominierte nun wieder die sekundäre Verbrennung, wobei die Urnen nun eine größere Variationsbreite als zuvor aufweisen. Neben schlichten Tonurnen gibt es im rotfigurigen Stil bemalte Aschengefäße. Auch Metallgefäße, wie Bronzekessel, wurden sehr häufig verwendet.

Zu den typischen Grabbeigaben dieser Zeit gehören wiederum vor allem Keramikgegenstände wie Lekythen, Trinkgefäße, Schalen und Krüge. Die Gefäße sind hierbei sehr hochwertig, mit roter oder schwarzer Bemalung sowie eingeritzten Mustern. Darüber hinaus umfasste das Repertoire Gefäße aus kostbarem Marmor und Alabaster.

Weitere Grabbeigaben entstammen oft dem persönlichen Umfeld des Verstorbenen, beispielsweise Spiegel für Frauen. Kindern wurden häufig weibliche Terrakotta-Statuetten oder Spielzeug in Form von Puppen und Tieren aus Ton beigegeben. Metallgegenstände und Schmuck sind relativ selten. Allerdings wurde dieser häufig in Ton nachgebildet, bemalt sowie zum Teil sogar vergoldet.

Häufig in klassischer Zeit sind die Opferplätze, die stark an die Opferrinnen erinnern, bei denen aber im Gegensatz dazu die Keramik nicht verbrannt, sondern deponiert wurde. Die Gefäße weisen ein großes Formenspektrum auf, zu dem unter anderem Trinkgefäße, Teller, Lekythen und Hochzeitskessel, sogenannte Lebetes Gamikoi, gehören.

Auch in hellenistischer Zeit existieren Inhumation und Kremation nebeneinander, wobei die Kremation häufiger zu beobachten ist.

2.2.2 Rom

Wie in Griechenland, so herrschte auch im Römischen Reich mal die Brand-, mal die Körperbestattung vor. Ab dem 5./4. Jh. v. Chr. dominieren in den römischen Nekropolen Gräber mit Aschenurnen, während zuvor die Körperbestattung die gängige Praxis gewesen war.

Ein anschauliches Beispiel dafür, wie sich dieser Wandel in den nachfolgenden Jahrhunderten vollzog, liefern die Grabanlagen auf dem Esquilin, der im 3. und 2. Jh. v. Chr. als Nekropole für Armenbestattungen genutzt wurde. Bei archäologischen Untersuchungen kamen im Bereich der späteren Gärten des Maecenas einfache Grabgruben mit Körperbestattungen zutage. Solche Nekropolen mit einfachen Bestattungen waren in ganz Italien verbreitet.

Im 1. Jh. v. Chr. wandelte sich das Bild dahingehend, dass das Friedhofsareal für Massengräber mit Brandbestattungen genutzt wurde.

Auch für die wohlhabenden Familien Roms nahm die Kremation einen höheren Stellenwert ein. Nach Plinius (Nat. hist. 7,187,55) ging mit dem Tod Sullas 78 v. Chr. auch die konservative Familie der Cornelier zur Brandbestattung über; die Kremation gehörte seitdem zum festen Bestattungsritus.

Gegen Ende des 1. Jhs. v. Chr. wurde in Rom und der Umgebung in sogenannten Kolumbarien bestattet, römischen Grabkammern ähnlichen Gebäuden, in denen sich übereinanderliegende Nischen zur Aufnahme der Aschenurnen befanden (s. Kap. 6.2.4.1). Der Vorteil bestand darin, dass hier sehr viele Urnen untergebracht werden konnten, wodurch sich die Nekropolen nicht übermäßig ausdehnten – ein wichtiger Aspekt, da Rom in dieser Zeit eine stetig anwachsende Stadt war. Eventuell begünstigte die Platzproblematik in der Stadt den Übergang zur Brandbestattung sogar noch.

Nicht nur in Italien wurde der Übergang zur Kremation vollzogen, auch im restlichen Westen Europas setzte sich im 1. Jh. v. Chr. die Brandbestattung durch. Vom 5. bis zum Ende des 3. Jhs. v. Chr. war die Körperbestattung hier die vorherrschende Begräbnisform, wohingegen für das 2. Jh. v. Chr. kaum noch Körpergräber überliefert sind. Infolge dieser Entwicklung breiteten sich im ersten nachchristlichen Jahrhundert große Urnengräberfelder in Teilen Westeuropas (Gallien, Nordspanien, Großbritannien, Balkangebiet) aus; in den Provinzen, wie beispielsweise Nordafrika, ist dies bereits im 2. Jh. v. Chr. der Fall. Da es sich dabei zumeist um Provinzen Roms handelt, kann man davon ausgehen, dass der Trend der Urnenbestattung von dort übernommen wurde.

Im griechischen Osten hingegen herrschte zu Beginn des 1. Jhs. n. Chr. die Körperbestattung vor, auch dort, wo die Römer Kolonien gegründet hatten. Das Reich lässt sich demnach in einen östlichen griechischen Teil mit Körper- und einen westlichen römischen mit Urnenbestattungen unterteilen.

Bei der Brandbestattung können verschiedene Varianten unterschieden werden. „*Bustum*“ ist der einzige Begriff für den Typ eines Brandgrabes, der aus römischer Zeit überliefert ist, zum Beispiel bei Sextus Pompeius Festus (De verborum significatu 32,7 ff.) im 2. Jh. n. Chr.

Bei einem *bustum* wurde der Tote oberhalb oder in einer offenen Grube verbrannt. Seine Asche wurde vor Ort belassen und die Grube im Anschluss zugeschüttet. Archäologisch ist ein *bustum* meist relativ leicht erkennbar, da die Wände der Grabgrube verbrannt oder sogar leicht angeziegelt sind.

Auch ein *ustrinum* bezeichnet einen Verbrennungsplatz für Verstorbene. Im Unterschied zum *bustum* wurden *ustrina* meist mehrfach verwendet und können als zentraler Verbrennungsplatz innerhalb eines Friedhofs angesehen werden. Die Verstorbenen wurden auf dem Scheiterhaufen verbrannt, danach wurden die Knochen und sonstige Überreste aufgesammelt und anschließend separat, das heißt abseits vom Verbrennungsplatz, in einer Grabgrube bestattet, entweder in einem Gefäß oder einer Urne (Urnenbestattung) oder lose (Brandschüttung). Die Beigaben wurden entweder mitverbrannt oder dem Toten unverbrannt erst später mit ins Grab gegeben.

Zu Beginn der Kaiserzeit erfreute sich die Brandbestattung noch immer großer Beliebtheit im Römischen Reich, doch bereits unter Kaiser Trajan, zu Beginn des 2. Jhs. n. Chr., wandelte sich die Bestattungsform wieder hin zur Inhumation. In der vatikanischen Nekropole und derjenigen von Ostia lässt sich dieser Wandel um 170 n. Chr. beobachten. Die Anzahl der Körpergräber beziehungsweise Grabkammern mit Sarkophagen steigt in dieser Zeit deutlich an, während Gräber mit Urnen seltener werden. Vereinzelt fanden speziell bei den Grabkammern auch beide Bestattungsarten Verwendung.

Ende des 2. Jhs. n. Chr. hatte sich die Sitte der Körperbestattungen dann vollends durchgesetzt; Brandbestattungen sind nur noch vereinzelt nachweisbar. Die Toten wurden nun in marmornen Sarkophagen, oftmals mit figürlichen Friesen geschmückt, beigesetzt (s. Kap. 5.3.2.2). Freilich konnte sich nur die wohlhabende Bevölkerung solchen Luxus leisten.

Für die römischen Kaiser hingegen wurde die Praxis der Brandbestattung zunächst beibehalten, war sie doch ein wichtiger Bestandteil der Apotheose (s. Kap. 3.4.3). Doch ging man wohl auch in der kaiserlichen Familie im Laufe des 3. Jhs. n. Chr. allmählich zur Körperbestattung über, auch wenn Konstantin (Regierungszeit 306–337 n. Chr.) der erste Kaiser ist, für den eine Körperbestattung sicher belegt ist. Die Verbrennung wurde aber als symbolischer Akt für die *consecratio* beibehalten; eventuell wurde dabei ein Wachsabbild des Verstorbenen auf dem Scheiterhaufen verbrannt.

Mit dem Übergang von der Brand- zur Körperbestattung kamen neue Formen der Grablegen auf, wie beispielsweise die Katakomben, unterirdische Anlagen, die in ihrem Aufbau mit den Kolumbarien verglichen werden können, da sie ebenfalls viele Bestattungen aufnahmen (s. Kap. 6.2.4.2). Sicher spielte auch hier die Platzproblematik eine Rolle, sonst hätte man die neuen Friedhöfe wohl kaum unter die Erde verlegt.

Die Gründe für den Wechsel der Bestattungsart lassen sich schwer nachvollziehen. Es scheint vor allem emotionale Gründe gegeben zu haben, sich für die Körperbestattung zu entscheiden. Der römische Dichter Statius (Silv. 5,1) berichtet zum Beispiel um 96 v. Chr. von einem Ehemann, der den Gedanken an die Verbrennung seiner Frau nicht ertragen konnte und sie deshalb in einem Sarkophag beisetzen ließ.

Für die Brandbestattung sprechen unter anderem hygienische sowie Platzgründe; so wurde beispielsweise die Nekropole auf dem Esquilin durch Massengräber mit Brandbestattung ersetzt. Desgleichen dienten die später gebauten Kolumbarien und Katakomben der Entlastung der Nekropolen und waren dazu bestimmt, viele Bestattungen aufzunehmen. Ähnliches gilt für die Katakomben, wobei hier die Körperbestattung vorherrschte, die gerade für die arme Bevölkerung die billigere Variante war.

Es mag also vielfältige Impulse für den Wechsel der Bestattungsart gegeben haben, die sich für uns heute oft nicht mehr genau ergründen lassen, persönliche Entscheidungen werden dabei aber immer auch eine Rolle gespielt haben.

3. BESTATTUNGSRITEN

3.1 Ägyptische Riten

Der Totenkult im Alten Ägypten lässt sich sehr gut anhand der erhaltenen altägyptischen Totentexte rekonstruieren. Allen voran ist hierbei das Totenbuch zu nennen (s. Kap. 1.1). Darüber hinaus beschreiben einzelne Papyri die Bräuche der Bestattung, beispielsweise die Balsamierung oder das sogenannte Mundöffnungsritual.

Das Bestattungsritual der Ägypter kann in drei unterschiedliche Aspekte unterteilt werden: Riten und Symbole der Trennung, des Übergangs und der Eingliederung. Der Großteil des „Trennungsrituals" fand wahrscheinlich im Haus des Verstorbenen statt. Über diesen Teil des ägyptischen Begräbnisrituals ist leider wenig bekannt, da es in den erhaltenen Texten so gut wie gar nicht thematisiert wird. Sicher wird es sich hierbei aber um einen Ausdruck der Trauer, wie die Totenklage, beziehungsweise um Gebete für den Verstorbenen gehandelt haben. Der griechische Historiker Herodot, der um 445 v. Chr. Ägypten bereiste, beschreibt den Ablauf der Totenklage wie folgt (Hist. 2,85): Beim Tod eines Familienmitglieds bestrichen sich sämtliche weibliche Angehörige den Kopf und das Gesicht mit Lehm. Anschließend liefen sie mit entblößter Brust, sich schlagend, durch die Stadt, ebenso die Männer.

Über das eigentliche Beisetzungsritual informiert uns vor allem der archäologische Befund. Besonders in den Grabkammern wird dieses Thema zu einem häufigen Bildmotiv. So ist beispielsweise auf einem Relief im Grab eines Beamten in Theben aus der Zeit um 1300 v. Chr. der Übergang vom Diesseits ins Jenseits dargestellt. Dieser kann in drei Abschnitte gegliedert werden: die Fahrt über den Nil, von der Stadt der Lebenden zur Totenstadt, die Prozession nach der Einbalsamierung zum Grab und die Riten vor dem Grab. Sicher ist, dass ein verstorbener Angehöriger nach der Totenklage im Haus in die Balsamierungshalle gebracht wurde.

Das Ritual der Präparierung des Leichnams, also die Einbalsamierung (s. Kap 2.1), die bis zu zwei Monate dauern konnte, war der wichtigste Bestandteil des Totenkultes. Es handelte sich um einen Übergangsritus, der dem Verstorbenen den Weg ins Jenseits erleichtern sollte. Der Verstorbene wurde hierbei von den Priestern mit Gebeten für die Bestattung vorbereitet sowie mit Schutzsymbolen und magischen Texten ausgestattet.

Nach der Einbalsamierung und vor der Prozession zum Grab wurden die Kultspiele im „heiligen Bezirk" zu Ehren des Verstorbenen durchgeführt. Es handelte sich hierbei vornehmlich um symbolische Schiffsreisen zu verschiedenen heiligen Orten Ägyptens, die entweder an einem Teich mit Requisiten szenisch nachgestellt oder durch das Rezitieren von Texten über solche Reisen vollzogen wurden. Häufig werden die Schiffsreisen in den Gräbern dargestellt, was ihnen einen symbolischen Charakter verleiht.

Den Riten der Einbalsamierung und den Kultspielen im Teichgarten, die unter Ausschluss der Öffentlichkeit stattfanden, folgte die feierliche Prozession zum Grab, an der Verwandte, Freunde und Berufskollegen teilnahmen. An der Spitze des Zuges gingen die Klagefrauen sowie die Totenpriester. Je nach Status der verstorbenen Person konnten auch Beamte des Staates anwesend sein. Die Prozession begann am frühen Morgen und ging von der Balsamierungshalle aus. Der Sarg wurde auf einem von Rindern gezogenen Schlitten transportiert oder auf einer Bahre von Verwandten getragen. Danach schloss sich ein Schrein an, in dem sich die Kanopenkrüge mit den balsamierten Eingeweiden des Toten befanden, sowie der „Tekenu", wahrscheinlich ein

Sack mit Rückständen der Einbalsamierung (Abb. 12).

Während der Prozession führten die Anwesenden die Totenklage aus. In den älteren Darstellungen ist diese einzig anhand der erhobenen Arme der Prozessionsteilnehmer erkennbar. In späterer Zeit wird das Spektrum vielfältiger; nun kommen weitere Ausdrucksformen hinzu, wie beispielsweise das Strömen der Tränen, das Raufen der Haare oder das Schlagen auf die Stirn (Abb. 13). Der beschriebene Trauergestus wurde allerdings nur von Frauen ausgeführt, Männer trauerten in der Regel im Stillen, wobei es aber auch hier Ausnahmen gab. Wie stark um den Verstorbenen getrauert wurde, war allerdings nicht allein geschlechtsabhängig, sondern wurde auch in hohem Maße vom sozialen Status und Grad der Verwandtschaft zum Verstorbenen bestimmt.

Abb. 12: Malerei aus dem Grab des Pa-iri in Theben-West mit der Darstellung eines Begräbniszuges, eines Bestattungsrituals und eines Opfers vor Osiris

Abb. 13: Wandmalerei aus dem Grab des Ramose in der Nekropole von Theben-West mit der Darstellung eines Begräbniszuges

Zu beiden Seiten des Prozessionswegs konnten außerdem Lauben mit Speisen und Getränken aufgebaut sein. Sie erfüllten einerseits den Zweck eines Opfers an den Verstorbenen und dienten andererseits der Versorgung der Prozessionsteilnehmer nach Vorbeiziehen des Trauerzugs – gewissermaßen ein vorgezogenes Totenmahl. Freilich hing die Fülle der Opfergaben wiederum vom Status des Verstorbenen ab. Bei vornehmen Begräbnissen konnten diese Züge zu regelrechten Prozessionsfesten ausarten, die nach Möglichkeit die ganze Stadt miteinbezogen.

Der Leichenzug endete vor dem Grab, das in der Kunst oftmals in Form einer Pyramide mit Vorhalle sowie einer Stele dargestellt wurde. Es folgte die letztmalige Aufstellung der Mumie vor dem Grabbau oder im Vorhof desselben vor dem Sonnengott Re, damit der Verstorbene, bildlich gesprochen, noch einmal das Sonnenlicht erblicken konnte. Verbunden war dieser Brauch mit einer erneuten Totenklage und dem Mundöffnungsritual im Beisein des Gottes der Totenriten, Anubis, wahrscheinlich in Gestalt eines maskierten Priesters (Abb. 14). Mit diversen Zimmermannswerkzeugen wurden, unter Verlesen von Zaubersprüchen Augen, Nase, Mund und Ohren der Mumie sowie des mumienförmigen Sargs geöffnet. Der Zweck dieses Belebungsrituals bestand darin, dass der Verstorbene im Jenseits wieder Macht über seine Sinne hatte, sprechen und die ihm dargebrachten Speiseopfer aufnehmen konnte. In Zusammenhang mit diesem Ritual, welches dem Toten dauerhafte Lebensfähigkeit verschaffen sollte, standen rituelle Reinigungen, Räucherungen und Tieropfer, die dem Glauben der Ägypter nach „mundöffnend" wirkten.

Nach dieser Zeremonie fand eine Opferspeisung statt. Danach wurde der Sarg in den Grabbau gebracht. Als Grabbeigaben erhielt der Verstorbene Gegenstände des täglichen Bedarfs sowie Speiseopfer, die ihm die Reise ins Jenseits erst ermöglichten. Indem der Tote die Opfergaben empfing, öffnete sich das Tor, durch das er in den Himmel gelangen konnte. Mit dem Totenmahl war die Begräbniszeremonie abgeschlossen. Danach wurde regelmäßig ein Opferkult am Grab abgehalten.

Abb. 14: Totenbuch-Papyrus des Hunefer mit einer Darstellung des Mundöffnungsrituals vor Anubis (London, British Museum)

3.2 Griechische Bestattungsbräuche: Prothesis und Ekphora

Die rituelle Bestattung war auch in Griechenland ein wichtiger Bestandteil des griechischen Brauchtums, der es dem Verstorbenen ermöglichte, in die Unterwelt zu gelangen. Wurde ein Verstorbener unsachgemäß oder – noch schlimmer – gar nicht bestattet, blieb ihm der Eintritt in das Totenreich verwehrt und er musste ewig am Ufer des Styx umherirren. Eine unsachgemäße oder fehlende Bestattung hatte demnach für die Griechen schwerwiegende Folgen, die mit den Jenseitsvorstellungen nicht zu vereinbaren waren. So ist es nicht verwunderlich, dass sich bei den Griechen eine Art Völkerrecht entwickelte, die den Unterlegenen im Kampf erlaubte, ihre Toten nach der Schlacht zu bestatten. Dieser allgemeingültige Beschluss galt auch für unterlegene Feinde.

Sicher ist den Bestattungsritualen ein moralischer und emotionaler Aspekt nicht abzusprechen, der den Angehörigen den Verlust einer geliebten Person erleichterte. Die Bedeutung von Begräbnis und Totenkult spiegelt sich bei den Griechen im Bestattungszeremoniell wider, dessen Anliegen es war, Trauer und Fürsorge für den Verstorbenen zu äußern, aber gleichzeitig auch für seinen Weg in die Unterwelt und sein Ansehen bei den Lebenden zu sorgen.

Die Verantwortung für die Durchführung der gebräuchlichen Bestattungszeremonien trugen die Familienangehörigen des Verstorbenen. Diese waren während der Zeit der Trauer von der Gesellschaft ausgeschlossen, da sie, in Berührung mit einem Toten (also dem Tod selbst) gekommen, als unrein galten. Als Zeichen und Warnung für diese rituelle Befleckung – *miasma* – wurde während der Zeit der Trauer ein Gefäß mit Wasser vor das Haus des Verstorbenen gestellt, mit dem sich die Angehörigen beim Verlassen des Hauses reinigen mussten. In Ausnahmefällen, wenn der Verstorbene keine Familienangehörige hatte oder die Familie die Kosten für die Bestattung nicht aufbringen konnte, ging die Verantwortung an einen Freund oder den Demarchen über.

Vor dem eigentlichen Begräbnis wurde der Tote in einer mehrere Tage andauernden Zeremonie für den Weg in die Unterwelt vorbereitet. Hierfür waren vorwiegend die Frauen der Familie zuständig.

3.2.1 Die Prothesis

Unter dem Begriff „Prothesis" wird eine Zurschaustellung des Verstorbenen im eigenen beziehungsweise im Haus der Familie verstanden. Dieser Prozess dauerte meist einen Tag und bot der Familie die Möglichkeit, sich angemessen von dem geliebten Menschen zu verabschieden.

Zunächst wurde der Leichnam gewaschen, mit Ölen gesalbt, angekleidet und mit Blumen, Kränzen und anderem Schmuck ausgestattet. Danach erfolgte die Aufbahrung auf einem bettartigen Gestell mit hohen Beinen, das als Kline oder Totenbett bezeichnet werden kann (Abb. 15). Der Körper war meist in ein Leichentuch – *endyma* – gehüllt und mit einer Decke – *epiblemata* – bedeckt. Auf den Vasen geometrischer Zeit erscheint sie oftmals als rechteckige, karierte Fläche, die über der Bahre schwebt oder von den Klagefrauen festgehalten wird, um den Blick auf den Toten freizugeben (s. Abb. 15). Der Kopf ruhte auf einem Kissen, dem *proskepalaia*.

Um den Verstorbenen herum versammelten sich nun Freunde und die Familie, um die rituelle Totenklage durchzuführen. Hierbei war bei Frauen und Männern ein unterschiedlicher Gestus gebräuchlich. Während die Frauen ihre Trauer durch Haarraufen, Schläge auf die Brust und gegen den Kopf ausdrückten, klagten die Männer mit erhobener rechter Hand, die Innenflächen nach außen gekehrt.

Die geometrischen Vasen, insbesondere die Amphoren, zeigen eine große Vielfalt an Prothesisdarstellungen. Da diese Abbildungen meist sehr stilisiert wiedergegeben sind, müssen auch hier Männer und Frauen am Klagegestus unterschieden werden. Der traditionelle weibliche Klagegestus, wie er seit der Spätbronzezeit in Griechenland bekannt war und sich bis in hellenistische Zeit fortsetzte, findet seinen Ausdruck darin, dass beide Hände zum Kopf geführt sind. Die Männer hingegen erheben nur eine Hand an den Kopf und werden in der geometrischen Kunst meist zusätzlich durch eine Rüstung charakterisiert. Weiterhin erscheinen Frauen bei der Totenklage stehend, sitzend oder kniend, zum Teil auch unter der Bahre, Männer trauern immer stehend und werden auch oft auf einem mit Pferden bespannten Wagen in einer Art Prozession fahrend dargestellt. Häufig sind auf den Abbildungen auch kleinere Figuren zu sehen, die aber wahrscheinlich keine Kinder darstellen.

Nach Demosthenes (384–322 v. Chr.) durften an der Prothesis nur Frauen teilnehmen, die über 60 Jahre alt oder mit dem Toten sehr nah verwandt waren. Wenn Kinder bei der Zeremonie dabei waren, dann – den Darstellungen nach – in der Nähe der Mutter, deren Hand fassend oder auf dem Schoß sitzend.

3.2.2 Die Ekphora

Die Ekphora, das Heraustragen, bezeichnet den Trauerzug vom Haus des Verstorbenen hinaus zum Grab im Beisein der Angehörigen. Hierbei wurde der Leichnam wiederum auf einer hochbeinigen Bahre ruhend mit einem Pferde- oder Eselswagen transportiert. Die Männer führten den Zug an, die Frauen folgten (Abb. 16). Diese Prozession fand am dritten Tag nach dem Tode statt, lautlos durch die Seitenstraßen der Stadt.

Abb. 15: Attisch-geometrische Amphore (sogenannte Dipylon-Amphore) mit der Darstellung einer Prothesis im Bildfeld (Athen, Nationalmuseum)

Abb. 16: Attisch-geometrischer Krater (sogenannter Hirschfeld-Krater) mit der Darstellung einer Ekphora (Athen, Nationalmuseum)

Im Gegensatz zur Prothesis zeigen die Vasen geometrischer und klassischer Zeit nur wenige Beispiele mit der Darstellung der Ekphora, die uns einen Einblick in den Ablauf einer solchen Zeremonie geben. Interessant ist die Tatsache, dass die überlieferten Beispiele, trotz des gesetzlichen Verbotes der Totenklage außerhalb des Hauses, gerade diese dennoch abbilden.

Am Grab angekommen, wurde der Leichnam mitsamt der Kline ohne große Zeremonie in der Grube versenkt. Allerdings nicht, ohne ihm vorher einen Obolus (eine Münze) für den Fährmann Charon in den Mund gelegt zu haben, damit er den Eintritt in die Unterwelt bezahlen konnte. Außerdem wurden dem Verstorbenen Gegenstände mit ins Grab gegeben, wobei diese von Zeit zu Zeit beziehungsweise von Region zu Region differieren und natürlich vom Status der verstorbenen Person abhingen. Meist handelte es sich um Gegenstände des täglichen Gebrauchs und Dinge, die im Jenseits von Nutzen sein konnten (vor allem Waffen, Werkzeuge, Schmuck und Geschirr).

Nach dem Begräbnis war es üblich, dem Toten Trank- – *choai* – und Speiseopfer in Form von Wein, Milch, Honig, Früchten und Getreide darzubringen. Einige Abbildungen zeigen, dass die Trauergäste hierfür Körbe mit Speisen und Gefäße für Wasser im Trauerzug mit sich führten.

Auch Tieropfer am Grab gehörten zum Bestattungsritus. Ein Teil des Fleisches des Opfertieres wurde rituell verbrannt, der andere für das Totenmahl – *perideipnon* – verwendet, das entweder direkt am Grab oder im Haus des Verstorbenen stattfand. Im Anschluss an die Bestattungszeremonie kehrten die Trauernden vermutlich in das Haus des Verstorbenen zurück, um die Räumlichkeiten und sich selbst vom *miasma* des Todes zu reinigen.

3.2.3 Eine Sonderform: Staatsbegräbnis und Heroenverehrung

Als Grundschema für die griechische Bestattung gilt sowohl für das private als auch das staatliche Begräbnis der Ablauf der Prothesis sowie der Ekphora, begleitet von der Totenklage der Angehörigen oder professionellen Klageweibern, als allgemeingültig. Auch Beigaben und Opfer – meist in Form von Gegenständen des Alltags, von Speiseopfern sowie Libationen – gehörten immer dazu.

Im Gegensatz zum privaten Begräbnis, welches nur im engen Familienkreis durchgeführt wurde, steht die öffentliche Beisetzung, bei der ein weitaus größerer Aufwand betrieben wurde. Dies war bei Bestattungen wichtiger Staatsmänner der Fall sowie bei Kriegsgefallenen und der Heroenehrung. Ein wesentlicher Bestandteil war hierbei die Leichenrede für den Verstorbenen. Bei Bestattungen von Aristokraten galt die Sorge für den Verstorbenen natürlich auch dem Ansehen der Familie selbst, so dass hier vor allem nach der Bestattung ein besonderer Grabluxus betrieben wurde.

Die Heroenkulte nehmen eine herausragende Stellung in der Totenkultpraxis der Griechen ein, handelte es sich doch um die halbgöttlichen Vorfahren der großen Adelsgeschlechter, die ruhmreiche Taten vollbracht hatten und sich von der Masse des Volkes abhoben. Nicht selten identifizierten sich die Adligen selbst mit den Halbgöttern, so dass deren pompöser Grabkult demjenigen des Heroenkultes gleichkam.

3.2.3.1 Gefallenenehrung

In der klassischen griechischen Polis wurde den Kriegsgefallenen eine besondere Ehrung zuteil. Sie hatten sich durch ihren Heldenmut im Krieg ausgezeichnet und somit höchsten Ruhm in der Gemeinschaft verdient. Das ist sicher nur ein Grund, weshalb die Athener ihre Kriegstoten in die Heimat zurückholten, um ihnen hier die letzte Ehre zu erweisen.

Die Toten wurden schon auf dem Schlachtfeld verbrannt, da ein Rücktransport aufgrund der oftmals sehr hohen Anzahl an Gefallenen nicht möglich gewesen wäre (vgl. Thukydides, Der Peloponnesische Krieg 6,71,1). Ein weiterer Grund bestand darin, dass der Kult und die Erinnerung an die Gefallenen in der Heimat als gesichert galten, wofür nicht zuletzt das Staatsbegräbnis sorgte. In seltenen Fällen erfolgte auch eine gemeinsame Beisetzung der Gefallenen in Massengräbern direkt auf dem Schlachtfeld.

Die Bestattung der in die Heimat Zurückgeführten fand nicht sofort nach dem Eintreffen der Überreste in der Heimat statt, sondern erst im Winter für alle Gefallenen eines Jahres gemeinsam. Da im Winter kein Krieg geführt wurde, blieb genug Zeit, die Feierlichkeiten vorzubereiten, und auch die Kriegskameraden konnten dadurch an den Zeremonien teilnehmen.

Ein Beispiel für solche Gefallenengräber ist vom Kerameikos in Athen überliefert, wo es einen separaten Bezirk, das Demosion Sema, gab, der für diese Gräber vorgesehen war. Laut Thukydides (2,34,5) befand er sich „in der schönsten Vorstadt" Athens, an der Straße vom Dipylon-Tor zur Akademie.

Staatsbegräbnisse nehmen eine Sonderstellung im griechischen Totenkult ein, denn sie wurden im größeren Rahmen, mit regelrechten Totenfeiern begangen. Über den Ablauf eines solchen Begräbnisses berichtet Thukydides (2,34). Ebenso wie bei den privaten Begräbnisritualen wurde auch dieses mit einer drei Tage andauernden Prothesis eingeleitet: „Die Gebeine der Verstorbenen stellen sie drei Tage in einem Holzbau aus, und jeder bringt seinen Angehörigen Ehrengaben nach eigenem Ermessen" (Thuk. 2,34,2). Die Aufbahrung der Überreste der Gefallenen beziehungsweise Aufstellung der Aschenurnen bot den Angehörigen die Möglichkeit, die traditionelle Totenklage und damit die gebräuchlichen Bestattungsriten zu vollziehen. Bei der anschließenden Ekphora zum Grab wurde eine Bahre mitgeführt, die symbolisch für die Vermissten stand, die bei der Bergung der Toten nicht gefunden worden waren (Thuk. 2,34,3). Der Leichenzug war öffentlich, jeder Bürger der Stadt, jeder Fremde durfte daran teilnehmen, mit Ausnahme der Frauen, deren Teilnahme wiederum auf den verwandtschaftlichen Verhältnissen zum Toten beruhte (Thuk. 2,34,4).

Der wichtigste Bestandteil eines solchen öffentlichen Begräbnisses war die Leichenrede, ein *Epitaphios Logos*, eine Lobrede auf die Gefallenen, die direkt am Grab von einem „als klug bekannten und hoch angesehenen Mann" (Thuk. 2,34,6) gehalten wurde. Literarisch sind nur wenige solcher Lobreden überliefert. Thukydides beispielsweise beschreibt in seinem Geschichtswerk die Rede des Perikles auf die im ersten Jahr des Peloponnesischen Krieg gefallenen Athener (2,35–46). Die Echtheit der Rede ist leider nicht bestätigt, da das Original nicht mehr erhalten ist, dennoch folgt sie in ihren Bestandteilen dem geläufigen Muster der damaligen Lobeshymnen.

Einen großen Teil des *Epitaphios Logos* nahm die Lobpreisung der Gefallenen ein, die sich durch ihren Tod im Krieg als tapfere Männer erwiesen und so den größten Ruhm erlangt hatten. Im Vordergrund stand jedoch die Würdigung Athens selbst sowie die der glorreichen Vergangenheit der Athener und deren mythische und historische Taten, vor allem in den Perserkriegen. Dabei wurden die besonderen Vorzüge und Eigenschaften herausgestellt, wie beispielsweise die Besonderheit der Staatsverfassung (Demokratie), die Autochthonie der Athener oder die Frömmig- und Gerechtigkeit der Menschen, weshalb sie in der besonderen Gunst der Götter standen. Die Leichenreden für die Gefallenen wurden somit zum Sinnbild eines Lobliedes auf Athen selbst. Daneben wurde die Beziehung des Redners zu den Taten der Gefallenen thematisiert. Zum Abschluss folgten trostspendende Worte für die Angehörigen der Toten in dem Bewusstsein, dass deren Taten stets geehrt und bewundert sowie die Erinnerung an sie von allen Bürgern der Stadt bewahrt wurde.

3.3 Bestattung bei den Etruskern

Über das Begräbniszeremoniell der Etrusker ist relativ wenig bekannt. Ursächlich hierfür sind die fehlenden literarischen Überlieferungen sowie der Umstand, dass die Grabinventare meist unvollständig erhalten sind beziehungsweise die Grabkammern von Schatzgräbern geplündert wurden. Einige Aussagen über das Bestattungsritual der Etrusker können aber anhand der archäologischen Zeugnisse getroffen werden, beispielsweise anhand der Malereien innerhalb der Grabkammern, auf Vasen oder anderen Denkmälern. Allerdings ist es dabei nur möglich, die Toten- und Begräbnisfeiern der gesellschaftlichen Oberschichten zu erschließen, da von ihnen ausreichende Befunde vorliegen.

Wie bei den Griechen, so scheint zu Beginn der Totenfeierlichkeiten eine Prothesis, die Aufbahrung des Toten, stattgefunden zu haben. Ein reliefverzierter Cippus (s. Kap. 7.6.1) aus dem 6. Jh. v. Chr. aus Chiusi zeigt einen aufgebahrten Leichnam, der von rings um ihn herumstehenden Frauen und Männern beklagt wird. Ort und Dauer der Totenklage sind unbekannt, doch können hier sicher Vergleiche mit Griechen und Römern gezogen werden, wo dieser Vorgang im eigenen Haus stattfand und die Dauer vom Status der Person und vermutlich auch den Klimaverhältnissen abhing.

Über den Trauerzug zur Nekropole informiert uns ein Stamnos aus dem 4. Jh. v. Chr. Der Verstorbene wird auf einem Eselkarren transportiert, wobei er als noch lebend dargestellt wird und in dieser Position an die Deckel der etruskischen Alabasterurnen erinnert, auf denen die Verstorbenen ebenfalls als Lebendige in liegender Pose wiedergegeben sind (Abb. 17). Die Prozession zum Grab wurde von Musikanten begleitet sowie, bei Beamten, von deren Kollegen, die die Amtsinsignien (Rutenbündel und Doppelaxt) trugen. Die Wandmalereien der Gräber bilden den Verstorbenen zudem meist selbst als Prozessionsteilnehmer ab.

Abb. 17: Etruskisch-rotfiguriger Stamnos mit der Darstellung eines Verstorbenen auf einem Wagen (Berlin, Staatliche Museen, Antikensammlung)

Im Anschluss an die Prozession erfolgte die Bestattung des Leichnams im Grab der Familie, in der für ihn vorgesehenen Nische.

Auch in Etrurien bestand eine Differenzierung von Brand- und Körperbestattung. Während im frühen 9. und 8. Jh. v. Chr. die Brandbestattung in Urnen aus Ton oder Bronze dominierte, war in der darauffolgenden Epoche die Körperbestattung vorherrschend, entweder in Holzsärgen oder direkt auf dem Totenbett.

Die Grabbeigaben waren meist sehr zahlreich und kostbar. Als typische Grundausstattung ist Ess- und Trinkgeschirr zu nennen, das sicher der Versorgung des Toten im Jenseits diente. Zahlreiche Wandmalereien in den Gräbern zeigen Bankettszenen, die den Verstorbenen beim Gelage abbilden, wahrscheinlich im Beisein der Vorfahren (Abb. 18). Männer wurden zudem oftmals mit Waffen ausgestattet, was sie als Krieger ausweist. In Frauengräbern fanden sich meist persönliche Gegenstände des täglichen Gebrauchs, wie Handspiegel, Schmuck oder Fächer. Auch Beigaben aus Gold und Silber waren keine Seltenheit in etruskischen Gräbern. Zudem zeugen große Mengen von griechischer Importware (vor allem bemalte Keramik) von Kontakten innerhalb der antiken Welt.

Auf die Deponierung der Grabbeigaben folgten verschiedene Opfergaben an den Verstorbenen. Dazu gehörten Trankspenden und Speiseopfer (Brot, Kuchen, Früchte) sowie auch Tieropfer, welche eine wichtige Rolle in den Jenseitsvorstellungen am Grab gespielt haben dürften, denn ein blutiges Opfer verhalf der Seele eines Verstorbenen nicht nur zu Unsterblichkeit, er konnte hierdurch sogar vergöttlicht werden.

Nach der Bestattung sowie der Darbringung von Opferspenden wurde der Eingang zum Grab mit Steinblöcken verschlossen. Erst nachdem das Grab komplett mit allen Familienmitgliedern belegt war, konnte der Zugang verschüttet und das Grab selbst mit Steinen vermauert werden, damit dieses nicht für jedermann sichtbar und zugänglich war. Diese gängige Praxis des 7. Jhs. v. Chr. sollte die Plünderung durch Grabräuber schon in der Antike verhindern. Bei späteren Gräbern blieb der Zugang meist sichtbar, so dass dieser Schutz nicht mehr gewährleistet war.

3.4 *Collocatio, pompa funebris* und *laudatio* bei den Römern

Genau wie bei den anderen antiken Völkern waren auch bei den Römern Tod und Bestattung ein wichtiger Teil des gesellschaftlichen Lebens. Dabei lassen sich erstaunlich viele Gemeinsamkeiten in den Bräuchen von Griechen und Römern feststellen, die in Rom zum Teil nur ein wenig pompöser zelebriert wurden. Dass die Bestattung zum pflichtbewussten Handeln eines jeden römischen Bürgers gehörte, war in öffentlichen Vorschriften und Gesetzestexten festgehalten. Ein Unterschied zum griechischen Brauchtum bestand darin, dass verurteilten Verbrechern in Rom die Bestattung nicht generell verweigert wurde. Zwar erhielten sie nur ein kostengünstiges Begräbnis, indem sie zumeist auf dem Feld verscharrt oder in ein Massengrab geworfen wurden, aber sie blieben dennoch nicht unbegraben.

Auch im Römischen Reich galt das Haus eines Verstorbenen durch dessen Tod als verunreinigt *(funestus)*. Solche Häuser wurden für jedermann sichtbar an der Haustür mit Zypressen- oder Tannenzweigen gekennzeichnet. Bestimmte Funktionsträger durften das *domus funesta* dann nicht mehr betreten. Nach dem Begräbnis musste das Haus gereinigt werden, was unter anderem durch verschiedene Opfer geschah.

3.4.1 *Collocatio*

Wie in Ägypten, Griechenland und Etrurien, so war es auch in Rom die Aufgabe der Angehörigen, für den Verstorbenen Sorge zu tragen und die Erinnerung an ihn zu sichern. Nach dem Eintreten des Todes eines geliebten Menschen führten die Anwesenden die *conclamatio* durch, eine Art rituelles Wehgeschrei, bei dem der Name des Verstorbenen mehrfach gerufen wurde. Danach konnte mit den Vorbereitungen für die Bestattung begonnen werden, wobei meist ein Bestatter mit der Durchführung der Trauerfeierlichkeiten beauftragt wurde.

Wie bei den Griechen war auch bei den Römern eine Aufbahrung des Leichnams üblich, die *collocatio*. Allerdings ist über ihre Dauer nichts überliefert. Es ist jedoch zu vermuten, dass sie unter anderem von der Außentemperatur, dem Erhaltungszustand der Leiche sowie dem persönlichen Status der Familie abhing. Die Aufbahrungszeit eines ärmeren Bürgers dauerte sicher nicht so lange wie die eines angesehenen Patriziers.

Das Waschen und Salben des Toten übten nicht die Angehörigen aus, sondern ein Spezialist, der *pollinctor*. In wohlhabenden Haushalten konnte dies auch durch einen im Haus lebenden Sklaven geschehen. Die Hauptaufgabe des *pollinctors* bestand darin, den Leichnam für die Aufbahrung vorzubereiten und haltbar zu machen, wobei die hierfür gebräuchlichen Mittel – verschiedene

Abb. 18: Tarquinia. Tomba dei Leopardi mit Wandmalereien

Arten von Duftölen und Balsam – wohl eher dem Zweck der Geruchsübertünchung dienten als der Konservierung. Einzig Honig und Salz, die Plinius in seiner Naturgeschichte (22,108) als Mittel gegen das Faulen des Körpers nennt, könnten in diesem Zusammenhang auch vom *pollinctor* benutzt worden sein.

Auch das Ankleiden des Leichnams fiel in den Aufgabenbereich des *pollinctors*. Die Art des Totengewandes richtete sich hierbei nach der Funktion, die der Tote zu Lebzeiten innehatte. Je nach Status wurde ein Beamter beispielsweise in die *toga praetexta*, ein ehemaliger Triumphator in die *toga picta* gekleidet; ein einfacher Bürger erhielt eine weiße Toga, wie wir aus Schriftquellen wissen (Apuleius, Metam. 10,12; Polybios, Hist. 6,53,1; Martial, Ep. 9,57).

Das Haupt des Verstorbenen wurde mit einem blumenumwundenen Kranz geschmückt. Darüber hinaus war die Beigabe von diversem Schmuck üblich, wobei Männer wohl auf jeden Fall den Siegelring erhielten. In Anlehnung an die griechische Tradition legten auch die Römer ihren Toten eine Münze zur Bezahlung des Fährmannes Charon unter die Zunge.

Nachdem alle Vorbereitungen getroffen waren, erfolgte die Aufbahrung des Verstorbenen im Atrium des Hauses auf der *lectus funebris*, bei der es sich wahrscheinlich ähnlich wie bei den Griechen um eine Art Kline handelte (Abb. 19). Alle Angehörigen hatten nun die Möglichkeit, sich zu verabschieden und ihrer Trauer entsprechend Ausdruck zu verleihen. Im Gegensatz zu den Griechen durften bei den Römern in der Zeit der

Abb. 19: Relief vom Grab der Haterii mit der Darstellung einer Aufbahrung (Rom, Vatikanische Museen)

Trauer auch Fremde das Haus des Verstorbenen betreten und an dieser Zeremonie teilnehmen. Die rituelle Totenklage gestaltete sich ähnlich wie bei den Griechen: Schlagen der Brust, Raufen der Haare und Zerkratzen der Wangen. Neu ist die Tatsache, dass diese traditionell durch die Frauen des Hauses durchgeführte Handlung bei den Römern auch durch professionelle Klageweiber, die *praeficae*, verrichtet werden konnte.

3.4.2 *Pompa funebris*

Der Leichenzug der Römer wurde mit weitaus größerem Aufwand betrieben als die Ekphora der Griechen. Es handelte sich um eine öffentliche Veranstaltung, die den wohlhabenden Familien durchaus zu Repräsentationszwecken diente, wenn sie nicht gar eine Inszenierung der Familie selbst darstellte. So ist es nicht erstaunlich, dass der Tag der Totenfeierlichkeiten meist öffentlich bekannt gegeben wurde, um einen größtmöglichen Zulauf zu erhalten. Dies geschah in der Regel durch Herolde, oder, wenn sich die Familie einen solchen nicht leisten konnte, durch Todesanzeigen an Plakat- oder Hauswänden. Es sei an dieser Stelle natürlich nicht außer Acht gelassen, dass die öffentliche *pompa funebris* generell eher als ein Privileg aristokratischer Familien zu sehen ist. Arme Leute konnten sich solche Feierlichkeiten sicher nicht leisten und wurden wahrscheinlich eher unauffällig zu Grabe getragen, genauso wie minderjährige Kinder, die zumeist nachts beigesetzt wurden. Allerdings lässt sich nur beim Begräbnis von Standespersonen, dem sogenannten *funus indictivum*, ein Überblick über den Ablauf eines öffentlichen Leichenzuges gewinnen, der im Folgenden beschrieben werden soll.

Am Tag der *pompa funebris* versammelte sich das Trauergefolge morgens vor dem Haus des Verstorbenen zur Prozession ans Grab. Die Reihenfolge der Prozession war vorbestimmt und wurde von einem Ordner des Bestattungsunternehmens bestimmt. Sicher um die Aufmerksamkeit der Bevölkerung zu erregen, gingen an der Spitze des Zuges Musikanten mit Blasinstrumenten, darunter Flöten- und Trompetenspieler sowie Hornbläser. Danach folgten die Klageweiber, die neben dem traditionellen Klagegestus Trauerlieder sangen, meist Loblieder auf den Verstorbenen, den sogenannten *cantus funebris*.

Dem Wagen mit dem Leichnam ging eine lange Reihe der *imagines* voran, eine Prozedur mit hoher symbolischer Bedeutung. Dabei handelte es sich um die Ahnen des Verstorbenen in Gestalt von Personen, die Masken aus Wachs und Ehrengewänder der Vorfahren trugen und den Leichenzug begleiteten. Wie überliefert, war es Tradition, solche Wachsmasken der Vorfahren im Atrium des Hauses aufzubewahren, um sie bei öffentlichen Festen zu schmücken und zu ehren. Sicher wurden bei der *pompa* aber nur Kopien dieser Masken benutzt, da die wertvollen, über Generationen bewahrten Reliquien nicht beschädigt werden sollten. Später ging man dazu über, die Masken auf Wagen mitzuführen, wobei hierbei durchaus die Originale benutzt worden sein könnten. Ab der späten Republik nahmen die Ahnen schließlich in Form von Büsten am Leichenzug teil.

Der Brauch, die Ahnen mitzuführen, diente in erster Linie sicher der Selbstdarstellung adliger Familien. Andererseits war er aber auch mit der Vorstellung verknüpft, dass die Ahnen den Verstorbenen gewissermaßen abholten und in ihre Reihen aufnahmen. Eine ausführliche literarische Darstellung dieser Tradition findet sich bei Polybios (Hist. 6,53,6 ff.). Die Reihenfolge der Ahnen war chronologisch und begann mit dem „Gründer" des Adelsgeschlechtes *(gens)* oder mit der ersten Person, die ein wichtiges Amt innehatte.

Den *imagines* folgte der Leichnam, entweder von Trägern auf einer Bahre oder dem *lectus funebris* geschultert. Das Tragen durch nahe Angehörige zeigte eine besondere Ehrerbietung für den Verstorbenen; es konnte aber auch von Würdenträgern der Stadt übernommen werden. Die Bahre selbst war wahrscheinlich reichlich geschmückt, mit Blumen, Kränzen und Tüchern.

Oftmals trug man statt des tatsächlichen Leichnams lediglich ein Modell aus Wachs zur Schau, wobei der Tote in einem Sarg (*arca* oder *capulum*) verborgen mitgeführt wurde (Cassius Dio, Hist. Rom. 56,34,1). Das Abbild des Verstorbenen lag dabei auf der Seite, gestützt auf einen Arm. Dieser Gestus erinnert an die etruskischen Terrakotta-Urnen, auf deren Deckel der Verstorbene in ebendieser Haltung dargestellt wurde.

Dem Leichnam folgten die freigelassenen Sklaven des Verstorbenen, die ihrer Anzahl nach wiederum den Status der Familie repräsentierten. Den Abschluss des Zuges bildeten die Familienangehörigen sowie Freunde und Bekannte des Verstorbenen in Trauerkleidung *(lugubria)*, die ohne besonderen Schmuck auskamen. Die Frauen trugen die Haare offen, die Männer ließen sich einen Trauerbart wachsen. Begleitet wurde der Trauerzug von Fackelträgern. Zudem wurden zahlreiche Beigaben mitgeführt, hauptsächlich Weihrauch, der bei der Verbrennung eine wichtige Rolle spielte.

In der beschriebenen Abfolge erreichte der Leichenzug zunächst das Forum, wo die *laudatio funebris* gehalten wurde, eine Lobrede auf den Verstorbenen, oftmals durch den Sohn vorbereitet, oder, wenn es sich um eine höhergestellte Persönlichkeit handelte, durch einen Magistraten beziehungsweise einen vom Staat beauftragten Redner. Der Inhalt der *laudatio funebris* bestand in der Regel in der Aufzählung der Ämter und Leistungen des Verstorbenen, daneben wurden die *imagines*, die ja gewissermaßen anwesend waren, in das Lob eingeschlossen. Statt den Angehörigen Trost zu spenden, wie man eventuell zunächst vermuten mag, beabsichtigte die Leichenrede darüber hinaus, den Verlust bewusst zu machen und infolgedessen die Trauer und Klage noch zu steigern. Im Laufe der Zeit wurden diese Reden aber immer mehr zu Lobpreisungen der gesamten *gens*, vergleichbar mit den Leichenreden der Griechen, die einer Eloge auf den Staat und die Bevölkerung gleichkamen. Die Bedeutung und Verdienste des Klans sollten der Öffentlichkeit vor Augen geführt werden.

Die Endstation des Leichenzuges war der Bestattungsplatz. Dieser lag außerhalb der Stadt, da sowohl die Verbrennung als auch die Bestattung innerhalb der Grenzen einer Stadt untersagt waren (s. Kap 4.2).

Nachdem der Trauerzug den Verbrennungsplatz *(ustrinum)*, der sich stets in der Nähe einer Begräbnisstätte befand, erreicht hatte, stellte man den *lectus funebris* mit dem Leichnam auf den vorbereiteten Scheiterhaufen *(rogus)*. Dem Leichnam wurden allerlei persönliche Gegenstände sowie Weihrauch und andere duftspendende Stoffe beigegeben. Sobald der Scheiterhaufen angezündet war, wurde die Totenklage als letztes gemeinsames Ritual angestimmt. Danach löste sich der Trauerzug auf, an dem einige auch nur bis zum Verlassen der Stadt teilgenommen hatten.

Die eigentliche Beisetzung der Urne mit den sterblichen Überresten des Verstorbenen fand im engsten Familienkreis statt, manchmal auch erst einige Zeit später, wenn erst ein entsprechender Grabbau errichtet werden musste.

Den rituellen Abschluss der Begräbnisfeier bildete das Opfer eines Schweins, bevor man zum Totenmahl *(silicernium)* überging, das gemeinschaftlich am Grab abgehalten wurde. Neben der Handlung an sich bezeichnet *silicernium* auch ein spezielles Gericht, das an diesem Tag gegessen wurde. Ob man das Fleisch des Schweins ebenfalls verzehrte, ist unklar. Das Opfer selbst diente zudem der rituellen Reinigung der Trauergäste durch Feuer und Wasser, der sogenannten *suffitio*.

In den unteren Bevölkerungsschichten war eine so aufwendig gestaltete *pompa funebris* nicht üblich beziehungsweise kaum zu bezahlen. Wahrscheinlich muss man sich die Begräbnisfeierlichkeiten auf das Mindeste reduziert im engsten Familienkreis vorstellen. Der Verstorbene wurde auf einer einfachen Liege zum Verbrennungsplatz getragen. Auch mussten die einfachen Leute ohne prächtigen Leichenzug und lobende Rede auf den Toten auskommen.

Nach dem Verbrennen wurden die Überreste in der Erde vergraben. Manchmal wurden diese Armengräber noch nicht einmal kenntlich gemacht oder nur mit einer einfachen Holztafel versehen. Zudem sind Fälle mit mehreren Bestattungen in einem Grab bekannt.

Es ist davon auszugehen, dass diese Art der Bestattung bei den Ärmsten der Bevölkerung sehr häufig vorkam, so dass es schwierig ist, überhaupt Aussagen zu treffen. Es gab sogar spezielle „Armenfriedhöfe“ auf denen die Mittellosen, die sich kein Grab in einer Nekropole leisten konnten, in Gruben, sogenannten *puticuli,* begraben wurden.

3.4.3 *Funus imperatorum*

Eine besondere Form der *pompa funebris* stellt das *funus imperatorum* dar, die Begräbnisfeierlichkeit für den obersten Staatsmann der Römer, den Kaiser. Der Ablauf eines solchen staatlichen Begräbnisses (*funus publicum)* war im Prinzip ähnlich gestaltet wie der Leichenzug eines Aristokraten, aber noch weitaus pompöser. Es muss sich bei der Bestattung des Kaisers um ein regelrechtes Großereignis gehandelt haben, an dem so viele Menschen wie möglich teilnahmen, auch aus den Provinzen des Reiches.

Nach der Aufbahrung im Kaiserpalast auf dem Palatin folgten die *laudatio* auf dem Forum mit anschließender Prozession zum Marsfeld, dem Verbrennungsplatz der römischen Kaiser, und die Apotheose-Zeremonie. Die Verwendung von Nachbildungen des Leichnams aus Wachs für die Begräbnisfeierlichkeiten war hierbei keine Seltenheit. Die *laudatio*, gehalten durch den Nachfolger des verstorbenen Kaisers auf der alten Rostra am Forum, diente der Selbstdarstellung des römischen Kaiserstaates und der Kaiserfamilie selbst.

An den Verbrennungsplätzen wurden sogar Tribünen aufgestellt, um die Massen an Zuschauern aufzunehmen. Der Scheiterhaufen war über mehrere Stockwerke hoch und mit Säulen sowie Statuen ausgestattet; er glich somit vermutlich eher einer Art Prunkbau, bekrönt von einer Quadriga. Abbildungen solcher *rogi* finden sich ab dem 2. Jh. n. Chr. in der römischen Münzprägung (Abb. 20).

Die Verbrennung war ein wichtiger Bestandteil des kaiserlichen Begräbnisses, denn sie diente der *consecratio* des Kaisers, der Erhebung zum Gott. Es handelt sich hierbei um eine Umdeutung der Verbrennungszeremonie in eine Himmelfahrt des Verstorbenen, die in der Apotheose (von griech.: *apotheoun* = vergöttern) gipfelte. Zu den bedeutenden literarischen Quellen hierfür gehören etwa die Leichenfeier für Augustus (gest. 14 n. Chr.), überliefert von Sueton (Divus Augustus 100), oder diejenige für Pertinax (gest.

Abb. 20: Denar des Marc Aurel mit der Darstellung eines *rogus* (Jena, Akademisches Münzkabinett der Friedrich-Schiller-Universität)

193 n. Chr.), überliefert bei Cassius Dio (Hist. Rom. 75,4,5).

Ihre Berechtigung bezog die Apotheose aus den militärischen Tugenden und aus den Taten des Kaisers, die er zugunsten des Reiches als Wahrer und Mehrer zu Lebzeiten vollbracht hatte. Die Reise in den Himmel wurde hierbei als letzter Triumphzug betrachtet, wobei in den bildlichen Darstellungen ein Adler oder ein geflügelter *genius* die Seele des Kaisers von der Erde zum Himmel hinaufträgt (s. Abb. 86). Der auf diese Weise zum *divus* (Göttlichen) erhobene Kaiser wurde fortan zusammen mit den anderen Göttern verehrt, was die Errichtung eines eigenen Heiligtums und anderer zum Kult gehörender Handlungen einschloss.

3.5 Leichenspiele und Gladiatorenkämpfe

Bei den Etruskern waren Leichenspiele ein wichtiger Bestandteil des Bestattungsritus, von dem zahlreiche Wandmalereien in den Grabkammern der Tumuli ab dem 6. Jh. v. Chr. berichten. Hierbei ging es einerseits darum, den Verstorbenen zu ehren, gleichzeitig standen aber auch die eigene Freude am Spiel und der eigene Ruhm im Vordergrund.

Die Spiele wurden zumeist vor dem Tumulus oder am Grab abgehalten, damit der Verstorbene sie von seiner Begräbnisstätte aus sehen und auf diese Weise gewissermaßen selbst daran teilnehmen konnte. So zeigt ein Beispiel aus der Tomba del letto funebre in Tarquinia aus dem 5. Jh. v. Chr. eine für den Verstorbenen freigehaltene Kline, um die herum verschiedene Wettbewerbe aufgeführt werden.

Mehrere Arten dieser Agone sind zu unterscheiden. Es handelt sich dabei vornehmlich um sportliche und musische Wettkämpfe, aber auch blutige Wettbewerbe in Form von Gladiatorenkämpfen waren üblich. Musik und Tanz scheinen in der Bilderwelt beliebte Themen gewesen zu sein. In der Tomba dei Leopardi in Tarquinia beispielsweise sind ein Flötenspieler und ein Kitharöde in heftiger Bewegung dargestellt (Abb. 21). Auf einer etruskisch-schwarzfigurigen Amphora tanzen ebenfalls zwei Männer zu den Klängen eines Kitharaspielers. Einer der beiden Tänzer hält ein Schwert, so dass es sich um Krieger, einen Tanz in Vorbereitung auf einen blutigen Wettbewerb oder eine Opferszene handeln könnte.

Die sportlichen Agone erinnern in der Art der Wettbewerbe stark an die Spiele in Olympia: Boxen, Ringkampf, Weitsprung, Diskuswerfen, Wettlaufen und vor allem Pferderennen, um nur einige Beispiele zu nennen, gehörten zu den beliebtesten Wettkämpfen, die sich auch in den Wandmalereien widerspiegeln (Abb. 22). Dass es bei den Agonen nicht zimperlich zuging, zeigt ein Cippus aus Chiusi aus dem 6. Jh. v. Chr. mit der Darstellung eines Pferderennens, wobei ein vom Pferd gestürzter Reiter einfach überrannt wird.

Die blutigen Agone offenbaren noch eine andere Sicht auf die Leichenspiele der Etrusker, nämlich die, die von den Lebenden direkt zu den Toten führte. Der Unterlegene fungiert hier gewissermaßen als Opfer an den Verstorbenen. Menschenopfer scheinen in der Frühzeit der Etrusker ebenfalls eine Rolle im Totenkult gespielt zu haben. Jedenfalls gibt es in den Wandmalereien auch Beispiele, die solche Szenen wiedergeben. Diese Tatsache ist allerdings nur in Szenen aus der Mythologie belegt; so zeigt die Tomba François in Vulci die Opferung gefangener Trojaner durch die griechischen Heroen. Im Hintergrund sind Charun und Vanth, die etruskischen Todesdämonen, zu sehen, die die Toten ins Jenseits geleiteten.

Ein grausames Tierspiel ist in der Tomba degli Auguri in Tarquinia zu sehen: Ein Mann mit spitz zulaufender Kappe und Bart, der in seiner Darstellung an ägyptische Malereien erinnert, hält an einer Leine einen Mann, über dessen Kopf ein Sack gestülpt ist, sowie gleichermaßen einen Hund oder Panther, der sich in dem Mann festgebissen und diesem schon mehrere blutende Wunden zugefügt hat. Zwar hat der Kämpfer in der rechten Hand eine Keule, um sich zu verteidigen, doch wird ihm diese aufgrund seiner Blindheit nicht viel nützen. Aufgrund dieser und anderer Abbildungen kann vermutet werden, dass die späteren Gladiatorenkämpfe auf die Leichenspiele der Etrusker zurückgehen, treten doch gewisse Element auch dort auf.

Leichenspiele zu Ehren der Toten gehen auf eine weitaus ältere Tradition als die der Etrusker zurück und stellen einen Bezug zur mythischen Vorzeit der Griechen her. So berichtet schon Homer im 8. Jh. v. Chr. in der *Ilias* (23,260 ff.) von Leichenspielen für Patroklos, die Wettbewerbe wie Wagenrennen, Faustkampf, Ringkampf oder Speerwurf beinhalteten. Auch hier ging es durchaus brutal zu, was die ausdrückliche Aufforderung Achills beim Speerkampf, die Männer sollten sich so lange duellieren, bis die inneren Organe verletzt seien und Blut fließe, bestätigt (Ilias 23, 801 ff.). Auch in den etruskischen Gräbern sind Lanzenkämpfer oder von Lanzen durchbohrte Kämpfer keine Seltenheit. Daneben finden sich in der *Odyssee* mit Laufen, Weitsprung, Diskuswurf und Ballspiel aber auch weitaus harmlosere Spiele (Homer, Od. 8, 102 ff.).

Eine Tradition von Leichenspielen am Grab im antiken Griechenland außerhalb der mythischen Quellen nachzuweisen, erscheint jedoch schwierig, da Informationen hierzu relativ spärlich sind. Hinweise auf Leichenspiele gibt

Abb. 21: Tarquinia. Wandmalerei in der Tomba dei Leopardi mit einer Darstellung von Musikanten

Abb. 22: Tarquinia. Wandmalerei in der Tomba degli Auguri mit einer Darstellung von Ringkämpfern

es möglicherweise bei Aristoteles, der in seinem Werk *Der Staat der Athener* (Athen. Pol. c. 58) von Spielen für die Polemarchen des Staates berichtet. Auch Diodor schreibt im 11. Buch seines Geschichtswerks (11,33) von solchen *Epitaphioi Agones,* die seit den Perserkriegen stattgefunden hätten. Diese Schilderungen könnten der Wortbedeutung nach aber auch die Totenfeier an sich meinen oder auf die Lobrede anspielen. Thukydides (Der Peloponnesische Krieg 5,11,1) informiert uns über Wettkämpfe zu Ehren des spartanischen Feldherrn Brasidas, die allerdings jährlich abgehalten wurden. Es ist nicht explizit von einer Veranstaltung während der Begräbnisfeier die Rede. Als letztes Beispiel sei eine Textstelle bei Herodot (Hist. 6, 38) erwähnt, in der gymnische Agone und Pferderennen für den Strategen Miltiades geschildert werden. Geht man von den überlieferten Quellen aus, so erscheint es demnach als gesichert, dass Wettkämpfe am Grab ausgetragen wurden. Mit Blick auf die archäologischen Befunde hingegen sind beweiskräftige Zeugnisse leider recht spärlich.

Die griechische Kunst bildet im frühen 6. Jh. v. Chr. zwei große Themen von Leichenspielen ab: die bereits erwähnten für Patroklos und diejenigen für den thessalischen Helden Pelias. Der berühmte François-Krater im Museum von Florenz, der von Kleitias und Ergotimos um 570 v. Chr. geschaffen wurde, zeigt ein Wagenrennen zu Ehren des getöteten Patroklos. Diese Zuschreibung konnte anhand der Benennung der Teilnehmer am Wettkampf vorgenommen werden. Geringe Abweichungen von der Darstellung des Wettkampfes in der *Ilias* zeugen von einer gewissen künstlerischen Freiheit. Ebenso verhält es sich bei einem korinthischen Krater, den sogenannten Amphiaraos-Krater, der um 575 v. Chr. datiert und ein Wagenrennen für Pelias abbildet. Bei beiden Beispielen handelt es sich um Themen mit mythologischem Kontext. Ein realer Sinngehalt kann nicht bewiesen werden. Allerdings gibt es Vermutungen, dass die großen panhellenischen Wettkämpfe auf Leichenspiele für einen lokalen Heros zurückgehen. So werden die Olympischen Spiele beispielsweise bei Pindar (Ep. 1,90–96) mit Spielen für den ermordeten Pelops verglichen.

In Rom erscheint die Quellenlage unwesentlich besser. Wie schon erwähnt, haben die Gladiatorenkämpfe, die besonders in der römischen Kaiserzeit sehr beliebt waren, ihre Wurzeln wahrscheinlich in den etruskischen Leichenspielen. Die ersten Gladiatorenkämpfe fanden der Überlieferung nach im Jahr 264 v. Chr. auf dem Forum Boarium in Rom statt. Zu Ehren ihres verstorbenen Vaters ließen zwei Söhne drei Sklavenpaare gegeneinander kämpfen und zwar neben dem Scheiterhaufen (Servius, Aen. 3,67). Weitere Berichte über derartige Vorführungen bei den Begräbnissen des römischen Adels stützen die Theorie von Leichenspielen am Grab.

Nach dem damaligen Verständnis galten die Gladiatorenspiele wahrscheinlich nicht als Menschenopfer zu Ehren des Verstorbenen, wie es vielleicht bei den Etruskern der Fall war, sondern sollten eher seine persönlichen Eigenschaften und die Ideale des römischen Staates unterstreichen, nämlich Mut, Kraft und Tapferkeit. Erst ab etwa 105 v. Chr. wurden Gladiatorenkämpfe vom Staat organisiert und größer und prächtiger inszeniert. Auch für die römischen Leichenspiele muss bemerkt werden, dass archäologische Zeugnisse weitestgehend fehlen.

Zusammenfassend ist zu sagen, dass Leichenspiele einzig bei den Etruskern mit Sicherheit zum Bestattungsritus dazugehörten, wovon zahlreiche Wandmalereien und Darstellungen in der Kunst zeugen. Bei Griechen und Römern gibt es zwar Hinweise auf derartige Wettkämpfe, dennoch ist deren reale Existenz nicht zweifelsfrei nachzuweisen.

3.6 Postfunäre Zeremonien

3.6.1 Ägypten

Der wiederkehrende Totenkult am Grab spielte eine wichtige Rolle in den Jenseitsvorstellungen der Ägypter. Den Verstorbenen wurde täglich ein Opfer, meist in Form eines Speiseopfers, dargebracht, wobei in früher Zeit der älteste Sohn als Hauptpriester dafür verantwortlich war. Im Laufe der Zeit änderte sich dieser Brauch dann dahingehend, dass nun professionelle Totenpriester die Pflichten des Totenkultes übernahmen, um Vernachlässigungen durch die Familie zu vermeiden. Die Aufgaben des Totenpriesters waren vertraglich geregelt. Die Entlohnung bestand darin, dass sich der Priester am Opfer bedienen konnte, nachdem der Verstorbene dies getan hatte.

Die für die Opfergabe vorgesehene Opferstelle war explizit gekennzeichnet. Im Alten Reich deponierte der Totenpriester die Opfergaben vor einer Scheintür aus massivem Stein, die sich im Grab befand. Im Gegensatz zu den Seelen der Verstorbenen konnten Lebende diese Tür nicht durchschreiten. Sie markierte den Übergang von der diesseitigen in die jenseitige Welt.

Die Darstellungen in diesem Bereich des Grabes zeigen Riten, die zur Versorgung der Toten durchzuführen waren. Nach Durchschreiten der Scheintür konnte sich der Verstorbene gewissermaßen an den dargebrachten Speisen bedienen. Auf der Tür selbst waren Name und Titel des Verstorbenen vermerkt. Sie war damit die wichtigste Stelle des Grabmals, denn sie bewahrte die Erinnerung an den Toten und an dessen Taten zu Lebzeiten.

Im Mittleren und Neuen Reich kam – zusätzlich zur Scheintür – eine Statue hinzu, die den Bezirk der Opferstelle kennzeichnete und vor der die Gaben niedergelegt wurden. Die Statue stellte eine Personifikation des Verstorbenen dar, in ihr wohnte seine Seele.

Neben den täglichen Opfergaben, die durch den Totenpriester allein dargebracht wurden, beging man weitere Opfer zu den Festen des Jahres, die im Beisein der Familie stattfanden. Diese Feste, die meist mit Musik und Tanz gefeiert wurden, implizieren die Vereinigung des Verstorbenen mit seiner Familie, indem der Grabherr in die Grabanlage zurückkehrte.

Im Neuen Reich war dieses Fest mit dem „Talfest" in Theben und dem „Sokarfest" in Memphis verbunden. Das „Fest am Grabe" begann am frühen Morgen und dauerte die ganze Nacht hindurch bis zum Sonnenaufgang des folgenden Tages. Es handelte sich um ein allgemeingültiges Fest in Theben, bei dem sich alle Menschen an den Gräbern ihrer Verstorbenen versammelten, um dort zu opfern und zu feiern, was in regelrechte Trinkgelage ausarten konnte.

3.6.2 Griechenland

Am neunten Tag nach der Bestattung versammelten sich in Griechenland die Angehörigen ein weiteres Mal am Grab, um den Verstorbenen zu ehren, wobei erneut Speise- und Trankopfer dargebracht wurden sowie ein Bankett stattfand.

Das Ende der Trauerphase ist in der archaischen und klassischen Epoche Athens nicht genau benannt. Wahrscheinlich nahm eine Familie ihr normales Leben in der Gesellschaft wieder auf, sobald sie alle von ihr geforderten Bräuche am Toten vollzogen hatte. In der Regel begann diese Zeit mit dem 30. Tag nach dem Tod.

Mit wiederkehrenden Trauerzeremonien, die mit feierlichen Handlungen verbunden waren, gedachten die Griechen jährlich ihrer Toten. Ein fester Termin war sicher der Todestag des Verstorbenen, weiterhin selbst gewählte Tage, an denen man das Grab besuchte. Die Riten sind leider nicht genau spezifizierbar, da es keine direkte literarische Überlieferung dazu gibt. Denkbar sind Besuche am Grab, das Darbringen von Blumen und Opfern sowie das Schmücken der Gräber mit Kränzen und Bändern als Zeichen der Ehrerbietung.

3.6.3 Rom

Genau wie die Griechen versammelten sich auch die Römer neun Tage nach der Beisetzung erneut am Grab des Familienangehörigen, um einen Hammel zu opfern und ein Totenmahl abzuhalten. Auch bei den Römern spielte die Besänftigung der Toten durch Blut eine Rolle. Das Fleisch des Opfertieres wurde beim Opfermahl verzehrt, genauso wie Eier, Gemüse, Bohnen, Linsen, Brot und Geflügel. Desgleichen erhielt der Verstorbene Speisen und Wein, so dass man in gewisser Weise mit ihm zusammen aß und ihn so zufriedenstellte.

Die Zeit der neun Tage galt als eine Art Übergangsritus, bei dem nach der am weitesten verbreiteten römischen Vorstellung die Seele des Verstorbenen ins Jenseits überging. Während dieser Zeit galt die Familie noch immer als unrein, musste dunkle Trauerkleidung tragen und war vom gesellschaftlichen Leben wie Hochzeiten, Senatssitzungen, öffentlichen Opferfeiern und anderen Festen ausgeschlossen. Nach Ablauf der neun Tage konnte die Familie ihr normales Leben in der Gesellschaft wieder aufnehmen. Als Zeichen dafür, dass die Phase der Verunreinigung beendet war, wurde die Trauerkleidung beim festlichen Gelage am neunten Tag wieder durch helle Kleidung ersetzt.

An jährlich wiederkehrenden Erinnerungsfesten wurde der Toten gedacht. Die *parentalia* wurden zwischen dem 13. und 21. Februar mit Opfern zu Ehren des Verstorbenen gefeiert und dauerten neun Tage. Ein Bestandteil der *parentalia* waren die *feralia*, die mit dem Totensonntag hierzulande verglichen werden können und für den 21. Februar überliefert sind. Es handelte sich um eine öffentliche Festzeit, in der es bestimmte Gebote zu beachten galt: Die Tempel blieben während dieser Zeit geschlossen, weder Opfer noch Hochzeiten waren erlaubt. An den *parentalia* wurde nicht aller Toten gedacht. Das Fest bezog sich vielmehr, wie auch der Name schon besagt, auf die Eltern, die Ahnen einer Familie.

Die *rosalia* fanden am 21. Mai statt. Sie sind mit den *parentalia* vergleichbar, nur dass bei ihnen die besondere Nutzung der Rose als Opfergabe an den Verstorbenen im Vordergrund stand. Ein Fest ähnlichen Charakters war der Veilchentag, der *dies violaris*, gefeiert am 22. März, an dem Veilchen ausgestreut wurden. Das letzte Gedenkfest des jährlichen Zyklus war der *dies natalis*, das Fest zum Geburtstag eines Verstorbenen.

Eine vielleicht nicht in die Reihe der Gedenkfeste zu ordnende, aber dennoch wichtige Feierlichkeit im Zusammenhang mit dem Tod sind die *lemuria*, die für den 9., 11. oder 13. Mai überliefert sind. Im Wesentlichen ging es darum, die Seelen vernachlässigter Verstorbener, die an bestimmten Tagen auf die Erde zurückkehren und die Angehörigen in Schrecken versetzen konnten, zu vertreiben. Dies geschah mit einem bestimmten Ritual, das vom *pater familias* durchgeführt wurde und die Schatten der bösen Geister vom Haus fernhalten sollte.

Es bleibt anzumerken, dass die *parentalia*, *feralia* und *lemuria* einen öffentlichen Charakter hatten und offiziell im römischen Festkalender festgehalten, allgemeingültig und somit für alle Römer zu befolgen waren. Die anderen Festtage waren eher privater Natur und wurden im Kreis der Familienangehörigen begangen.

Der Ablauf der Gedenkfeste war immer derselbe: Die Angehörigen trafen sich am Grab, schmückten es mit Blumen und Kränzen, entzündeten Lampen und verbrannten Weihrauch oder andere Duftstoffe. Außerdem wurde ein Totenmahl abgehalten, das in regelrechten Banketten gipfeln konnte und mit reichhaltigem Weingenuss verbunden war. Der Verstorbene erhielt hierbei einen Anteil der Opfergaben in Form von Speisen und Trankopfern, sogenannten Libationen.

Die Funktion des Totenmahls bestand einerseits in der Bewältigung der Trauer, andererseits aber auch in der sichtbaren Ehrung und ewigen Erinnerung an den Verstorbenen. Um diese Erinnerung und die Kultausübung am Grab zu gewährleisten, konnten schon zu Lebzeiten Stiftungen vom Grabinhaber an die Angehörigen für die jährlichen Totenfeiern erfolgen.

Die Bankette fanden am Grab beziehungsweise im Grabbau statt, entweder auf gemauerten Klinen direkt in der Grabkammer, in einem separaten Raum der Grabanlage oder in einem ummauerten Hof des Grabbaus. Diese Tradition ist ab der beginnenden Kaiserzeit bis etwa zum Ende des 2. Jhs. n. Chr. in Rom und Umgebung sowie in Latium und Kampanien nachweisbar. In der Regel finden sich solche Bankettträume in Familiengräbern *(sepulcra familia)*.

Je nach räumlichen und finanziellen Möglichkeiten der Familie waren die Speiseräume *(triclinia)* entsprechend ausgestattet mit Klinen, Tischen und Bänken. Daneben bestand die Möglichkeit, den Grabgarten, sofern ein solcher vorhanden war, mit mobilen Klinen und Tischen beziehungsweise Kissen und Decken als Speiseplatz zu nutzen. Oftmals gab es neben den Triklinien auch Kochstellen und Brunnen, so dass die Speisen vor Ort zubereitet werden konnten. Zudem waren in den Grabkammern Altäre für die Opfer am Grab aufgestellt, die manchmal sogar mit Libationsröhren für Trankopfer ausgestattet waren; diese führten dann direkt in die Grabgrube.

Die bauliche Gestaltung und dekorative Innenausstattung der Grabtriklinien lässt sich durchaus mit den Speiseräumen der römischen Wohnhäuser und Villen vergleichen, woran sich zeigt, dass der Totenkult mit den Lebensbereichen in engem Zusammenhang stand. Für den Verstorbenen wurde somit ein Bezug zur Welt der Lebenden hergestellt. Zudem handelte es sich bei den Gedenkfeiern nicht um trostlose Feste, sondern um gemeinschaftliche Erlebnisse zu Ehren des Toten, wenn auch verbunden mit gewissen selbstdarstellerischen Elementen der römischen Aristokratie. Ein gewisser Luxus durfte dabei nicht fehlen.

4. FRIEDHÖFE

4.1 Ägyptische Friedhöfe

Der Jenseitsglaube der alten Ägypter erforderte die Errichtung von Grabbauten, die der Seele des Verstorbenen als ewiger Aufenthaltsort dienen sollten. Entsprechend dieses Glaubens mussten die Grabstätten „für die Ewigkeit" angelegt sein, weshalb der Lage der Nekropole und der Bauweise der Grabanlagen selbst auch besondere Aufmerksamkeit gewidmet wurde.

Zum Schutz vor Überflutungen des Nils und damit vor drohenden Zerstörungen befanden sich die Nekropolen außerhalb der Städte, am Rande der Wüste, wo das heiße und trockene Klima die besten Bedingungen zur Konservierung bis in unsere Zeit bot. Um ewig haltbar zu sein, wurden die Gräber aus Stein errichtet oder in den Fels gehauen, im Gegensatz zu den oftmals nur aus Lehmziegeln bestehenden Wohnbauten der Dörfer und Städte.

Der Aufbau der Grabanlage folgte immer dem gleichen Grundschema. Sie bestand in der Regel aus einer unter der Erde gelegenen Grabkammer, die für den Sarkophag mit dem mumifizierten Körper sowie die Grabbeigaben vorgesehen war und nach der Bestattung zum Schutz vor Grabräubern versiegelt wurde. Hinzu kam ein oberer Aufbau, zu dem die Angehörigen, der Priester, aber auch Besucher Zutritt hatten. Dort befand sich eine Kultkapelle, in der Opfergaben für den Toten dargebracht wurden, um durch diese Versorgung sein Leben im Jenseits für alle Zeit zu gewährleisten. Durch eine Scheintür konnte der Verstorbene im übertragenen Sinne die diesseitige Welt betreten und sich auf diese Weise an den Opfergaben laben. Zur Verehrung der Könige errichtete man statt der Kapelle einen Totentempel.

Für die Bestattungen von Privatpersonen gilt im Wesentlichen, dass sie auf einem Friedhof in der Nähe ihrer Gemeinschaft beigesetzt wurden. Könige hingegen fanden ihre letzte Ruhe an einem speziellen, heiligen Ort, wie beispielsweise dem Tal der Könige bei Theben. Da die zum Gefolge des Königs gehörenden Personen ebenfalls einen besonders hohen Status genossen, wurden sie in dessen Nähe beigesetzt. Auch hochrangige Beamte ließen seit dem Alten Reich ihre Grabanlagen auf den Königsfriedhöfen errichten, allerdings in Form von Mastabas und nicht als Pyramide.

Neben den reich ausgestatteten, prunkvollen Gräbern der königlichen Familien, Beamten und wohlhabenden Adligen gab es zu allen Zeiten der ägyptischen Geschichte auch Nekropolen mit sehr einfachen Bestattungen in Form von schlichten Gruben, über die ein Tumulus aus Sand und Steinen aufgeschüttet war. In diesen Gräbern wurde der Leichnam zwar oft unmumifiziert bestattet, aber dennoch mit Beigaben und Schutzsymbolen für den Übergang ins Jenseits ausgestattet.

Zu den beiden ältesten Nekropolen Ägyptens gehören diejenige von Abydos in Oberägypten und das am unteren Nildelta gelegene Sakkara. Der Friedhof von Abydos, nordwestlich von Theben, war bis zum Ende der 1. Dynastie mit Königsgräbern belegt. Es handelte sich um schlichte Kammern, meistens zwei oder drei an der Zahl – später eine große Kammer – mit Lehmziegelwänden, bedeckt von einem Hügel aus Sand oder einer Aufschüttung von Lehmziegeln. Weiterhin gab es kleinere, für den königlichen Hofstaat bestimmte Gräber. Zu jedem Grabbezirk gehörte eine Opferstelle, an der zwei Grabstelen aufgestellt waren, die den Namen des Grabinhabers nannten.

Neben Abydos hatte sich mit Sakkara, unweit des politischen Zentrums Memphis, eine weitere Nekropole mit elitärem Charakter herausgebildet. Diese zeichnete sich nicht nur durch ihre enorme Größe und reiche Beigaben in den Gräbern aus, sondern auch durch die andersartige Bauweise der Gräber selbst. Der Aufbau über den Grabkammern hatte eine quadratische oder rechteckige Form, mit schräg nach oben verlaufenden Seitenwänden, einem Pyramidenstumpf ähnlich. Diese Einfassung wurde im Inneren mit Sand oder Kies aufgeschüttet. Da die Gräber in ihrer äußeren Erscheinung einer monumentalen Bank glichen, erhielten sie den aus dem Arabischen stammenden Namen Mastaba.

Vornehmlich wurden in Sakkara wahrscheinlich höhere Beamte bestattet, aber es finden sich dort auch Königsgräber der älteren 2. Dynastie, deren Herrscher aus Memphis stammten. Die Architektur der Gräber änderte sich hin zu lang gestreckten Galeriegräbern mit unzähligen Räumen. Die letzten beiden Könige der 2. Dynastie errichteten ihre Grabanlagen wiederum in Abydos, als große Ritualbezirke, in der Tradition der Galeriegräber von Sakkara.

Das Alte Reich der 3. bis 6. Dynastie ist die Ära des Pyramidenbaus. Die ersten und größten Bauwerke dieser Art fallen in diese Zeit (s. Kap. 6.1). Voraussetzung dafür war der Wandel von der Holz- und Lehmziegelbauweise hin zur massiven Steinarchitektur. Das Ausmaß der Bautätigkeit erscheint beträchtlich, wenn man bedenkt, dass allein zwischen Gizeh und Dahschur, in einem Umkreis von rund 25 km, 25 Pyramiden errichtet wurden.

Mit Dahschur war zur Regierungszeit König Snofrus (2640–2600 v. Chr.) nach Sakkara eine weitere Königsnekropole begründet worden. Die Höhepunkte der Bautätigkeit stellen zweifelsohne die drei Pyramiden des Cheops, Chephren und Mykerinos auf dem Plateau von Gizeh dar. Neben der Errichtung einer eindrucksvollen Pyramide sicherte sich König Cheops auch seine Überfahrt in das Totenreich, indem er um die Grabstätte herum vier Schiffe vergraben ließ, die ihn über die Himmelsgewässer tragen sollten. Etwas später lag der Fokus nicht mehr auf der Pyramide selbst, sondern auf dem zugehörigen Totentempel, der in seiner Größe und Ausstattung mit lebens- oder überlebensgroßen Figuren die Macht des Pharaos zu Lebzeiten repräsentierte.

Seit der 11. Dynastie entwickelte sich Theben zum neuen politischen wie auch religiösen Zentrum Ägyptens. Die zugehörige Nekropole lag an der Westseite des Nils (also auf der – nach ägyptischer Vorstellung – jenseitigen Seite) gegenüber von Luxor und vereinte mehrere Gräberfelder von Privatpersonen, Aristokraten und Königen. Auch das berühmte Tal der Könige sowie das Tal der Königinnen gehören zu dieser Nekropole.

Die Könige begannen ihre Grabmonumente jetzt vorrangig in Form von Totentempeln zu errichten – große, monumentale Kultanlagen –, in denen neben dem König selbst auch seine bevorzugte Gottheit verehrt wurde. Eine der ersten Anlagen dieser Art war die des Königs Mentuhotep II (2061–2010 v. Chr.) und der Gottheiten Amun-Re sowie Montu-Re in Deir el-Bahari. Das Grab selbst bestand aus einer in den Fels gehauenen Kammer, zu der vom Totentempel aus ein 150 m langer Gang führte.

Die Nekropole von Theben-West vereint gleich mehrere Gräberfelder, die sich in einer dreifachen Staffelung von Nordosten nach Südwesten ziehen: In der fruchtbaren Ebene des Niltales liegen die Totentempel der Könige, am Berghang die Gräber der Beamten und schließlich in den Tälern hinter dem ersten Berghang das Tal der Könige, das Tal der Königinnen und der Königskinder sowie mehrere Nebentäler.

Seit Thutmosis I. (um 1500 v. Chr.) wurde das Königsgrab als Felsgrab im Tal der Könige angelegt, der zugehörige Totentempel befand sich weit davon entfernt in der Ebene des fruchtbaren Landes. Die in den Fels gehauenen Anlagen der Könige waren von eher bescheidener Natur. Es handelt sich meist um Grabkammern mit ovalem Grundriss, zu denen man durch ein System von Treppen und steil nach unten verlaufenden Korridoren (im Wechsel) gelangte. Später wurde dieses System noch durch einen Schacht zur Grabkammer unterbrochen, was unter anderem einen guten Schutz vor Grabräubern bot.

In ihrem Aufbau und ihrer Dekoration waren die Königsgräber eher schlicht gehalten, die Korridore beispielsweise sehr ungleichmäßig in den Fels gehauen und die Wände oftmals ungeglättet. Nur die wichtigen Bestandteile – die Grabkammer, die Vorkammer und der Schacht – besaßen verputzte Wände und waren mit Malereien versehen. Die Dekorationen zeigen den toten König vor verschiedenen, für das Jenseits wichtigen Gottheiten sowie Deckenbemalungen in Blau mit gelben Sternen – eine Anknüpfung an die Unterweltsthematik.

In der 12. Dynastie des Mittleren Reiches etablierte sich Itj-Tawy, das heutige el-Lisht, südlich von Memphis gelegen, zur neuen Hauptstadt Ägyptens. Die zugehörigen Grabstätten der Herrscher der 12. und 13. Dynastie lagen dabei nicht weit von den Orten entfernt, wo schon die Grabbauten der Könige des Alten Reiches standen (zum Beispiel Sakkara oder Dahschur). Diese bewusste Anknüpfung an das Alte Reich ging einher mit der Grabgestaltung in Pyramidenform, wobei die Monumente des Mittleren Reiches in ihrer Anlage wesentlich kleiner als ihre Vorgänger waren. Auch die Bauweise erscheint weniger monumental als die des Alten Reiches, da die Grabbauten nicht mehr komplett aus Stein bestanden, sondern nur noch eine Verkleidung mit Steinplatten besaßen.

Aufgrund politischer Unruhen konnte Theben ab der 13. Dynastie erneut Anspruch auf den Titel „Hauptstadt Ägyptens" erheben, wodurch auch das Gräberfeld von Theben-West wieder zum maßgeblichen Bestattungsplatz wurde. Die Pyramiden der letzten Herrscher dieser Dynastie waren in ihrer Ausführung aus Ziegeln recht bescheiden gehalten. Zum Grundschema einiger dieser Gräber gehörte neben der Grabkammer ein Hof, der von einer Säulenhalle umschlossen war, ähnlich dem Totentempel des Mentuhotep II. in Deir el-Bahari.

Im Neuen Reich etablierte sich – wie bereits oben erwähnt – die Grabform der Felsgräber im Tal der Könige in der Nekropole Theben-West (s. auch Kap. 6.2.1). Die Grabkammer wurde hierbei direkt in den Fels gehauen und besaß manchmal einen oberen Aufbau, etwa eine Pyramide, wie sie bisweilen auf Malereien auftaucht. Der zum Grab gehörende Kulttempel lag separat, in einer Ebene, auf der anderen Seite der Felsen. Die Gräber selbst waren reich mit Wandmalereien ausgestattet, die beispielsweise den Weg des Sonnengottes und damit gleichzeitig den Weg des Grabherrn in das Totenreich aufzeigten.

Das Tal der Könige diente den Königen und Königinnen von der 17. bis zur 20. Dynastie als Bestattungsplatz. Das wohl bekannteste Grab aus dieser Zeit ist das des Tutanchamun (1332–1323 v. Chr.) mit seiner nahezu vollständigen Ausstattung, das 1922 von dem britischen Archäologen Howard Carter ausgegraben wurde (s. Abb. 64; Abb. 65).

Mit dem Tod des letzten Ramessidenkönigs um 1040 v. Chr. wurde das Tal der Könige als Bestattungsplatz aufgegeben. Gleichzeitig vollzog sich ein Wandel im Land, der das Ende der Blütezeit des Alten Ägypten bedeutete und dementsprechend auch der Tradition der Königsfriedhöfe mit ihren prunkvollen Gräbern und reich ausgestatteten Kulttempeln. Es folgte eine Epoche der Fremdherrschaft. In der 21. und 22. Dynastie übernahmen die eingewanderten Libyer die Macht im Land. Zur neuen Hauptstadt wurde die Stadt Tanis erhoben, das Kultzentrum des Gottes Amun. In der Nekropole von Tanis wurden die Gräber in der Nähe des Amun-Tempels errichtet. Sie bestanden, soweit man weiß, jeweils aus einer unterirdischen Grabkammer, vermutlich mit einem oberen Aufbau in Form einer Kultkapelle.

Da die Könige der 25. Dynastie dem nubischen Kulturkreis entstammten, legten sie ihre Gräber in ihrem Heimatland Nubien an, jedoch in ägyptischer Königstradition in Form von kleineren Pyramiden und zugehörigem Kulttempel. Aus der 26. Dynastie sind hinsichtlich des Grabkontextes bisher keine archäologischen Hinterlassenschaften überliefert.

Danach stand Ägypten ab 525 v. Chr. mit einigen Unterbrechungen unter persischer Herrschaft. Mit der Rückeroberung durch Alexander den Großen 332 v. Chr. hielt die griechische Kultur Einzug in Ägypten. Nach Alexanders Tod wurde es zu einem der wichtigsten Diadochenreiche, sicher auch begründet durch die strategisch günstige Lage am Nil als Schnittpunkt wichtiger Seehandelsrouten.

Ab 306 v. Chr. herrschten die Ptolemäer in Ägypten. Es ist der Beginn der griechisch-römischen Epoche. Die Ptolemäer sahen sich in der Nachfolge Alexanders und wurden dementsprechend – wie der große Eroberer selbst – in dessen Stadtgründung Alexandria bestattet (s. Kap. 6.5.3).

4.2 Griechische Nekropolen

Ab etwa dem 6. Jh. v. Chr. wurde es in Griechenland üblich, Bestattungen in einem gesonderten Bezirk außerhalb der Stadtmauern vorzunehmen. Vorher war es gängige Praxis, die Toten auch innerhalb der Mauern einer Stadt beizusetzen. In Athen scheint es ab 500 v. Chr. sogar ein offizielles Bestattungsverbot in der Stadt gegeben zu haben, von dem Cicero berichtet (Ep. ad fam. 4,12,39 oder De leg. 2,23,58). Er schreibt, dass es den Athenern aus religiösen Gründen verboten war, Bestattungen in der Stadt vorzunehmen. Der archäologische Befund bestätigt seine Aussage. Im Areal der Agora finden sich zwar noch Gräber aus archaischer Zeit, danach wurde hier aber nicht mehr bestattet. Eine Ausnahme bilden Kindergräber, die zum Teil noch in klassischer Zeit innerhalb der Stadtmauern angelegt wurden.

Der nach den zahlreich in dieser Gegend ansässigen Töpfern benannte Kerameikos von Athen ist besonders gut erforscht und soll im Folgenden den Aufbau, die Anlage und Entwicklung einer griechischen Nekropole verständlich machen. Der Kerameikos, der heute fast im Zentrum des modernen Athen liegt, befand sich in der Antike am nordwestlichen Rand der Stadt, an der Straße vom Dipylon-Tor zur Akademie Platons, wie es schon Thukydides (Der Peloponnesische Krieg 2,34,5) beschrieben hat, und an der Heiligen Straße, die zum Heiligtum von Eleusis führte. Thukydides zufolge lag der Kerameikos bis zum Bau der Themistokleischen Stadtmauer 478 v. Chr. außerhalb der nordwestlichen Stadtgrenze (Thuk. 6,57,1). Mit der Anlage der neuen Stadtmauer befand sich ein Teil der Nekropole nun innerhalb der Vorstadt Athens. Verbunden wurden beide Teile durch das Dipylon- und das Heilige Tor. Neue Bestattungen erfolgten dann außerhalb der Themistokleischen Stadtmauer, der innenliegende Teil der Nekropole mit älteren Gräbern wurde später überbaut.

Das Ufer des hier vorbeifließenden Flüsschens Eridanos war schon von alters her ein beliebter Platz für Bestattungen. Davon zeugen vereinzelte Gräber aus dem ausgehenden 3. Jt. v. Chr. Im Bereich zwischen dem Dipylon- und dem Heiligen Tor fanden sich zahlreiche Gräber aus submykenischer Zeit in Form von einfachen, zum Teil mit Steinplatten befestigten Erdgruben. Später, in protogeometrischer Zeit (ca. 1000–900 v. Chr.), wurde das Bestattungsareal an das Südufer des Eridanos verlegt. Die den Toten beigegebene qualitätvolle Keramik mit den geometrischen Mustern zeugt von einer Blüte des Landes und einer wohlhabenden Gemeinschaft. Diese Blüte setzte sich maßgeblich in geometrischer Zeit (ca. 900–700 v. Chr.) fort, was zahlreiche Grabbeigaben bezeugen. Angeführt seien als berühmte Beispiele nur die monumentalen Dipylon-Vasen, die zu den wichtigsten Zeugnissen geometrischer Zeit gehören (s. Abb. 15). Die geometrische Nekropole befand sich hierbei in unmittelbarer Nähe zur älteren protogeometrischen.

In archaischer Zeit wurde weiterhin am Südufer des Eridanos bestattet. Nun war es üblich, die Gräber mit einem Erdhügel zu überschütten und mit einer Grabvase oder mit einem Stein zu bekrönen. Hieraus entwickelte sich schließlich der Brauch, Grabstelen aufzustellen, die anfangs nur den Namen des Verstorbenen trugen. In der Folgezeit wurden die Stelen immer höher, mit Ornamenten geschmückt oder mit figürlichen Darstellungen versehen. Zudem gehörten zu den Tumuli oftmals kleinere, mit Stuck versehene Grabbauten.

Im 6. Jh. v. Chr., unter der Herrschaft der Peisistratiden, steigerte sich der Prunk der Grabanlagen immer mehr. Grabmonumente aus Marmor, darunter Skulpturen, Sphingen und Stelen schmückten die Gräber und ließen keinen Zweifel an dem Wohlstand, zu dem Athen in dieser Zeit gekommen war und der sich über ganz Attika ausbreitete. Die prunkvollen Gräber repräsentierten eine wohlhabende Adelsschicht, die sich mit einer aufwendigen Grabgestaltung profilierte. Die Nekropolen im antiken Griechenland dienten demnach nicht nur dem Gedenken der Angehörigen, sondern definierten eine Gesellschaft, die in dieser Zeit einen großen Aufschwung erlebte, der sich eben in der Grabgestaltung widerspiegelte.

Mit dem Sturz und der Vertreibung der Peisistratiden sowie der weiteren Entmachtung des Adels sind unter Kleisthenes gegen Ende des 6. Jhs. v. Chr. erste Ansätze einer demokratischen Ordnung erkennbar, die sich auch in der Kerameikos-Nekropole wiederfinden: Zahlreiche Tumuli der Adelsgeschlechter wurden eingeebnet und in eine Nekropole für einfache Bürger umgewandelt.

Nach den Perserkriegen ließ Themisthokles im Jahre 478 v. Chr. Athen mit einem neuen Mauerring befestigen. Die Strukturen der Nekropole veränderten sich nun, in klassischer Zeit, dahingehend, dass die Gräber entlang der Heiligen Straße und der Straße zur Akademie angelegt wurden, also sozusagen eine Herausbildung sogenannter Gräberstraßen erfolgte. Am Rand der Heiligen Straße, dort wo sich ehemals die Tumuli der Peisistratiden befanden, breiteten sich nun vorwiegend private Gräber beziehungsweise Grabbauten aus.

Neben Grabhügeln, die mit einem Grabstein, einer Skulptur oder einer Vase bekrönt waren, finden sich im 5. Jh. v. Chr. auch Grabbauten aus Quader- oder Ziegelsteinen, auf die die genannten Objekte gestellt wurden. Die Fronten der Gräber, die zur Straße hin gewandt waren, wurden hierbei besonders sorgfältig ausgearbeitet. Später kamen größere Grabbezirke mit plastischem Schmuck in Mode, so auch der Grabbezirk für Hegeso (s. Kap. 7.3.2).

Auch im 4. Jh. v. Chr. war die Nekropole weiterhin mit monumentalen Grabmälern prunkvoll gestaltet. Besonders beliebt waren Reliefs mit Abschieds- und Trauerszenen oder – wie beispielsweise im Fall des Denkmals für Dexileos im Grabbezirk der Thorikier (s. Kap. 7.3.2) – mit herausragenden Taten des Verstorbenen.

Neben den privaten Grabanlagen befanden sich im Demosion Sema, dem Staatsgrab vor dem Dipylon-Tor an der Straße zur Akademie, die Gräber für die im Kampf gefallenen Athener, für die der Staat Sorge trug. Es gab Gemeinschaftsgräber, Einzelgräber und Kenotaphe, die mit Aufsätzen in Form von Inschriften oder aufwendigen Dekorationen beziehungsweise plastischen Reliefs von Reitern oder Kriegern bekrönt waren.

Anhand der Nekropole können wichtige Aussagen über die antike Gesellschaft getroffen werden. Sie gibt uns einen Einblick in die Gesellschaftsstrukturen der jeweiligen Zeit. Neben der Bevölkerungsdichte liefert sie Hinweise auf Bestattungssitten, aber auch auf den Wohlstand der Polis selbst, der sich in Athen in aufwendigen Grabanlagen sowie kostbaren Beigaben widerspiegelte. Für manche aristokratische Familien boten öffentlich inszenierte Begräbniszeremonien sowie prachtvolle Grabanlagen die Möglichkeit, den Reichtum und die politische Machtstellung ihres Geschlechts zu demonstrieren.

Besonders im 4. Jh. v. Chr. ist in Athen und Attika die Hinwendung zu immer größeren, aufwendig geschmückten Grabanlagen erkennbar. Dieser zum Teil stark übertriebene Grabluxus wurde durch Gesetze über Begräbnisse und Grabanlagen eingeschränkt. Schon im 6. Jh. v. Chr. entwarf der Gesetzgeber und Philosoph Solon Vorschriften, die den Aufwand während der Trauerfeierlichkeiten begrenzen sollten. Nach Plutarch (Sol. 21,5–7) gehörten hierzu beispielsweise das Verbot einer übertriebenen öffentlichen Totenklage oder das Verbot eines Stieropfers am Grab (in Bezug auf einen ausschweifenden Leichenschmaus der Aristokratie). Ferner war wahrscheinlich auch die Zahl der Teilnehmer am Leichenzug beziehungsweise der Beisetzung selbst begrenzt. Daneben stellte Solon die athenischen Grabbezirke unter staatlichen Schutz, verbot die Zerstörung von Grabanlagen sowie die Nach- oder Fremdbestattung. Damit war der Grundstein gelegt für alle späteren athenischen Strafbestimmungen gegen Grabschändung und für ein gesetzlich geschütztes Familiengrab, das bis in griechisch-römische Zeit eine große Bedeutung besaß.

Im 4. Jh. v. Chr. erließ Demetrios von Phaleron weitere Gesetze gegen den Grabluxus, die unter anderem ein Verbot von aufwendigem Grabschmuck beinhalteten. Dieser durfte nur noch aus einer kleinen Säule, einem Altar oder einem Becken bestehen (Cicero, De leg. 2,63–66). Übertretungen der Gesetze wurden mit Strafen und Geldbußen geahndet, für die Kontrolle der Einhaltung spezielle Beamte eingesetzt.

Seit den Gesetzen des Demetrios von Phaleron verloren die großen Grabanlagen immer mehr an Bedeutung. Einfache Erd- oder Urnenbestattungen mit einem Marmorsäulchen, einem sogenannten Kioniskos (s. Kap. 7.6.2), zur Kennzeichnung des Grabes prägten ab dem 3. Jh. v. Chr. das Bild des Kerameikos.

4.3 Römische Nekropolen und Gräberstraßen

Die römischen Nekropolen stellen, wie in Athen, auch einen Spiegel der Städte selbst dar, da sie, einhergehend mit deren Entwicklung, einer stetigen Veränderung unterlagen. Am Beispiel von Rom, aber auch unter Einbeziehung anderer italischer Städte, soll dieser Wandel im Folgenden erörtert werden.

In der Frühzeit lagen die Nekropolen mit einfachen Grabformen in unmittelbarer Nähe zur Siedlung. Der Bereich des Forum Romanum in Rom diente vom 8. bis ins 6. Jh. v. Chr. beispielsweise den Siedlungen auf dem Palatin und dem Kapitol als Nekropole. Mit der einsetzenden Urbanisierung musste diese Begräbnisstätte jedoch dem politischen Zentrum der Stadt weichen. Auch auf dem Esquilin befand sich eine Nekropole mit Gräbern des 5., 4. und zum Teil noch 3. Jhs. v. Chr., die der späteren Bebauung zum Opfer fielen.

Nach der Errichtung der ersten Stadtmauer unter König Servius Tullius im 6. Jh. v. Chr. entstanden die ersten Grabbauten vor den Toren der Stadt. Fortan legte man die Nekropolen nur noch außerhalb der Stadt an, ein Brauch, der sich im gesamten Römischen Reich durchsetzte. Wie in Griechenland auch bestand sogar ein Verbot der Bestattung innerhalb der Stadtmauern, das im Zwölftafelgesetz des 5. Jhs. v. Chr. festgeschrieben war. Neben der Hygiene und Vorbeugung von Epidemien dürfte für dieses Verbot die Brandgefahr bei der Einäscherung der Leichname ausschlaggebend gewesen sein, stieg doch mit dem Anwachsen der Stadt die Gefahr, dass man durch das offene Feuer des Scheiterhaufens und durch Funkenflug einen Stadtbrand riskierte.

Die Grabanlagen verteilten sich anfänglich locker verstreut im Gelände, zwischen Gärten und Häusern, wahrscheinlich auf den Besitztümern der Grabherren selbst angelegt. Dabei handelte es sich meist um einfache Erdbestattungen oder unterirdische Grabkammern ohne monumentalen Aufbau, die bestenfalls mit einer schlichten Markierung versehen waren. Leider sind diese Gräber aus der Umgebung Roms nicht erhalten geblieben oder überbaut, so dass ihre ursprüngliche Form nicht mehr zu erkennen ist. Einer der frühesten erhaltenen Grabtypen an der Via Appia ist der Grabbau der Familie der Scipionen mit mehreren unterirdischen Grabkammern.

Mit dem 2. Jh. v. Chr. änderte sich das Bild der Nekropolen dahingehend, dass die bisher eher schlicht gehaltenen Gräber eine monumentalere Gestalt erhielten. Dieser Wandel hin zu aufwendig gestalteten Grabbauten, die eine Zurschaustellung der eigenen Gens beinhalteten, ging einher mit dem wirtschaftlichen Aufschwung nach dem Zweiten Punischen Krieg. Der Ausgestaltung der Städte mit repräsentativen Bauten durch die Nobilität sowie deren Wohnluxus folgte die entsprechende luxuriöse Angleichung der Grabgestaltung, die meist architektonisch geprägt war. Diese Veränderung ist auch am Scipionengrab zu beobachten: Es wurde mit einem sichtbaren Aufbau und einer prächtigen Fassade ausgestattet, bestehend aus Halbpfeilern aus Tuff, Statuen der hier Bestatteten (Publius und Lucius Scipio sowie der Dichter Ennius) und Fresken über den Zugängen zum Grab (Abb. 23).

Ab dem Ende des 2. Jhs. v. Chr. nahm die Anzahl der Grabbauten mit repräsentativem Charakter in der Vorstadtlandschaft Roms rapide zu.

Abb. 23: Rom, Via Appia. Fassade des Scipionengrabs (Rekonstruktionszeichnung)

Die Grabmonumente waren zu regelrechten Reihen entlang der großen Ausfallstraßen zusammengefasst und erstreckten sich oftmals über mehrere Kilometer, in Rom beispielsweise an der Via Appia oder der Via Praenestina (Abb. 24).

Ab dem 1. Jh. v. Chr. bilden sich die Gräberstraßen mit repräsentativem Charakter heraus. Sie waren keine Friedhöfe im eigentlichen Sinn, da sie nicht vordergründig dem Gedenken an den Verstorben dienten. Vielmehr waren die an der Straße aufgereihten Monumente ein wichtiges Mittel zur dauerhaften Repräsentation von Status und Vermögen der wohlhabenden römischen Familien und zur Abgrenzung gegenüber den anderen Bevölkerungsschichten. Wer über die entsprechenden finanziellen Mittel verfügte, ließ für sich und seine Angehörigen einen aufwendigen Grabbau errichten. Form und Aussehen der Grabstätten oblagen den Wünschen der Erbauer. Neben Tumulusgräbern waren mehrstöckige Ädikula-Bauten mit lebensgroßen Statuen der Grabinhaber, monumentale Altargräber oder tempelartige Bauten an den Straßen verbreitet, nach außen hin oftmals reichhaltig verziert mit architektonischen Elementen, Statuen, Reliefs (s. Kap. 7.3.4) und repräsentativen Inschriften (s. Kap. 7.5.3).

Auch der Standort des Mausoleums spielte eine große Rolle. Besonders beliebt waren hierbei die Plätze, die in unmittelbarer Nähe zur Straße oder zur Stadtmauer lagen, da der Grabbau dort von den Vorübergehenden besonders gut gesehen werden konnte. Oftmals waren die Monumente auch in kleinen Gruppen zusammengefasst.

Es muss allerdings zwischen einfacheren und reicheren Bauten unterschieden werden. Während die einfachen Anlagen oft dicht aneinandergedrängt waren, lagen die aufwendigen Monumente isoliert – ein Hinweis auf die besondere Stellung der dort beigesetzten Familie. Als Beispiel ist das Grabmal der Caecilia Metella an der Via Appia zu nennen, ein Tumulusgrab auf hohem Unterbau aus der Mitte des 1. Jhs. v. Chr. (s. Kap. 6.3.2). Das Monument wirkte für sich allein, andere größere Bauten folgten erst in entsprechendem Abstand. Der Großteil der Bevölkerung, also die weniger Wohlhabenden, wurde in den rückwärtigen Teilen dieser Areale in schlichteren Gräbern bestattet, da die begehrten Plätze trotz der großen Ausdehnung der Vorstadtnekropolen dennoch begrenzt und vor allem teuer waren.

In Ostia stammen die frühesten erhaltenen Grabbauten aus dem 1. Jh. v. Chr. Sie befanden sich in den Nekropolen vor der Porta Romana und der Porta Laurentia. Vor der Porta Romana an der

Abb. 24: Rom. Grabbauten entlang der Via Appia (Rekonstruktionszeichnung)

Via Ostiensis lassen sich schon seit dem 2. Jh. v. Chr. Bestattungen nachweisen, die aber eher bescheiden ausfielen, bestehend aus schlichten, in den Boden eingelassenen Tonurnen. Genau wie in Rom wandelte sich das Bild der Nekropole im 1. Jh. v. Chr. zu rechteckigen, umfriedeten Grabbezirken, in denen die Urnen im Boden beigesetzt wurden. Im Laufe der Zeit kam ein großes, rechteckiges, aus Quadermauerwerk bestehendes Monument hinzu, das dem Bezirk vorangestellt war und eventuell einen oberen Aufbau mit Säulen oder einer Ädikula besaß. Das Monument war direkt der Straße zugewandt und dominierte somit das Bild der Anlage, das sich dem Passanten bot. Der angeschlossene Grabbezirk trat in den Hintergrund.

An der Via Laurentia begann die Belegung erst in frühaugusteischer Zeit, im dritten Viertel des 1. Jhs. v. Chr. Auch hier dominierten Gräber mit umfriedetem Bezirk und der Straße zugewandtem Quadermonument. Die Grabstätten bildeten zur Straße hin eine geschlossene Front, die sich relativ schmucklos präsentierte. Nebeneinanderliegende Anlagen waren zudem in Größe und Tiefe relativ einheitlich gestaltet. Wie einige Inschriften belegen, handelte es sich dabei zumeist um die Gräber von Freigelassenen. Daneben kamen häufig auch Kolumbarien vor, die im Gegensatz zu den späteren Bauten mit großen Ausmaßen, einem Kammergrab mit mehreren Räumen ähnelten und oberirdisch angelegt waren, umgeben von hohen Mauern (s. auch Kap. 6.2.4.1). Ein Raum nahm die Bestattungen in Form von Aschenurnen auf. Des Weiteren gehörten ein Triklinium sowie ein offener Hof, in dem sich das *ustrinum* befand, zu den Gräbern.

Mit dem Beginn der Kaiserzeit, ab dem 1. Jh. n. Chr., erfolgte ein Wandel in der Gestaltung der Nekropolen Roms. Während die äußere Erscheinung der Grabbauten entlang der Gräberstraßen bescheidener ausfiel, die Fassade nur noch von schlichten Elementen geprägt war, lag das Hauptaugenmerk nun auf einem reich ausgestatteten Innenraum, wobei beispielsweise für die Bankettträume Komponenten der eigenen Häuser und Villen übernommen wurden, um eine eher festliche Wirkung zu erzielen.

Auch die Standorte für die Grabbauten änderten sich. In spätrepublikanischer Zeit waren die Nekropolen systematisch geplant und die Bauten streng an den Hauptverkehrsstraßen ausgerichtet. Ab dem 1. Jh. n. Chr. verlagerten sie sich eher an Nebenwege oder Seitenarme der Hauptstraße. Die Wege waren auf die Erschließung der Gräber ausgerichtet und endeten meist in einer Sackgasse. Charakteristisch ist zudem die lockere Verteilung der ersten Grabbauten im Gelände und die Errichtung in großem Abstand zur Straße – ein grundsätzlicher Wandel zum vorangegangenen System, bei dem ein Grabplatz direkt an der Hauptstraße angestrebt wurde.

Gräberfelder dieser Art finden sich beispielsweise an Seitenwegen der Via Appia, unter der heutigen Kirche S. Sebastiano, oder in Ostia, an der Porta Laurentia. Die persönlichen Interessen hatten sich dahingehend verändert, dass der Grabbau selbst nicht mehr auf die Öffentlichkeit ausgerichtet war. Mit der aufwendigen Gestaltung der Innenräume und speziell der Triklinien für die zum Teil ausschweifenden Totenfeiern zeichnete sich nun eine andere Form der Selbstdarstellung der wohlhabenden Bevölkerung ab.

Die einzelnen Grabbezirke konnten durch mehr oder minder hohe Mauern gewissermaßen voneinander abgegrenzt sein. Besonders in den italischen Landstädten und in den westlichen Provinzen ist diese Entwicklung zu beobachten. In Pompeji lagen die Grabmonumente zu dieser Zeit oftmals in einer Art Hof, der von hohen Mauern umgeben war. Die Fassade zur Straße war hierbei zumeist reich ausgestattet, beispielsweise mit bildlichen Darstellungen von Gartenlandschaften oder Ähnlichem. Der Gestaltung der Fassade der Mauern kam demnach eine besondere Bedeutung zu.

Ab dem 2. Jh. n. Chr. erschienen die Grabbauten an den Gräberstraßen in Form von dicht aneinandergereihten Ziegelbauten. Der Ziegel als Baumaterial hatte sich im Laufe des ersten nachchristlichen Jahrhunderts durchgesetzt. Die Bauten selbst boten mit wenigen Ausnahmen ein relativ einheitliches Bild, bestehend aus einer schlichten, nur teilweise mit Pilastern gegliederten Fassade und einem Dreieckgiebel als oberen Abschluss. Die Fassade diente nur noch als äußere Abgrenzung des Grabbezirks und wurde nicht mit aufwendigen gestalterischen Mitteln hervorgehoben. Dieser Umstand weist darauf hin, dass zwischen den einzelnen Grabherren nun weniger Konkurrenz herrschte beziehungsweise ein gleich gut situiertes Publikum seine Familienangehörigen innerhalb einer Nekropole bestattete. Als Beispiele können hier die vatikanische Nekropole unter St. Peter in Rom oder die Isola Sacra (Abb. 25; s. auch Kap. 6.4) bei Ostia angeführt werden. Seltenheitscharakter hatten besondere Grabformen, wie Altäre, Ädikula oder tempelartige Bauten.

Auch bei den Grabbauten dieser Zeit lag das Hauptaugenmerk wiederum auf der Innenausstattung, die zumeist aus Mosaikfußböden, Wand- und Deckenmalerei sowie Stuckdekorationen bestand. Zu den Bauten gehörten gemauerte Bänke für die Totenmahle, die vor dem Eingang des Mausoleums aufgestellt wurden. Daneben gab es auch größere Anlagen, die zwischen bestehenden Monumenten an den Straßen, im Zusammenhang mit Villen oder separiert in einem Hain lagen. Die Gräberstraße an sich verlor

Abb. 25: Ostia. Grabbauten auf der Isola Sacra

jedoch ihre repräsentative Bedeutung dahingehend, dass sie nur noch als Zugang zu den Grabbauten diente.

Insgesamt bleibt festzuhalten, dass sich die Grabanlagen im 2. Jh. n. Chr. von der Öffentlichkeit stärker abgrenzten. Das Abrücken von der Straße in abgeschiedene Areale, die schlichten Fassaden und die Verbindung der Bauten mit Vorhöfen, die für den Kult genutzt wurden, zeigen, dass die Grabbezirke für eine kleinere Gemeinde beziehungsweise Familie bestimmt waren. Die Gestaltung der Grabbauten war nicht mehr von dem Wunsch geprägt, dem Verstorbenen ein prunkvolles Ehrenmonument an einer Gräberstraße zu schaffen, sondern beschränkte sich auf den Aspekt des familiären Verweilens am Grab.

Im 2. Jh. n. Chr. wurde ein Gesetz eingeführt, dass die Unantastbarkeit der Gräber garantierte. Sie galten als sakrosankt und durften von Fremden nicht betreten werden. Das Gesetz galt zudem der Vorbeugung von Grabschändung. Wer diese Bestimmung missachtete, hatte mit hohen Strafen zu rechnen.

Mit der Hinwendung zu aufwendig gestalteten Innenräumen wurde es zunehmend üblich, die Verstorbenen in prunkvoll ausgeführten Sarkophagen zu bestatten (s. Kap. 5.3.2.2).

Ab der Mitte des 3. Jhs. n. Chr. verloren die Gräberstraßen stetig an Bedeutung. Die bestehenden Nekropolen wurden zwar weiterhin benutzt, aber selten kamen neue Grabbauten hinzu. Vielmehr verband man die alten Monumente mit Mauerzügen, unterteilte und erweiterte sie, um Behelfsgräber zu schaffen. Die Sarkophage stellte man einfach in die alten Bauten, manchmal so viele auf einmal, dass der Zugang zu den Innenräumen zum Teil beeinträchtigt wurde. Auf diese Weise war aber die Sarkophagbestattung auch für die mittleren Bevölkerungsschichten erschwinglich, da nicht extra ein Grabbau errichtet und finanziert werden musste. Neben den Sekundärbestattungen in den alten Monumenten befanden sich die Gräber jetzt weitestgehend unter der Erde, in Hypogäen oder katakombenähnlichen Anlagen.

4.4 Sonstige Bestattungsareale

4.4.1 Wohnstätte und Grab

Viele Bestattungsplätze, die der uralten Sitte folgten, sich dort bestatten zu lassen, wo man wohnte, entsprangen dem Wunsch der Hinterbliebenen, die Verstorbenen möglichst nahe bei sich zu haben. Diese enge Verbindung zwischen der Welt der Lebenden und der Welt der Toten lässt sich bis in die Urgeschichte zurückverfolgen.

Die direkteste Beziehung von Grab und Haus ist dann gegeben, wenn die Bestattung in der Wohnstätte selbst erfolgte. So wurden beispielsweise in der neolithischen Siedlung von Çatal Höyük (7. Jt. v. Chr.) in vielen Wohnhäusern Gräber unter den Sitz- und Schlafpodesten gefunden. Hierbei handelte es sich zum größten Teil um Mehrfachbestattungen, so dass eine Nutzung als Familiengrab wahrscheinlich ist. Die Verstorbenen wurden ausschließlich sekundär bestattet, das heißt, sie wurden zunächst in speziellen „Beinhäusern“ skelettiert. Anschließend wurden ihre Knochen in Stoff oder Felle eingehüllt und – zum Teil mit Ocker bestreut – in ihren jeweiligen Wohnhäusern in Hockerstellung beigesetzt. Dieser Brauch der Erdbestattung unter den Fußböden der Wohnhäuser blieb während der gesamten neolithischen Phase unverändert und ist auch in Hacilar, Cudeyde, Mersin, Çayönü und selbst in mitteleuropäischen Siedlungen zu beobachten.

Die Verbindung von Residenz und Grab besitzt im Orient eine lange Tradition und lässt sich vor allem bei den königlichen Friedhöfen gut fassen. So gab es bereits in Ur während der frühsumerischen Periode im 3. Jt. v. Chr. ein Gebiet südöstlich des zentralen Heiligtums, das für Bestattungen vorgesehen war; der Palast der 3. Dynastie war kaum 40 m nordwestlich dieses Königsfriedhofs gelegen. Den Kern der Nekropole bildeten 16 außerordentlich reich ausgestattete Gräber. Die aus Stein oder Ziegeln erbauten und überwölbten Grabkammern waren über einen schräg in die Erde verlaufenden Dromos zugänglich, der jedoch gleich nach der Beisetzung wieder verschüttet wurde. Die Toten wurden auf den Boden gelegt, in speziellen Sarkophagen oder auf hölzernen Klinen gebettet. Neben kostbarer Kleidung und Schmuck enthielten die Gräber Gefäße mit Nahrung, Rollsiegel, Spielbretter sowie zahlreiche Geräte und Waffen aus Edelmetall; offenbar ist den Herrschern auch ein großer Teil ihres Hofstaates mit ins Grab gefolgt. Um die Königsgräber herum gruppierten sich in der Folgezeit zahlreiche Privatgräber, durchgehend Einzelgräber mit Beigaben, von denen etwa 2000 durch die Grabungen von C. L. Woolley dokumentiert werden konnten. Nur wenige Meter südöstlich der frühdynastischen Königsgräber und unmittelbar außerhalb des heiligen Bezirks wurde das Mausoleum der 3. Dynastie von Ur (2250–2143 v. Chr.) angelegt.

Einen ähnlichen Befund zeigt auch die Metropole von Assur. Die Grüfte der assyrischen Könige lagen unmittelbar an den „alten Palast“ anschließend, sogar noch innerhalb von dessen Grenzmauern, und, ähnlich den Grüften und Gräbern der Privathäuser, unter dem sonst nicht unterkellerten Fußboden. Wie in Ur, so führten auch hier überwölbte Rampengänge und Treppen vom Palast zu den sechs ineinander verschränkten und überwölbten Grüften aus Ziegeln. Leider sind die Gräber sämtlich beraubt und zum Teil stark zerstört, so dass sie kaum Aussagen zu ihrer einstigen Ausstattung erlauben.

Mit dem Sieg von 555 v. Chr. über die Meder in der großen Ebene von Murghab begründete Kyros (559–530 v. Chr.) das in der Folgezeit immer stärker expandierende persische Großreich. In der Nähe dieses Schlachtortes legte er schließlich den Grundstein für die neue Hauptstadt Pasargadae. Das Gelände wurde beherrscht von einer Festung, die auf einem flachen Hügel thronte. In der Ebene südwestlich unterhalb der Festung erstreckten sich die beiden Paläste und zwei sogenannte Pavillons, einst umgeben von Gärten; weiter östlich lag ein heiliger Bezirk mit zwei großen Altären. Von hier aus kann man auf das Grab des Kyros ganz im Südosten des gesamten Areals blicken. Der antike Schriftsteller Arrian (An. 6,29,4 f.) beschreibt, dass das Grab einst im königlichen Garten von Pasargadae gelegen und von allen Sorten Bäumen und hohem Gras umgeben war.

Das freistehende Bauwerk aus massivem Stein bestand aus einem sechsstufigen, sich nach oben verjüngenden Treppensockel, auf dem die 6,40 m × 5,35 m große Grabkammer in Form eines Hauses mit Satteldach ruhte (Abb. 26). Die Kammer, in der einst der goldene Sarkophag des Königs stand, konnte durch eine Tür betreten werden. Das Grab war offenbar schon in der Antike berühmt, denn Alexander der Große ließ es öffnen und restaurieren, wie wir von Strabon (Geographie 15,3,7) und Arrian (An. 6,29,4–8) erfahren.

Dareios der Große (521–486 v. Chr.), der Neffe des Kyros, baute zunächst an dem Projekt seines Onkels in Pasargadae weiter und ließ einen weiteren Palast in Susa anlegen, bevor er in einer weiten Ebene im Zentrum des Persischen Reiches seine neue Residenz Persepolis errichten ließ. Wie diejenige von Pasargadae wurde auch die Residenz von Persepolis „auf der grünen Wiese“ erbaut. Sie lag weder im Bereich einer früheren Stadt noch erfolgte hier später eine weitere Besiedlung. Auf dem Hügel direkt oberhalb

Abb. 26: Pasargadae (Iran). Grab des Kyros

der großen Palastterrasse befand sich, wie in Pasargadae, eine Festungsanlage.

Das Grab von Dareios I. liegt in Naqsh-i-Rustam, knapp 6 km nördlich vom Palast entfernt, und wurde in die Felswand des Berges Hussein Kuh geschlagen. Dareios erschuf mit seinem Grab einen völlig neuen Typus, der jedoch – im Gegensatz zum Kyros-Grab – vorbildhaft auf die Grabanlagen der folgenden persischen Herrscher wirkte. Die aus dem Fels geschlagene kreuzförmige Fassade von 23 m Höhe imitiert eine durch Säulen gegliederte Gebäudefassade, die derjenigen des Palastes in Persepolis entspricht. Die im Zentrum befindliche Tür führte zu drei dahinterliegenden, ebenfalls in den Fels geschlagenen Grabkammern mit jeweils drei Grablegen, die vermutlich jedoch nicht gleichzeitig angelegt wurden. Zwischen die Säulen wurde eine Inschrift gemeißelt, die einen Rechenschaftsbericht des Königs enthält. Darüber sind Reliefs angebracht, die ein „politisches Programm" zeigen, ähnlich wie die Reliefs im Palast selbst; daraus wurde gefolgert, dass der Palast und das Grab etwa zur selben Zeit geplant und errichtet wurden.

Etwa 100 m südwestlich vom Grab des Dareios entfernt befindet sich die Grablege seines Nachfolgers Xerxes (486–465 v. Chr.). Sie wurde ebenfalls in den Fels geschlagen und fast identisch gestaltet. Etwa 37 m westlich liegt das Grab des Artaxerxes I. (465–425/24 v. Chr.), das in der Gestalt dem des Dareios I. und dem des Xerxes gleicht. Weitere 33 m westlich von diesem Grab befindet sich die ebenfalls identisch konstruierte Grablege von Dareios II. (425/24–405/04 v. Chr.) (Abb. 27).

Auch in den Fels des Berges Rahmat direkt oberhalb der Palastterrasse von Persepolis wurden mehrere Grabkammern geschlagen, die mit ihren architektonisch gefassten Fassaden auf den darunterliegenden Palast ausgerichtet sind. Verschiedene Gründe sprechen dafür, dass es sich bei dem südlichen Grab, das – wie alle anderen – wiederum das Grabmal Dareios' I. zum Vorbild hat, um die Ruhestätte von Artaxerxes II. (405/04–359/58 v. Chr.) handelt. Es ist das ein-

Abb. 27: Naqsh-i-Rustam (Iran). Felsgräber der persischen Könige

zige Grab in diesem Bereich, das eine Inschrift trägt, und könnte daher, wie das Grab Dareios' I. bei Naqsh-i-Rustam, das erste hier angelegte sein.

Dem Palast von Persepolis am nächsten – und als Erstes über einen Fußweg von hier zu erreichen – liegt ein weiteres Grab ganz ähnlicher Gestalt, wahrscheinlich dasjenige des Artaxerxes III. (359/58–338/37 v. Chr.). Schließlich ist noch ein sechstes Grab zu erwähnen, das sich etwa 500 m südöstlich des Palastes befindet. Da es unvollendet blieb, wird es dem letzten Achämenidenherrscher Dareios III. (336/35–330 v. Chr.) zugeschrieben, der von Alexander dem Großen bei Gaugamela besiegt wurde und schließlich auf der Flucht in Baktrien den Tod fand.

Das Felsgrab Dareios' I. wurde folglich noch fünf Mal, also von sämtlichen Nachfolgern, kopiert. Durch diese Wiederholung sollte vermutlich die enge Verbundenheit der achämenidischen Herrscher und die Einheit ihrer Dynastie zum Ausdruck gebracht werden.

4.4.2 Griechenland: Verbundenheit mit dem heimatlichen Boden

In die Kategorie der Verbindung von Wohnsitz/Residenz und Grab gehören auch ländliche Bestattungsplätze, wie sie vielerorts in unmittelbarer Nähe griechischer Bauernhöfe gefunden wurden. Lediglich die Angst vor Seuchen hatte vermutlich zu einer gesetzlich vorgeschriebenen Trennung von Wohn- und Bestattungsplatz und zur Herausbildung separater Nekropolen geführt. Für die Griechen war dennoch eine Verbundenheit mit heimatlicher Erde als Sinnbild der familiären Bindung besonders wichtig, wie an einigen Beispielen gezeigt werden kann.

Für die geometrische und früharchaische Zeit sind im griechischen Kulturkreis die Befunde zu Gräbern, die nicht in den städtischen Nekropolen angelegt wurden, und zugehörigen ländlichen Siedlungen zu sporadisch beziehungsweise zu schlecht untersucht, als dass sie gesicherte Aussagen zu ihrer Anlage und Topographie zulassen. Vereinzelt gibt es aber Bestattungen lokaler Herrscher im Umfeld von Residenzen. Als ein frühes Beispiel aus protogeometrischer Zeit ist Lefkandi auf Euböa anzuführen, wo sich der Besitzer eines größeren Anwesens (das sogenannte *toumba building*), vermutlich ein lokaler „Häuptling" oder Fürst, nach seinem Tod direkt unter dem Fußboden des Hauses – mit einem für diese Zeit typischen lang gestreckten Grundriss mit apsidalem Abschluss – bestatten ließ; das Gebäude selbst wurde später möglicherweise zu einer Art Kultzentrum oder Heroon für den Bestatteten, bis schließlich um den Platz herum nach und nach eine Nekropole entstand.

In archaischer Zeit lassen lediglich einige Grabhügel über Einzelgräbern in Anavyssos, Vari, Velanideza, Vourva und Petreza etwas von dem vorhandenen Potenzial an ländlichen Grabanlagen abseits größerer Nekropolen erahnen. Erst für die klassische Zeit, als die Gräber auf dem Land stets in unmittelbarer Nähe der Ansiedlungen beziehungsweise Gehöfte angelegt wurden, werden die Befunde wieder deutlicher. So konnte etwa in dem attischen Verwaltungsbezirk *(demos)* Atene bei unzähligen Gehöften ein zugehöriger Bestattungsplatz nachgewiesen werden. Dies bezeugt letztendlich eine tiefe Verwurzelung der Bauern mit ihrem Land, in dem die Gebeine der Vorfahren ruhten, betonte doch das Familiengrab auf dem eigenen Grund und Boden Alter und Rechtmäßigkeit des Besitzanspruches und informierte gleichzeitig den Vorbeireisenden über den Namen der hier ansässigen Familie. Für die enge Bindung der jeweiligen Familie an ihren Grund und Boden spricht auch die zum Teil lange Belegungszeit der Grabbezirke, in denen oft über Generationen hindurch bestattet wurde. Jeder Athener wurde, bevor er ein offizielles Amt bekleiden konnte, gefragt, wo seine Gräber liegen: ein Synonym für die Frage nach der Herkunft des Bewerbers, der wohl auch mit Stolz auf die Ahnenverbindungen zu einzelnen ländlichen Regionen verwiesen haben wird.

Aus der spätklassischen Zeit sind auf dem Land vor allem Grabterrassen *(periboloi)* und Reste *(krepides)* von Grabhügeln erhalten geblieben.

Die großen Grabterrassen lagen meist an leicht ansteigenden Hängen und besaßen daher nur eine aus größeren Steinblöcken bestehende Schaufront. Die meisten der Grabanlagen säumten – vergleichbar den Anlagen innerhalb der Nekropolen – Straßen und Wege. Vor allem größere Grabbezirke sind deshalb heute wichtige Zeugnisse für den antiken Straßenverlauf. Neben der Nähe zur Straße war außerdem oftmals der Bezug der Grabanlage zur Wohnstätte der jeweiligen Familie, also gewissermaßen zwischen der Welt der Lebenden und der Welt der Toten, von besonderer Bedeutung.

Mehrere Grabanlagen wurden darüber hinaus an besonders markanten Plätzen angelegt und oftmals in die Flucht einer Flurgrenze eingebunden, die offenbar die Grundstücksgrenze eines Anwesens markierte. Die Wohngebäude selbst waren dagegen mehrere Hundert Meter von dort entfernt und außer Sichtweite gelegen.

Ähnliche Befunde wie in Attika erbrachten auch archäologische Surveys auf der Halbinsel von Halikarnassos oder bei Kyaneai im Südwesten Kleinasiens. Auch hier konnte häufig eine enge Nachbarschaft von Grabtumuli und Gehöften beobachtet werden.

Ein berühmter Bau, der uns die Möglichkeiten von privatem Heroenkult und Repräsentation in der spätklassisch-frühhellenistischen Zeit vor Augen führt, ist das sogenannte Charmyleion auf Kos – ein Grabmal, das vermutlich zum Gelände eines Landsitzes im Hinterland der griechischen Insel gehörte. Es handelt sich um ein zweistöckiges Gebäude aus der Zeit um 300 v. Chr., bestehend aus einem Podiumsgeschoss mit zwei Räumen, die jeweils eine große Tür besaßen, über einer Gewölbekrypta mit sechs Nischen für Bestattungen und einem darauf gelagerten tempelartigen Bau (Naiskos) in ionischer Ordnung (Abb. 28). Einer angebrachten Inschrift zufolge wurde das Monument als Familiengrab für einen gewissen Charmylos und seine Familie errichtet. Außerdem erwähnt die Inschrift einen Grabbezirk *(temenos)* mit Gärten und weiteren Bauten zu Ehren der zwölf Götter und des Charmylos, dem Heros der Familie der Charmyleioi. Hierdurch ist die Funktion des Baues als Familiengrabbau für Charmylos sowie dessen Angehörige und Nachkommen gesichert. Das Grabmal ist daher von großer religionsgeschichtlicher Bedeutung und gewährt auch durch seinen Erhaltungszustand einen guten Einblick in die Konzeption frühhellenistischer Anlagen, die dem Heroenkult eines Familienverbandes dienten.

4.4.3 Etrurien: Grabhügel als Geländemarken

Ähnlich wie die Grabbezirke der griechischen Landgüter fungierten auch die etruskischen Grabhügel als Geländemarkierung und Kennzeichnung von Besitztümern. So scheinen die beiden gewaltigen, nur durch einen Wasserlauf voneinander getrennten Tumuli bei Cortona in der Toskana, die sogenannten Meloni, die Grenze zweier Grundbesitztümer zu markieren.

Die wie auf einer Schnur aufgereihten Tumuli von Sodo und Camucia im Tibertal bei Cortona lagen vermutlich jeweils an den Zugängen zu den einzelnen Landgütern und waren damit nicht nur ein Zeichen der Macht der einzelnen fürstlichen Familien an den Grenzen ihrer Territorien, sondern sie zeigen auch die Land- und die Rollenverteilung bei der Kontrolle über Verkehr und Handel in dem Flusstal in archaischer Zeit.

Während allerdings für die meisten etruskischen Tumuli eine Zugehörigkeit zu einem aristokratischen Landsitz nur vermutet werden kann, lässt sich in einigen wenigen Fällen eine Zusammengehörigkeit auch nachweisen. So gehört der monumentale Tumulus auf dem Monte Calvario, einem Hügel oberhalb von Castellina in Chianti, den Befunden zufolge zu einer Siedlung, die sich in unmittelbarer Umgebung des Ortes befindet, jedoch bislang archäologisch nicht untersucht wurde. Ob es sich hierbei um einen Fürstensitz oder „Palast" handelte, ist ungewiss, darf aber aufgrund der Ausmaße des Grabhügels mit seinen vier Grabkammern und den gefundenen Resten der Beigaben vermutet werden. Der Hügel überragt auch heute noch das Städtchen Castellina und ist schon aus weiter Ferne zu sehen; seine Funktion als Landmarke wird damit immer noch sehr deutlich.

Der wohl bekannteste und bestuntersuchte Fürstensitz ist der „Palast" von Poggio Civitate

(Murlo) in der Zentraltoskana, der genau im Zentrum zwischen Roselle, Populonia, Volterra, Chiusi und Vulci liegt. Die Anlage befindet sich auf einem 365 m hohen Hügel, der das Ombrone-Tal – zusammen mit dem einige Kilometer weiter südöstlich und jenseits des Flusses gelegenen Hügel von Montalcino – weithin überragt. Während die Gebäude der orientalisierenden und archaischen Zeit auf dem Plateau des Poggio Civitate-Hügels liegen, befindet sich die zugehörige Nekropole auf dem Poggio Aguzzo, einem direkt anschließenden kleineren Nebenhügel, der mit dem „Palast" über ein längliches Plateau, den sogenannten Piano del Tesoro, verbunden ist. Vom Poggio Aguzzo stammen Altfunde, unter anderem Bronzeschnallen mit Eiseneinlage, ein Bronzehelm, eine eiserne Speerspitze sowie mehrere Bronzefibeln.

Bei einer 1972 durchgeführten Grabung kamen neun Kammergräber zutage, die zum Teil reiche Beigaben enthielten, darunter auch reliefverzierte Keramik (Bucchero, Salbgefäße) meist einheimischer Produktion. Die Gräber werden in die Zeit zwischen 650 und 600 v. Chr. datiert und gehören daher mit Sicherheit zum „Palast" von Poggio Civitate.

Eine Zusammengehörigkeit von Siedlung („Palast") und Nekropole lässt sich auch in Castelnuovo Berardenga bei Siena nachweisen. Der Ort liegt an der Ombrone-Quelle im Hügelland des südlichen Chianti. Im Gegensatz zur Siedlung ist die Nekropole auf dem Hügel von Poggione,

Abb. 28: Kos. Heroon des Charmylos und seiner Familie (Rekonstruktionszeichnung)

der von der Ansiedlung heute durch die Straße von Castelnuovo Berardenga nach Montevarchi getrennt wird, gut dokumentiert. Aufgrund ihrer Datierung (letztes Viertel 7. bis erstes Viertel 6. Jh. v. Chr.) gehört sie höchstwahrscheinlich zu der Siedlung von Piano Tondo, deren Fundmaterial in dieselbe Zeit datiert. Die Gräber bestanden aus in die Erde eingelassenen Kammern mit Dromos und einer Einfassung mit Kalksteinplatten. Ihre reiche Ausstattung legt die Vermutung nahe, dass es sich um den Friedhof einer aristokratischen Familie handelt.

Wie die genannten Beispiele zeigen, lässt sich also auch in Etrurien vereinzelt eine enge Verbindung von aristokratischen Residenzen und ihren zugehörigen Nekropolen nachweisen; darüber hinaus ist sie für die meisten Fälle zu vermuten.

4.4.4 Imperium Romanum: Bestattungen *in villa*

Bei den Römern gab es offenbar für die Anlage von Einzelgräbern auf extraurbanem Privatgrund abseits der Nekropolen und Gräberstraßen keine gesetzlichen Einschränkungen. Cicero erwähnt lediglich eine Vorschrift, die es verbot, dass ein Grab näher als 60 Fuß vom Haus eines anderen entfernt gegen dessen Willen angelegt wurde; was die Entfernung vom eigenen Haus betrifft, so stand es dem Hausherrn offenbar frei, wo er ein Grab anlegte.

Einen Einblick in die Erwägungen, die zur Wahl eines Bestattungsplatzes führten, gibt uns Cicero in den Briefen an seinen Freund Atticus. Darin wünscht er sich für das Grab seiner verstorbenen Tochter Tullia einen landschaftlich reizvollen, aber gleichzeitig vielbesuchten Ort und erwägt schließlich eine Bestattung auf seinem Landgut bei Tusculum, das sogenannte Tusculanum. Ein weiterer Grund, warum sich jemand für die Bestattung auf eigenem Grund und Boden entschied, war neben der repräsentativen Funktion, die ein Grabmonument für die Villa innehatte, offenbar auch der hohe finanzielle Aufwand für ein stadtnahes Grabgrundstück, den er auf diese Weise vermeiden konnte – vorausgesetzt, der Grabbau erreichte aufgrund einer günstigen Platzierung die gewünschte Öffentlichkeit.

Die ältesten römischen Villenbestattungen sind noch stark in italischen Traditionen verwurzelt, wie das Beispiel des Hypogäums der Familie der Furii aus dem 4./3. Jh. v. Chr. beweist, dessen Architektur Parallelen bei etruskischen Felsgräbern findet. Ebenfalls etruskischen Ursprungs sind die zahlreichen Tumuli, die sich römische Aristokraten auf ihren Landsitzen errichten ließen. Dabei handelt es sich allerdings nicht um eine kontinuierliche Übernahme von der archaisch-etruskischen bis zur spätrepublikanisch-römischen Zeit, vielmehr dürfte das Wiederaufkommen der Tumuli durch einen Rückgriff auf altitalische Traditionen und einen wachsenden hellenistisch-östlichen Einfluss zu erklären sein. Nicht nur die architektonische Form, sondern auch die Lage an topographisch herausragenden Plätzen oder an Grundstücksgrenzen greift aber wohl auf die Grabanlagen etruskischer Aristokraten zurück.

Viele der erhaltenen Grabbauten aus spätrepublikanischer Zeit auf dem eigenen Grundstück lassen sich oftmals mit bedeutenden Persönlichkeiten verbinden: Licinius Lucullus, Pompeius Magnus, Cicero, Munatius Plancus, Sempronius Atratinus, Mamurra/Vitruv, Vergil oder den Plautii. Demnach war offenbar unter Angehörigen der höchsten Gesellschaftsschicht die Bestattung *in villa* besonders beliebt. Die erhaltenen Grabbauten finden sich vor allem im stadtrömischen Suburbium, im Gebiet von Tusculum, in den Albaner Bergen oder an der Küste im Süden Latiums.

Unter den Grabbauten der Villenbesitzer sind die geläufigsten Typen ihrer Zeit vertreten: zunächst Hypogäen, später Tumuli oder mehrstöckige Ädikula-Bauten. Die Tumuli sind auch an den Gräberstraßen im stadtrömischen Suburbium die beliebteste Grabform der Aristokratie, bis hin zu Kaiser Augustus selbst.

Auch unter Mitgliedern des augusteischen Kreises ist eine Bestattung *in villa* oder *in horto* (Garten) beliebt. Es verwundert deshalb nicht weiter, dass es gerade die stadtrömischen Gärten sind, in denen sich Agrippa, Maecenas oder Horaz einen Grabbau errichten ließen. Die ausgedehnten Gärten der Hauptstadt müssen hinsichtlich ihres Erwerbs und ihrer Unterhaltung horrende Summen von Geld verschlungen haben und waren gerade aus diesem Grund für repräsentative Grabbauten der obersten Gesellschaftsschicht natürlich besonders geeignet.

Im Vergleich zur spätrepublikanischen und augusteischen Zeit ist die Sitte, Grabbauten *in villa* zu errichten, während der Kaiserzeit in breiteren Bevölkerungsschichten üblich. So leisten sich nun auch Veteranen und Freigelassene auf ihren Landgütern mehr oder weniger aufwendige Grabbauten. Allerdings befinden sich darunter auch noch immer wieder Mausoleen der höchsten gesellschaftlichen Kreise. Ein bekanntes Beispiel ist der Kenotaph für Annia Regilla, den Herodes Atticus auf seinem Gut an der Via Appia errichten ließ (Abb. 29).

Einem Konsul gehörte das Felsgrab unterhalb einer Villa bei Palazzola am Albaner See. Einen besonderen Aufschwung erlebte die Region um Tivoli im 2. Jh. n. Chr. durch die Anlage der Villa Hadriana. In zahlreichen Villen der Gegend können Grabbauten nachgewiesen werden.

Mit der fortschreitenden Eroberung neuer Gebiete und der damit verbundenen Romanisierung der einheimischen Kulturen verbreitete sich auch in den Provinzen die Sitte, sich in unmittelbarer Nähe der Villen Grabmonumente errichten

Abb. 29: Rom. Grabbau/Kenotaph der Annia Regilla (sogenannter Tempel des Deus Rediculus)

zu lassen. Es erscheint beinahe selbstverständlich, dass sich die Verbreitung von Grabbauten *in villa* mit der Verbreitung des Villenwesens allgemein deckt. So finden sich im Westen des Imperium Romanum relativ viele Bestattungen *in villa,* während sie im Osten weitgehend fehlen. In Hispanien liegen die ersten architektonisch gefassten Villengräber bereits aus der ersten Hälfte des 1. Jhs. n. Chr. vor. Sie sind besonders in den Regionen um die Zentren der Romanisierung, zum Beispiel Tarraco, Caesaraugusta, Emerita Augusta, und über alle Jahrhunderte der römischen Herrschaft hindurch auf der Iberischen Halbinsel verbreitet. Im Gegensatz zu Italien oder Gallien, wo die prächtigsten Grabbauten in städtischen Nekropolen oder an Gräberstraßen zu finden sind, gehören die aufwendigsten Grabmonumente Hispaniens – meist tempelförmige Anlagen wie das Mausoleum von Fabara (Abb. 30) – zu Villen.

Einen besonderen Aufschwung erlebte das Villenwesen in Hispanien noch einmal in der Spätantike, und so verwundert es wenig, dass auch die meisten Mausoleen *in villa* ins 4. Jh. n. Chr. datieren. In der Mehrzahl handelt es sich dabei um Zentralbauten, die oft mit Apsiden und Konchen ausgestattet waren und einer reichseinheitlichen, frühchristlichen Sepulkralarchitektur zuzuordnen sind.

In Gallien hingegen sind die aufwendigsten Grabbauten vor allem in der schon länger romanisierten Gallia Narbonensis und dort meist in städtischen Nekropolen zu finden. Die Bestattungen der Villenbesitzer, bei denen es sich meist um einheimische Aristokraten handelt, waren eher einheimischen Traditionen verpflichtet. Oftmals zeichnet sich der Reichtum nur im Beigabenspektrum aus. Die meisten Grabmonumente sind Tumuli, die mehr oder weniger architektonisch gefasst sein können und bis ins 4. Jh. n. Chr. vorkommen. Aufwendige Grabbauten sind Ausnahmeerscheinungen.

Auch in Britannien, das erst im Laufe des 1. Jhs. n. Chr. unter römische Herrschaft kam, waren die meisten Villenbesitzer romanisierte Aristokraten, die ihre Gutshöfe relativ schnell nach römischem Vorbild umgestalteten. Die Grabanlagen jedoch folgten zum Teil noch einheimischen Traditionen. Neben reich ausgestatteten Körpergräbern ohne architektonische Fassung finden sich vor allem Tumuli, die im 3. und 4. Jh. n. Chr. durch Mausoleen abgelöst werden, die der keltischen Bauform der sogenannten gallo-römischen Umgangstempel – einem Modell mit quadratischem, turmartigen Kernbau und umlaufender, niedrigerer Säulengalerie – folgten.

In den Nordprovinzen gehörten die Villen neben einheimischen Aristokraten vor allem Kolonisten und Veteranen aus anderen Reichsteilen, die ihre eigenen Bestattungs- und Bautraditionen mitgebracht hatten. So ist das Spektrum der Grabbauten *in villa* sehr vielfältig und beinahe alle bekannten Architekturformen sind vertreten. Lediglich im Mittelrhein-Mosel-Gebiet sind die schon in vorrömischer Zeit von der Oberschicht verwendeten Tumuli in der Überzahl. Eine andere lokal entstandene Form sind die rheinischen Pfeilergrabmäler. In Pannonien und Thrakien sind Tumuli schon seit prähistorischer Zeit weit verbreitet. Auch einige Villengräber aus römischer Zeit gehören zu dieser Gattung. Aus der mittleren Kaiserzeit gibt es nur wenige Grabbauten *in villa,* während mit dem Aufblühen der Donauprovinzen in tetrarchischer Zeit (285–306 n. Chr.) eine deutliche Zunahme aufwendiger Grabmonumente bei den Villen zu verzeichnen ist.

In Griechenland finden sich die meisten Grabbauten *in villa* in den Gebieten um die wichtigen römischen Zentren, vor allem Korinth, Patras, Athen, Sparta und Nikopolis, herum. Die Region um Nikopolis wurde nach dem hier errungenen Sieg von Actium offenbar planmäßig mit römischen Kolonisten besiedelt; Ähnliches berichten die Quellen über Korinth, und so wird man davon ausgehen können, dass die Sitte, sich Grabbauten in der Nähe der Villen errichten zu lassen, in Griechenland wohl hauptsächlich unter römischen beziehungsweise italischen Einwanderern verbreitet war. Eine Ausnahme mag hierbei der bedeutende Aristokrat und Förderer von Kunst und Kultur, Herodes Atticus, darstellen, dessen Familie sich einen Grabbau in Kifisia bei Athen zuweisen ließ. Typologisch handelt es sich bei den meisten Grabbauten von Villenbesitzern des römerzeitlichen Griechenland um haus- beziehungsweise tempelförmige Anlagen.

In Kleinasien, dem Nahen Osten und Ägypten fehlen Beispiele für Grabbauten *in villa* fast vollständig – ein Phänomen, das sich durch das weitgehende Fehlen von Villen aufgrund einer mehr auf Städte und Dörfer gestützten Infrastruktur und Landwirtschaft erklären lässt.

Bei aller Verschiedenheit der Grabmonumente in den unterschiedlichen Provinzen und in den unterschiedlichen Epochen bleiben die wesentlichen Funktionen doch überall die gleichen. Gemeinsam ist den Grabmonumenten in den verschiedenen Provinzen – auch bei aller Verschiedenheit der Architektur – das Motivrepertoire der Bilder, mit denen sie ausgestattet waren, und deren Ikonographie. So finden sich überall in der Grabausstattung Statuen oder Porträtköpfe der Verstorbenen, aber auch Motive aus dem allgemeinen Formenschatz römischer Sepulkralsymbolik, zum Beispiel Meerwesen, Girlanden, Bukranien, dionysische Motive und Weinranken, Eroten, Waffen, *pietas*-Symbole (Opferschale/-kanne) und Bilder, die mit dem *cursus honorum* der Verstorbenen zu tun haben, wie Amtsinsignien *(fasces, sella curulis)*.

Eine spätrepublikanische Grabinschrift (CIL 6.9583) eines Arztes aus der Nähe von Rom zeugt von der untrennbaren Einheit, die Land, Villa und Grab in der römischen Vorstellungswelt einer Familie bildeten; sie kann gewissermaßen als Leitmotiv gelten: „[...] *Haec est domus aeterna, hic est fundus, heis sunt horti, hoc est monumentum nostrum*“ (= Hier liegt das ewige Haus, hier liegt der Grund und Boden, hier liegen die Gärten – und hier liegt auch unser Grabmonument).

Abb. 30: Fabara (Spanien). Grabtempel

5. BESTATTUNGSFORMEN

5.1 Einfache Grabformen: Gruben, Schacht- und Kistengräber

Zu den „einfachen" Grabformen für Körperbestattungen gehören die Schacht- oder Kistengräber. Dabei handelt es sich um sorgfältig in den Erdboden eingetiefte Gruben oder Schächte meist rechteckiger Form. Bereits in minoisch-mykenischer Zeit (2. Jt. v. Chr.) wurde diese Grabform in Griechenland für die Leichenbeisetzung verwendet, wie das Beispiel des Gräberrunds A in Mykene zeigt. Die Bestattung in Schachtgräbern war in den griechischen Nekropolen mit einigen Abwandlungen bis in hellenistische Zeit gebräuchlich.

Das Schachtgrab konnte dahingehend variieren, dass alle vier Seitenwände der Grabgrube mit Stein- oder Schieferplatten ausgekleidet waren, die als Stütze für eine oder mehrere Deckplatten, ebenfalls aus Stein, dienten. Wegen der so entstandenen, kistenartigen Form des Grabes wird dieser Typus im Allgemeinen als „Kistengrab" oder auch „Steinkistengrab" bezeichnet. Bei schlichteren Varianten waren die Wände nur mit Feldsteinen und Geröll statt mit Steinplatten verkleidet, bei anderen hingegen auch die Böden mit Platten oder Kieselsteinen ausgelegt.

Weiterhin gab es einfache Schachtgräber ohne Steinverkleidung im Inneren, die aber dennoch eine Abdeckung besaßen. Die Steinplatte wurde in diesem Fall von hervorspringenden Kanten aus Erde oder kleinen aufgebauten Steinen gehalten.

Bei dem dritten Typus der Schachtgräber handelt es sich um Grablegen, bei denen sich keine Deckplatte aus Stein nachweisen ließ. Aufgrund der Notwendigkeit, die Grabgruben allein schon zum Schutz vor Grabräubern und Aasfressern sicher zu verschließen, bestand die Abdeckung hier vermutlich aus vergänglichem Material wie beispielsweise Holzbalken. Den Schacht selbst verfüllte man vorher mit Erde.

Der Körper des Verstorbenen wurde, mit einem Leichentuch bedeckt, in ausgestreckter Haltung in das Kistengrab gelegt, wobei die Beigaben entweder direkt im Grab selbst oder auf der Abdeckung lagen. Auch die Nutzung von Särgen ist in einigen Fällen aufgrund von Holzresten oder Eisennägeln im Grab belegt.

In klassischer Zeit dominierte im griechischen Raum das schlichte Schachtgrab, zumeist ohne Wandverkleidung. Allerdings gibt es auch Beispiele, bei denen die Wände mit feinem Kalkputz oder Stuck sowie der Boden mit Kieseln oder Steinen bedeckt waren. Im 5. Jh. v. Chr. ging man dazu über, die Grabgruben mit Ziegeln abzudecken – eine Sitte, die schon in spätarchaischer Zeit gebräuchlich war. Hierbei wurden große Dachziegel aus gebranntem Lehm derartig aneinandergeschichtet, dass sie eine Art Dach über dem Verstorbenen bildeten.

Auch in hellenistischer Zeit war das Ziegelgrab die gängigste Bestattungsform in Attika, wobei nun vorwiegend Rundziegel Verwendung fanden. Neben Steinplatten wurden für die Befestigung und Abdeckung der Gräber auch Kalkstein- oder Marmorplatten benutzt, die von früheren Grabmonumenten stammten. Es gibt aber auch Gräber, die keine obere Abdeckung besaßen, also nur mit Erde bedeckt waren.

5.2 Urnengräber

Bis zum Übergang zur Körperbestattung im 2. Jh. n. Chr. war es – wie im übrigen mediterranen Raum – auch in Italien üblich, die Toten zu verbrennen und die Asche beziehungsweise den Leichenbrand anschließend beizusetzen. Nur in Ägypten wurden Brandbestattungen niemals praktiziert. Bevor man hier dazu überging, die Verstorbenen zu mumifizieren, waren sie einfach im Wüstensand vergraben worden (Inhumation).

Seit der frühen Eisenzeit, ab dem 10. Jh. v. Chr., prägten die Urnengräberfelder der Villanova-Kultur mit den typischen Hausurnen den norditalischen Raum. Neben den hausförmigen Urnen gab es große, bikonisch geformte, in denen die Asche beigesetzt wurde. Diese Urnen wurden entweder mit Schalen (bei Frauenbestattungen), mit Helmen (bei Männerbestattungen) oder einfach mit Steinplatten abgedeckt und zusammen mit den Beigaben in Gruben gestellt, die mit Steinplatten ausgekleidet waren. Später, in der etruskischen Kultur, die sich aus der Villanova-Kultur herausbildete, ging man allmählich auch zur Körperbestattung in großen Tumuli über; die Kremation blieb jedoch weiterhin vorherrschend.

In hellenistischer Zeit hatten die etruskischen Urnen, in denen der Leichenbrand gesammelt wurde, überwiegend einen langrechteckigen, kastenförmigen Körper, der auf den Seiten – ähnlich den späteren Sarkophagen – mit figürlichen Szenen, meist mit mythologischem Inhalt, dekoriert war. Auf dem Deckel befand sich in der Regel eine plastische Darstellung des Verstorbenen in liegender Pose. Je nach Region konnten die Urnen aus Ton (Abb. 31) oder aus Stein sein. Ein großes Zentrum der Urnenproduktion war Volterra in der nördlichen Toskana, wobei sich die Volterraner Urnen besonders durch ihr edles Material, Alabaster, auszeichneten (s. auch Kap. 6.3.1).

Abb. 31: Terrakotta-Urne aus Chiusi mit einer Darstellung des Verstorbenen auf dem Deckel (Jena, Antikensammlungen der Friedrich-Schiller-Universität)

Die Blütezeit der Urnenbeisetzung datiert in Rom ins erste nachchristliche Jahrhundert, mit einer besonders hohen Anzahl an marmornen, künstlerisch aufwendig gestalteten Aschenbehältern, die in den Grabbauten an den Gräberstraßen in dafür vorgesehenen Nischen aufgestellt waren. Die antiken Bezeichnungen für diese Gefäße sind sehr vielfältig, wobei in den lateinischen Überlieferungen am häufigsten der Begriff *„olla"* (= Topf/Krug) verwendet wird, der zugleich die einfachste Urnenform charakterisiert, eben in der Art eines henkellosen Tontopfes, zumeist verschlossen mit einem ebenfalls tönernen Deckel. Diese Urnen waren fester Bestandteil der Kolumbarien – Grabgebäude, die für die Aufnahme vieler Kremationen bestimmt waren (s. Kap. 6.2.4.1). Neben den einfachen Urnen aus Ton fanden auch andere Materialien und Formen Eingang in die Gestaltung der Urnen. Seit der republikanischen Zeit gab es in Italien kastenförmige Aschengefäße aus Tuff, Peperin und Kalkstein sowie Exemplare aus Marmor, bezeichnet als *„ossuarium marmoreum"*, *„ossa"*, *„arca"* oder *„ara"*. Im Westen des Römischen Reiches fanden in den ersten drei nachchristlichen Jahrhunderten außerdem krug- oder kastenförmige Urnen aus Glas Verwendung.

Die Gestaltung der Urnen war sehr vielfältig und erinnert in ihrem Aussehen an eine verkleinerte Variante eines Sarkophags. Die Grundform eines quer- oder hochrechteckigen Kastens macht zahlenmäßig den größten Anteil der stadtrömischen Urnen seit dem 1. Jh. n. Chr. aus, gefolgt von zylindrischen und gefäßförmigen Aschebehältern. Die eckigen Urnen besaßen in der Regel, genau wie Sarkophage der frühen Kaiserzeit, einen dachförmigen Deckel, dessen Giebel an den Ecken mit Akroteren abschloss. Alle weiteren Urnentypen waren zumeist mit einem konischen Deckel mit Knauf verschlossen. Auch die Größe der Urnen konnte variieren, wobei eine Höhe von maximal 60 cm in der Regel nicht überschritten wurde.

Oftmals waren die Urnen mit einer *tabula* ausgestattet, einer Tafel, die den Namen, Alter und manchmal den Status sowie den Beruf des Verstorbenen nannte. Die Inschrift enthielt ebenfalls die Angabe *„Dis Manibus"*, auch abgekürzt mit *„D M"* – ein Hinweis darauf, dass die Urne den Totengöttern, den Manen, des Verstorbenen geweiht war. Die Inschriftentafel konnte die ganze Fläche der Seite einnehmen oder in die Reliefverzierung der Urne eingebunden sein.

Die Beisetzung der Asche mehrerer Personen in einer Urne mit nur einer Inschriftentafel war nicht ungewöhnlich – ein Umstand, der sicher mit der Einsparung von Kosten zu erklären ist. Daneben gab es aber auch Urnen mit zwei oder mehr *tabulae*, vorwiegend bestimmt für Eheleute oder Familien.

Neben der Vielzahl an reliefverzierten Marmorurnen aus Rom und Ostia stammen weitere Aschegefäße in Italien aus Kampanien, wahrscheinlich zumeist aus stadtrömischen Werkstätten, und aus Etrurien, dessen Exemplare unter den frühkaiserzeitlichen Urnen eine Sonderstellung einnehmen. Fundstücke marmorner Urnenbehälter aus Südfrankreich, Griechenland und Nordafrika, die von den stadtrömischen Exemplaren nicht zu unterscheiden sind, verweisen auf einen Export oder zumindest die detailgetreue Nachahmung durch einheimische Werkstätten.

Hinsichtlich des Bildschmucks der Marmorurnen besteht ein enger Bezug zu den Sarkophagreliefs, die ähnliche Motive und Themen zeigen. Bei den meisten Urnen sind alle vier Seiten mit plastischen Reliefs ausgestattet, wobei eine Seite als Ansichtsseite besonders hervorgehoben war. Die übrigen Flächen tragen zumeist ein flacheres Relief und gleichen nur in seltenen Fällen der qualitätvoll ausgearbeiteten Vorderseite. Die konischen Urnen waren entlang des Bildfeldes ebenfalls mit einem Relief versehen. Bei den frühen Marmorurnen ist das Bildfeld zum Teil durch einfache Linien gerahmt, mit nur einzelnen Figuren oder Ornamenten darin. Später wird das Relief ober- und unterhalb durch architektonische Elemente, wie Eierstab oder Zahnschnitt, eingegrenzt.

Seit augusteischer Zeit wurden die kastenförmigen Urnen zwecks besserer Standfläche mit Füßchen ausgestattet.

Die Themenbereiche der Reliefdarstellungen umfassen figürliche wie ornamentale Motive. Im 1. Jh. n. Chr. dominieren deutlich die vegetabilen Ornamente mit Girlanden, Ranken und Zweigen die Bildfelder der Marmorurnen. Die Girlanden werden dabei häufig von Stierschädeln (Bukranien) getragen – ein Motiv, das auch an Sarkophagen, Altären oder anderen Reliefs wiederkehrt; daneben fungieren auch Kandelaber und Fackeln, Eroten, Schwäne und Delphine als Träger des vegetabilen Schmuckwerks. Zwischen den pflanzlichen Ornamenten erscheinen in der Regel Vögel, beispielsweise auf den Girlanden sitzend oder Insekten jagend, und runden so den idyllischen Charakter dieser Szenen ab. Aber auch andere Tiere, beispielsweise Hasen, zieren die Bildfelder der Urnen.

Die Darstellung von Medusenhäuptern, Sphingen oder Greifen, oftmals in den Giebeln der Deckel, steht in einer langen Tradition und diente der Abwehr von Unheil. Dieselbe apotropäische Funktion hatte auch die Eule, die als Verkünderin des Todes galt und dem Glauben nach mit ihrem bösen Blick Unheil vertreiben konnte.

Neben pflanzlichem Dekor tauchen ebenfalls seit dem ersten nachchristlichen Jahrhundert architektonische Elemente auf, besonders Türen, in der Regel verschlossen, Säulen und Pilaster sowie angedeutetes Quadermauerwerk (Abb. 32). Die Urnen ähneln dadurch häufig einem verkleinerten Tempel oder Grabbau und waren dementsprechend mit dazu passenden Dachdeckeln in Giebelform, manchmal sogar mit Tympanonschmuck wie Kränzen oder Schilden, ausgestattet.

Vorlagen für diese Gestaltungsweise finden sich im etruskischen Kulturkreis, wo Aschengefäße ebenfalls mit Türen verziert beziehungsweise die Urnen selbst in Hausform gestaltet sein konnten – eine Formgebung, die aus der Vorstellung des Bestattungsgefäßes als Haus des Verstorbenen resultierte.

Abb. 32: Urne des P. Volumnius Violens und der Cafatia mit Architekturmotiven (Perugia, Grab der Volumnier, *in situ*)

Eine weitere Gattung von Urnen, die von der Mitte des 1. bis zum späten 2. Jh. n. Chr. in Gebrauch war, ist zusätzlich mit Miniaturbüsten ausgestattet, die den Verstorbenen selbst repräsentieren. Es handelt sich dabei um vorgefertigte Porträts, zumeist ohne individuelle Gesichtszüge, die nur durch entsprechende Modefrisuren gekennzeichnet sind. So kommt es vor, dass die porträtierte Person bezüglich ihres Geschlechts nicht mit der in der Inschrift der *tabula* genannten übereinstimmt. Bossierte Köpfe, also Rohformen, die zur Ausarbeitung der Gesichtszüge nach dem Abbild des Verstorbenen hergestellt wurden, sind relativ selten.

Weibliche Köpfe wurden häufig in Muscheln abgebildet, flankiert von Delphinen und Gänsen oder getragen von Eroten (Abb. 33). Deutlich findet sich hier Symbolgut aus dem Bereich der Göttin Aphrodite, die bei ihrer Geburt einer Muschel aus dem Meer entstieg und deren Sohn Eros war. Männliche Köpfe erscheinen zumeist in einem Schild, dem sogenannten *clipeus*, vereinzelt auch in einem Kranz, flankiert von Adlern, Delphinen oder Eroten. Die Darstellung im Schild, als Sinnbild einer Waffe, hob die männlichen Tugenden hervor, Tapferkeit und Mut, die *virtus*, wohingegen durch die Anspielung auf Aphrodite die weiblichen Eigenschaften der Verstorbenen betont wurden. Zum Zeichen der *concordia*, also der ehelichen Verbundenheit, verbildlicht durch die Handreichungsszene, *dextrarum iunctio*, wurden die Aschengefäße mitunter auch mit zwei Porträts, einem weiblich und einem männlichen, ausgestattet.

Neben diesen Bildthemen zierten seit dem ausgehenden 1. Jh. n. Chr. auch Mahlszenen die Urnen. Es handelt sich dabei um Darstellungen des Totenmahls, die den Verstorbenen noch im Diesseits weilend auf einer Kline liegend zeigen; Männer wurden hierbei zumeist in heroischer Nacktheit mit erhobenem Oberkörper, Frauen hingegen vollkommen bekleidet wiedergegeben. Da das Totenmahl in Etrurien ein geläufiges Bildmotiv im Grabkontext war, wie beispielsweise die Wandmalereien der Gräber belegen – der Verstorbene nimmt dabei oftmals selbst am Gelage teil –, ist eine Übernahme dieses Bildthemas aus dem Etruskischen wahrscheinlich.

Daneben kommen ab dem 2. Jh. n. Chr. Aufbahrungs- und Trauerdarstellungen vor, die den Toten auf der Kline oder in diesem Fall auf dem Totenbett – *lectus* – mit geschlossenen Augen zeigen, umgeben von der Trauergemeinde oder einzelnen Personen im Trauergestus. Motive aus dem Alltag, wie beispielsweise Familienbilder,

Abb. 33: Urne mit dem Abbild der Verstorbenen in einer Muschel (Berlin, Staatliche Museen, Antikensammlung)

sind selten, ebenso werden Berufe und Amtsbezeichnungen der Bestatteten kaum thematisiert.

Ferner gehören mythologische Szenen zum Gestaltungsrepertoire. So wurden Themen aus dem Thiasos des Gottes Dionysos (ab der Mitte des 1. Jhs. n. Chr.) oder Motive aus dem Umkreis des Apollo, wie von Greifen flankierte Dreifüße, sowie Tritonen und Hippokampen (ab dem 2. Jh. n. Chr.) abgebildet. Sind es zunächst einzelne Figuren, so wurden ab dem 2. Jh. n. Chr. auch komplette Szenen der griechischen Mythologie auf den Urnen dargestellt. Allerdings ist das Themenspektrum nicht ganz so reichhaltig wie auf den zeitgenössischen Sarkophagreliefs. Besonders beliebt waren Mythen mit Meleager, Adonis, Endymion, Hippolytos oder der Raub der Persephone/Proserpina. Sie alle verkörperten den tragischen Tod des mythischen Helden, die Entrückung einer geliebten Person, die durch den Tod gewissermaßen geraubt wurde. Weitere bevorzugte Themen waren die Jagd sowie ländliche Szenen.

Die Produktion der Urnen erfolgte in den Werkstätten vermutlich auf Vorrat, aus dem sich die Verwandten/Hinterbliebenen des Verstorbenen dann ein entsprechendes Exemplar aussuchen konnten – ein Produktionsverfahren, für das die wenig individuelle Ausgestaltung des jeweiligen Behälters spricht, die zudem wohl auch eine Frage des Preises gewesen sein wird. Die Motive sind relativ einheitlich und in der Regel darauf ausgerichtet, Trost über den Verlust eines geliebten Menschen zu spenden. Vegetabile Ornamente dienten einer ansprechenden Ausschmückung des Grabes mit idyllischer Wirkung, übelabwehrende Symbole wahrten die Totenruhe. Szenen mit Eroten, Meerwesen oder dionysischen Figuren geben den Darstellungen einen heiteren, unbeschwerten Charakter, eventuell bezogen auf das ehemalige Leben im Diesseits oder ein erhofftes glückliches Weiterleben im Jenseits.

5.3 Sarkophaggräber

5.3.1 Ägyptische Särge

Der seit dem 18. Jh. verbreitete Begriff „Sarkophag“ ist aus dem Griechischen abgeleitet und bedeutet übersetzt so viel wie „Fleischesser“, da dem Glauben der Griechen zufolge ein für die Särge verwendeter, spezieller Stein, der *lapis sarcophagus,* seinen Inhalt tatsächlich aufzehrte. In der Ägyptologie spricht man allerdings nur bei steinernen Formen von Sarkophag, ansonsten von Sarg.

Hatten die Ägypter ihre Toten in der Frühzeit zunächst noch direkt im Wüstensand beziehungsweise in großen Körben, Gefäßen oder quadratischen Kisten in Hockstellung mit eng an den Körper angewinkelten Beinen und Armen begraben, so wurden ab dem Alten Reich Bestattungen in einfachen, langrechteckigen Kästen beziehungsweise Särgen, üblich – ein Umstand, der aus der künstlichen Mumifizierung und der damit verbundenen ausgestreckten Körperhaltung resultierte.

Die ältesten bekannten Särge stammen aus der Zeit von König Djoser, aus der 3. Dynastie (2740–2670 v. Chr.) des Alten Reiches. Diese frühen Exemplare waren zumeist aus Holz oder Kalkstein gefertigt, seltener auch aus Basalt oder anderen Materialien. Innen und außen konnten sie mit Hieroglyphen, Bemalungen oder Reliefbildern geschmückt sein. Aufgemalte Opfergaben sollten dem Verstorbenen als Nahrung im Jenseits dienen. Die Abbildung von Augen symbolisierte Wohlergehen, Kraft und Vollkommenheit. Durch sie konnte der Verstorbene aus dem Sarg „hinaussehen“ und das Geschehen um sich herum beobachten (Abb. 34). Auch die Darstellung von Scheintüren, durch die der Grabherr im übertragenen Sinn das Reich der Lebenden betreten konnte, war im Alten Reich nicht ungewöhnlich.

Ab dem Mittleren Reich (um 2137–1781 v. Chr.) wurde es üblich, hochrangige Personen in zwei Särgen zu bestatten, nämlich in einem inneren, der in einem zweiten, äußeren lag. Der

Abb. 34: Sarg des Sebekhetepi mit aufgemaltem Augenpaar (London, British Museum)

Wohlstand der Verstorbenen spiegelt sich dabei deutlich in der Wahl der jeweiligen Holzart. Während bei hohen Beamten das aus dem Libanon importierte Zedernholz sehr beliebt war, wurde für die Särge der weniger Wohlhabenden einheimisches, minderwertiges Holz verwendet, das aus Stabilitätsgründen oftmals zusätzlich mit Gips verkleidet werden musste.

Die Innenwände der Holzsärge waren mit religiösen Texten ausgestattet (s. Kap. 7.5.1). Abgeleitet von den Pyramidentexten, den königlichen Totentexten, sollten diese Sprüche auch den hochrangigen Verwaltungsbeamten den Übergang ins Jenseits erleichtern. Dazu diente das sogenannte Zweiwegebuch, in dem dem Toten die Wiedergeburt und ein dem König gleiches Leben im Jenseits sowie damit verbunden die Vereinigung mit dem Sonnengott Re und dem Totengott Osiris versprochen wurde. Um dieses Privileg zu erlangen, musste er allerdings verschiedene Sprüche kennen, die in seinem Sarg gewissermaßen als Gedächtnisstütze verewigt waren.

Zu den auf dem Sarg aufgemalten Texten gehörte oftmals noch die Darstellung einer Karte des Jenseits, die dem Geist des Grabinhabers seine Reise dorthin aufzeigen sollte. So gerüstet mit Sprüchen und der Karte konnte der Verstorbene seinen Weg ins Jenseits mit der Aussicht auf eine glückliche Überfahrt antreten.

Die Entstehung der anthropoiden Särge geht auf eine lange Tradition zurück. In der Frühzeit und zu Beginn des Alten Reiches, als die Entwicklung der Mumifizierungstechnik gerade erst begonnen hatte, wurde das Gesicht der Toten mit Wachs oder Gips nachmodelliert und diese Gesichtsumhüllung dann bemalt. Gegen Ende des Alten Reiches, in der 6. Dynastie, entstanden daraus Mumienmasken aus Kartonage, die die Gesichtszüge des Verstorbenen nachahmten und über den mumifizierten Kopf gestülpt wurden (Abb. 35).

Eine besondere Maskenform stellten über die Mumienbandage gesetzte Ganzkörperhüllen aus mehreren Schichten Gips dar, die dem Körper seine individuelle Gestalt zurückgaben, was eine wichtige Voraussetzung für ein Weiterleben im Jenseits war. Daraus entwickelte sich im Mittleren Reich der anthropoide Sargtypus, der die Mumien besonders hochrangiger Personen umgab. Die fertig bandagierte Mumie konnte hierbei noch mit mehreren Leinenschichten kokonartig eingewickelt sein (Abb. 36).

Gegen Ende der Zweiten Zwischenzeit (1648–1550 v. Chr.) kam die anthropoide Sargform des

Typus „Rishi“ auf, was im Arabischen so viel wie „gefiedert“ bedeutet. Die Flügel symbolisierten wohl die geflügelte Muttergöttin Isis, die den Leichnam beschützte (Abb. 37). Besonders bei den Königinnen der 17. und 18. Dynastie erfreute sich dieser oftmals noch mit Blattgold überzogene Sargtypus großer Beliebtheit.

Mit dem Beginn des Neuen Reiches (1550–1070 v. Chr.), seit der 18. Dynastie, hatte sich die anthropoide Form des Sargs vollkommen durchgesetzt. Auf dem Deckel war gewöhnlich der stilisierte Kopf des Verstorbenen abgebildet, der zumeist einen Götterbart trug. Die Arme lagen, in Hochrelief gearbeitet, zumeist über der Brust verschränkt.

In der 19. und 20. Dynastie des Neuen Reiches und in der Spätzeit wurden für reichere Bestattungen von hohen Beamten oder Königen wiederum mehrere Särge verwendet, bestehend aus einer anthropoiden Kartonagehülle für die Mumie selbst, die in einem Innensarg aus Holz lag. Die Kartonagehülle umschloss den mumifizierten Körper wie ein Korsett und konnte mit Szenen aus dem Totenkult dekoriert sein. Auch der Verstorbene selbst war in seiner Menschengestalt anwesend, zumeist vor den Gott Osiris tretend (Abb. 38; Abb. 39). Der Innensarg war ebenso bemalt. Vor allem das Totengericht bestimmte die Bildthematik, aber auch Inschriften, die den Verstorbenen als reinen und für das Jenseits würdigen Menschen charakterisieren, zieren die Flächen. Der Innensarg befand sich wiederum in einem äußeren, zumeist aus dunklem Granitstein gefertigten Sarg.

Abb. 35: Mumienmaske einer Frau, aus Assiut (Hildesheim, Roemer- und Pelizaeus-Museum)

Ab der 21. Dynastie gestaltete man die Särge immer aufwendiger, zumeist mit religiösen Szenen, die dem Toten als Schutz und Hilfe auf dem Weg ins Jenseits dienten. Nach ägyptischer Vorstellung hatte der Sarg mehrere Funktionen zu erfüllen: Zum einen sollte er – versehen mit magischen Bildern und Texten – den Körper schützen, zum anderen war er ein wichtiger Bestandteil zur Erfüllung der erhofften Wiedergeburt des Grabinhabers, was sich an Bezeichnungen wie „Herr des Lebens“ oder auch „Kasten des Lebens“ festmachen lässt.

Die Wiedergeburt wird bei solchen Särgen thematisiert, die innen mit der Himmelsgöttin Nut oder dem Totengott Osiris bemalt sind. Dem Mythos nach wurde der Sonnengott Re jeden Abend von Nut verschluckt, um dann am Morgen neu geboren zu werden. Durch die Bemalung des Sargs sollte auch der Tote in diesen ewigen Kreislauf des Lebens eingebunden werden. Die Abbildung des Osiris auf der Innenseite des Sargs implizierte hingegen, dass sich der Verstorbene in die Obhut des Totengottes begab, in der Hoffnung, an dessen Schicksal bis zu seiner eigenen Regeneration teilhaben zu können.

In der Spät- und Ptolemäerzeit folgten die anthropoiden Särge im Allgemeinen einem ähnlichen Schema. Die Verbindung mit dem Totengott Osiris erhob den Grabherrn in die göttliche Sphäre, woraus sich auch der geflochtene Götterbart sowie die Götterperücke bei der Totenmaske des Sargdeckels erklären. Die Brust bedeckte gewöhnlich ein breiter Schmuckkragen mit Falkenkopfenden an beiden Schultern. Darunter folgte ein geflügelter Skarabäus mit ausgebreiteten Schwingen, ein Hinweis auf die

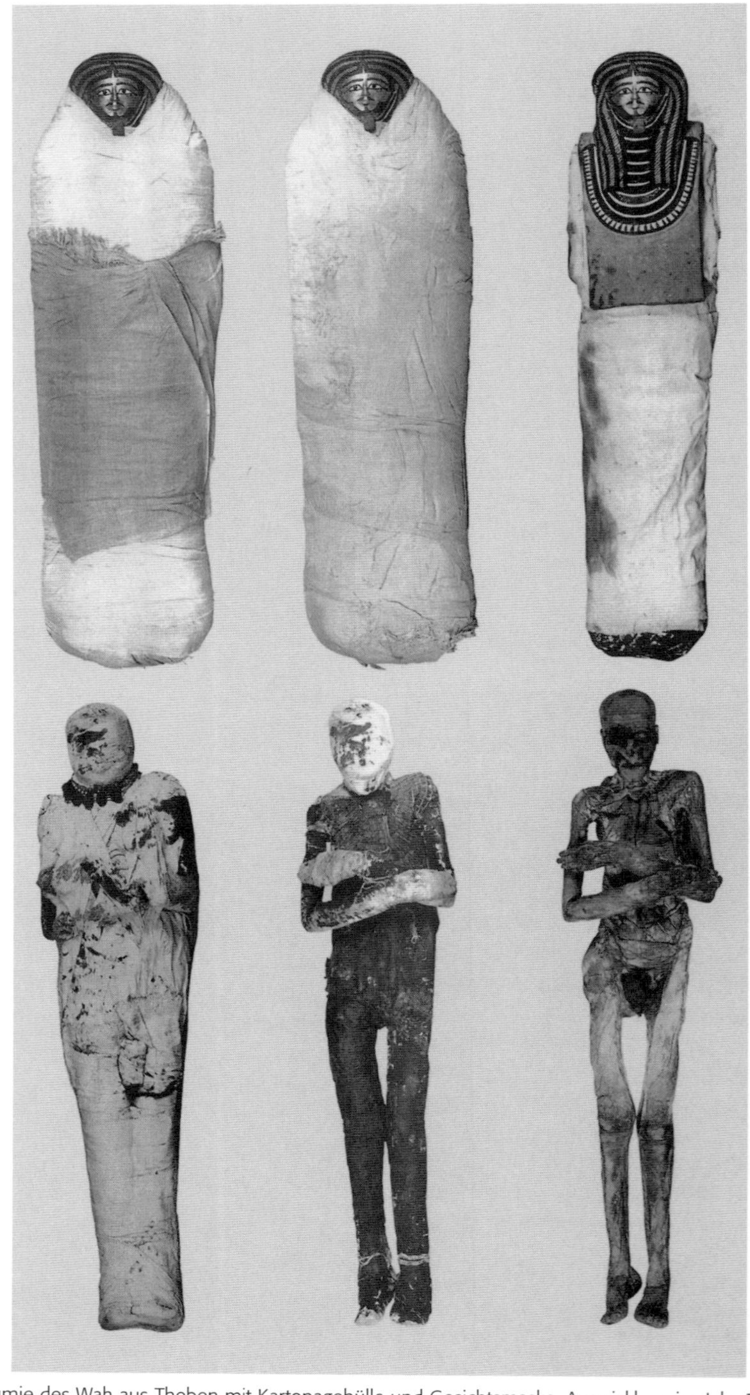

Abb. 36: Mumie des Wah aus Theben mit Kartonagehülle und Gesichtsmaske, Auswicklung im Jahr 1935 (New York, Metropolitan Museum of Art)

Abb. 37: Anthropomorpher Sarg des Königs Nubkheperra Intef (London, British Museum)

Wiedergeburt. Der restliche Deckel war in verschiedene, waagerechte Bildfelder unterteilt, verziert mit szenischen Darstellungen in Form von religiösen Motiven. Dabei standen das Ritual der Einbalsamierung des Körpers sowie die Entrückung des Toten in die jenseitige Welt im Vordergrund der Bildthematik. Gemäß ihrer zeitlichen Abfolge waren die Bilder gewöhnlich von unten nach oben zu lesen, also vom Fußende in Richtung Kopf. Zu den typischen Abbildungen dieser Szenen gehörte die rituelle Reinigung des Körpers des Verstorbenen zur Vorbereitung auf die Einbalsamierung, wobei der Vorgang selbst zumeist übersprungen wurde. Des Weiteren beinhaltete der Darstellungszyklus eine Abbildung des aufgebahrten, bereits mit Mumienbinden umwundenen und mit einer Totenmaske versehenen Körpers, oftmals im Beisein des Gottes Anubis, der die Mumifizierung vollzog. Unter der Bahre standen die Kanopenkrüge, in denen die inneren Organe aufbewahrt wurden.

Außerdem findet sich meist eine Opferdarstellung in der Bildfolge, die sowohl am Anfang als auch am Schluss des Rituals stehen konnte. Den Opfertisch flankierten mitunter die vier Kanopengötter, die Kinder des Horus und Schutzgötter des Toten, besonders seiner inneren Organe; manchmal erschienen sie dabei auch im Beisein von Isis und Nephthys, den Schwestern des Totengottes Osiris und Wächterinnen der Unterweltspforte, oder anderer Figuren. Darüber hinaus wurde zudem oftmals eine Szene abgebildet, die den Verstorbenen vor dem Totengericht des Horus – später des Osiris – zeigte.

Abgerundet wird das Themenspektrum durch Schiffsdarstellungen, die als die Fahrt der Mumie von der Balsamierungsstätte zur Nekropole oder auch als Fahrten des Toten zu heiligen Stätten interpretiert werden (Abb. 39; Abb. 40).

Die Rückseiten der Särge waren individuell, aber ebenso kunstvoll gestaltet wie die Vorderseiten, beispielsweise verziert mit Göttinnen und Göttern, die im besten Falle Schutzfunktionen besaßen, oder mit Inschriften, die Opferformeln enthielten.

Auch in griechisch-römischer Zeit wurde in Ägypten noch großer Wert auf die äußere Erscheinung der Mumie gelegt, wobei die

Abb. 38: Bemalte Kartonagehülle des Penju, aus Achmim (Hildesheim, Roemer- und Pelizaeus-Museum)

Abb. 39: Ptolemäerzeitlicher Kartonagesarg des Djed-Bastet-ieuf-anch, aus El-Hibeh (Hildesheim, Roemer- und Pelizaeus-Museum)

Abb. 40: Ausschnitt vom Kartonagesarg des Djed-Bastet-ieuf-anch mit Darstellungen des Balsamierungsrituals (Hildesheim, Roemer- und Pelizaeus-Museum)

sargförmigen, bemalten Kartonagehüllen aus der Mode kamen. Stattdessen wurden nur noch ausgewählte Teile des Körpers, vornehmlich Kopf und Brust des Leichnams, mit einer aus Kartonage gefertigten Maske bedeckt, oftmals mit Stuck überzogen und bemalt mit Szenen der ägyptischen Totentexte; zum Teil waren sie sogar vergoldet (Abb. 41).

Eine Besonderheit der Römerzeit (1.–3. Jh. n. Chr.) stellen die sogenannten Porträtmumien dar, die auf dem Gesicht eine dünne Holzplatte trugen, die, in Enkaustik- oder Temperatechnik ausgeführt, das individuelle Abbild des Verstorbenen zeigten. Mit der Wiedergabe der eigenen Gesichtszüge war eine Abkehr von der Idealisierung des Grabherrn hin zu einem persönlicheren Bild verbunden – ein Phänomen, das sich eventuell durch einen stärkeren Drang nach öffentlicher Selbstdarstellung erklärt. Die Porträts – zum Teil plastisch in Stuck ausgeführt – sind deutlich römisch geprägt; so tragen die Personen beispielsweise römische Modefrisuren oder römische Kleidung mit typischem Schmuck (Abb. 42).

Die Stuckmasken und Mumienporträts dieser Zeit stehen für eine letzte glanzvolle Blüte des ägyptischen Bestattungsritus. Sie wurden bis ins 4. Jh. n. Chr. verwendet. Mit dem Vordringen des Christentums jedoch erlosch die Sitte, die Mumien mit dem Porträt des Toten auszustatten, wie auch insgesamt ein Niedergang des seit Jahrtausenden überlieferten Totenbrauchtums festzustellen ist. Zwar war die Umhüllung des Körpers mit Textilien noch über Jahrhunderte üblich, aber die künstliche Mumifizierung, die Entnahme der Organe sowie die Einbalsamierung wurden nur noch vereinzelt praktiziert und unterblieben schließlich ganz. Die Mumien nach dem 4. Jh. n. Chr. gehen größtenteils auf eine natürliche Mumifizierung zurück, verursacht durch das heiße Wüstenklima.

5.3.2 Römische Sarkophage

Im westlichen Mittelmeerraum wurden Sarkophage erst im 1. Jh. n. Chr. vermehrt genutzt; zuvor hatte in Italien wie Griechenland das Augenmerk vornehmlich der Ausgestaltung monumentaler Grabbauten beziehungsweise Grabbezirke

Abb. 41: Vergoldete Kartonagemaske einer Mumie (Jena, Papyrussammlung der Friedrich-Schiller-Universität)

an den Gräberstraßen und in den Nekropolen gegolten. Aufwendig gearbeitete Grabreliefs, Skulpturen oder Stelen schmückten diese Denkmäler.

Wenn auch bereits im 1. Jh. n. Chr. verbreitet, so setzte sich der Brauch, die Toten in reliefverzierten Sarkophagen zu bestatten, im Römischen Reich erst im 2. Jh. n. Chr. in großem Umfang durch. Geradezu plötzlich und unvermittelt werden nun aufwendig gestaltete Sarkophage für die Bestattung verwendet, was die Frage nach der Herkunft dieser Tradition aufwirft. Vorläufer finden sich im östlichen Mittelmeerraum, in den Randgebieten der griechischen Kultur, die im Folgenden kurz dargestellt werden sollen.

Abb. 42: Stuckmaske einer römerzeitlichen Frauenmumie (Hildesheim, Roemer- und Pelizaeus-Museum)

5.3.2.1 Vorläufer im griechisch beeinflussten Kulturkreis

Von der Insel Zypern sind zwei Beispiele mit Reliefverzierungen zu nennen, die um oder kurz nach 500 v. Chr. datieren. Bei dem ersten handelt es sich um den aus Kalkstein bestehenden Sarkophag aus Amathous, der in seiner Bildgebung deutlich von der phönizischen Tradition geprägt ist. Die Beziehungen Zyperns, vorwiegend mit dem Küstenraum der Levante, beeinflussten auch die Inhalte der Kunst- und Kulturgüter der Insel nachhaltig. Zudem stand Zypern vom 8. bis zum 6. Jh. v. Chr. unter der politischen Oberhoheit verschiedener Großmächte, zunächst unter assyrischer Herrschaft, später unter ägyptischer. Ab etwa 540 v. Chr. gehörte es zum Persischen Großreich. All diese Faktoren wirkten sich auf das Bildthema des Sarkophags von Amathous – wiedergegeben ist ein phönizisches Hofritual – aus.

Die Reliefs der Schmalseiten, mit den Figuren des ägyptischen Schutzgottes Bes und den nackten, sich an die Brüste fassenden Frauen – ein Symbol der Fruchtbarkeit in der orientalischen Welt, versinnbildlicht durch die phönizische Göttin Astarte, die „Große Mutter" – stehen in phönizisch-ägyptisierender Tradition (Abb. 43). Die Langseiten des Sarkophags zeigen eine Prozession mit von Pferden gezogenen Wagen, Reitern und Fußsoldaten. Der Grabinhaber ist vermutlich selbst als Teilnehmer der Prozession dargestellt, gekennzeichnet durch den über ihn gehaltenen Sonnenschirm – ein Würdezeichen in der orientalischen Welt (Abb. 44). Die Bildkomposition ist mit Darstellungen auf Objekten phönizischer Kleinkunst vergleichbar. Sie spiegeln das Hofzeremoniell wider, das der Selbstdarstellung der phönizischen Könige diente.

In der Ikonographie und der Ausarbeitung der Motive weist der Sarkophag von Amathous griechische Einflüsse auf, aber auch eigene, zyprische Elemente flossen in die Gestaltung ein.

Der zweite Sarkophag von der Insel Zypern stammt aus Golgoi, wie der Sarkophag aus Amathous wahrscheinlich ebenfalls aus einem Kam-

Abb. 43: Sarkophag aus Amathous (Schmalseite) mit einer Darstellung von Frauen (New York, Metropolitan Museum of Art)

mergrab. Er ist, ebenso wie derjenige aus Amathous, auf allen vier Seiten mit plastischen, aber um einiges flacher gearbeiteten Reliefs versehen.

Die Langseiten zeigen eine Symposiums- und eine Jagdszene auf Stier und Eber. Das Symposium steht sicher im Grabkontext und kann als Totenmahl zu Ehren des Verstorbenen gedeutet werden. Die Abbildung der Jagd auf der zweiten Langseite hingegen diente der Selbstdarstellung des Grabherrn und bezieht sich auf seine körperliche Tüchtig- wie Tapferkeit (Abb. 45). Im Orient galt die Jagd als ein Symbol der Herrschaftsrepräsentation. Später findet sich die Thematik auch auf den römischen Sarkophagen wieder.

Die Schmalseiten zeigen eine Wagenfahrt, eventuell symbolisch mit derjenigen des Verstorbenen zum Grab gleichzusetzen, weiterhin eine mythische Szene, die Geburt des geflügelten Pferdes Pegasos und des Kriegers Chrysaor aus dem Kopf der Medusa, die vom griechischen Helden Perseus soeben enthauptet wurde.

Die zeitliche Einordnung des Sarkophags in das erste Viertel des 5. Jhs. v. Chr. fußt weitgehend

Abb. 44: Sarkophag aus Amathous (Langseite) mit der Darstellung einer Wagenprozession (New York, Metropolitan Museum of Art)

Abb. 45: Sarkophag aus Golgoi (Schmalseite) mit der Darstellung einer Eberjagd (New York, Metropolitan Museum of Art)

auf Parallelen in der Bildgestaltung der griechischen Vasenmalerei dieser Zeit, steht aber auch in Bezug zu ostgriechischen Bildwerken.

Zusammenfassend kann gesagt werden, dass die Gestaltung des Sarkophags von Golgoi einem eigenen Stil folgte, der griechische, ägyptische sowie phönizische Stilrichtungen miteinander verband und zudem die weitreichenden Kontakte der Insel Zypern hervorhebt.

Ein vor wenigen Jahren bei Palaipafos gefundener Sarkophag ist ebenfalls mit flachen Reliefs verziert. Während die Schmalseiten einen Krieger zeigen, der einen verwundeten oder toten Kameraden geschultert hat, beziehungsweise den Kampf zwischen einer Löwin und einem Wildschwein, geben die beiden Langseiten Szenen aus den homerischen Epen wieder: die Flucht des an Schafe gebundenen Odysseus und seiner Kameraden aus der Höhle des Polyphem und die beiden Helden Odysseus und Diomedes beim Versuch, die Pferde des Königs Rhesos vor Troja zu stehlen. Gerade dieser Sarkophag aus der Zeit um 480 v. Chr. zeigt durch seine bildlichen Darstellungen eine deutliche Beziehung Zyperns zum griechischen Kulturkreis.

Auch aus der phönizischen Königsnekropole von Sidon im heutigen Libanon sind mehrere reliefverzierte Sarkophage aus griechischem Marmor bekannt. Der sogenannte Lykische Sarkophag, der in die Jahre zwischen 400 und 380 v. Chr. datiert, ist auf allen vier Seiten mit plastisch gearbeiteten Reliefs versehen, die an den Langseiten eine Löwen- beziehungsweise Eberjagd sowie an

Abb. 46: Lykischer Sarkophag aus Sidon (Istanbul, Archäologisches Museum)

den Schmalseiten zwei Szenen mit kämpfenden Kentauren zeigen (Abb. 46). Auch bei diesem Beispiel sprechen die Reliefs des Sarkophags deutlich für einen griechischen Einfluss.

Charakteristisch für den Sarkophag ist der hohe, gewölbte Dachdeckel, der ihn als lykisches Werk ausweist. Hingewiesen sei an dieser Stelle auf das Monument des Payava, König des lykischen Xanthos, datiert um 370 v. Chr. Der Sarkophag trägt ebenfalls einen hohen Deckel und ist mit Relieffriesen ausgestattet.

Ein weiteres Beispiel aus der Königsnekropole von Sidon ist der Klagefrauensarkophag, vermutlich für Straton I., von 361 bis 358 v. Chr. König von Sidon. Es handelt sich um einen architektonischen Sarkophag, der auf der Ansichtsseite in zwei Eckpilaster und fünf ionische Säulen gegliedert ist. In den Interkolumnien stehen sechs Klagefrauen, die den Tod des Königs betrauern, dessen Leichenzug auf dem Deckelfries dargestellt ist (Abb. 47).

Am eindrucksvollsten aber erscheint der sogenannte Alexandersarkophag, der für den letzten König von Sidon, Abdalonymos, um 330 v. Chr. geschaffen wurde und dessen Bildflächen wiederum von den Themen „Schlacht" und „Jagd" bestimmt werden (Abb. 48). Die Jagdszene zeigt eine Löwenjagd, bei der Griechen und orientalisch gekleidete Männer gemeinsam versuchen, die gefürchtete Raubkatze zu erlegen. Vermutlich handelt es sich bei dem Reiter, dessen Pferd gerade von dem Löwen attackiert wird, um den Grabherrn selbst, da er eine Königsbinde und ein Diadem trägt.

Auf der anderen Langseite kämpfen Griechen gegen Perser. Einer der Krieger, der von links in das Geschehen hineinreitet und dabei einen Orientalen mit dessen Pferd zu Fall bringt, verdient eine besondere Betrachtung. Auf seinem Haupt trägt er einen Löwenskalp, der ihn ikonographisch mit dem mythischen Helden und Bezwinger des Nemeischen Löwen, Herakles, gleichsetzt (Abb. 49). Es ist die Darstellungsweise, mit der

Abb. 47: Klagefrauensarkophag aus Sidon (Istanbul, Archäologisches Museum)

Abb. 48: Alexandersarkophag aus Sidon (Istanbul, Archäologisches Museum)

gemeinhin Alexander der Große in der griechischen Kunst bedacht wurde. Mit der Deutung des Kriegers als Alexander könnte sich die Bildthematik dieser Sarkophagseite auf zwei historische Schlachten beziehen: zum einen auf die Schlacht bei Issos 333 v. Chr., zum anderen auf die bei Gaugamela 331 v. Chr., beide geführt gegen König Dareios III. Eine andere Interpretation setzt den Krieger mit dem Grabherrn Abdalonymos gleich, der sich möglicherweise mit Alexander dem Großen oder auch Herakles identifizierte und somit als Feldherr aufseiten der Griechen, in einer griechenfreundlichen Gesinnung, präsentierte. Die Identifizierung mit dem mythischen Helden würde insofern passen, da auf der anderen Sarkophagseite die Jagd auf einen Löwen dargestellt ist. Der Sarkophag könnte sich bei dieser Auslegung auf die Perserkriege des 5. Jhs. v. Chr. beziehen. Welche der beiden Deutungsmöglichkeiten die richtige ist, wird sich wohl nie einhellig feststellen lassen, da es keine weiteren historischen Angaben, wie beispielsweise Inschriften, über den Sarkophag gibt. Zumindest aber kann herausgestellt werden, dass bei der Gestaltung der Sarkophage neben der Jagd auch die siegreiche Schlacht gegen äußere Feinde als Mittel der Herrschaftsrepräsentation für die Ikonographie genutzt wurde.

Wie die angeführten Beispiele zeigen, kam die Tradition reliefverzierter Sarkophage in der Levante, hier vorwiegend in Phönizien und auf Zypern, bereits im ausgehenden 6. und beginnenden 5. Jh. v. Chr. auf. Die Reliefffriese der Sarkophage lassen dabei deutlich griechische Einflüsse erkennen. Zypern scheint eine Art Mittlerrolle zwischen dem griechischen und dem orientalischen Kulturraum eingenommen zu haben, da die Insel sowohl Kontakte zu Phönizien, Persien und Ägypten als auch nach Griechenland pflegte beziehungsweise eine bedeutende Funktion als Handelsumschlagplatz in der Ägäis innehatte. Auch hier waren griechische Bildhauer ansässig. Die auf den Sarkophagen dargestellten Themen der Bildhauerarbeiten richteten sich wahrscheinlich nach den Interessen des Auftraggebers.

Fragt man nach einem Zusammenhang der frühen, reliefverzierten Sarkophage der ostgriechisch-orientalischen Welt mit der erst im ersten nachchristlichen Jahrhundert aufkommenden Sarkophagtradition im Römischen Reich – immerhin fast 400 Jahre später –, so kann den östlichen Beispielen eine gewisse Vorbildfunktion nicht abgesprochen werden. Die späteren architektonischen Säulensarkophage weisen bezüglich der Gestaltung des Bildfeldes eine große Ähnlichkeit mit dem Klagefrauensarkophag aus Sidon auf. Auch Themen wie die Jagd und Schlachten kehren in der Bildgestaltung der römischen Sarkophage wieder und zielen ebenso auf die Tugenden des Grabinhabers ab, wobei allerdings dazu gesagt werden muss, dass diese Themen aller Wahrscheinlichkeit nach von den griechischen Nachbarn übernommen wurden.

Handelte es sich bei den östlichen Beispielen um wenige herausragende Monumente für Herrscherpersönlichkeiten, die nicht für die breiteren Bevölkerungsschichten bestimmt waren und folglich nicht mit der „Massenproduktion" von Sarkophagen im Römischen Reich vergleichbar sind, so stellt sich die Frage, inwieweit die römischen Rezipienten überhaupt Kenntnis von den Sarkophagen aus Sidon oder Zypern haben konnten. Wahrscheinlich geht der Beginn der römischen Sarkophagproduktion auf mehrere Wurzeln zurück. Die östlichen Beispiele müssen hierbei allenfalls als allgemeine, nicht aber als direkte Vorläufer gelten. Daneben zeigen die

Abb. 49: Alexandersarkophag aus Sidon, Ausschnitt mit der Darstellung Alexanders (?) zu Pferd, der gegen einen Orientalen kämpft (Istanbul, Archäologisches Museum)

römischen Sarkophage in ihrer Gestaltung und Ausführung auch Parallelen zu Unteritalien, wo es hölzerne Sarkophage mit plastischen Terrakottadekorationen gab, oder Etrurien, wenn man etwa an die römischen Klinenmonumente denkt, die den Deckeln etruskischer Urnen stark ähneln.

5.3.2.2 Römische Sarkophagproduktion

Keine andere Gattung ist mit Monumenten im Römischen Reich so zahlreich vertreten wie die der Sarkophage. Die in vielfältiger Form erhaltenen Denkmäler geben uns heute einerseits einen breit gefächerten Überblick über den Wandel der römischen Kunst, andererseits aber auch über die Wertvorstellungen und Anschauungen der römischen Gesellschaft selbst.

Rom galt, neben Athen und Dokimeion in Kleinasien, als Hauptzentrum der Sarkophagproduktion, weshalb eine große Themenvielfalt vorhanden ist. Über 6000 Beispiele lassen sich hier nachweisen.

Als Material fanden verschiedene Steine, vorwiegend Marmor, seltener auch Granit oder Porphyr, sowie Blei und Holz mit Bronzebeschlägen oder Stuckapplikationen Verwendung. Der Marmor musste teilweise über weite Strecken importiert werden, da er nicht in allen Gegenden des Römischen Reiches vorhanden war. In Italien selbst gab es Marmor in Carrara im Nordwesten des Landes, dessen Transport auf dem Seeweg nach Rom erfolgte. Über reiche Vorkommen bester Qualität verfügte zudem die Stadt Dokimeion, aber auch der pentelische Marmor aus Athen wurde gerne für die Herstellung der Sarkophage genutzt.

Der Import selbst erfolgte in Form von Rohlingen (ausgehöhlte Blöcke), Halbfabrikaten – überwiegend für die Girlandensarkophage – oder fertig ausgearbeiteten Stücken, die zumeist aus Athen sowie Dokimeion, aber auch aus anderen östlichen Provinzen, wie beispielsweise Thasos, Karien oder Prokonnesos kamen, um nur einige Beispiele zu nennen. Daneben gab es Sarkophage aus Kalkstein, Basalt, Tuff oder Travertin.

Die Fertigung der Sarkophage, besonders die feine Ausarbeitung der Reliefs, war mit einem großen Arbeitsaufwand verbunden. Erhaltene Farbreste zeugen von einer ursprünglichen Bemalung sowie der Hervorhebung von Details mit Blattgold. Das Innere der Särge war sorgfältig geglättet und besaß am Boden häufig eine flache Erhöhung, die als „Kopfkissen“ für den Grabinhaber dienen sollte.

Die Sarkophage wurden in den Grabmonumenten der Gräberstraßen aufgestellt, in Nischen, sogenannten Arkosolien, was eine öffentliche Betrachtung weitgehend ausschloss. Derartige Gebäude konnten schnell mit Sarkophagen überfüllt sein. Übermäßig viele Särge in einem Bau verdeutlichen aber auch die kontinuierliche Bestattung einer Familie in ein und demselben Grabbau.

Seit dem frühen 1. Jh. n. Chr. wurden Sarkophage für die Bestattung von den Angehörigen der alten Adelsfamilien verwendet. Es handelt sich dabei um schlichte Modelle mit flachen Deckeln in Kasten- oder Truhenform, auch „Postamentsarkophage“ genannt, die oftmals nur mit einer umlaufenden Profilierung beziehungsweise profilierten Rahmung im unteren und/oder oberen Bereich als Dekorationselement versehen sind (Abb. 50).

Eine weitere, allerdings weniger zahlreiche Gattung bilden wannenförmige, nahezu unbearbeitete Sarkophage, die wahrscheinlich zum Einlassen in gemauerte Loculi – viereckige Nischen – bestimmt waren. Die Deckel bestanden zumeist aus schlichten Platten, die an der Oberfläche oftmals Dekorationen in Gestalt einer Tür und/oder eines Fensters aufwiesen – Schmuckelemente, die stark an die Urnen in Hausform erinnern und auf die Vorstellung des Sarkophags als Haus des Toten zurückzuführen sind. Auch die Scheintüren bei ägyptischen Sarkophagen des Alten Reiches sind mit dieser Tradition vergleichbar. Daneben gab es Deckel in Dach- oder Giebelform, verziert mit Köpfen, Masken und Palmetten als Eckakrotere. In der Mitte des Deckels war häufig eine Tafel für eine Inschrift angebracht.

Deckel in Klinenform, auf denen der Verstorbene mit einer weiteren Person oder alleine wie auf einem Bett liegend zu sehen ist, waren seit etwa 220/30 n. Chr. verbreitet. Sie ähneln den in Etrurien verbreiteten Marmorurnen, die

Abb. 50: Früher römischer Postamentsarkophag mit Profilleisten und Flachdeckel (Rom, Museo Nazionale delle Terme)

ein ähnliches Schema aufweisen. Eine Parallele haben diese Deckel in den sogenannten Klinenmonumenten der frühen Kaiserzeit, einer Gattung von Grabdenkmälern, die den Toten ebenfalls auf einer Matratze liegend zeigen, aber in ihrer Nutzung eher als Aschenurne von ungewöhnlicher Form ausgelegt waren.

In der zweiten Hälfte des 1. Jh. n. Chr. bestimmte eine *tabula ansata* – eine Tafel mit meist dreieckigen oder geschwungenen „Henkeln“ *(ansae)* – die Vorderseite der Sarkophage. Sie befand sich meist in der Mitte der Seite – wobei die freien Flächen noch mit weiterem Schmuck verziert sein konnten – und gab Auskunft über den Namen, das Alter sowie den sozialen Stand des Verstorbenen.

Nur wenige der frühen Sarkophage waren mit besonderem Reliefdekor, vorzugsweise vegetabiler Art, wie Girlanden oder Ranken, ausgestattet. Eine besondere Stellung nimmt daher der sogenannte Sarkophag Caffarelli ein, der in tiberische Zeit (14–37 n. Chr.) datiert und an den Langseiten mit Bukranien und Girlanden verziert ist (Abb. 51). Dieser Sarkophag zählt in seiner Qualität und Ausarbeitung sowie in seiner Dekoration zu einem einzigartigen Zeugnis römischer Handwerkskunst seiner Zeit.

Um 110/20 n. Chr. beginnt eine Phase, die gemeinhin als Hauptproduktionszeit von reliefverzierten Sarkophagen mit charakteristischen Themen bezeichnet wird und etwa bis ins 4. Jh. n. Chr. reicht. Danach gehen die Themen eher in den christlichen Bereich über.

Während zu Beginn des 2. Jhs. n. Chr. die Anzahl der Sarkophage noch relativ überschaubar war, nahm diese in antoninischer Zeit, gegen Ende des Jahrhunderts, rapide zu – ein Umstand, der mit dem Wandel des Bestattungsritus (von der Brand- zur Körperbestattung) zu erklären ist. Nun kam eine Vielfalt an Dekorationselementen hinzu, die in verschiedene Gruppen unterteilt wird: Riefel-, Girlanden-, Fries- und Säulensarkophage. Die Gestaltung erfolgte dabei derart, dass eine Langseite als Ansichtsseite gewählt und dementsprechend besonders sorgfältig mit reichhaltigem Dekor ausgearbeitet wurde. Die übrigen Seiten spielten häufig nur eine untergeordnete Rolle. Ihnen wurde weniger Sorgfalt beigemessen; oft erhielten sie nur ein flaches, skizzenhaftes Relief und eine dekorative oder ornamentale Darstellung, die sich auf Nebenszenen der Haupthandlung oder auf neutrale Motive beschränkte. In vielen Fällen blieben diese Flächen auch vollkommen unverziert, was bei den Rückseiten generell zutrifft – ein Umstand, der sich dadurch erklärt, dass die Sarkophage in den Grabbauten an den Wänden und in den Arkosolien aufgestellt wurden. Die Deckel waren an der Vorderseite zumeist ebenfalls

Abb. 51: Sogenannter Sarkophag Caffarelli mit Girlanden, Bukranien und Opfergeräten (Berlin, Staatliche Museen, Antikensammlung)

Abb. 52: Sarkophag mit einer Darstellung der Taten des Herakles (Rom, Museo Nazionale)

flächendeckend mit einem figürlichen Fries überzogen oder zumindest mit einer *tabula ansata* ausgestattet.

Die figürlichen Relieffriese der Frontseite gliedern sich in die zwei großen Themenkomplexe „Mythologie“ und „reales Leben“. Den umfangreichsten Anteil der stadtrömischen Sarkophage bilden zweifelsohne die mit mythologischen Motiven verzierten, wobei nahezu ausschließlich griechische Mythen zum Tragen kommen. Spezielle Szenen werden häufiger dargestellt als andere beziehungsweise scheinen beliebter gewesen zu sein. Dazu zählen vor allem Darstellungen mit Meleager, Hippolytos, Adonis, den Amazonenkämpfen, Endymion und Phaethon. Sarkophage mit Darstellungen beispielsweise des Achill, der Niobiden, Medea, Persephone/Proserpina, des Odysseus oder Herakles sind dagegen eher auf kürzere Perioden beschränkt (Abb. 52). Zur Gruppe der mythologischen Sarkophage zählen ebenfalls solche mit Meerwesen und dionysischen Inhalten, aber auch mit Abbildungen von Eroten sowie Jahreszeitensarkophage.

Die Deutung der mythologischen Handlungen gestaltet sich in einigen Fällen relativ schwierig, da die Auswahl für die Sarkophage nach unserem heutigen Verständnis unpassend erscheint; als Beispiele seien etwa die Darstellung der Kindesmörderin Medea oder des Orest, der seine Mutter tötete, genannt. Derartige Abbildungen sollten wahrscheinlich auf ein erhofftes glückliches Leben im Jenseits verweisen oder stellten eine Allegorie für das größte Unglück dar, das einer Familie widerfahren konnte.

Auch das Thema „Liebe“ ist häufig dargestellt und wohl im Sinne einer Liebe zu verstehen, die über den Tod hinaus Bestand hat. Anderen Szenen, etwa dem Tod großer Helden wie dem des Achill, kann wiederum eine Art Trostcharakter zugesprochen werden, da diese Protagonisten dem Schicksal genauso wenig entrinnen konnten wie der Verstorbene selbst.

Bei den Sarkophagen, die das reale Leben thematisieren, dominieren solche mit Jagddarstellungen, am zweithäufigsten erscheinen die Themen „Hochzeit“ und „Schlacht“. Zumeist wurde der Verstorbene auf dem Sarkophag selbst dargestellt, zum Beispiel als siegreicher Feldherr zu Pferd oder als Mitwirkender in einer mythologischen Szene. Dabei wurde sein Porträt auf den Körper des Helden oder Gottes gesetzt. Durch die im Vergleich zu den übrigen Figuren individuelleren Gesichtszüge sowie Modefrisuren ließ sich der Verstorbene relativ leicht identifizieren.

Bei der Produktion der Sarkophage wurden die Porträts oftmals „in Bosse“ – also in halbfertigem Zustand – belassen und erst später von einem spezialisierten Bildhauer bearbeitet. Dies ermöglichte einen persönlichen Zuschnitt auf den Verstorbenen. Manche Porträts blieben allerdings auch im Rohzustand (Abb. 53).

Das Bossieren der Köpfe spricht außerdem für die Fertigung der Sarkophage auf Vorrat oder besondere Bestellung. Man konnte sich in der Werkstatt ein Exemplar aussuchen und dann individuelle Porträts ausarbeiten lassen.

Dass die Porträts in vielen Fällen nicht gleichzeitig mit dem Sarkophag, sondern erst später gemeißelt wurden, zeigen Absätze am Hals oder an den Schultern der Köpfe.

Auch Abänderungen an bestimmten Motiven, möglicherweise auf Käuferwunsch, waren keine Seltenheit.

Abb. 53: Sarkophag mit einer Darstellung des Mythos des Hippolytos und nicht ausgearbeitetem (bossiertem) Porträtkopf (Rom, Museo Nazionale)

Mit der Abbildung des Toten in verschiedenen Szenenarien sollten besondere Wesenseigenschaften und Verdienste hervorgehoben werden, die ihn über den Tod hinaus ehrten.

Besonders beliebt waren *concordia* (Eintracht) im Bild einer Eheschließung, *pietas* (Frömmigkeit) in Gestalt eines Opfers an die Götter, *clementia* (Milde) sowie *virtus* (Tüchtigkeit, Tapferkeit) als Zeichen des Sieges über Barbaren. Tüchtigkeit und Tapferkeit wurden dabei neben Schlacht- auch gerne durch Jagdszenen zum Ausdruck gebracht. Die Jagd auf gefährliche Tiere – verbildlicht zum Beispiel in derjenigen des Meleager auf den Kalydonischen Eber – rühmte das Ideal der *virtus* des Verstorbenen, indem dieser selbst die Rolle des Helden übernahm.

Manchmal wurde auch auf die soziale Stellung verwiesen, die der Verstorbene im Diesseits innehatte, oder auf den Beruf, den er einst ausübte.

Zur Thematik des realen Lebens gehörten ferner Darstellungen von Symposiumsszenen sowie des Landlebens (Einbringen der Ernte, Transport von Wild, Weinlese und -kelterung) ebenso wie bukolische Szenen des Hirtenlebens.

Allgemein gesehen versinnbildlichten die Reliefs Klage, Trauer und Trost, besonders in Hinblick auf einen grausamen Tod der Hauptpersonen oder den Abschied vom geliebten Menschen sowie der Sehnsucht nach ihm. Daneben erzeugten positive Bilder, beispielsweise Szenen mit Dionysos und seinem Thiasos, aber auch solche, die in der Natur oder am Meer spielen, eine heitere Stimmung, indem sie auf ein glückliches, erfülltes Leben im Jenseits verwiesen.

Bis weit ins vierte nachchristliche Jahrhundert hinein wurden Sarkophage mit paganen Themen hergestellt, wobei keine eindeutige Trennung von christlichen und paganen Motiven vorgenommen werden kann – zu sehen etwa bei einem Sarkophag mit der Abbildung eines Hirten, der einerseits für das Leben auf dem Lande steht, andererseits den „Guten Hirten" – eines der ältesten Bilder für Jesus Christus – symbolisiert (Abb. 54). Die Darstellungen mit mythischen Inhalten,

Abb. 54: Sarkophag mit einer Darstellung des „Guten Hirten" (Rom, Vatikanische Museen)

dionysischen Szenen, aber auch Meerwesen sowie Hochzeiten verschwinden gänzlich aus dem Repertoire der Werkstätten; stattdessen finden sich oft Jagdsarkophage, daneben wurden Weinlese und Jahreszeiten thematisiert.

Ab dem 4. Jh. n. Chr. geht der Motivschatz eindeutig in den christlichen Bereich über. Dass die kaiserzeitlichen Sarkophage über Jahrhunderte dennoch sehr begehrt waren, zeigt die Wiederverwendung einiger Exemplare in späterer Zeit. Die Umarbeitung und Ausstattung zahlreicher ursprünglich paganer Sarkophage mit Kreuzen und christlichen Inschriften fand schon in frühchristlicher Zeit statt.

5.3.3.3 Attische Sarkophage

In Athen begann die Hauptproduktionsphase der Sarkophage etwas später als in Rom, nämlich um 140 n. Chr., und war bei Weitem nicht so umfangreich wie dort. Die zahlreichen Fragmente eingeschlossen, umfasst der Bestand rund 1500 Exemplare, was etwa der Hälfte der in Rom gefundenen Stücke entspricht. Die attischen Sarkophage unterscheiden sich dabei von den stadtrömischen durch viele Besonderheiten, die im Folgenden erörtert werden sollen.

In Athen wurde die Verwendung reliefverzierter Sarkophage scheinbar ebenso plötzlich üblich wie in Rom, was wohl darauf zurückzuführen ist, dass man auf die Entwicklung der stadtrömischen Sarkophagproduktion reagierte. Auch in Athen lassen sich wiederum keinerlei Rückgriffe auf eine Tradition erkennen, hatte sich die Gestaltung der Grabmonumente – wie bereits oben erwähnt – in den Jahrhunderten zuvor doch auf die Gestaltung der Grabreliefs beziehungsweise die Ausstattung mit Statuen beschränkt. Der um 140 n. Chr. zu verzeichnende „Einschnitt" erklärt sich schließlich dadurch, dass die athenischen Werkstätten nun wohl damit begannen, bestimmte Sarkophage überwiegend für den Export herzustellen.

Die aufwendig und qualitätvoll gestalteten Sarkophage scheinen auch in den Provinzen des Römischen Reiches sehr beliebt gewesen zu sein, was sich in der Verbreitung der Exemplare niederschlägt, die weitaus größer war als die der stadtrömischen Stücke selbst.

Allgemein kann festgestellt werden, dass der Import attischer Sarkophage besonders in die Gegenden erfolgte, in denen Marmor nur in geringen Mengen oder gar nicht vorhanden war, vor allem in die Provinzen Syrien, Palästina, in die Kyrenaika und nach Dalmatien, aber auch ins Schwarzmeergebiet, nach Oberitalien und Gallien. Weiterhin lassen sich selbst in den Gegenden mit eigener Sarkophagproduktion wie Kleinasien sowie Rom und dessen Umgebung attische Fabrikate nachweisen, was sicher auf ein gewisses Prestigedenken der ansässigen Bevölkerung zurückzuführen ist, konnte man sich durch den Besitz eines attischen Originals doch zusätzlich profilieren. Für ihre Beliebtheit spricht zudem ihre Nachahmung, wahrscheinlich aufgrund der besseren Erschwinglichkeit im Gegensatz zu den teuren Originalen.

Die Sarkophage kamen jedoch nicht nur in fertigem Zustand in andere Gegenden, sondern wurden darüber hinaus in Form von Rohlingen exportiert, die dann vor Ort weiterverarbeitet wurden. Besonders in Rom war der qualitätvolle pentelische Marmor geschätzt.

Doch die Athener fertigten nicht nur für den Export, sondern bestatteten nun auch ihre Toten selbst in Sarkophagen; die einst so beliebten Grabreliefs verschwanden weitestgehend.

Wie die stadtrömischen Sarkophage besaßen die attischen ebenfalls zumeist eine rechteckige Form, waren aber um einiges monumentaler in ihrem Aufbau. Charakteristisch ist ein hoher Sockel, mit verschiedenen Ornamentstreifen und profiliertem oberen Abschluss, auf dem der eigentliche Kasten ruhte. Dieser war in der Regel immer auf allen Seiten mit Dekorationen versehen, da die Sarkophage in den Grabgebäuden zumeist freistehend von den Wänden aufgestellt wurden. Dabei muss allerdings bemerkt werden, dass eine Nebenseite und die Rückseite nur ein flaches Relief beziehungsweise eine dekorative Darstellung trugen, da sie nicht so gut gesehen werden konnten.

Nach griechischer Vorstellung galt der Sarkophag mehr noch als in Rom als „Haus des Toten" und war bei den frühen Exemplaren dementsprechend mit einem dachförmigen Deckel mit Eckakroteren ausgestattet. Um 200 n. Chr. ging man in Athen zu Klinendeckeln mit Reliefverzierung über, auf denen in der Regel ein Paar ruhte. Die Figuren erhielten in den Werkstätten bossierte Köpfe und konnten wie in Rom auch zu Porträts der Grabinhaber umgearbeitet werden.

Bei Reliefs mit mythologischem Inhalt hingegen erfolgte im Gegensatz zu den stadtrömischen Exemplaren nur in wenigen Fällen eine Ausstattung mit den Porträts der Verstorbenen. Nur zwei Beispiele sind bekannt. Auch Inschriften finden sich nur vereinzelt auf attischen Sarkophagen, wenn überhaupt, dann nur auf dem Sockel oder Deckel beziehungsweise zwischen den Figuren.

Die Bildthemen der Reliefs waren zum größten Teil mythologischer Natur, gefolgt von Eroten und dionysischen Szenen. Außerdem gehörten Girlanden-, Ranken- sowie Riefelsarkophage mit Klinendeckel zum Repertoire der attischen Werkstätten. Selten sind Darstellungen aus dem Bereich des in Rom so beliebten Themas des realen Lebens, aber auch Abbildungen mit Musen oder Meerwesen gibt es nur vereinzelt.

Zahlreiche Sarkophage mit Schlachtdarstellungen beziehen sich auf die großen mythologischen Kämpfe der Griechen. Besonders beliebt waren Szenen aus dem Trojanischen Krieg, hierbei vorrangig Themen mit Achill. Auch die Kämpfe der Griechen mit den Amazonen gehörten zum gängigen Formenschatz.

Bei den Jagddarstellungen dominieren solche mit Meleager, aber auch die Sage um Hippolytos fand oftmals Verwendung. Andere, in Rom häufig dargestellte Mythen, wie beispielsweise mit Endymion, fehlen in Attika gänzlich.

In einer frühen Phase – ab 140 n. Chr. – erschienen die Figuren wie Appliken in die Reliefs gesetzt und waren relativ locker und mit viel freiem Raum auf der Fläche verteilt.

Eine besondere Sarkophagform, die um die Jahre 170/80 n. Chr. entworfen wurde, war der sogenannte Klinen-Riefel-Typus, ein Sarkophag in Klinenform, bei dem die Ecken in Form von Beinen eines Bettes mit dazwischenliegenden Riefeln gefasst waren und der Deckel die Auflage der Kline bildete, wobei darauf keine Figuren ruhten (Abb. 55).

Um 200 n. Chr. änderte sich die Komposition der Friese auf den Sarkophagen grundlegend, was gemeinhin auch als „attischer Stilwandel" bezeichnet wird. Die Anzahl der Figuren nahm zu, sie waren enger zusammengestellt und hoben sich nun stärker vom Grund ab. Auch die Aufhebung der strengen Trennung zwischen Fries- und Ornamentzone ist charakteristisch. Die Figuren ragten jetzt mitunter in das obere Ornamentband hinein.

In spätseverischer Zeit – ab 220/30 n. Chr. – wurde diese Art der Ausgestaltung noch gesteigert, die Sarkophage wurden noch aufwendiger

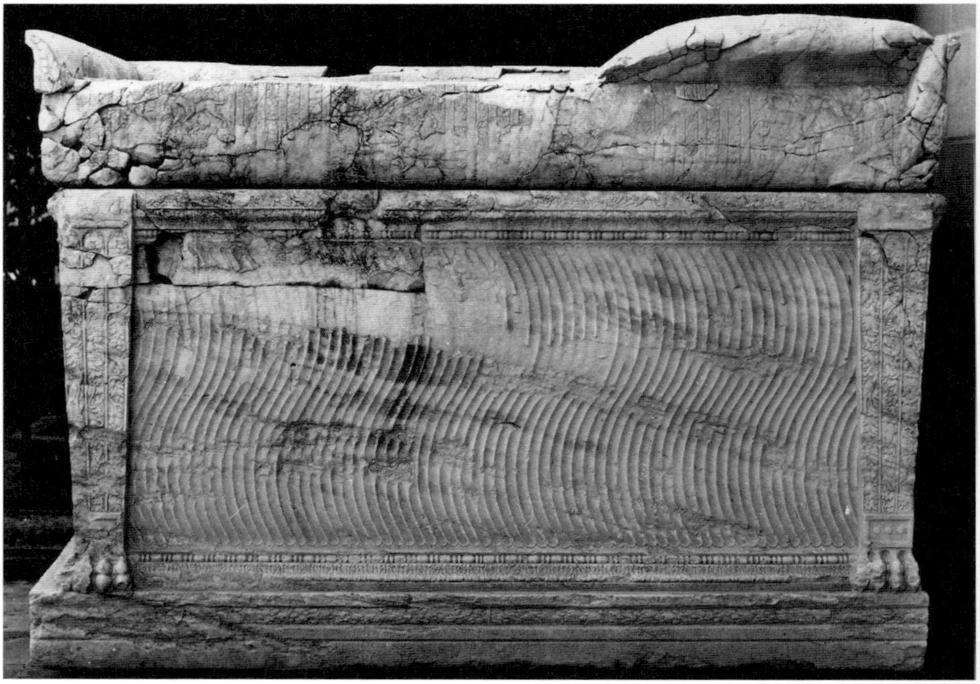

Abb. 55: Attischer Klinen-Riefel-Sarkophag mit Löwentatzen (Beirut, Nationalmuseum)

Abb. 56: Attischer Sarkophag mit einer Darstellung der Auffindung Achills auf Skyros (Rom, Kapitolinische Museen)

mit Ornamenten, Figuren und tiefem Relief verziert (Abb. 56).

Ab 250 n. Chr. ist ein plötzlicher Einbruch in der attischen Sarkophagproduktion zu verzeichnen; die Anzahl der exportierten Stücke geht stark zurück, eventuell bedingt durch wirtschaftliche Schwierigkeiten im Römischen Reich mit der Folge sinkender Bestellungen von Sarkophagen beziehungsweise Rohmaterialien.

Mit der Zerstörung Athens durch die Heruler im Jahr 267 n. Chr. scheint die Produktion schließlich vollends zum Erliegen gekommen zu sein. Nur wenige Stücke, die aber in der Gestaltung nicht mehr an die aufwendigen Sarkophage des 2. Jhs. n. Chr. heranreichen, datieren in diese Zeit.

6. GRABBAUTEN

6.1 Mastabas und Pyramiden

Seit dem Alten Reich (ab etwa 2700 v. Chr.) wurden in Ägypten Pyramiden als monumentale Grabanlagen für die Könige errichtet. Allein in der Zeit von der 3. bis zur 6. Dynastie entstanden am westlichen Nilufer zwischen Gizeh und Dahschur 25 dieser Bauwerke. Aufgrund der Fülle an Grabbauten erhielt die Epoche in der Forschung die Bezeichnung „Zeitalter der Pyramiden".

Die drei bekanntesten Pyramiden des Cheops, Chephren und Mykerinos stehen auf dem Plateau von Gizeh. Schon der griechische Historiker Herodot war fasziniert von den monumentalen Anlagen und beschrieb sie im 2. Buch seines Geschichtswerks.

Die Entwicklung der Pyramiden geht auf eine lange Tradition zurück, die ihren Anfang in der ägyptischen Frühzeit hat. Die heute geläufige Pyramidenform mit einem quadratischen Grundriss, auf dem sich ein spitz zulaufender Aufbau erhebt, entstand aus mehreren Vorläufern, allen voran den Mastaba-Gräbern. Sie zählen zu den frühesten monumentalen Grabbauten Ägyptens und wurden aufgrund ihrer äußeren Gestalt, einem Pyramidenstumpf ähnlich, nach dem arabischen Wort für „Bank" benannt. Die Bauten sind von rechteckiger Form, errichtet aus Steinen oder Lehmziegeln, mit schräg nach oben verlaufenden Außenwänden (Abb. 57).

Bereits auf einem der ältesten ägyptischen Königsfriedhöfe der 1. Dynastie, in Sakkara, finden sich Mastaba-Gräber hoher Beamter mit einem derartigen Aufbau. Ihre Außenfassade war durch zahlreiche Nischen gegliedert, die als Einfassung der unterirdisch gelegenen Grabräume diente. Diese waren oftmals mit einer hölzernen Decke ausgestattet und über eine lange Treppe zugänglich.

Nach der Bestattung wurde der Eingang zu den Räumen zum Schutz vor Eindringlingen durch einen massiven Schlussstein gesichert. Später erfolgte die Aufschüttung des gesamten Komplexes mit Sand, Kieseln und Schotter sowie die Verkleidung mit Steinen oder Lehmziegeln.

Die Nischengliederung der frühen Mastabas imitierte nach Ansicht der Forschung vermutlich befestigte Stadtmauern oder die Fassade von Königspalästen. Die genaue Bedeutung im Grabkontext ist aber ungeklärt, da es keine monumentalen Vorbilder gibt.

In der 2. Dynastie löste eine glatte Außenseite die Nischengliederung ab. Die Grabkammern lagen nun tiefer, oftmals direkt in den Fels gehauen, und waren nur über einen schmalen Schacht zu erreichen, der gewissermaßen im „Dach" der Mastaba mündete. Nach der Bestattung wurde der Schacht mit Steinen verfüllt, so dass er für Außenstehende nicht mehr zugänglich war.

Die Grabbauten besaßen an der Außenseite im Osten zwei Opfernischen. Ab der 3. Dynastie wurden diese Kultstellen immer aufwendiger mit Reliefs und Malereien dekoriert und entwickelten sich zu kleinen Kultkapellen für den Verstorbenen. Manchmal waren sie auch mit einer Scheintür ausgestattet, als Symbol für den Übergang von der diesseitigen in die jenseitige Welt.

In Weiterentwicklung der Mastaba-Bauweise entstanden die sogenannten Stufenpyramiden. Das erste Bauwerk dieser Art ist die Stufenpyramide König Djosers (2690–2670 v. Chr.) in Sakkara, des zweiten Königs der 3. Dynastie. Sie erhebt sich, bei einer Gesamthöhe von 60 m, mit sechs stetig kleiner werdenden Stufen gen Himmel (Abb. 58). Obwohl der Stufenbau der klassischen Pyramidenform schon sehr nahekommt, ist noch ein Bezug zu den Mastabas erkennbar. Es

Abb. 57: Sakkara. Mastaba des Niankhnum und Khnumhotep

entsteht der Eindruck mehrerer übereinandergesetzter Bauten dieses Typs. In ihrer ursprünglichen Form war die Pyramide sogar als einstufige Mastaba geplant, wurde aber später in mehreren Bauphasen zur Stufenpyramide umfunktioniert.

Sie besteht aus einem inneren Kern aus grob behauenen Steinen. Diesen Kern umgibt ein Mantel von mehreren Schichten feinen Kalksteins, durch Mörtel miteinander verbunden. Auch die flacheren Mastabas entstanden im Prinzip auf diese Weise. Im Gegensatz dazu verwendeten die Ägypter nun aber größere Blöcke, in 2 bis 3 m dicken Schalen. Außerdem legten sie die Steine nicht mehr exakt horizontal übereinander, sondern in mehreren, nach innen geneigten Lagen.

Die Pyramide Djosers steht für einen Strukturwandel in der Grabarchitektur Ägyptens. Sie markiert den Übergang von der Holz- und Lehmziegelbauweise zur massiven Steinarchitektur. In ihr spiegeln sich ein gesteigertes Sicherheitsbedürfnis und, aufgrund der Wahl eines festeren Baumaterials, der Wunsch nach Dauerhaftigkeit.

Die Pyramide stand im Mittelpunkt eines etwa 15 ha großen Grabkomplexes, der von einer über 10 m hohen Kalksteinmauer mit Nischengliederung umschlossen war. In seinen Ausmaßen entsprach das Areal demjenigen einer großen Stadt im dritten vorchristlichen Jahrtausend. Innerhalb der Mauern befanden sich neben dem Grabbau des Königs ein Totentempel im Norden der Pyramide – zur Verehrung des Herrschers –, ein großer Hof für rituelle Feierlichkeiten sowie mehrere unzugängliche Scheinbauten aus massivem Kalkstein, außerdem Säulen, Schreine und lebensgroße Statuen des Königs. Diese aufwendige Ausgestaltung des Grabkomplexes stellt ebenfalls eine Neuerung des Alten Reiches dar und tritt bei Djoser erstmalig in dieser Form auf. Das gesamte Areal galt als Aufenthaltsort für den verstorbenen Herrscher, wo sich seine Seele frei bewegen konnte.

Unter der Stufenpyramide befand sich ein kompliziertes System, bestehend aus in den Fels gehauenen Tunneln, Schächten, Treppen und Kammern, die sich labyrinthartig über eine Länge von 5,7 km erstreckten. In 28 m Tiefe lag die Grabkammer mit einem Gewölbe aus Granit, die zunächst (s. u.) über einen Zentralschacht zugänglich war, der in dem ursprünglich als Mastaba geplanten Aufbau endete. Um diesen Schacht wurden zahlreiche Passagen angelegt, die in große Räume mündeten. Es handelte sich dabei um Magazine zur Lagerung von Speisebeigaben, aber auch um die „privaten Gemächer" des verstorbenen Königs, im Sinne eines unterirdischen Jenseitspalastes. Diese Räume, wenn auch unvollendet, waren von großer Pracht und reich verziert, unter anderem mit Abbildungen des Königs bei rituellen Kulthandlungen. An den Wänden ahmten blaue Fliesen aus Fayence, abgesetzt mit Kalksteinbändern, den Mattenbehang des Königspalastes nach. Die grünlich blaue Farbe imitierte dabei die natürliche Farbe der Matten. Mit dieser Vegetationsfarbe waren Vorstellungen von Frische und Regeneration verknüpft. Auch der Name des Königs war auf mehreren Wänden verewigt.

Mit dem Umbau der Mastaba zur Stufenpyramide überdeckte ein neuer Aufbau den Zentralschacht, so dass dieser unzugänglich wurde. Als neuer Zugang zur Grabkammer diente ein abfallender, etwa 1 m breiter Korridor, der außerhalb der Pyramide in einem Graben mit Treppe begann. Der Korridor lag im Norden der Pyramide – eine Richtung, die seit der Mitte der 1. Dynastie für den Eingang zu den Königsgräbern in Sakkara bestimmend war. Nach der Bestattung des Königs erfolgte die Verfüllung des Korridors.

Abb. 58: Sakkara. Stufenpyramide des Djoser

Die Mumie König Djosers befand sich zur Zeit der Erforschung der Pyramide nicht mehr in der Grabkammer, da diese wahrscheinlich bereits vor Jahrhunderten geplündert worden war. Die im Grabgewölbe geborgenen Mumienteile datierten in eine jüngere Zeitstufe.

Ein weiteres Grab im Areal um die Pyramide ist das sogenannte Südgrab. Es war ebenfalls über einen abfallenden Korridor zugänglich und mit den gleichen Räumlichkeiten ausgestattet wie der Unterbau der Stufenpyramide: Zentralschacht, granitgewölbte Grabkammer und blau geflieste Räume in der Art eines Königspalastes. In seinen Ausmaßen war das Südgrab allerdings kleiner als das Nordgrab unter der Djoser-Pyramide.

In der Grabkammer fanden sich keine Spuren, die auf ein Begräbnis schließen lassen, weder Reste eines Sargs noch solche von Kanopenkrügen. Das Grab war seit der Antike verschüttet, also nicht von Grabräubern beschädigt. Kostbare Beigaben sowie der Sarkophag können demzufolge nicht entwendet worden sein.

Interessant ist, dass das Südgrab anscheinend früher fertiggestellt wurde als die Djoser-Pyramide, da die unterirdischen Räume vollständiger erscheinen. Die genaue Bedeutung des Grabes ist ungeklärt. Die Meinungen in der Forschung differieren, wobei die meisten das kleine Südgrab als Ort für den *ka* des verstorbenen Königs sehen. Aber auch eine Verbindung mit dem Sed-Fest ist möglich, da der herrschende König seine Machtstellung nur mit göttlicher Billigung seiner Ahnen erneuern konnte. Der alte Amtsinhaber wurde dabei rituell getötet und bestattet. Welche Deutung letztendlich auch immer zutreffen mag, so steht auf jeden Fall fest, dass das Südgrab seit Djoser als fester Bestandteil zum Pyramidenkomplex gehörte.

Die Grabform der Stufenpyramide bestand nur über einen relativ kurzen Zeitraum. Die beiden weniger bekannten Nachfolger Djosers aus der 3. Dynastie scheiterten bei dem Versuch, eine Stufenpyramide zu errichten. Mit dem Bau wurde zwar begonnen, er wurde aber aus unerfindlichen Gründen in beiden Fällen nicht vollendet. Die Stufenpyramide König Sechemchets in Sakkara, südwestlich des Djoser-Baus gelegen, kam über die Höhe ihrer Basis, ohne Kalksteinverkleidung, nie hinaus, was ihr den Namen die „Vergrabene Pyramide“ einbrachte. Lediglich der Unterbau war in seiner Ausarbeitung relativ weit vorangeschritten und mit Galerien und Gemächern ausgestattet, die sich um die Grabkammer gruppierten. Die Grabkammer selbst war noch nicht komplett fertiggestellt, barg aber einen eindrucksvollen, aus einem Stück gefertigten Alabastersarkophag, den die Ausgräber allerdings leer vorfanden.

Eine weitere unfertige Stufenpyramide, deren Auftraggeber ebenfalls nicht dort bestattet wurde, befindet sich 7 km nördlich von Sakkara in Saujet el-Arjan. Nur der Kern der Pyramide und die Magazinräume im Unterbau wurden fertiggestellt, die äußere Verkleidung fehlt vollkommen.

In den ägyptischen Provinzen sind sieben Stufenpyramiden bekannt, allerdings ist unklar, welchem Zweck sie dienten, da sich weder eine Grabkammer noch eine Kapelle oder Nebengebäude fanden. Spekuliert wurde in diesem Zusammenhang unter anderem über die Pyramide als Symbol der Herrschaftsausübung in den Provinzen.

Bis zum Herrschaftsantritt König Snofrus (2640–2600 v. Chr.), 4. Dynastie des Alten Reiches, blieb der Grabbau Djosers die einzige Großpyramide in Ägypten. König Snofru ließ dann jedoch gleich drei Pyramiden enormen Ausmaßes errichten, eine in Meidum und zwei in Dahschur. Die erste Pyramide in Meidum liegt rund 80 km südlich von Kairo. Genau wie Djosers Bau war auch sie ursprünglich als Stufenpyramide geplant. Bereits mit acht Stufen fertiggestellt, entschied sich der König dann aber später, als er schon mit dem Bau der dritten, sogenannten Roten Pyramide in Dahschur schon begonnen hatte, für einen Umbau der Stufenpyramide zu einer „echten“ Pyramide. Heute präsentiert sie sich in Form eines dreistufigen Turmes, der aus einem Trümmerberg aufragt (Abb. 59). Die eigentümliche Gestalt brachte dem Bauwerk den Namen „Falsche Pyramide“ ein. Wahrscheinlich blieb der 65 m hohe Turm zurück, nachdem der Außenmantel und die Stufenverfüllung der Pyramide entfernt worden waren. Denkbar wäre aber

Abb. 59: Meidum. Pyramide des Snofru

auch, dass die Pyramide in späterer Zeit als Steinbruch genutzt wurde, was spätestens seit römischer Zeit bis in die Moderne oftmals der Fall war.

Die aufwendige Ausarbeitung eines unterirdischen, zur Grabkammer führenden Komplexes wurde in Meidum, später auch in Dahschur aufgegeben. Die Grabkammer lag nicht mehr tief im Fels verborgen, sondern eher auf Wüstenniveau, wobei die Seitenwände als Kraggewölbe aufgemauert waren. Der Zugang zur Grabkammer erfolgte über einen schräg abfallenden Korridor in der Nordwand der Pyramide, etwa 15 m über dem Laufniveau beginnend. Der Korridor mündete in einer horizontal angelegten, in den Fels gehauenen und überdachten Passage, die unter dem Niveau der Grabkammer lag. In zwei Nischen lagerten wahrscheinlich Blockiersteine, mit denen der Gang später verschlossen werden konnte. Am Ende der Passage führte ein senkrechter Schacht 6,50 m in die Grabkammer hinauf, zum Schutz vor Grabräubern, aber auch vor Überflutungen der Grabkammer bei anhaltenden Regenfällen. In der Kammer befand sich kein Sarkophag aus Stein; lediglich Fragmente, die möglicherweise zu einem Holzsarg gehörten, konnten geborgen werden.

Der Pyramidenbezirk wurde von einer 2 m hohen, quadratischen Mauer eingefasst. Innerhalb dieses Komplexes befand sich unter anderem noch das Südgrab, das sich ebenfalls in Gestalt einer kleinen Stufenpyramide präsentierte, die aber heute stark zerstört ist. Der ehemals im Osten gelegene Totentempel wurde im Zuge der Erweiterung der Pyramide zerstört. Nur ein kleines Heiligtum mit zwei Stelen ohne Inschriften sowie einer Opferplatte blieb erhalten. Da König Snofru dort nicht bestattet wurde, bestand keine Notwendigkeit, einen neuen Totentempel zu errichten. Das kleine Heiligtum hingegen diente weiterhin als Kultstätte zur Verehrung des Königs. Von Osten her führte ein Weg, der kanalartig in den Fels gehauen und dessen Wände mit weißen Kalksteinen verkleidet waren, vom Tal hinauf bis an die Umfassungsmauer des Pyramidenhofs. Dort endete er in einem Torbau und bildete so den Zugang zum eigentlichen Areal. Dieser sogenannte Aufweg wurde zur Norm für alle weiteren Grabbezirke dieser Art. Ein zugehöriger Taltempel ist nicht erhalten.

Im 12. bis 13. Jahr seiner Regierung verlegte Snofru die Königsresidenz von Meidum in das etwa 40 km entfernte Dahschur, wo er einen neuen Palast erbauen ließ, vermutlich weil sich das Land von dort aus besser verwalten ließ und eine günstigere Verbindung zu den im Delta befindlichen Städten, den Ausgangspunkten für den Handel mit Syrien und der Levante, bestand. In Dahschur begründete Snofru eine neue Königsnekropole, die erste nach Sakkara, und ließ zwei weitere große Grabbauten errichten, die für die Entwicklung der späteren Pyramidengestalt richtungweisend waren: die sogenannte Knick- und die Rote Pyramide. Zum Zeitpunkt des Baubeginns der Knickpyramide war die Stufenpyramide von Meidum gerade fertiggestellt worden. Ein Motiv für die neuen Grabbauten könnte die seit alter Zeit gefestigte Tradition der Bestattung des Königs nahe seiner Residenz gewesen sein. Später errichteten auch die Pharaonen des Mittleren Reiches (etwa 2137–1550 v. Chr.) ihre Grabpyramiden in Dahschur.

Die Knickpyramide ist das erste Monumentalbauwerk von geometrischer Form. Sie erhebt sich in zwei verschiedenen Neigungswinkeln nach oben, wobei etwa in der Mitte der Pyramide ein Knick entstanden ist. Grund dafür sind zwei unterschiedliche Bauphasen. Die Planung sah in einer ersten Bauphase eine sehr steile Böschung der Seitenwände mit einem Neigungswinkel von 60 ° vor. Doch noch bevor die Pyramide fertiggestellt werden konnte, senkte sich der Bau, verbunden mit Rissen und Sprüngen am Mauerwerk, bedingt durch den instabilen Untergrund aus Wüstensand, Lehm und Geröll. Aufgrund dessen wurde in einer zweiten Bauphase ein weiterer, etwa 15 m breiter Mauergürtel um den Pyramidenstumpf gelegt, der jetzt eine Neigung von 55 ° besaß. Im Vergleich dazu haben die klassischen Pyramiden späterer Zeit eine Neigung von 52 bis 53 °. Nach der Erweiterung des Pyramidenstumpfes wurde der weitere Aufbau in einem flacheren Winkel von 43 bis 44 ° fortgeführt, so dass ein Knick entstand (Abb. 60). Die Gesamthöhe der Pyramide betrug letztendlich 104 bis 105 m. Im Inneren befanden sich mehrere

Einbauten in Form einer oberen und einer unteren Grabkammer sowie einer Vorkammer, die miteinander in Verbindung standen. Die Kammern waren jeweils durch zwei schräg abfallende Korridore von der Nord- und der Westseite der Pyramide her zugänglich.

Das untere Kammersystem, bestehend aus einer Grabkammer sowie der Vorkammer, befand sich etwa 22 m unter dem Wüstenniveau, eingetieft in den Tonschiefer-Untergrund des Areals. Die enge Vorkammer war über eine nahezu 80 m lange Passage (1,05 m × 1,10 m in ihren Ausmaßen) von der Nordseite der Pyramide her erreichbar und besaß ein Dach mit Kraggewölbe, ähnlich dem der Grabkammer der Stufenpyramide in Meidum. Von der Vorkammer gelangte man über eine steile Steintreppe in die 6,50 m höher gelegene, untere Grabkammer, die ebenfalls von einem Kraggewölbe überdeckt wurde.

Die obere, wiederum kraggewölbte Grabkammer war über einen etwa 65 m langen Korridor von der Westseite der Pyramide aus zu erreichen. Dabei lag der Zugang zum Korridor in einer Höhe von ca. 33 m in der Außenwand der Pyramide. Die Kammer selbst befand sich etwa 3,20 m über dem Oberflächenniveau und 1 m über dem Gewölbe der unteren Kammer. Der Korridor konnte kurz vor dem Eingang zur Kammer mittels zweier Fallsteinsysteme blockiert werden. Beide Grabkammern waren miteinander durch einen gewundenen, 18,80 m langen Schacht verbunden, der vom Dach der unteren Kammer in die Passage zur oberen mündete. Dieser Schacht gehört allerdings zu einer späteren Bauphase.

Bei diesem ausgefeilten Konzept stellt sich nun unwillkürlich die Frage nach der Bewandtnis zweier Grabkammern in einer Pyramide. Dem Baubefund nach wurden beide Kammern unabhängig voneinander geplant, entstanden aber in derselben Bauphase, gemeinsam mit der Errichtung des Pyramidenstumpfes. Die obere Grabkammer wird aufgrund ihrer ähnlichen, nahezu identischen Form zum unteren Raum sowie dem Zugang von Westen her, der sonst nur beim Süd-

Abb. 60: Dahschur. Knickpyramide des Snofru

grab vorkommt, als Südgrab gedeutet. Die untere Grabkammer wäre demzufolge für die Bestattung König Snofrus vorgesehen gewesen. Diesem Ansatz entsprechend würde sich in dem Konzept der bauliche Versuch widerspiegeln, das Königsgrab sowie das kultisches Begräbnis miteinander in einer Pyramide zu vereinen. Leider scheiterte der Versuch, denn die obere Kammer konnte nie benutzt werden, da schon während des Baues, als der Pyramidenstumpf die Kammern bereits umschloss, Schäden in Form von Sprüngen, Rissen und Steinabsplitterungen, verursacht durch auflastenden Druck, auftraten, die nicht behoben werden konnten. Infolgedessen wurde die Kammer mit Kalksteinblöcken vermauert, der Westkorridor mit dem Fallstein blockiert. Erst nachdem der Pyramidenstumpf vollendet war und sich die südliche Grabkammer als nicht verwendbar erwies, wurde das Südgrab in Form einer kleinen Pyramide außerhalb des Hauptbaus errichtet.

Zur Kultanlage der Knickpyramide, obligatorisch von einer Mauereinfassung umgeben, gehörte neben dem Südgrab noch eine kleine Kultkapelle an der Ostseite, die genau wie diejenige in Meidum, relativ klein war. Sie bestand aus einem offenen Hof, in dem zwei etwa 9 m hohe Stelen standen, die den Namen des Königs trugen. Vor den Stelen befand sich eine Opferstelle mit einer Opferplatte aus Alabaster.

Vom Pyramidenkomplex führte ein Weg nach Norden zu einem Tempel, oftmals „Taltempel" genannt. In Wirklichkeit lag der Tempel nicht direkt im Tal, sondern in einem engen Wadi, einem ausgetrockneten Flusslauf, der nur nach starken Regenfällen Wasser führt.

Bei dem Tempel handelte sich um einen Rechteckbau mit Hof, ausgestattet mit rechteckigen Säulen, sechs Kapellen, Altären sowie lebensgroßen Statuen Snofrus und Reliefs mit Personifizierungen der Opfergüter, die aus dem Grundbesitz des Königs in Ober- und Unterägypten in die Pyramide gelangten. Die Komponenten Hof, Säulen und Statuen tauchen später gleichermaßen bei Totentempeln wie auch bei Taltempeln auf. Zahlreiche Funde im Tempel bezeugen den Königskult von der Zeit des Alten Reiches bis in die 12. Dynastie.

Trotz verschiedener Stützmaßnahmen und Veränderung am Bau waren die Bauschäden im Inneren der Knickpyramide nicht zu beheben. Auch die Schäden am unteren Kammersystem konnten nicht repariert werden. Aus diesem Grund gab Snofru den Befehl zur Errichtung einer dritten Pyramide in Dahschur, 4 km nördlich der Knickpyramide. Die sogenannte Rote Pyramide – ihren Namen verdankt sie dem rötlichen Kalksandstein, aus dem sie errichtet wurde – steht am Ende der Entwicklung zur vollkommenen Pyramidenform. Mit einer heutigen Höhe von 104 m ist sie die dritthöchste der altägytischen Pyramiden. Wenn sich auch in ihrer Grabkammer keine Hinweise auf eine königliche Bestattung fanden, so ist es doch sehr wahrscheinlich, dass König Snofru hier bestattet wurde.

Der Unterbau der Pyramide steht in der Tradition derjenigen von Meidum und Dahschur-Süd (Knickpyramide). Eine 28 m lange Passage führte von der Nordseite in zwei Vorkammern, wahrscheinlich aufgemauert aus einer Ausschachtung des Bodens. Die eigentliche Grabkammer lag auf Wüstenniveau und war über einen Schacht zugänglich, der von der zweiten Vorkammer ausging. Alle Räume besaßen ein Kraggewölbe, bei einer Innenraumhöhe von etwa 15 m.

Spuren eines Steinsarkophags fehlen, allerdings kamen unter dem originalen Steinboden der Grabkammer, der im Jahr 1950 zu Reinigungszwecken entfernt wurde, Reste einer mumifizierten Bestattung zutage. Ob diese Reste von der Königsmumie stammen, ist nicht mit Bestimmtheit zu sagen.

Der Bezirk um die Pyramide, mit den Kultbauten, war zum Zeitpunkt des Todes König Snofrus noch nicht fertiggestellt und wurde erst von dessen Sohn Cheops (2600–2580 v. Chr.) vollendet. Eine rechteckige Ziegelmauer, zum Teil mit Kalksteinverkleidung, umschloss den gesamten Komplex.

Der Totentempel lag im Osten der Pyramide, ist aber heute nur noch in wenigen Resten – Fundamente und Relieffragmente aus Kalkstein – erhalten. Zumindest war er in seinen Ausmaßen wesentlich größer als die kleinen Kultkapellen in Meidum und Dahschur-Süd. Im Gegensatz zu den Kapellen besaß der Tempel eine Scheintür –

ein wichtiges Merkmal aller nachfolgenden Totentempel – zur Darbringung von Opfergaben für den toten König. Ein zugehöriger Taltempel konnte dem Komplex nicht mit Bestimmtheit zugeschrieben werden. Die zufällige Entdeckung von Resten einer Kalksteinmauer im Jahr 1904 am Rande des fruchtbaren Landes gab Anlass zu der Vermutung, dass sich der Tempel dort befunden hätte. Da umfangreiche Ausgrabungen in diesem Gebiet aufgrund des angestiegenen Wasserspiegels jedoch nicht möglich sind, konnte diese Annahme bislang nicht bestätigt werden.

Die Entwicklung der „echten" Pyramidenform erreichte mit der Roten Pyramide in Dahschur-Nord ihre Vollendung. Am Anfang standen die Mastaba-Gräber, in ihrer Erscheinung einem Pyramidenstumpf ähnlich. Darauf folgten die Stufenpyramiden als symbolische Treppe für die Seele des verstorbenen Königs in den Himmel. In einer Experimentierphase, repräsentiert durch die Knickpyramide in Dahschur-Süd, ging die Stufenform in eine steile, spitze Gestalt über, die sich aber aufgrund des zu steilen Neigungswinkels nicht durchsetzte. Am Ende dieser Phase steht schließlich die endgültige Form, mit einem Neigungswinkel von 45 °.

Mit der Entwicklung der Pyramidenform ging die Entstehung eines ausgedehnten Komplexes um den Grabbau herum einher. Wirkte dieser in der Frühzeit noch als Einzelmonument für sich, so kamen ab König Djoser weitere Komponenten wie Kultkapelle, später Tempel, Südgrab und Umfassungsmauer hinzu, die allesamt der Verehrung des verstorbenen Herrschers dienten.

In der Nachfolge der Roten Pyramide stehen die drei großen Grabbauten der Könige Cheops, Chephren und Mykerinos der 4. Dynastie auf dem Gizeh-Plateau (Abb. 61). In Gizeh erreichte der Pyramidenbau seinen Höhepunkt sowohl was die Form und Bautechnik betrifft als auch die Gestaltung des gesamten Bezirks als Ausdruck eines geschlossenen Weltbildes, an dessen Spitze der gottgleiche Pharao stand. Es handelt sich um einen präzise geplanten Komplex von Pyramidenansammlungen mit dazugehöriger Stadt und Königsresidenz.

Aufgrund der Struktur des Kalksteinmassivs mit harten und weichen Gesteinsschichten eignete sich das Plateau hervorragend als Baugrund – ein wichtiger Aspekt, um die Stabilität der Pyramiden zu garantieren. Die weicheren Schichten wurden abgetragen und für die Gestaltung der monumentalen Sphinx verwendet. Auf dem harten Gestein wurden die Pyramiden errichtet.

Die Standardelemente der Pyramidenbezirke mit Umfassungsmauer, Toten- oder Kulttempel, Aufweg sowie Taltempel, die sich seit König Djoser in der Entwicklung befanden, wurden gefestigt und ausgebaut. Der Taltempel erhielt eine monumentale Gestalt, gebaut mit massiven Steinen, Pfeilern und Statuen des Königs. Östlich und westlich der Cheops-Pyramide befanden sich außerdem Friedhöfe mit Mastaba-Gräbern für Beamte und die königliche Familie, darunter auch einige aus der 1. bis 3. Dynastie.

Die Pyramide des Cheops, des Sohnes von Snofru, ist mit einer ursprünglichen Höhe von 146,59 m die größte auf dem Gizeh-Plateau. Bedingt durch Abtragungen und Verwitterung misst sie heute nur noch rund 139 m. Im Kern bestand sie aus Kalksteinblöcken, verkleidet mit feinem, weißem Tura-Kalkstein, von dem leider nur noch die unterste Lage erhalten ist. Das Grabkammersystem im Inneren ist in seiner Gestaltung einzigartig. Insgesamt war die Pyramide mit drei Kammern ausgestattet, die über verschiedene Korridore zugänglich waren. Von Norden her führte ein 105,34 m langer Gang steil in die Tiefe zu einer unterirdischen 30 m unter dem Niveau des Wüstenbodens gelegenen Kammer, die aber nie fertiggestellt wurde. Von dem Gang zweigt nach 28 m eine aufsteigende Passage ab, von der aus eine zweite, höher in der Pyramide gelegene Kammer erreichbar ist. Der ursprünglich als „Kammer der Königin" bezeichnete Raum befand sich zum Zeitpunkt seiner Entdeckung ebenfalls in unfertigen Zustand, Wände und Boden waren noch nicht dekoriert. Wahrscheinlich war in dem Raum eine Statue des Königs aufgestellt, die seinen *ka*, seine spirituelle Kraft, repräsentierte.

Die Kammer des Königs ist über eine eindrucksvolle kraggewölbte Galerie von 8,74 m Höhe, 2 m Breite und 46 m Länge zu erreichen. Von einer Vorkammer gelangte man in die eigentliche, vollkommen aus Rosengranit errichtete Grabkammer mit fünf darüberliegenden Entlastungskammern. Der Sarkophag des Königs war ebenfalls aus rotem Rosengranit gearbeitet; die Königsmumie fehlte, da die Grabkammer schon im Altertum beraubt worden war. Die Vorkammer war ursprünglich mittels dreier Fallsteine blockiert worden; wie die Vorkammer war auch die aufsteigende Passage mit Steinen verschüttet.

Außerdem ist die Pyramide mit sogenannten Luftschächten ausgestattet, die aber in ihrer Funktion gar nicht der Luftzufuhr dienten, sondern wahrscheinlich eher einen symbolischen

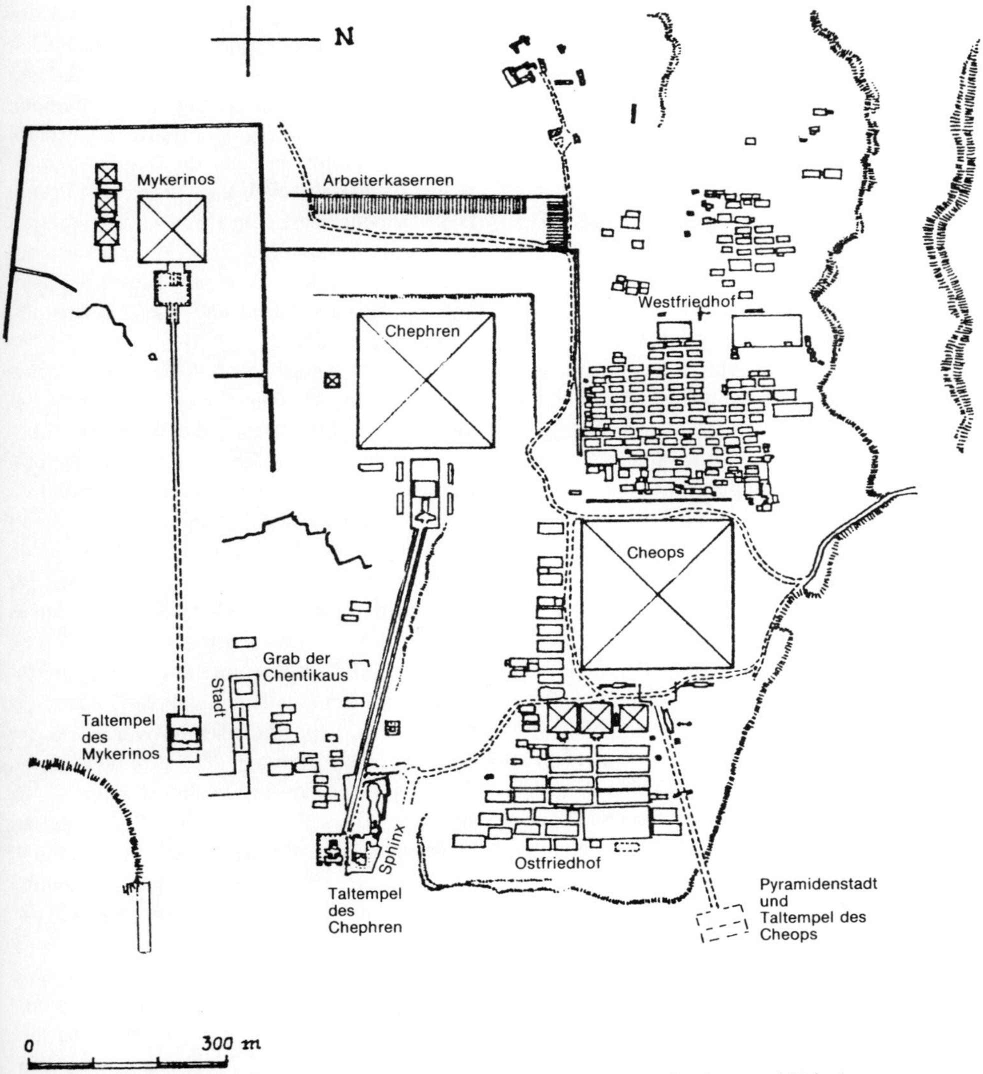

Abb. 61: Plan des Königsfriedhofs in Gizeh mit den Pyramiden des Cheops, Chephren und Mykerinos

Charakter trugen: Durch sie sollte der Geist des Königs in den Himmel aufsteigen.

Umgeben wurde die Pyramide, einschließlich Totentempel im Osten, von einer 8 m hohen Mauer aus weißem Kalkstein. Der Zugang zum Pyramidenhof erfolgte durch den Taltempel über den Aufweg und schließlich durch den Totentempel. Vom Totentempel sind heute nur noch wenige Reste erhalten, da er bis auf den Felsgrund zerstört ist. Einst war er von quadratischer Gestalt, mit einem offenen Hof, gepflastert mit schwarzem Basaltstein. Dieser Hof war von Kolonnaden aus Granitsäulen umgeben. Die Außenmauer bestand aus weißem Kalkstein. Zum Tempel gehörten ein Innenheiligtum sowie Lagerräume. Hinweise auf die später für die Totentempel obligatorische Scheintür und Statuen des Königs fehlen. Vom Taltempel ist lediglich eine bei Bauarbeiten gefundene Basaltpflasterung überliefert, so dass er sich nicht mehr rekonstruieren lässt.

Zur Pyramide gehörten zudem noch drei Pyramiden für Königinnen, die *ka*-Pyramide des Königs sowie die bereits erwähnte Mastaba-Nekropole und sieben Schiffsbestattungen für die symbolische Fahrt des Königs und der Königinnen in den Himmel.

Die drei Pyramiden der Königinnen liegen in einer Reihe nebeneinander. In der nördlichsten der Königinnenpyramiden befand sich wahrscheinlich das Grab von Königin Hetepheres, der Mutter des Cheops.

Die Pyramide des Chephren (2570–2545 v. Chr.), eines Sohnes von Cheops, ist die zweite auf dem Gizeh-Plateau errichtete Pyramide. Bei einer Höhe von 143,50 m war sie an der Außenseite ursprünglich mit Granitsteinen verkleidet. Das Innere war über zwei Eingänge an der Nordseite erreichbar, eine untere und eine höher in der Außenwand gelegene obere Passage. Die untere Passage führte zu einem Horizontalgang unter der Pyramide, von dem eine in den Fels gehauene, eventuell als Magazinraum genutzte Kammer abzweigte. Am Ende des Horizontalganges führte wiederum ein Gang hinauf, der in der höher gelegenen, oberen Passage mündete. Von da aus erstreckte sich ein langer Korridor zur Grabkammer des Königs. Der Korridor konnte mithilfe eines Fallsteins am Ende der oberen Passage gesichert werden. In der Grabkammer befand sich ein Sarkophag aus Granit, wiederum in beraubtem Zustand. Die Nebenpyramide, seit Djoser fester Bestandteil jedes Pyramidenkomplexes, ist heute aufgrund von Steinabtragungen fast vollständig zerstört.

Der Totentempel Chephrens, der sich traditionsgetreu an der Ostseite der Pyramide befand, verfügte erstmals über alle Merkmale, die die späteren Tempel dieser Art auszeichneten: eine Eingangshalle, einen breiten Säulenhof, fünf Nischen für lebensgroße Königsstatuen, fünf Magazinräume sowie eine Scheintür oder auch zwei Stelen. Der Tempel ist zum größten Teil zerstört, besser erhalten ist hingegen der Taltempel, der am Ende des Aufwegs liegt. Er war aus großen mit rotem Granit verkleideten Steinblöcken errichtet und besaß eine hochwertige Ausstattung. Die Fußböden bestanden aus weißem Alabaster, die Türen vermutlich aus Zedernholz. Von einem Vorraum gelangte man in eine T-förmige Halle, an deren Wänden verteilt ehemals 23 Sitzstatuen des Königs standen.

Im unteren Bereich des Aufwegs zur Pyramide Chephrens, in der Nähe seines Taltempels, thront die monumentale Sphinx, die Wächterin, über den gesamten Grabbezirk. Die Unterseite der Statue, gewissermaßen der Rumpf des Löwen, wurde aus dem gewachsenen Fels gehauen, der Rest mit Quadersteinen aufgemauert. Die Sphinx galt in Ägypten als Sonnensymbol sowie als Zeichen der Königswürde. Mit einer Höhe von 20 m handelt es sich um die erste Kolossalstatue Ägyptens.

Zur Sphinx-Statue gehörte ein Tempel, der ursprünglich ebenfalls eine Granitverkleidung erhalten sollte, aber nie vollendet wurde. Da der Tempel und die Statue in den bekannten Texten des Alten Reiches nicht erwähnt werden, ist nur sehr wenig über sie bekannt. Der Tempel besaß im Osten wie im Westen ein Heiligtum, eventuell ein Bezug auf den Auf- und Untergang der Sonne.

Schäden am Mauerwerk machten schon in der Antike Reparaturarbeiten an der Sphinx notwendig, die bis in die Neuzeit fortdauerten. Die erste Sanierung fand bereits in der 18. Dynastie unter Thutmosis IV. (1397–1388 v.Chr.) statt. Zu diesem Zeitpunkt, rund 1100 Jahre nach Chephren, war die Sphinx bis zum Hals im Sand verschwunden. Thutmosis ließ den Sand entfernen und zwischen den Vorderpfoten der Sphinx eine Kapelle errichten, an deren Rückwand sich eine 3,60 m hohe Granitstele befand. Die Stele berichtet von einem Erlebnis des Königs, bei dem ihm die Sphinx im Traum erschienen war. Hinter der Stele stand eine Königsstatue auf einem Sockel, wahrscheinlich die des Amenophis II., des Vaters Thutmosis' IV., der das Bauvorhaben initiiert hatte. Zudem wurden Brust und Pfoten der Sphinx mit Kalksteinplatten restauriert.

Die Pyramiden von Gizeh stellen in ihrer Monumentalität zweifelsohne den Höhepunkt dieses Grabtypus dar. Darüber hinaus fand die Entwicklung der königlichen Grabanlagen des Alten Reiches unter Chephren ihren Abschluss. Das zugrunde liegende Schema sollte auch in den nachfolgenden Generationen noch beibehalten werden. Der Grabbezirk gliederte sich fortan in einen am Wüstenrand gelegenen Taltempel, von dem aus ein Aufweg zum Totentempel führte, hinter dem die eigentliche Grabanlage, die Pyramide, in den Himmel aufragte. Im Laufe der Zeit gewann der Totentempel an der Ostseite der Pyramide als Ort des Totenkultes eine größere Bedeutung und wurde dementsprechend ausgestattet.

Seit der 5. Dynastie war der Kult im Tempel in zwei Bereiche geteilt, einen hinteren für die Darreichung des Totenopfers sowie einen vorderen für die Verehrung des toten Königs zur Erhaltung seiner Macht und Göttlichkeit. Der vordere Bereich galt als öffentlicher Teil, als Totenpalast des Königs. Er bestand aus einem Vestibül sowie einem offenen Säulenhof mit schwarzem Basaltpflaster. Das Allerheiligste des Totentempels war der im hinteren Bereich gelegene Totenopfersaal, der mit besonders kostbaren Materialien wie Alabaster und Granit ausgestattet war. An den Wänden befanden sich oft Malereien, die den König am Opfertisch sitzend und die von Göttern und Opferträgern dargebrachten Speisen empfangend abbildeten. Die Opfergaben selbst bestanden zu einem großen Teil aus Scheinopfern in Form von Nachbildungen aus Holz, Stein oder Ton. Auf das Innenheiligtum folgte gewöhnlich eine Scheintür als symbolisches Portal zur Pyramide, das nur der verstorbene Pharao durchschreiten konnte.

Die Funktion des Taltempels ist nicht einhellig geklärt. Wahrscheinlich wurde er, zusammen mit dem Aufweg zur Pyramide, für die Bestattungszeremonie und die zugehörigen Riten genutzt. Das Aussehen der frühen Taltempel, gestaltet als monumentale Torbauten mit einem Portikus nach Osten, lässt zumindest einen Zusammenhang mit dem Eintritt des verstorbenen Königs in das Totenreich erkennen.

Bis zum Ende der 6. Dynastie des Alten Reiches blieb die Pyramide die vorherrschende Grabform der Könige in Ägypten. Bedingt durch wirtschaftliche Probleme waren die Pyramiden nachfolgender Generationen in ihren Ausmaßen weitaus bescheidener, auch der Totenkult wurde eingeschränkt. Nach einer Abkehr von der Pyramide als Grabform erlebte sie in der 12. Dynastie des Mittleren Reiches (1939–1759 v. Chr.) eine Renaissance. Hierbei erfolgte eine bewusste Orientierung an den Pyramiden des Alten Reiches, wobei die neuen Anlagen in der Nähe der bestehenden errichtet wurden, in Dahschur, Sakkara, el-Lisht und Hawara.

Die Pyramiden waren wesentlich kleiner als die berühmten Vorgänger und auch in ihrer Bauweise bescheidener. Um einen inneren Kern aus rohem Sand, Felsgeröll und Schlammziegeln wurde von außen eine Steinverkleidung gelegt. Die Innenräume blieben zumeist undekoriert. Daneben gab es im späteren Mittleren Reich auch Pyramiden mit einem Lehmziegelkern und Kalksteinverkleidung. Die Möglichkeiten waren vielfältig, dennoch erfüllten diese Bauwerke nicht mehr den Wunsch nach Beständigkeit, wie ihr heute denkbar schlechter Erhaltungszustand zeigt.

In der 18. Dynastie des Neuen Reiches entstand unter König Ahmose I. (1550–1525 v. Chr.) die letzte bekannte Königspyramide in Abydos, in der der Herrscher aber nie begraben wurde. Ihr Kern bestand aus losem Gestein und Sand, mit einer Außenverkleidung aus Kalksteinen. Da ein Großteil der Verkleidung geraubt wurde, ist von der einstigen Pyramide nur noch ein Schutthaufen übrig.

Die Pyramide als Grabform verschwand danach aber nicht gänzlich aus dem Grabkontext. Im Neuen Reich wurden über den Gräbern hoher Beamter in privaten Nekropolen kleine Pyramiden errichtet. Beispielsweise gab es einen eigenen Friedhof für die im Tal der Könige beschäftigten Arbeiter und Künstler in Deir el-Medina mit Kleinpyramiden über ihren Gräbern. Auch in Sakkara waren einige Gräber der 18. Dynastie mit kleinen Ziegelpyramiden ausgestattet. Sogar um 600 v. Chr., in der sogenannten Saïten-Zeit, entstanden in Theben und Abydos noch Pyramidengräber aus Ziegelsteinen.

Während in Ägypten die Zeit der Pyramiden langsam zu Ende ging, wurde in Nubien, im heutigen Nordsudan, die altägyptische Tradition der Pyramidengräber bis weit in die Spätantike bewahrt. Rund 800 Jahre nach der Errichtung der letzten Königspyramide in Ägypten entstanden hier ab etwa 720 v. Chr. regelrechte Gräberfelder mit kleinen spitzen Pyramiden über den Grabkammern. Mit 180 Kleinpyramiden waren dies sogar rund doppelt so viele wie in Ägypten.

Die wichtigsten Pyramidenfelder lagen in el-Kurru, Djebel Barkal, Nuri und Meroë. Die Pyramiden waren, bei einer durchschnittlichen Größe von 10 bis 30 m, zumeist auf einem sockelähnlichen Unterbau errichtet und besaßen im Osten eine vorgelagerte Kapelle. Über eine Treppe, ebenfalls im Osten gelegen, erfolgte der Zugang zur Grabkammer, die aus dem Fels geschlagen war. Der Pyramidenbezirk war von einer Mauer eingefasst (Abb. 62). Die jüngsten Pyramiden bestanden aus Geröll und Ziegeln, ihre Außenseite war verputzt. Daneben gab es aber in Nuri und Meroë auch gestufte Formen mit Mauerblöcken aus rotem Sandstein. Nach dem Zerfall des letzten Königreiches in Nubien um 350 n. Chr. verschwanden mit der meroitischen Kultur auch die Pyramiden aus dem Grabkontext.

Standen bisher die Entwicklungsgeschichte und das Baukonzept der Pyramiden im Blickfeld der Betrachtung, so soll nachfolgend noch kurz skizziert werden, wie diese gewaltigen Anlagen überhaupt gebaut wurden.

Ihre Errichtung war eine herausragende Leistung der ägyptischen Baumeister und erforderte ein hohes Maß an Wissen zur Berechnung der Steinmassen, Winkelmaße, Höhenverhältnisse

Abb. 62: Meroë (Sudan). Pyramidenfriedhof

etc. Aufzeichnungen über diese Berechnungen sind erst ab der späten 5. Dynastie überliefert, als die Grabbauten schon wesentlich kleiner und in ihrer Form einfacher gestaltet waren. Aus der davorliegenden Zeit des großen Pyramidenbaus, der 3. und 4. Dynastie, fehlen derartige Berichte gänzlich. Vermutlich wurden die Fundamente in Orientierung an den Sternen oder der Sonne ausgerichtet.

Zur Verrichtung ihrer Arbeit verfügten die ägyptischen Bauleute nur über einfache Werkzeuge aus Stein, Holz und Kupfer: Winkel und Senkblei zum Ausrichten der Oberflächen, Kupfersägen zum Zerteilen harten Gesteins, Stein- und Kupfermeißel zum Glätten des äußeren Kalksteinmantels sowie runde Schlagsteine als Steinhämmer zum Freilegen der Steinblöcke im Steinbruch. Eisenwerkzeuge, die die Arbeit wesentlich erleichtert und verkürzt hätten, gab es zu dieser Zeit noch nicht. Zum Messen benutzten die Arbeiter einfache Stricke.

Für den Bau der Pyramiden und deren Nebenbauten waren zahlreiche Materialien in großen Mengen nötig, die mit Schiffen über den Nil herantransportiert werden mussten. In Gizeh deckte ein in der Nähe gelegener Steinbruch den Bedarf an Steinen für den Pyramidenkern größtenteils ab; der feine, weiße Kalkstein für die Verkleidung der Pyramiden hingegen musste aus anderen, östlich des Nils gelegenen Steinbrüchen bezogen werden. Auch Granit war nicht vor Ort vorhanden, ebenso wie Gips, Basalt, Alabaster, Holz und Kupfer. Desgleichen mussten die Lebensmittel für die Arbeiter von außerhalb herbeigeschafft werden. All diese Materialien transportierten die Ägypter per Schiff zum nahe gelegenen Bauplatz. Der Transport der großen Steine bereitete dabei besonders große Mühe, denn sie mussten vom Steinbruch zum Schiff und später vom Kanal zum Bauplatz gebracht werden. Dazu verwendeten die Ägypter Balken aus Holz, die sie wie Bahnschwellen verlegten, über die sie dann die schweren Steine, aber auch andere Materialien mithilfe von Schlitten zogen. Reste solcher sogenannten Schleifpisten fanden sich beispielsweise in el-Lisht.

Die erhaltenen „Pisten“ waren bis zu 11 m breit und besaßen zur Stabilität ein Fundament aus einer Mörtel- und Steinbruchfüllung, in das die Holzbalken eingesetzt waren. Mit Gips wurde die Oberfläche geglättet. Zur besseren Gleitfähigkeit der Schlitten wurde Nilschlamm verwendet. Daneben setzten die Ägypter auch Rinder als Zugtiere der Schlitten ein.

Die Steine – sowohl diejenigen aus den lokalen Steinbrüchen als auch der weiße, feine Kalkstein für den Außenmantel – wurden nach ihrer Ankunft am Bauplatz der Größe nach sortiert und danach verlegt. Hinweise darauf geben Inschriften und Ritzungen auf den Steinen mit Datumsangaben, unter anderem wird auch das Datum der Grundsteinlegung genannt.

Der Bau der Pyramiden erfolgte mithilfe von Rampen, auf denen die Steine nach oben gebracht wurden. Nur wenige Reste von Rampen aus der Zeit sind *in situ* erhalten, die Auskunft über deren Verlauf geben könnten. Eine Rampe in Meidum reichte ursprünglich bis an die höheren Lagen der Pyramide an der Westseite heran. Aus Dahschur sind Reste zweier Rampen überliefert, die von den Steinbrüchen an die Pyramide heranführten. Auch in Gizeh fanden die Ausgräber Mauerstrukturen, die mit einer Rampe korrespondieren könnten.

Wahrscheinlich wurde zu Beginn der Arbeiten mit mehreren kleineren Rampen oder Aufschüttungen von allen Seiten her gearbeitet, um schnell eine große Höhe von 20 bis 25 m zu erreichen. Ab dieser Höhe änderte sich die Steinbeförderung, da der Steigungswinkel der Rampen sonst zu steil geworden wäre. Eventuell arbeiteten die Baumeister nur noch mit einer seitwärts gegen die Pyramide angelehnten Rampe, der die kleinen Rampen als Unterbau dienten. Die Rampe war in den Pyramidenkörper integriert und konnte mit Fortschreiten des Baues gleichermaßen verlängert werden, wenn der Steigungswinkel zu steil wurde.

Im letzten Viertel der Pyramide war es nicht mehr möglich, die Rampe zu erhöhen. Ab diesem Zeitpunkt wurden die Steine möglicherweise Stufe für Stufe mittels Hebeln oder flaschenzugartigen Geräten nach oben befördert. Die Verkleidung der Pyramide mit feinem Kalkstein erfolgte gleichzeitig mit der Errichtung des Kernmauerwerks.

Der Pyramidenkern konnte in relativ kurzer Zeit aufgemauert werden, da er aus unregelmäßig gehauenen Steinen und Füllmaterial bestand und in den unteren Schichten aufgrund vieler zur Verfügung stehender Rampen eine große Anzahl an Leuten arbeiten konnte. Nach 30 m Höhe stand die Hauptmasse der Pyramide. In den höheren Lagen wurden zwar weniger Steine benötigt, aber je höher die Pyramide wurde, desto weniger Arbeiter konnten aus Platzgründen und wegen steiler werdender Rampen eingesetzt werden. Die Verschalung des Kernmauerwerks nahm die meiste Zeit in Anspruch, da die Steine beim Verlegen einzeln angepasst und abgeschrägt werden mussten.

Insgesamt wurden für den Bau einer Pyramide durchschnittlich 20 000 bis 30 000 Arbeiter, zumeist Bauern, eingesetzt. Zur Arbeiterschaft gehörten Schlepper, die für das Heranschaffen der Steine verantwortlich waren, Steinmetze für die Feinbearbeitung, Arbeiter für den Bau der Rampen, Zimmerleute für das Anfertigen der Werkzeuge und Schlitten sowie Töpfer für die Fertigung des Kochgeschirrs, ferner Wasserträger, Bäcker, Brauer etc.

Nach dem Tod und der Beisetzung des gottgleichen Königs kümmerte sich eine Priesterschaft um die Pyramide und den Tempelkomplex. Täglich wurden Opfergaben vor der Scheintür und den Königsstatuen deponiert.

Die Priesterschaft gliederte sich in Aufseher, Reinigungspriester und Vorlesepriester, die für das Rezitieren des Rituals verantwortlich waren. Mit der Vergrößerung des Tempelkomplexes ab der 5. Dynastie vergrößerte sich auch die Priesterschaft.

Daneben waren Handwerker, Töpfer, Gärtner, Schreiber und weitere Helfer für die Instandhaltung des Pyramidenkomplexes verantwortlich oder mussten für den reibungslosen Ablauf der täglichen Arbeit sorgen.

Die Gesamtzahl der Beschäftigten lag bei etwa 300 bis 350 Personen, die in einer am Fuße der Pyramide gelegenen sogenannten Pyramidenstadt wohnten. In derartigen Städten, die von Prinzen der nachfolgenden Generation, später von Beamten, verwaltet wurden, befanden sich Bäckereien, Brauereien und Werkstätten aller Art sowie Speicher für Vorräte. Von hier aus wurden die im Pyramidenkomplex beschäftigten Priester und Arbeiter versorgt und der Tempelbetrieb organisiert. Außerdem lagerten hier die Jahresabgaben an Ernte und Vieh aus den Provinzstädten, die der Pharao gleichzeitig mit dem Bau der Pyramide zur Versorgung der Bauarbeiter und später der Priester und Arbeiter im Tempelkomplex gründete. Die Pyramide wurde so zu einem Wirtschaftssystem, das eine wichtige Rolle für die Binnenbesiedlung des Landes und somit für die Herausbildung des ägyptischen Staates spielte. Es entstanden Arbeitsplätze für Bäcker, Brauer, Bauern, Viehzüchter und Handwerker. Daneben fungierte die Pyramide als prunkvoller Bestattungsplatz des Herrschers, geschaffen für die Ewigkeit.

6.1.1 Die römischen Pyramiden

Nachdem die ägyptische Kultur nach der Eroberung Ägyptens durch Augustus im Jahr 30 v. Chr. in Rom Einzug gehalten hatte, entstanden auch hier einige Pyramiden, von denen sich allerdings – bis auf eine Ausnahme – keine Reste erhalten haben. Beispielsweise ist in der vatikanischen Nekropole eine Pyramide bezeugt, die aber schon im 16. Jh. nur noch rudimentär sichtbar war. Eine in der Nähe der Engelsburg als „Grab des Romulus“ bezeichnete Pyramide wurde im Jahr 1499 durch Papst Alexander VI. abgerissen; die Marmorsteine der Verkleidung wurden für den Bau des Petersdoms verwendet. Zwei weitere Pyramiden befanden sich im Bereich des Platzes vor dem Petersdom, der heutigen Piazza del Popolo, und fielen wohl dem Bau dieses Platzes zum Opfer. Es ist anzunehmen, dass auch entlang der Gräberstraßen weitere kleinere Pyramiden als Grabmäler fungierten, die sich heute aber nicht mehr nachweisen lassen. Somit ist die Cestius-Pyramide die einzige erhaltene Pyramide in Rom. Sie wurde als Grabbau des im Jahre 12 v. Chr. verstorbenen Beamten Gaius Cestius an der Via Ostiensis, ursprünglich außerhalb der Stadtmauern Roms, errichtet. 271 n. Chr. erfolgte ihre Einbindung in die Aurelianische Mauer. Sie erhob sich nun direkt neben dem Zugang zur Stadt, der Porta Ostiense, der heutigen Porta San Paolo.

Die Pyramide ist 36,58 m hoch und besteht aus einem Kern aus Ziegeln sowie einer äußeren Verkleidung aus Marmorplatten. Sie weist eine relativ spitze Form auf und erinnert somit eher an die späten kleinen, beispielsweise aus Meroë bekannten Pyramiden als an die großen des altägyptischen Reiches.

In ihrem Inneren liegt die Grabkammer des Gaius Cestius, deren Wände mit Malereien des sogenannten Dritten pompejanischen Stils (15 v. Chr. – 50 n. Chr.) versehen waren. Reste dieser Ausschmückung sind noch *in situ* erhalten. Eine Inschrift an der Außenseite des Baues nennt den Grabherrn, seine Tätigkeit als Beamter sowie die Bauzeit, die demgemäß 330 Tage betrug.

Vor der Pyramide standen ursprünglich vier Säulen, von denen heute noch zwei zu sehen sind. Die Säulen trugen vermutlich Statuen des Cestius.

Seit 1738 ist die Pyramide Bestandteil eines protestantischen Friedhofs, auf dem unter anderem der englische Schriftsteller John Keats, der Sohn Johann Wolfgang von Goethes, August von Goethe, und der Architekt Gottfried Semper begraben liegen. Seit der Niederlegung des alten Mauerstücks zwischen der Pyramide und der ehemaligen Porta Ostiense im 19. Jh. kann der Bau beinahe wieder komplett umschritten werden (Abb. 63).

6.2 Felsgräber und Hypogäen

6.2.1 Ägypten

Während für die Mastabas und Pyramiden ein oberer Grabaufbau mit unterirdisch gelegener Grabkammer kennzeichnend ist, waren Felsgräber direkt aus einer Felswand herausgearbeitet und besaßen in der Regel keinen oberen Aufbau. Zum Schutz vor der jährlichen Überflutung durch den Nil befanden sie sich zumeist in ausgetrockneten Wadis im abgelegenen Wüstental. Sie

Abb. 63: Rom. Cestius-Pyramide

lagen dabei versteckt und eher unauffällig an den Felsklippen – eine Vorsichtsmaßnahme gegen Grabräuber.

Der Jenseitsvorstellung der Ägypter entsprechend erstreckten sich die Gräber in ihrer Ausrichtung von Osten nach Westen, worin der symbolische Übergang vom Diesseits ins Jenseits zum Ausdruck gebracht wurde – ein Grundschema, das sich ebenso in der Lage der Nekropolen an der Westseite des Nils wiederfindet. Die Königsresidenzen und Städte lagen hingegen gewöhnlich östlich des Nils. Desgleichen nahm auch die Dekoration der Gräber der Ramessidenzeit (1290–1070 v. Chr.), der 19./20. Dynastie, Bezug auf diese Ausrichtung. Während der helle Eingangsbereich im Osten dem Sonnengott Re geweiht war, stand der Totengott Osiris im Westen in der Dunkelheit der Grabkammer im Mittelpunkt der Gestaltung.

Die Felsgräber waren nicht ausschließlich den Bestattungen von Königen vorbehalten, sondern setzten sich im Neuen Reich auch in den privaten Nekropolen durch. Beamte oder andere hochrangige Personen ließen sich nun auch in solchen Gräbern beisetzen.

In der Regel bestehen die Felsgräber aus mehreren Ebenen: unten die meist undekorierte Bestattungsanlage aus Schacht und Grabkammer, in der Mitte die dekorierte Grabkapelle und darüber, gewissermaßen als Oberbau, manchmal eine Pyramide. Gewöhnlich gelangte man über einen langen Schacht in das Innere der Anlage, wo man zunächst in einem oder mehreren Vorräumen ankam, die über Treppen und durch Passagen zur eigentlichen Grabkammer führten.

Die Dekoration der Grabkapellen in der mittleren Ebene war geprägt von Szenen des alltäglichen Lebens des Verstorbenen, wobei dieser in den Reliefs oder Malereien die anderen abgebildeten Figuren an Größe überragte. Beliebte Darstellungen zeigen den Toten bei der Jagd, beim Fischen, beim Bankett oder bei häuslichen Tätigkeiten. Diese Szenen befanden sich gewöhnlich am Anfang des Grabes, gewissermaßen im öffentlichen Teil. Je weiter man in das Innere vordrang, desto stärker nahmen sie Bezug auf den Tod. So erschienen in der Grabkammer selbst beispielsweise Bilder des Verstorbenen beim Opfer, beim obligatorischen Besuch in Abydos, dem Kultzentrum des Totengottes Osiris, oder Darstellungen des symbolischen Durchschreitens der Scheintür.

Bereits in der Ersten Zwischenzeit (2216–2137 v. Chr.), der 7. bis 11. Dynastie, entstand in Beni Hassan, einer Provinzstadt in Oberägypten, eine wichtige Nekropole mit privaten Felsgräbern, die zunächst von einfacher Struktur mit nur einem Raum waren, in späterer Zeit aber immer aufwendiger gestaltet wurden. Das Besondere der Nekropole ist die Lage auf der Ostseite des Nils, ein Gegensatz zu allen anderen Friedhöfen Ägyptens.

Die Felsgräber erstreckten sich auf einer Terrasse im oberen Bereich der Felsen. Direkt darunter befanden sich in den Fels gehauene Schachtgräber von Personen der ägyptischen Mittelklasse, markiert durch eine Grabstele.

Im Tal der Könige finden sich die wohl bekanntesten Felsgräber Ägyptens. In diesem separaten Teil der Nekropole von Theben-West, zu der auch zahlreiche Beamtengräber gehören, wurden ausschließlich die Könige des Neuen Reiches bestattet. Gegen Ende der 11. Dynastie entstanden hier bereits Gräber mit einem vorgelagerten Hof und Pfeilerfassade, die im Arabischen als *„saff“* (= Reihe) bezeichnet werden. Hinter der Fassade führten Gänge zur eigentlichen Grabkammer. Diese Grabform entstammte einer lokalen Tradition und hatte nur relativ kurze Zeit Bestand.

Ab der 18. Dynastie errichteten die Herrscher ihre Felsgräber im Tal der Könige in der Wüste, wobei die Verteilung einem bestimmten Schema folgte. Während die Gräber der Beamten am Berghang lagen, erstreckten sich in den Tälern und Schluchten, gewissermaßen versteckt hinter dem ersten Höhenzug des Tales, die Gräber der Könige sowie der königlichen Familie. Diese lagen getrennt voneinander. Das Tal der Könige war ausschließlich für die Herrscher bestimmt. Die Gräber ihrer Gattinnen, der Prinzen sowie

Prinzessinnen, die nicht in der Reihe der Thronfolge oder bereits früh verstorben waren, sowie von Personen, die in Bezug zur Königsfamilie standen, wie Ammen und Erzieher, befanden sich hingegen in einem anderen, separaten Tal, dem sogenannten Tal der Königinnen.

Der erste König, der im Tal der Könige sein Felsgrab erbauen ließ, war Thutmosis I. (1504–1492 v. Chr.), der dritte Herrscher der 18. Dynastie. Es handelt sich um eine relativ bescheidene Anlage mit einer von Säulen getragenen Grabkammer, die über eine kleine Vorkammer und eine lange Passage zu erreichen war. Die Passage führte in einer leichten Biegung zur Grabkammer, bei späteren Anlagen knickte die Achse dagegen rechtwinklig ab, so dass der Weg in zwei Richtungen verlief. Die Grabstätte von Thutmosis I. steht damit am Anfang einer Entwicklung hin zu einem komplexen System aus Kammern, Treppen und Passagen, die im Wechsel steil in die Tiefe führten und schließlich in der mit dem Sarkophag und einer Scheintür ausgestatteten Grabkammer mündeten.

Ab Thutmosis III. (1479–1425 v. Chr.) wurde diese Wegführung zudem noch durch einen Schacht unterbrochen, der bis zum Ende der 19. Dynastie (1190 v. Chr.) zu einem festen Element der Gräber wurde. Hinzu kam außerdem eine Pfeilerhalle, die direkt auf den Schacht folgte, aber noch vor der Sargkammer lag. Der Schacht diente der Sicherung des Grabes vor Plünderern, aber auch einer möglichen Überflutung der Sargkammer durch einströmende Wassermassen bei starken Regenfällen. Darüber hinaus besaß er noch eine andere wichtige Bedeutung, die aus Inschriften bekannt ist: Er entsprach vermutlich dem Übergang vom Diesseits ins Jenseits und stand somit in Zusammenhang mit der Wiedergeburt des Verstorbenen. Aus diesem Grund gehörte er, neben der Sarg- und Vorkammer, wohl auch zu den wenigen Elementen der frühen Felsgräber, die dekoriert wurden.

Bis zum Ende der 18. Dynastie waren die Wände der Sargkammer mit Szenen aus dem Unterweltsbuch *Amduat* bemalt, in dem der Weg des Sonnengottes durch die zwölf Stunden der Nacht beschrieben wird, auf dem es zahlreiche Gefahren zu überwinden galt. Der wesentliche Inhalt des *Amduat* beschäftigt sich allegorisch mit der Überwindung des Todes, indem der Sonnengott nach dem Durchschreiten der Unterwelt Tag um Tag wiedergeboren wird. Der Verstorbene schloss sich bei seiner Reise ins Jenseits dem Sonnengott an, in der Hoffnung, an dessen Schicksal teilzuhaben.

Die Decken der Räume waren blau bemalt, geschmückt mit gelben Sternen – ein Hinweis auf den Nachthimmel. Die übrigen Zeichnungen zeigten den König opfernd vor den Gottheiten des Jenseits – Osiris, Isis und Anubis –, um sie für den Eintritt in das Jenseits milde zu stimmen. Das königliche Grab präsentierte sich gewissermaßen als Tor zur Unterwelt. Der Rest des Grabes blieb undekoriert und in seiner Aufmachung eher bescheiden; die Wände der Korridore waren nur grob behauen und ungeglättet.

Über die Jahrhunderte wurden den Gräbern von jedem König immer wieder neue Elemente hinzugefügt, seien es zusätzliche Passagen, Seitenkammern oder Pfeiler in der Sargkammer. Infolgedessen veränderte sich auch die Größe der Korridore, die Menge an Dekorationen sowie die Größe des Sarkophags kontinuierlich.

Ab Echnaton (1350–1334 v. Chr.) erfolgte bei gleichbleibender tiefer Lage des Grabes die Rückkehr zu einer geraden Achse des Königsgrabes, sollten doch die Sonnenstrahlen ungehindert einfallen können.

Das wohl am besten erhaltene Grab im Tal der Könige, was die Ausstattung betrifft, ist das von Tutanchamun (1332–1323 v. Chr.) aus der 18. Dynastie (Abb. 64). Das Grab selbst war vergleichsweise klein, da es im Gegensatz zu den langen Korridorgräbern nur aus vier kleinen Räumen bestand. Aufgrund dieser für ein Königsgrab ungewöhnlichen Größe geht man davon aus, dass das Grab ursprünglich nicht für Tutanchamun, sondern eher für einen Beamten bestimmt war. Die „Umnutzung" ist wohl auf den frühen Tod des Königs zurückzuführen, dessen eigentliche Grabstätte zu dieser Zeit möglicherweise noch nicht fertiggestellt war – eine Vermutung, für die die auf engstem Raum zusammengedrängte Masse an Grabbeigaben spricht, die in einem größeren Grab weitaus mehr Platz gefunden hätte (Abb. 65).

Abb. 64: Blick in die Grabkammer des Tutanchamun

Neben den Königsgrüften der 21./22. Dynastie (1069–735 v. Chr.) in Tanis ist das Grab Tutanchamuns das einzige Königsgrab, das in einem nahezu intakten Zustand aufgefunden wurde. Wahrscheinlich wurde es bereits in der Antike teilweise geplündert, danach aber wieder verschlossen, so dass eine große Fülle an Grabbeigaben und Schätzen von hervorragender Qualität einen guten Einblick in die einstige Pracht des Grabes gewährt. Zu nennen seien die einzigartige goldene Mumienmaske des Königs, Särge, Schreine und Schmuck aus Gold, Lapislazuli, Amethyst sowie anderen wertvollen Materialien. Hinzu kommen Kleidung, Möbel, Gefäße, Statuetten und Waffen als Zubehör des Grabschatzes – kurzum eine gesamte Ausstattung, die der König für das Leben im Jenseits benötigte.

Alle Grabbeigaben wurden an den Wänden der Gräber listenartig verzeichnet. Schon früh erscheinen diese Listen zunächst in den Gräbern von Beamten, ab Sethos I. (1290–1279 v. Chr.) auch in den Königsgräbern. Neben den Gebrauchsgegenständen wurde zudem die Anzahl an Speisebeigaben aufgeführt, wobei der Verstorbene die Gaben an einem Tisch in Empfang nehmend dargestellt wurde. Im Vergleich mit dem Grabschatz Tutanchamuns decken sich diese Angaben auf den Opferlisten mit dem aufgefundenen Inventar. Demzufolge ist davon auszugehen, dass jedes Grab im Tal der Könige einst eine ähnliche Grabausstattung enthielt.

Ab König Haremhab (1319–1292 v. Chr.) wurde die Sargkammer anstelle des *Amduat* mit Auszügen aus dem sogenannten Pfortenbuch ausgeschmückt, das unter anderem eine Darstellung der Totengerichtshalle des Osiris enthielt. Außerdem erfolgte – auch bei den Beamtengräbern – ein Wechsel in der Gestaltung der Gräber von der Malerei hin zum bemalten Relief.

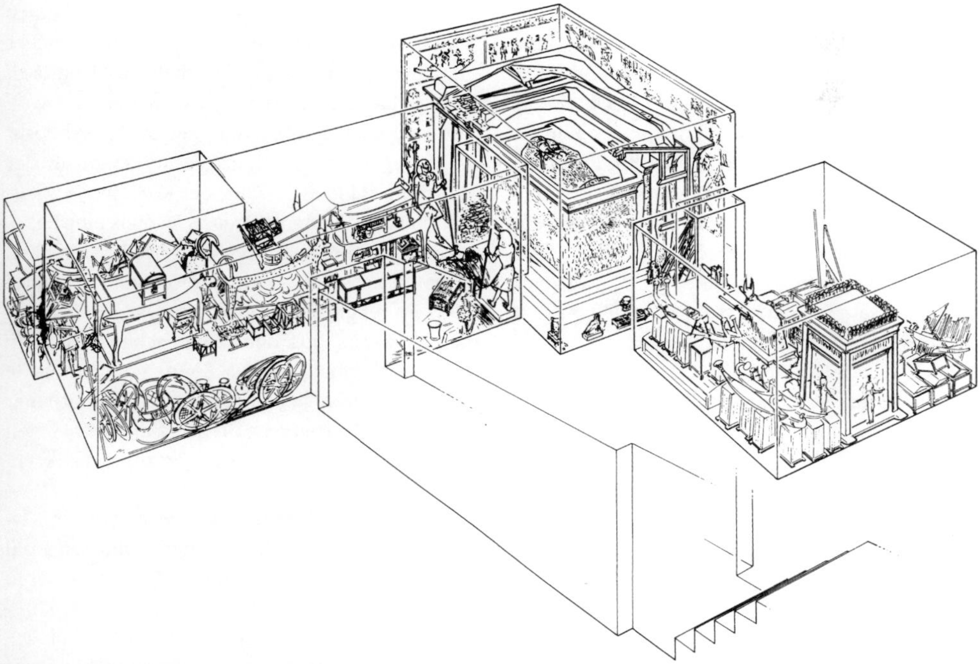

Abb. 65: Grab des Tutanchamun (Rekonstruktionszeichnung)

Den Höhepunkt in der Entwicklung der königlichen Felsgräber im Tal der Könige bildet das Grab Sethos I. Ab dieser Zeit gestaltete man nicht nur ausgewählte Räume mit einer Dekoration, sondern alle Wände und Decken, vom Eingang bis zur Sargkammer, so dass nun für Abbildungen aus beiden Unterweltsbüchern, *Amduat* und Pfortenbuch, ausreichend Fläche zur Verfügung stand. Hinzu kamen weitere Szenen, wie beispielsweise das Ritual der Mundöffnung.

Unter König Merenptah (1213–1203 v. Chr.), der 19. Dynastie, kam ein weiteres Gefüge an Räumen hinter der Sargkammer hinzu, das der Aufnahme von Uschebtis diente. Merenptahs Grab wurde zudem erhöht in repräsentativer Lage errichtet und mit einer monumentalen Fassade gestaltet – ein Konzept, das schon bei Ramses II. (1279–1213 v. Chr.) zu finden ist.

Ab der 19. Dynastie waren die Gräber vermutlich nur mit einer Tür aus Holz verschlossen und im Gegensatz zu den früheren Grabstätten im Tal nicht durch einen Blockierstein gesichert. Es bestand die Möglichkeit, das Grab bei rituellen Festen zu öffnen. Der Schutz des Grabes wie der Bestattung lag in der Verantwortung von Wächtern der Nekropole.

Die jetzt breiter angelegten Korridore führten nicht mehr ganz so steil in die Tiefe, sondern verliefen in einer beinahe waagerechten Linie über Rampen zur Grabkammer, so dass eine Treppe und ein Schacht entfielen. Die Korridore wurden lediglich durch eine oder zwei kleinere Vorkammern mit Säulenstellung unterbrochen. Die Dekoration bestimmten neue, jüngere Unterweltsbücher, wie das *Buch von der Erde* oder das Höhlenbuch.

Unter Ramses III. (1183–1152 v. Chr.) steigerte sich die Anzahl der Türdurchgänge zur Grabkammer auf zehn und gestaltete sich ohne unterbrechende Treppen gewissermaßen als langer, reich dekorierter Korridor.

Eine diesbezüglich rückläufige Tendenz zeichnet sich im Grab Ramses IV. (1152–1145 v. Chr.) ab: Die Einzelkomponenten des Königsgrabes wurden nun stark reduziert, der gesamte Korridorbereich verkürzt, gleichzeitig die Dekorationen eingeschränkt. Die Ausmaße der verbliebenen Passagen nahmen hingegen noch einmal deutlich zu, woran sich auch die letzten Königsgräber der 20. Dynastie im Tal der Könige orientierten.

In der Dekoration stellen die Gräber Ramses V. (1145–1142 v. Chr.) und Ramses VI. (1142–1134 v. Chr.) einen Höhepunkt dar, da Szenen aus beinahe allen bekannten Unterwelts- sowie Himmelsbüchern abgebildet werden.

Nach dem Tod Ramses' XI. (1103–1070 v. Chr.) wurde das Tal der Könige als Begräbnisplatz aufgegeben. Die nachfolgenden Könige der 21. Dynastie (1069–945 v. Chr.) errichteten ihre Grabanlagen in dem im Nildelta gelegenen Tanis.

Zu jedem Königsgrab gehörte ein Totentempel des jeweiligen Herrschers. Dieser lag meist in einiger Entfernung zum Grab selbst in der Ebene am Rande des fruchtbaren Landes. Als Ort des Totenkultes, wo Feste und Prozessionen zu Ehren des verstorbenen Königs stattfanden, kam dem Totentempel eine große Bedeutung zu, was sich in einer prachtvollen Ausstattung widerspiegelte. Zudem war der Tempel nicht mehr allein auf die Verehrung des verstorbenen Königs ausgerichtet, sondern bezog die Gottheiten der thebanischen Trias ein, den Sonnengott Amun-Re, dessen Gemahlin Mut, als symbolische Mutter des vergöttlichten Pharaos, sowie deren Sohn, den Mondgott Chons, außerdem weitere Götter und Ahnen des Königs.

Die ersten Bauten der 18. Dynastie waren Terrassentempel aus Kalkstein, besonders eindrucksvoll gestaltet ist der Tempel der Hatschepsut (1479–1459 v. Chr.) in Deir el-Bahari, dessen über Rampen erreichbare Terrassen jeweils eine Pfeilerfassade besaßen.

Der Tempelkomplex lag in der Ebene, an der Grenze zum fruchtbaren Land, zugänglich über einen ehemals mit Sphingen gesäumten Aufweg von 1 km Länge, und war mit zahlreichen Statuen der Königin und anderer Gottheiten ausgestattet. Hinter der Pfeilerfassade erstreckten sich die Kulträume, deren Dekoration mit ansteigender Höhe der Terrasse vom profanen in den sakralen Bereich überging – eine Trennung, die sich schon bei den Totentempeln des Alten Reiches mit der Aufteilung in öffentliche und kultisch heilige Räume findet und von Bedeutung war. Die unterste Säulenhalle zeigte Hatschepsut beim Jagen und Fischen. Darauf folgte in der mittleren Halle die Geburt der Königin als Inkarnation ihres Vaters Thutmosis I. sowie eine Expedition nach Punt, um von dort Weihrauch nach Ägypten zu holen. Die obere Säulenhalle stand ganz im religiösen Kontext. Die Darstellung umfasste Szenen aus dem ägyptischen Fest vom Wüstental, beim dem der Sonnengott Amun-Re in einer Barke alle Totentempel verstorbener Könige im Tal besuchte. Verbunden mit heiligen Opferhandlungen war dieser Ort für jeden Ägypter zugänglich.

Alle weiteren Totentempel der frühen 18. Dynastie sind weitestgehend zerstört, dürften wohl aber nach demselben Prinzip aufgebaut gewesen sein.

Die Totentempel der späten 18./frühen 19. Dynastie waren nicht mehr in Terrassenbauweise errichtet, folgten aber alle einem in der Größe variablen Grundschema: Über einen Torkomplex gelangte man in einen großen Hof, der später, zur Ramessidenzeit, von Säulen gesäumt war. An den Hof schloss sich eine hypostyle Halle an, von der mehrere kleinere Räume abzweigen konnten. Dahinter lag das auf die thebanische Trias ausgerichtete häufig aus drei Räumen bestehende Kultzentrum.

Der Totentempel Ramses' II. (1279–1213 v. Chr.), das sogenannte Ramesseum, ist einer der eindrucksvollsten der 19. Dynastie. Es handelt sich um einen aus massivem Stein errichteten und von einer Mauer umgebenen Kultkomplex, der neben dem Tempel für den König auch Kultkapellen für dessen Mutter und Gemahlin sowie eine Reihe von Magazinräumen enthielt. Der Tempel Ramses' folgte dem gängigen Grundschema der 19. Dynastie, ausgestattet mit einem Vorhof, zwei Säulenhöfen sowie dem dreigeteilten Kultzentrum.

Der am besten erhaltene Totentempel-Komplex ist derjenige von Ramses III. (1183–1152 v. Chr.) der 20. Dynastie in Medinet Habu. Der Komplex entstand als eine vergrößerte Kopie des

Ramesseums und war mit ähnlichen Elementen ausgestattet.

In der Zeit der Ramessiden erhielten die Dekorationselemente eine gewisse Standardisierung. Beliebt waren Darstellungen mit Triumphen über die Feinde Ägyptens, angebracht an den Wänden der offenen Höfe und im Eingangsbereich. Im Allgemeinen handelt es sich um gewöhnliche Kampfszenen. Manchmal lässt sich aber auch ein Bezug zu speziellen Schlachten herstellen, wie derjenigen gegen die Hethiter oder gegen die Seevölker der Ägäis. Jagdszenen verlieren hingegen zunehmend an Bedeutung und werden weniger häufig abgebildet. Andere Reliefbilder zeigen den König in Verbindung mit diversen Gottheiten, besonders mit Amun, während Re eine eigene Kapelle in der Nordwest-Ecke des Tempels gewidmet war.

Das Allerheiligste des Tempels, die Kultkapelle für den König, war mit verschiedenen Inschriften ausgestattet, die sein ewiges Leben sowie seine bestehende Herrschaft gewährleisten sollten, zudem mit Opferszenen und Gebeten an die Götter, einer Scheintür sowie einer Szene, die die Wiedergeburt des Königs zeigte.

6.2.2 Hellenistische Felsgräber

Seit der Regentschaft des Perserkönigs Dareios I. (521–486 v. Chr.) gewannen aufwendig gearbeitete Felsgräber an Popularität im anatolischen Raum. Obwohl die Bestattung in einfachen Felsgräbern bereits seit der Bronzezeit und während der ersten Hälfte des 1. Jts. v. Chr. in Anatolien und dem Nahen Osten üblich gewesen war, erlebte diese Tradition erst unter Dareios I. wieder einen Aufschwung. Als Neuheit kam die Ausstattung der Gräber mit einer architektonischen Fassade hinzu.

Bis zum Ende des Achämenidenreiches 330 v. Chr. wurden alle Könige des persischen Großreiches in Felsgräbern bestattet.

In der Regel lagen die Gräber nicht allein, sondern gruppierten sich zu einer Nekropole. Ihre Anordnung an der Felswand erfolgte in Reihen oder unabhängig von einem bestimmten Schema.

Die Fassade, in den meisten Fällen eine Tempelfassade mit Säulen und Giebel nachahmend, wurde zumeist direkt aus dem Fels herausgearbeitet. Dazu wurde zunächst eine Nische angelegt, die der Größe des Grabes entsprach. Von dieser Nische ausgehend wurde dann der Grabbau gewissermaßen freistehend so aus dem Massiv herausgeschlagen, dass ringsherum ein umlaufender Korridor entstand, von dem aus wiederum alle weiteren Arbeiten vorgenommen wurden. Die Imitation einer Fassade erfolgte mittels Reliefs sowie angedeuteter Umrisslinien. Zumindest der Eingangsbereich konnte aber auch mit bearbeiteten Säulen versehen sein. Daneben gab es Gräber mit einer glatten Außenseite, die nicht aus dem Fels geschlagen waren.

Für den Bau sehr hoch gelegener Felsgräber wurden die Steinmetze an einem Seil an der Felswand heruntergelassen und verrichteten die groben Arbeiten zunächst hängend. Zudem wurden notdürftige Gerüste verwendet, die je nach Fortschritt der Arbeiten an eine andere Stelle versetzt werden konnten. Halterungen für solche Gerüste sind bei einigen Felsgräbern noch erhalten. Die Herausarbeitung der architektonischen Details erfolgte von oben nach unten, bei einer Tempelfassade gewissermaßen von der Spitze des Giebels abwärts. War eine Ebene vollendet, begann die Arbeit an der nächsten und somit das Umsetzen des Gerüsts.

Erst wenn die Fassade fertiggestellt war, zumindest in einer groben Ausführung, wurde mit der Ausarbeitung der dahinterliegenden Grabkammer begonnen. Die Kammern waren bemalt und manchmal auch mit einer Stuckverkleidung versehen.

6.2.2.1 Kaunos

Die in der antiken Stadt Kaunos, in der Nähe des heutigen Dalyan, gelegenen Felsgräber zählen zu den eindrucksvollsten und besterhaltenen Gräbern dieser Gattung in Kleinasien. Die Stadt gehörte einst zur antiken Landschaft Karien, die Gräber sind aber in der Tradition der Felsgräber des benachbarten Lykien errichtet, wobei die ältesten an den Anfang des 4 Jhs. v. Chr. datieren.

Im Wesentlichen können zwei Grabformen unterschieden werden: einfache, in den Felsen eingeschnittene Räume ohne monumental gestaltete Außenseite und aufwendigere Gräber mit Tempelfassade. Die einfachen Gräber liegen am Fuße der Felsklippe auf Bodenniveau in einer Reihe. Sie bestanden aus einem Raum, dessen Inneres zumeist keine Dekoration aufwies. Manche Wände waren nur sehr grob bearbeitet, andere besaßen Bänke an drei Seiten zur Aufnahme der Bestattungen. Der Eingang in die Räume bestand in der Regel nur aus einem rechteckigen Einschnitt in den Fels. Bei einigen Gräbern wurde aber auch eine Fassade herausgeschlagen, mit einem Giebel über dem Zugang.

Im Gegensatz zu den bescheidenen Gräbern befinden sich diejenigen mit aufwendig gestalteter Fassade im oberen Bereich der Felswand und sind aufgrund dessen zum Teil sehr schwer erreichbar. Die meisten Gräber wiesen – wie bereits oben erwähnt – eine allseitige Bearbeitung auf, so dass ein Korridor das gesamte Monument umgab. Auf diese Weise schien der Grabbau frei in einer Nische zu stehen, aber dennoch eingebunden in die Felswand. Es entsteht der Eindruck eines kleinen Tempels, dessen Front aus Säulen und Eckpfeilern bestand (Abb. 66).

Bei den größeren Monumenten gliederte sich die Fassade in zwei oder vier Säulen mit zwei Eckpfeilern. Bei den kleineren Bauten rahmten zwei Eckpfeiler eine Tür ein. Die Säulen waren von ionischer Ordnung und trugen den Architrav, der oftmals mit einem Eierstab sowie angedeuteten Metopen und Triglyphen oder einem Zahnschnittgesims in der Frieszone ausgestattet war. Den Giebel schmückten häufig ein Mittel- und zwei Eckakrotere in Form einer Palmette, wobei das Tympanon in der Regel unverziert blieb. Nur in einem Fall wurde es mit einem figürlichen Relief versehen, das zwei sich gegenüberstehende Löwen zeigt. Begleitet werden sie von Vögeln sowie einem weiteren Tier, möglicherweise einer Chimäre, einem Mischwesen der griechischen Mythologie, das in der Regel aus Löwe, Ziege und Schlange bestand.

Der wie bei griechischen Tempeln als „Pronaos" bezeichnete Bereich zwischen der Säulenfassade und dem eigentlichen Eingang zur Grabkammer war über Stufen zu erreichen. Die Grabkammern selbst besaßen eine rechteckige Form mit überwölbter Decke. Entlang ihrer Wände befanden sich Steinbänke für die Bestattungen. In einigen Fällen verfügten diese Bänke über sarkophagartige Aushöhlungen, in die die Verstorbenen unverbrannt gelegt wurden. Daneben gab es auch Gräber ohne Bänke. Bei ihnen erfolgte die Bestattung vielleicht in Sarkophagen, deren Existenz aber mangels fehlender Befunde bislang nicht nachhaltig bewiesen werden konnte. Die Toten lagen demzufolge direkt auf dem Fels oder aber auf einer hölzernen Bahre.

Nischen in den Wänden und im Boden dienten der Aufnahme von Opfergaben, Lampen oder, bei größeren Nischen, ebenfalls von Bestattungen.

Um Grabräuber zu täuschen, wurden in den Grabkammern häufig falsche Wände eingezogen, hinter denen die Beigaben und Schätze versteckt lagen. Trotz dieser Vorsichtsmaßnahme sind die meisten Gräber aber dennoch beraubt.

Der Zugang zur Grabkammer wurde gewöhnlich von einer monumentalen Tür versperrt, die ebenfalls aus dem Fels geschlagen wurde – ein Arbeitsschritt, der gleichzeitig mit den Arbeiten an der Fassade und der Grabkammer erfolgte. Nur ein kleiner, rechteckiger Durchgang blieb offen, durch den man in das Innere gelangen konnte. Dieser Durchgang wurde später mittels einer Steinplatte blockiert.

Die in der Regel in vier Felder aufgeteilten Türen imitierten häufig hölzerne Doppeltüren mit bronzenem Dekor und besaßen ein Gesims, das zum Teil ebenfalls mit architektonischen Elementen wie beispielsweise einem Eierstab dekoriert war. Zuweilen konnten auch Fenster zu beiden Seiten der Türen angedeutet sein.

Die meisten Gräber wurden in römischer Zeit wiederverwendet, wovon Inschriften über einigen Türen zeugen, die die Namen der Bestatteten nennen. Nur eine Inschrift datiert zeitgleich mit der Entstehung des Grabes. Auch die meisten Fundstücke gehören in die Zeit der Nachbestattungen. Sie konzentrierten sich auf den Bereich des Pronaos und der Stufen zum Tempel. Im Wesentlichen handelte es sich dabei um Keramik und Gegenstände aus Alabaster und Holz, Stuckreste vom Dach sowie Ziegelfragmente. Die Grabkammern selbst waren leer.

Abb. 66: Kaunos (Dalyan). Lykische Felsgräber

Bei der Dekoration der Gräber kam häufig Stuck zum Einsatz, beispielsweise als feiner Anstrich für die Wände oder zum Ausbessern von Unebenheiten, aber auch zum Modellieren von Feinheiten der Fassade. Ansonsten waren die Gräber eher schlicht gehalten, nur stellenweise zeigten sich Ansätze einer Bemalung, die sich zum Teil nur auf eine andersfarbige, einfache Linie beschränkte.

Die Felsgräber von Kaunos weisen in ihrer äußeren Gestaltung griechische Einflüsse auf, indem sie Elemente der griechischen Architektur imitieren, erinnert sei etwa an die ionischen Säulen oder den Metopen-Trigylphen-Fries im Giebelbereich. Wahrscheinlich wurden diese Elemente aus der lykischen Grabarchitektur übernommen, die bereits einige Zeit zuvor derartige Bestandteile bei der Gestaltung ihrer Gräber verwendete, wie beispielsweise das Nereidenmonument in Xanthos aus dem frühen 4. Jh. v. Chr. zeigt (s. Kap. 6.4). Die mit monumentaler Fassade gestalteten Felgräber von Kaunos entstanden demzufolge durch eine Verknüpfung der bestehenden traditionellen Bestattungsform mit den neuen, vermutlich der lykischen Grabkultur entlehnten griechischen Architekturelementen.

6.2.2.2 Petra: Die Gräber der Nabatäer

Die Felsstadt Petra im heutigen Jordanien war in der Antike die Hauptstadt des Reiches der Nabatäer, eines Nomaden- und Beduinenvolks, das überwiegend vom Handel mit Gewürzen, Weihrauch und Silber lebte. Vom 5. Jh. v. Chr. bis zum 3. Jh. n. Chr. war die Stadt ein bedeutender Handelsplatz und kontrollierte zudem einen wichtigen Knotenpunkt der Weihrauchstraße sowie demzufolge die Handelsrouten in den arabischen Raum. Dank dieser strategisch günstigen Lage und der daraus resultierenden Handelsbeziehungen standen die Nabatäer neben Syrien und Ägypten auch in Kontakt mit Griechenland,

Kleinasien und Italien. So verwundert es kaum, dass in die Gestaltung ihrer Felsgräber zahlreiche diesen Kulturen entstammende Elemente einflossen.

Hunderte dieser monumentalen Gräber, deren imposante Fassaden aus dem anstehenden rotweißen, gelegentlich blau oder gelb schimmernden Sandstein herausgeschlagen wurden, haben sich in Petra erhalten. Ihre Datierung erfolgte anhand von Inschriften und stilistischen Baumerkmalen. Die ältesten Gräber stammen demnach aus dem Beginn des ersten vorchristlichen Jahrhunderts bei einer Mindestbelegungsdauer der Nekropole über zwei Jahrhunderte.

Alle Gräber wurden in derselben Technik angelegt. Genau wie in Kaunos (s. Kap. 6.2.2.1) bearbeiteten die Steinmetze die Fassade mit einem Spitzeisen fortlaufend von oben nach unten, wie unfertige Gräber zeigen. Erhaltene Farb- und Stuckreste belegen, dass ihre Fassaden zur Imitation von Marmor mit farbig gefasstem Stuck überzogen waren. Desgleichen wurden auch die Wände der Grabkammern verputzt. Die Kammern waren in der Regel sehr groß und besaßen mehrere Seitennischen sowie Loculi für die Bestattungen.

Die einzelnen Grabmonumente werden anhand ihres oberen architektonischen Abschlusses in drei Hauptgruppen unterteilt:

Die Zinnengräber. Sie besaßen eine rechteckige, in der Regel unverzierte Fassade, deren oberer Abschluss durch Zinnen in ein oder zwei Reihen gegliedert war. Auch die Eingänge waren von eher schlichter Form, zumeist fehlte eine architektonische Umrahmung. Eine längliche Auskehlung über der Tür diente vielleicht als Einfassung einer auf vergänglichem Material angebrachten Inschrift oder als Traufkante. In einigen Fällen befand sich aber auch ein Ziergiebel über der Tür – ein Hinweis auf den hellenistischen Einfluss auf die Grabgestaltung der Nabatäer.

Die Zinnenreihen deuteten wahrscheinlich den oberen Abschluss eines gedachten Stockwerks an – ein Motiv, das sich ebenso in der hellenistischen Kunst findet.

Die Treppengräber. Die Fassaden dieser zweiten Gräbergattung wurden von zwei nach außen führenden Treppen bekrönt, weshalb sie „Treppen-"„ oder „Halbzinnengräber" genannt werden. Die Treppen befanden sich über einem gekehlten Gebälk, so dass wiederum der Anschein eines zweiten Stockwerks erweckt wurde, das über diese Stufen zugänglich war. Gelegentlich wurde die Attikazone mit einem plastischen Relief versehen, auf dem in Anlehnung an die hellenistische und römische Kunst beispielsweise Waffen abgebildet waren. Das Gebälk wiederum wurde von zwei Eckpilastern getragen, die den Eingang einrahmten. Dieser konnte in Form eines einfachen rechteckigen Einschnitts in den Fels sehr schlicht gehalten, mitunter aber auch architektonisch mit einem Giebel und Pfeilern gestaltet sein, in einigen Fällen war die Tür sogar doppelt eingefasst.

Die Giebelgräber. Die Gräber dieser Gruppe können mit den hellenistischen und römischen Tempelgräbern gleichgesetzt werden. Charakteristisch ist ihre reich geschmückte architektonische Fassade, die den aus Kaunos bekannten Dekor bei Weitem übertrifft.

Die meisten Bauelemente dieser Gräbergattung sind griechischer beziehungsweise hellenistischer oder römischer Natur, wobei die architektonischen Baudetails weitgehend aus dem griechischen Westen stammen, während die Panzer- oder Reiterstatuen eher in den Bereich der römischen Kunst weisen.

Die Fassade wurde durch Säulen und Halbsäulen gegliedert, die korinthische Kapitelle trugen. Das nachfolgende Gebälk sowie der Giebel waren oftmals mit plastischem Schmuck wie etwa Ranken, Gefäßen oder Tieren dekoriert. Zuweilen kommen auch Triglyphenfriese mit kreisförmigen Scheiben in den Metopenfeldern vor. In der Regel folgte auf das Gebälk eine Attikazone mit Säulen oder Halbsäulen oder ein zweites Geschoss, ausgestattet mit einem sogenannten gesprengten Giebel, der gewissermaßen zweigeteilt erschien und in dessen Mitte sich ein freistehender Rundtempel befand. Eine derartige Gliederung in Halbsäulen, Tholosbauten und gesprengte Giebel findet sich ebenso in der pompejanischen Wandmalerei, aber auch in den späthellenistischen Villen und Palästen des alexandrinischen Ostens.

Das Gebälk war mit plastischen Reliefs versehen. Zwischen den Säulen standen zum Teil Statuen in Halbrelief (Abb. 67). Derartig aufwendig konstruierte mehrstöckige Prunkgräber waren in den meisten Fällen in einen größeren Komplex mit Triclinium und offenem Peritylhof eingebunden.

Insgesamt gab es in Petra über 600 Zinnen- und Treppengräber, dagegen nur 18 Prunkgräber mit imposanter Tempelfassade, die wahrscheinlich dem Königshaus vorbehalten waren.

6.2.2.3 Die etruskische Nekropole von Norchia

In hellenistischer Zeit entstanden in Südetrurien in Italien zahlreiche Nekropolen mit aus dem anstehenden Tuffgestein herausgeschlagenen Felsgräbern, die sich gewöhnlich zu ein oder zwei Reihen zusammengruppierten. Die Gräber stammen aus dem Zeitraum des späten 4. bis in das 2. Jh. v. Chr. Neben Norchia finden sich derartige Felsnekropolen auch in Sovana, Blera, San Giuliano oder Castel d'Asso.

Es handelt sich um schlichte Gräber von quadratischer Form, die an drei Seiten aus dem Fels herausgearbeitet waren, so dass wiederum – wie im Fall von Kaunos (s. Kap 6.2.2.1) oder Petra (s. Kap. 6.2.2.2) – der Eindruck eines freistehenden Monuments entstand. Den oberen Abschluss der Fassade bildete ein profiliertes Gesims, das in ein Flachdach überging. Auf dieser, durch seitliche Treppen erreichbaren Plattform konnten Zeremonien zu Ehren des Verstorbenen stattfinden (Abb. 68).

In der Mitte der Fassade befand sich in der Regel eine Scheintür, die oftmals mit einer Rahmung versehen war. Der eigentliche Zugang zur unterirdisch gelegenen Grabkammer lag unterhalb dieser Scheintür am Fuß des Felsens.

Die Grabkammern selbst waren nur grob ausgearbeitet und blieben in der Regel schmucklos, wohingegen die Fassaden – erhaltenen Farbresten zufolge – bemalt und mit Stuckdekorationen versehen waren. Zudem trugen sie eine Inschrift, die die Namen der Grabinhaber nannte. Demnach stammten die hier Bestatteten vermutlich aus wohlhabenden Familien, die in der Region ansässig waren.

Zwei Gräber verdienen eine besondere Betrachtung, da sie etruskische Tempelfassaden nachahmen. Ihre Giebel zierten reliefierte Kampfszenen, wobei einer Szene vermutlich der Mythos der Niobiden zugrunde liegt.

Die Frieszone des Architravs war ausgestattet mit einem Metopen-Triglyphen-Fries mit je einem menschlichen Kopf auf jeder einzelnen Metope. Die Säulen, die einst das Gebälk trugen, sind heute nicht mehr vorhanden. Dafür haben sich an der Wand des Pronaos, hinter den Säulen, Reste eines stuckierten und bemalten Relieffrieses erhalten. Die Darstellung steht in engem Zusammenhang mit den Malereien anderer Gräber, beispielsweise in Cerveteri oder Tarquinia. Sie zeigt eine Prozession der Verstorbenen im Beisein eines geflügelten Unterweltdämons, wobei die abgebildeten Waffen Mut und Tapferkeit, die *virtus,* des Grabinhabers betonen sollten.

Vor der Fassade befand sich eine Plattform für rituelle Zeremonien mit Resten eines Altars. Die eigentlichen Grabkammern lagen 8 m unter der Ebene der Fassade und waren mit Loculi sowie Sarkophagen ausgestattet. Die Beisetzungen datieren in unterschiedliche Perioden, was auf eine längerfristige Nutzung der Gräber hinweist.

Ein anderes weiteres eindrucksvolles Grab erstreckte sich über zwei Ebenen: Über eine Treppe gelangte man auf eine Plattform mit zwei dorischen Säulen, die ein zweites Stockwerk mit Säulenstellung trugen. Dazwischen befand sich eine Frieszone mit Greifen und Rosetten. Hinter den beiden von Eckpilastern gerahmten Säulen der unteren Etage war eine Scheintür in den Fels eingeschnitten.

Die Plattform der zweiten Etage, über seitliche Treppen erreichbar, war in drei Kammern geteilt, getrennt durch Wände, die jeweils in einer Säule mit korinthischem Kapitell endeten. Die Grabkammer lag wiederum 7 m tiefer, am Fuß des Felsens.

Die Tempelgräber von Norchia haben weder Vorgänger noch Nachfolger im etruskischen

Abb. 67: Petra (Jordanien). Nabatäisches Felsgrab (sogenanntes Schatzhaus des Pharao)

Italien. Vorbilder waren wahrscheinlich die im östlichen Mittelmeergebiet verbreiteten Tempelgräber in Lykien und Karien. Von da aus erfolgte eine Ausbreitung in andere Regionen der mediterranen Welt. Wie so häufig waren es wohl Reisende, Händler oder Soldaten, die diese Grab-

Abb. 68: Norchia. Etruskische Felsgräber

monumente gesehen hatten und andernorts zu deren Verbreitung beitrugen.

6.2.3 Hellenistische Hypogäen

Der Begriff „Hypogäum" bezeichnet einen unterirdisch gelegenen, in den Fels eingeschnittenen oder in die Erde eingetieften Grabbau. Die Grabkammern waren zumeist prächtig ausgestattet mit Malereien, Stuck- und Reliefdekorationen, ebenso die Fassade des Monuments.

Verbreitet waren die Hypogäen und Felsgräber in der späten Republik und im 1. Jh. n. Chr. vorwiegend in Etrurien, Kampanien und Unteritalien, im hellenistischen Osten, beispielsweise in Alexandria und auf Zypern, sowie im spanischen Carmona. Hier stand zumeist noch ein peristyler Hof in Verbindung mit dem Grabkomplex. In Rom beschränkte sich die Nutzung von Hypogäen zunächst nur auf einfachere Bevölkerungsgruppen wie Freigelassene. Erst ab der mittleren Kaiserzeit kam dieser Bestattungsform eine größere Bedeutung zu.

6.2.3.1 Die Nekropole Mustafa Pasha in Alexandria

Die unterirdischen Nekropolen und Gräber der Stadt datieren in die Zeit nach der Gründung durch Alexander den Großen im Jahr 331 v. Chr. Sie befanden sich im Osten außerhalb der Stadtmauern, wobei „Mustafa Pasha" den größten und reichsten Friedhof aus hellenistischer Zeit darstellt.

Die in den Fels eingeschnittenen Gräber lagen allesamt unterirdisch nebeneinander auf einer horizontalen sowie vertikalen Linie und besaßen architektonisch aufwendig gestaltete Fassaden. Manchmal waren zudem sogar die Höfe der Gräber mit Büschen, Sträuchern und Blumen bepflanzt.

Die Gräber waren über Rampen und überwölbte Treppen zugänglich, die vom Laufniveau in die Tiefe führten. Am Ende dieser Treppen befand sich zumeist eine hölzerne Tür zum Verschließen des Grabes. Zunächst gelangte man in einen peristylen Hof, auf den sich die Eingänge zu den Grabkammern öffneten. Dabei wurde ein Zugang jeweils von zwei dorischen Halb- oder Viertelsäulen an den Ecken flankiert. Über den Säulen erhob sich ein Architrav mit einem Metopen-Triglyphen-Fries.

Der Durchgang zur Grabkammer war mit einer separaten Rahmung versehen, bestehend aus zwei Pfeilern mit korinthischen Kapitellen, die ein profiliertes Gesims trugen, darüber eine Frieszone. In der Frieszone befanden sich in der Regel umlaufende Malereien, die heute zumeist nur noch in wenigen Resten vorhanden sind (Abb. 69).

Die Attikazone über dem Fries ist in den meisten Fällen nicht erhalten. Bei einigen Gräbern konnten dagegen noch Reste einer aus Kalksteinblöcken aufgemauerten und ehemals mit Mörtel verputzten Wand mit eingesetzten Pilastern in der Achse über den Halbsäulen nachgewiesen werden.

Möglicherweise diente die Attikazone als Brüstung für die in den Boden eingeschnittene quadratische Öffnung des Grabbaus, die den Blick auf den offenen, peristylen Hof freigab. An den Hof schlossen sich in der Regel Kulträume für rituelle Zeremonien, Bankette oder zur Aufbewahrung von Kultgeräten an. Einige dieser Räume waren mit einer Anzahl an Wasserbassins ausgestattet. Zudem befanden sich im Hof ein Altar für kultische Handlungen sowie weitere Wasserbecken.

Manchmal stand die Fassade mit den Zugängen zu den Grabkammern auf einer erhöhten Plattform, die vom Hof aus über Stufen zu erreichen war. Sie konnte neben den obligatorischen Zugängen zusätzlich noch mit aus dem Fels gearbeiteten Scheintüren versehen sein.

Abb. 69: Alexandria. Unterirdisches Peristylgrab (Grab 2) in der Mustafa-Kamal-Nekropole, die ähnlich wie die Mustafa-Pasha-Nekropole aufgebaut ist

Die Grabkammern bestanden in der Regel aus mehreren separaten Räumen. Im abgetrennten Hauptraum befand sich zumeist ein Klinenmonument. Der Zugang zu diesem Raum war zu beiden Seiten mit korinthischen Pilastern gefasst. Daneben gab es weitere Räume mit Bänken oder abzweigende Nischen für die Bestattungen.

Die Klinen waren aus Felsgestein gearbeitet, wobei die Details wie die Beine und die Auflage für die Matratze durch ein Relief besonders betont wurden. Die filigrane Bemalung in verschiedenen Farbtönen, vor allem Rot, Braun und Gelb, ist heute noch in Resten erhalten und zeigt stilisierte florale Motive, Rosetten, Sterne, aber auch figürliche Darstellungen mit Eroten oder Psychen. Sogar die Matratze und die Kissen wurden in Stein ausgearbeitet und anschließend entsprechend bemalt, so dass sie letztendlich richtigen Klinen glichen, wie sie beim Bankett verwendet wurden.

Desgleichen waren auch die Wände der Kammern aufwendig gestaltet. Bei manchen Räumen erfolgte eine Teilung in verschiedene Zonen, die aus dem Mörtel- oder Stucküberzug in Relief herausgeschnitten und farbig gefasst wurden. Auf einen niedrigen Sockel folgte eine Reihe hochgestellter Platten, sogenannte Orthostaten, an die sich eine querlaufende Quaderschicht anschloss. Darüber erstreckte sich eine weitere Reihe mit Orthostaten oder ein farbig gefasstes Friesband. Die Abfolge wurde von einem Fries oder profiliertem Gesims abgeschlossen. Diese Form der Wandgestaltung knüpft an den sogenannten Ersten Stil der pompejanischen Wandmalerei (200–80 v. Chr.) an, bei dem die zur Dekoration der Wohnräume verwendeten Marmorplatten imitiert wurden.

Aufgrund der Anlage der Gräber, der aufwendigen Ausstattung und Dekoration, der Verbindung untereinander durch Wege sowie der Gestaltung eines Gartens entsteht insgesamt der Eindruck einer unterirdisch gelegenen Totenstadt, in der der Grabbau als Haus des Verstorbenen fungierte. In ihrer Gestaltung erinnern die Gräber dabei an griechische Peristylhäuser, bei denen sich die Wohnräume ebenfalls um einen zentral gelegenen Hof mit Säulenumgang gruppierten beziehungsweise daran anschlossen. Die Gräber von Mustafa Pasha deuten einen Säulenumgang anhand von Halbsäulen zwar nur an, zeigen aber mit den Merkmalen „Architrav“ und „Frieszone“ dennoch die für ein Peristyl charakteristische Bauweise. Hinzu kommen die Gliederung der Wand in Zonen, die reiche Bemalung sowie die Verzierung mit Stuck und Relief. Es ist daher sehr wahrscheinlich, dass die Ausarbeitung der Gräber in Anlehnung an die Wohnarchitektur erfolgte.

6.2.3.2 Die Hypogäen von Nea Paphos auf Zypern

In Nea Paphos auf Zypern findet sich eine Reihe von unterirdischen Gräbern, die denjenigen in Alexandria sehr ähnlich sind (s. Kap. 6.2.3.1). Die ursprünglich für eine Oberschicht errichteten sogenannten Königsgräber erstrecken sich über einen Zeitraum vom 3. Jh. v. Chr. bis ins 3. Jh. n. Chr.

Die Bezeichnung „Königsgräber“ ist dahingehend irritierend, da Zypern zum Zeitpunkt der Errichtung der Gräber bereits unter ptolemäischer Herrschaft stand. Vor der Eroberung der Insel durch Ptolemaios I. 321 v. Chr. regierten zyprische Stadtkönige, die aber danach abgesetzt wurden.

Die Anregung für die Gestaltung der Gräber bezogen die Bauherren wahrscheinlich aus Alexandria; vermutlich waren in ihnen hohe Beamte bestattet, die die Insel zur Zeit der Ptolemäerherrschaft verwalteten.

Die unterirdisch gelegenen, aus dem anstehenden Gestein herausgemeißelten Gräber waren über einen überwölbten, teilweise gemauerten Korridor (Dromos) zugänglich, der bis zu 10 m lang sein konnte, und besaßen monumentale Tore, die zum Teil zusätzlich mit einem Relief ausgestattet waren.

Über den Gang gelangte man zunächst in einen peristylen Hof, auf den sich die Grabkammern öffneten. Während sich die Säulen des Hofes in Alexandria als Halbsäulen von der Wand abhoben, waren diejenigen von Paphos vollplastisch gearbeitet; sie trugen dorische Kapitelle und ihr

Säulenschaft war kanneliert. Auf diese Weise entstand ein echter Säulenumgang, die vollendete Kopie eines Peristylhauses unter der Erde. Über den Säulen befand sich ein Architrav mit einem Metopen-Triglyphen-Fries (Abb. 70).

Die Eingänge des Hofes führten vom Säulenumgang zunächst in Vorkammern, von denen ein System an Grabkammern und Nischen ausging. Die Wände der Kammern waren verputzt und polychrom bemalt.

6.2.4 Kolumbarien und Katakomben

6.2.4.1 Kolumbarien

Zu den Felsgräbern beziehungsweise Hypogäen zählen ebenfalls Kolumbarien und Katakomben. Bei den Kolumbarien handelt es sich um Grabbauten, in denen Marmorurnen meist verteilt in einer dichten Reihung von Urnennischen vom Boden bis an die Decke der Räume aufbewahrt wurden. Das Wort „*columbarium*" bedeutet übersetzt so viel wie „Taubenschlag". Wegen der Ähnlichkeit mit den eng übereinandergesetzten Nischen für die Urnen erhielt diese Grabform wohl ihren Namen.

Kolumbarien konnten sowohl unterirdisch als auch ebenerdig in Form von größeren oder kleineren Bauten angelegt sein und entstanden oftmals durch den Zusammenschluss von Begräbnisvereinen, Familien oder anderen Gruppen, die den Bau in Auftrag gaben. Die Finanzierung erfolgte durch den Verkauf der einzelnen Grabstellen.

Besonders in Rom, wo mit steigender Bevölkerungszahl der Platz für Grabmonumente knapp und teuer wurde, boten die Kolumbarien eine platzsparende Alternative, die vor allem von Freigelassenen und Sklaven genutzt wurde, die sich keinen repräsentativen Grabbau leisten konnten, wenngleich sie auch keineswegs zu den ärmsten Bevölkerungsschichten gehörten, die ihre Verstorbenen wahrscheinlich nur auf dem freien Feld ohne Markierung begruben. Vielmehr waren die Hinterbliebenen, die ihre Angehörigen in einem Kolumbarium bestatteten darauf bedacht, einen dauerhaften und gepflegten Grabplatz, ähnlich den Monumenten an den großen

Abb. 70: Nea Paphos (Zypern). Unterirdisches Peristylgrab

Gräberstraßen, zu besitzen. Der Kauf eines Kolumbarium-Platzes erforderte dennoch ein gewisses Budget, wobei die Betreuung der Anlagen und damit die dauernde Pflege des Grabplatzes durch Begräbnisvereine im Preis inbegriffen waren.

Die frühesten Kolumbarien stammen aus der Mitte des 1. Jhs. n. Chr., waren schlicht gehalten und nahezu undekoriert, was wohl auf die enge Aneinanderreihung der Urnennischen zurückzuführen ist. Später wurden die Innenräume der Anlagen dann zum Teil aufwendiger mit Mosaiken, Stuck und Marmor gestaltet. Die Nischen trugen Inschriften und konnten zudem noch mit Marmorplatten verkleidet sowie mit Porträts ausgestattet sein.

Beispiele für Kolumbarien finden sich in Rom unter anderem an der Via Appia, mit dem Kolumbarium der Freigelassenen der Livia, an der Via Latina, mit dem Kolumbarium des Pomponius Hylas, oder auf dem Esquilin, nahe der Porta Maggiore. Ein gut erhaltenes Beispiel ist das Kolumbarium der Vigna Codini (Abb. 71).

6.2.4.2 Katakomben

Ab dem 3. und 4. Jh. n. Chr. wurden zunächst in Rom, später auch in ganz Italien, unterirdische Gangsysteme mit Nischen für Körperbestattungen angelegt, die Katakomben.

Der Begriff „Katakombe" ist kein antiker Name. Vielmehr wurde er erst im 9. Jh. n. Chr. gebräuchlich und stammt von dem römischen Flurnamen *„ad catacumbas"* an der Via Appia, der wiederum vom griechischen *„kata kumbas"* abgeleitet ist, was „in der Talsenke" bedeutet. Diese Ortsbezeichnung geht speziell auf die tiefer gelegenen Stellen an der Via Appia unterhalb des Grabbaus der Caecilia Metella (s. Kap. 4.3; Kap. 6.3.2) zurück.

In der Antike hingegen wurden die Katakomben als *„coemeterium"* bezeichnet – ein Begriff, der bereits im 2. Jh. n. Chr. von dem römischen

Abb. 71: Rom. Kolumbarium der Vigna Codini

Schriftsteller Tertullian verwendet wurde und mit „Begräbnisstätte“ oder „Friedhof“ gleichzusetzen ist.

Die Nischen für die Bestattungen bezeichnet man als „Loculi“, separate Grabkammern innerhalb der Katakomben als „Cubiculum“ oder „Krytpa“. Der Begriff „Cubiculum“, unter dem zumeist das Schlafgemach eines römischen Hauses verstanden wird, spiegelt demzufolge in seiner speziellen Verwendung im Zusammenhang mit den Grabkammern die christliche Vorstellung vom Tod, der als vorübergehender Schlaf bis zur Auferstehung verstanden wurde.

In Rom entstanden mehr als 60 Katakomben, die an den großen Ausfallstraßen vor den Toren der Stadt lagen. Zu ihnen gehören beispielsweise die San-Sebastiano- und die Calixtus-Katakombe an der Via Appia (Abb. 72), die Priscilla-Katakombe an der Via Salaria oder die Domitilla-Katakombe an der Via delle Sette Chiese.

Die Praxis, die Verstorbenen vermehrt in unterirdischen Gewölbekomplexen zu bestatten, resultiert in erster Linie aus wirtschaftlichen Gründen. Aufgrund der zunehmenden Verbreitung der Körperbestattung entstand im 2. Jh. n. Chr. ein größerer Bedarf an Grabplätzen, was einen erheblichen Anstieg der Grundstückspreise vor den Toren der Stadt zur Folge hatte. Eine kostengünstige Alternative boten schließlich die Katakomben, die ebenfalls wie die Kolumbarien durch Zusammenschlüsse zu Begräbnisvereinen, im Falle der Christen zu Gemeinden, entstanden und die Kosten für den Bau trugen. Zusätzlich wurden sie häufig durch einen privaten Stifter finanziert, der das Grundstück zur Verfügung stellte oder kaufte. Die Anlagen trugen dementsprechend den Namen des Stifters, beispielsweise die Priscilla-Katakombe an der Via Salaria. Andere waren nach einem Heiligen benannt, der dort bestattet war, wie beispielsweise im Fall des römischen Bischofs Calixtus (gest. 222 n. Chr.), der an der Via Appia eine Katakombe einrichten ließ und sie bis zu seinem Tod verwaltete.

Abb. 72: Rom. Blick in die Gänge der Calixtus-Katakombe

Im Gegensatz zu den Kolumbarien wiesen die Katakomben eine weitläufigere Ausdehnung auf. Sie bestanden in der Regel aus einem langen zentralen, über Treppen zugänglichen Hauptkorridor, von dem einzelne, in relativ regelmäßigen Abständen verlaufende Gänge abzweigten. Man spricht bei diesem Schema der Anordnung vom sogenannten Fischgrätensystem. Manchmal verliefen auch zwei Hauptkorridore parallel zueinander. Die abzweigenden Gänge waren untereinander verbunden beziehungsweise verbanden die Hauptkorridore miteinander – ein Schema, das in der Fachsprache auch als „Rostsystem“ bezeichnet wird.

Die Katakomben erstreckten sich über mehrere, manchmal bis zu vier Stockwerke. Auf diese Weise entstand ein kompliziertes System an Gängen und Korridoren sowie einzelnen Grüften, die direkt aus dem anstehenden Tuffgestein herausgeschlagen wurden. Die Hauptkorridore konnten beliebig verlängert werden, um Platz für weitere Grabgänge zu schaffen.

In den Gängen befanden sich dicht angelegte Nischen zur Aufnahme von mehreren Hundert Bestattungen, die sich – aufgrund der speziellen Anlage der Gräber – durch ihre Einheitlichkeit auszeichneten; soziale Unterschiede spielten zunächst keine Rolle mehr, das im Römischen

Reich übliche Streben nach Selbstdarstellung durch große, aufwendig gestaltete Grabmonumente hatte seine Bedeutung verloren. Erst um die Mitte des 3. Jh. n. Chr. entstanden Abzweigungen mit kleinen Grabkammern für aufwendigere Bestattungen von Bischöfen, Päpsten oder Märtyrern.

Im Zeitalter des frühen Christentums wurde die Bestattung in den Katakomben allgemein üblich. Bereits ab dem frühen 3. Jh. n. Chr. finden sich Belege für die Existenz von Gemeinschaftsfriedhöfen in Rom und Alexandria, die ausschließlich einer geschlossenen Glaubensgemeinschaft vorbehalten waren. Diese Gemeinschaften nutzten die Katakomben nicht nur als Grablegen, sondern hielten hier mitunter auch Gottesdienste ab, um die verstorbenen Angehörigen an der Eucharistie teilhaben zu lassen. Das Wichtigste aber war die Nähe zu den hier bestatteten Märtyrern, sollten doch deren Fürbitten für das Seelenheil der Verstorbenen sorgen. Die Gräber von Märtyrern oder hohen christlichen Würdenträgern sind heute im archäologsichen Befund meist daran zu erkennen, dass sie von zahlreichen anderen Gräbern dicht umringt sind.

Grundsätzlich erfolgte die Bestattung in den dicht neben- und übereinandergereihten Loculi, die einen oder mehrere Leichname aufnehmen konnten. In der Regel wurden die Nischen mit Ziegeln oder Marmorplatten verschlossen. Sie trugen Inschriften in griechischer und lateinischer Sprache, die die Namen, das Alter, das Datum der Beisetzung und mitunter zudem die Berufsbezeichnung der Verstorbenen nannten, sowie in manchen Fällen auch bildliche Darstellungen, zumeist Motive und Symbole christlichen Charakters, zeigten. Der figürliche Schmuck blieb aufgrund des Platzmangels relativ bescheiden. Häufig erschienen Friedenssymbole wie die Taube oder der Anker, der Hoffnung verkörperte, aber auch einzelne Figuren im Gebetsgestus, mit erhobenen Händen.

Im 3. Jh. n. Chr. etablierte sich der Brauch, in eine mit Mörtel überzogene Grabplatte persönliche Gegenstände des Verstorbenen wie Ringe, Ketten, Spielsachen oder Münzen einzubringen, indem diese in den noch feuchten Mörtel hineingedrückt wurden. Dieser besonders bei namenlosen Gräbern beobachtete Brauch verlieh dem Grab einen individuellen Charakter und trug somit zu dessen Erkennung bei.

Außerdem finden sich in den Katakomben meist in separaten Grabkammern sogenannte Arkosolgräber, bei denen sich über dem Grab beziehungsweise dem Sarkophag ein gewölbter Bogen erhob, dessen Wand bemalt sein konnte. Vermehrt entstanden derartige monumentale Grabstätten in Form von Familiengrabkammern ab der Mitte des 4. Jh. n. Chr.

Die Gestaltung dieser Räume wurde wesentlich aufwendiger und kunstvoller ausgeführt, enthielt Fresken, Marmordekoration sowie architektonische Elemente, unter anderem Gewölbe, Säulen oder Giebel. Die Motive der Malereien trugen weitgehend einen christlichen Charakter. Zu den beliebten Themen gehörten unter anderem Darstellungen des Propheten Jonas, Noah und seiner Arche oder auch Moses und seiner Taten.

Ab dem 4. Jh. n. Chr. setzten sich neutestamentliche Motive mit Darstellungen der Wunder Jesu als Helfer und Heiler durch. Hinzu kommen Mahl- und Taufszenen. Doch auch nicht christliche Motive aus der heidnischen Mythologie dienten der Gestaltung der Räume, so beispielsweise Bilder des Sonnengottes Helios oder des Helden Herakles sowie Szenen mit Orpheus in orientalischer Tracht. All diese Charaktere wurden dem christlichen Sinnbild nach umgedeutet und fungierten fortan als Symbolfiguren für Christus oder Heilandsgestalten. Daneben wurden auch Bilder des alltäglichen Lebens dargestellt wie beispielsweise Berufe.

Diese reiche Ausstattung lässt auf vermögende Auftraggeber schließen. Möglicherweise waren hier auch nicht christliche Familien bestattet oder Familien der römischen Aristokratie, die gerade erst zum Christentum übergetreten waren und nicht auf einen herausgehobenen Grabbau verzichten wollten.

Desgleichen waren auch die Grabstätten der Märtyrer relativ aufwendig mit Malereien und Marmor ausgestattet.

Indem spezielle Gräber auf diese Art und Weise hervorgehoben wurden, ging die Einheitlichkeit der Katakombe im frühen 4. Jh. n. Chr. zunehmend verloren. Die Strukturen der unterirdischen Anlagen wurden nun auf den Bau größerer Kammern ausgerichtet, so dass in einer Katakombe unterschiedlich genutzte Bereiche entstehen konnten, solche für bescheidene Begräbnisse und andere für wohlhabende Familien. Die soziale Differenzierung und Selbstdarstellung anhand des Bestattungsplatzes hatte ihren einstigen Stellenwert wiedergewonnen.

Die Grabkammern erhielten ausgewählte Formen, beispielsweise rund, kreuzförmig oder rechteckig mit einer Apsis sowie architektonischer Dekoration, zum Teil mit Säulen und Pfeilern, aber auch Architraven, Gesimsen oder Konsolen. Daneben waren sie ganz wie die repräsentativen, oberirdisch gelegenen Mausoleen mit Marmorverkleidungen, Mosaiken und Fresken ausgestattet. Später im 4. Jh. n Chr. wurden sie dann nur noch weiß verputzt.

Ab konstantinischer Zeit wurden die Grabkammern mit steinernen Sitzbänken und Tischen ausgestattet, die für die Darbringung von Speiseopfern sowie für das Totenmahl vorgesehen waren. Räume, die keine Gräber enthielten, dienten wahrscheinlich sogar groß angelegten Bankettzeremonien.

Im späten 4. Jh. n. Chr. nahm der Märtyrerkult in den Katakomben neue Dimensionen an. Die Gräber wurden nun monumental mit Marmor ausgestaltet und durch Lichtschächte ausgeleuchtet; zudem wurden die Taten der Verstorbenen durch Inschriften verherrlicht, was letztlich zur Folge hatte, dass immer mehr Pilger diese Orte besuchten und Wallfahrten dorthin stattfanden. Zum Teil führten neu angelegte Treppen direkt zu diesen Heiligtümern, aber auch durch die Erweiterung bestehender unterirdischer Gänge wurde ein direkter Zugang geschaffen.

Zur Beleuchtung der Korridore und Gänge dienten – wie bereits erwähnt – Lichtschächte, die außerdem zum Befördern des Aushubs beim Bau und bei der ständigen Erweiterung der Katakombe genutzt wurden. Hierfür waren spezielle Arbeiter, die sogenannten *fossores*, zuständig, die sich zudem um alle anfallenden Friedhofsarbeiten kümmerten. Ihnen oblagen die Instandhaltung der Katakombe genauso wie der Ausbau der Anlagen und die Einrichtung der Gräber. Malereien der Katakomben zeigen die *fossores* mit ihrem Arbeitsgerät, Inschriften nennen ihre Namen. Ferner waren die *fossores* für den Verkauf der Grabplätze zuständig. Daneben gab es innerhalb der Gemeinden eine Gemeinschaftskasse, aus der mit freiwilligen Beiträgen das Begräbnis ärmerer Personen gezahlt werden konnte.

Mit der zunehmenden Bestattung in den Kirchenräumen selbst sowie ihren angrenzenden Bereichen am Ende des 4. Jhs. n. Chr. wurden auch die Katakomben immer weniger genutzt und folglich nicht mehr weiter ausgebaut. Keine Inschrift datiert nach dem ersten Viertel des 5. Jhs. n. Chr. Wahrscheinlich wurde nur noch der Märtyrerkult im 5. und 6. Jh. n. Chr. weiter gepflegt, indem die Gräber zur Andacht aufgesucht wurden.

Speziell für die Heiligenverehrung entstanden in der ersten Hälfte des 6. Jhs. n. Chr. sogar unterirdische Basiliken, die das Grab des Märtyrers mit einbezogen. Dafür mussten die bestehenden Anlagen in mühevoller Arbeit oftmals komplett umgebaut werden. Die durch die Gotenkriege (536–555 n. Chr.) verursachten Schäden innerhalb der Katakomben konnten zwar behoben werden, aber eine ordnungsgemäße Instandhaltung war dennoch nicht mehr gegeben, vor allem deswegen, weil die Anlagen nicht mehr in Benutzung waren. Bereits Mitte des 7. Jhs. n. Chr. begann man deshalb mit der Überführung der Heiligenreliquien in die Kirchen innerhalb der Stadtmauern – eine Maßnahme, die im 8. und 9. Jh. n. Chr. fortgesetzt wurde. Danach gerieten die Katakomben in Vergessenheit.

6.3 Tumuli

Der archäologische Fachbegriff „Tumulus" bedeutet so viel wie „Hügel" und bezeichnet einen künstlich aufgeschütteten Erdhügel, der sich über einer Grabgrube beziehungsweise über einer monumentalen Grabanlage befand. Der Tumulus diente dabei immer als eine Markierung des Grabes, die je nach Rang, Ansehen und Reichtum der bestatteten Person hinsichtlich ihrer Ausmaße mal umfangreicher, mal kleiner ausfallen konnte.

Die Grabkammer war über einen tunnelartigen, oftmals abfallenden Gang, den Dromos, zugänglich. Daneben gab es gemauerte Aufwege, die zum Eingang des Tumulus führten.

Im Allgemeinen charakterisiert der Tumulus das Grab einer höhergestellten Person beziehungsweise einer Familie der Aristokratie. Schon die exponierte Lage dieser Grabmäler zumeist an wichtigen Straßen und Wegen oder an topographisch herausragenden Stellen zeigt deren Bedeutung etwa für die etruskische Aristokratie. Die Gräber repräsentierten den Status des „Fürsten", der darin begraben lag, und formulierten auf diese Weise einen konkreten Machtanspruch, der – aufgrund der Tatsache, dass in den Tumuli in der Regel über mehrere Generationen bestattet wurde – über sehr lange Zeit bestehen blieb.

Hinzu kommt, dass die Hügel, zumindest in archaischer Zeit (8./7. Jh. v. Chr.), je nach Status des Auftraggebers einen enormen Durchmesser hatten, so dass sie schon von Weitem gesehen werden konnten. Zudem machten sie durch ihre Lage einen gewissen Besitzanspruch geltend, da die Ländereien, auf denen sie errichtet wurden, ebenfalls den Herren der Gräber gehörten.

In römischer Zeit änderte sich die Bedeutung der Tumuli dahingehend, dass sie – als Grabmäler einer begüterten Aristokratie beziehungsweise des Senatorenstandes – zwar nicht mehr die enormen Ausmaße der archaischen Zeit erreichten, durch ihre aufwendige Gestaltung sowie eine gut sichtbare Lage an den Gräberstraßen außerhalb der Städte aber dennoch ihre Funktion der Selbstdarstellung und Machtrepräsentation einer elitären Gesellschaft bewahrten.

6.3.1 Vorrömische Tumuli und Kammergräber

Die Bestattung in Tumulusgräbern geht auf eine lange Tradition zurück, die bis in die Bronzezeit zurückreicht und sich im Laufe der Zeit in den verschiedenen Regionen des Mittelmeeres einer wechselnden Popularität erfreute, wobei auch eine Entwicklung in der Gestaltung und der Art der Errichtung der Tumuli erkennbar ist.

Bereits Ende des 16. Jhs. v. Chr. kamen in der Ägäis Kammergräber für die Bestattung wohlhabender und angesehener Personen auf und traten damit an die Stelle der einfachen Schachtgräber. Eine Sonderform stellen dabei die mykenischen Kuppelgräber dar, die als die frühesten Beispiele unter einem Erdhügel verborgener Gräber gelten.

Die Kammergräber zeichneten sich durch eine monumental gestaltete Fassade aus, ein Element, welches erst wieder in archaischer Zeit – zum Beispiel bei den Kammergräbern in Tamassos auf Zypern – und im 4. Jh. v. Chr. bei den makedonischen Gräbern zu finden ist.

Zu den Eingängen führte ein aus dem weichen Gestein herausgeschlagener sowie mit Quadersteinen gemauerter kurzer Dromos. Die Grabkammern waren rechteckig oder rund und ebenfalls aus dem Gestein herausgeschlagen, wobei die Wände zum Schutz vor den auflastenden Erdmassen in den meisten Fällen mittels Steinmauern abgestützt wurden.

Bei den Kuppelgräbern war die Grabkammer als Rundbau mit einer Scheinkuppel gestaltet. In diesem Fall lagen die abstützenden Quadersteine von Lage zu Lage leicht überkragend so aufeinandergeschichtet, dass eine Kuppel den Raum überwölbte.

Die Technik des Kuppelbaus wurde bis 1300 v. Chr. stetig bis zu ihrer Vollendung weiterentwickelt, was sich im sogenannten Schatzhaus des Atreus, einem Kuppelgrab in Mykene, widerspiegelt. Über dem Eingang des monumentalen Rundbaus nahm ein Entlastungsdreieck den Druck von dem Gewölbe der Grabkammer und sorgte für zusätzliche Stabilität (Abb. 73). Die Fassade, zu der ein offener Dromos führte, wurde mit einem Portal ausgestattet und kunstvoll gestaltet. Sie imitierte einen zweistöckigen Bau, bei dem sich über der von zwei Halbsäulen gerahmten Eingangstür ein oberer Bereich befand, der wahrscheinlich aus Gesteinsplatten bestand, die mit ornamentalen Motiven (Rosetten, Spiralen)

Abb. 73: Mykene. Kuppelgrab mit Dromos (sogenanntes Schatzhaus des Atreus)

oder einem figürlichen Schmuck versehen waren.

Vom Eingang aus gelangte man zunächst in den Raum mit der Kuppel, den sogenannten Tholos, der – Befestigungslöchern in den Wänden zufolge – ebenfalls mit Steinplatten verziert war. Die Höhe des Raumes betrug 13,20 m, der untere Durchmesser 14,50 m. Von diesem Raum führte eine verschlossene Tür in die eigentliche, rechteckige Grabkammer, die aber bereits bei der Auffindung des Grabes geplündert war.

Ein weiteres Tholosgrab dieser Art in Mykene ist das sogenannte Grab der Klytämnestra, das ungefähr zur gleichen Zeit wie das Schatzhaus des Atreus entstand; das ganz ähnlich gestaltete Schatzhaus des Minyas liegt im böotischen Orchomenos.

Bei den mykenischen Kuppelgräbern handelt es sich um die Grablegen wohlhabender, wenn nicht gar königlicher Familien, wofür ihre Anlage und Ausstattung sprechen. Sie zeigen eine Blüte der monumentalen Architektur und damit den Machtanspruch der mykenischen Eliten im Mittelmeerraum der Bronzezeit. Welch große bauliche Leistung bei der Errichtung der Gräber vollbracht wurde, verdeutlicht die Tatsache, dass die Kuppelgräber bis zum Bau des Pantheons in Rom unter Kaiser Hadrian die größten freistehenden Gewölbe in der Antike darstellten.

Im 8. und 7. Jh. v. Chr. kamen die Tumuli in Etrurien, Anatolien, Südrussland sowie den Regionen nördlich der Ägäis auf.

In der Gegend des phrygischen Gordion finden sich etwa 100 Tumuli, von denen annähernd die Hälfte erforscht ist. Sie liegen allesamt in der Ebene, nicht exponiert auf Hügeln oder Berghängen.

Der sogenannte Große Tumulus weist besonders imposante Ausmaße auf. Die Erdaufschüttung hatte Berechnungen zufolge ursprünglich einen Durchmesser von nahezu 250 m bei einer

Höhe von 70 bis 80 m. Bedingt durch Erosion schrumpfte der Hügel im Laufe der Jahrhunderte auf eine – immer noch beträchtliche – Höhe von 53 m (Abb. 74).

Die Grabkammer befand sich im Inneren des später aufgeschütteten Erdhügels. Sie wurde auf Bodenniveau aus Holz errichtet und zum Schutz vor einem Einsturz der auflastenden Erdmassen mit mehreren Mauerringen von unterschiedlicher Stärke, bestehend aus Holzbalken sowie Kalksteinen, umgeben. Die Zwischenräume der Mauerringe waren mit Bauschutt verfüllt, um eine zusätzliche Stabilität zu gewährleisten. Bei dieser aus massiven Bohlen bestehenden Holzkonstruktion handelt es sich weltweit um eine der ältesten erhaltenen Grabkammern dieser Art.

Die Grabkammer nahm bei einer Höhe von 3,50 m eine Fläche von 6 m × 5 m ein. Sie besaß keine Tür, der Verstorbene muss demzufolge kurz vor der Fertigstellung der Kammer in ihr bestattet worden sein. Außerdem gab es keinen direkten Zugang, zum Beispiel in Form eines Dromos, so dass man das Grab, nachdem es verschlossen und mit Erde bedeckt worden war, nicht mehr betreten konnte.

Trotz des hervorragenden Erhaltungszustandes der intakten Grabkammer zum Zeitpunkt ihrer Freilegung sind der Grabinhaber sowie die Datierung des Großen Tumulus umstritten. Aufgrund seiner Größe ist anzunehmen, dass der Grabbau für einen König zu einem Zeitpunkt errichtet wurde, als die phrygische Hauptstadt Gordion über einen entsprechenden Reichtum verfügte, der den Bau eines derartigen Grabmonuments zuließ. Eine Datierung allein anhand der archäologischen Quellen erscheint äußerst schwierig. Einige Grabbeigaben stammen aufgrund von typologischen Vergleichen aus der Zeit um 721 bis 705 v. Chr. Dendrochronologische Untersuchungen ergaben ein Fälldatum der Baumstämme für die Grabkammer um 740 v. Chr.

Bei dem in der Grabkammer gefundenen Skelett handelt es sich anthropologischen Untersuchungen zufolge um einem 60 bis 70 Jahre alten Mann. Das Problem der Datierung ergibt sich im Wesentlichen aus der Chronologie der frühen phrygischen Könige, die nicht gesichert ist, da sie zum Teil nur auf Legenden basiert. Einen Anhaltspunkt bietet der legendäre phrygische König Midas, der in der zweiten Hälfte des 8. Jhs. v. Chr. an der Macht war. Zumindest kann seine Historizität anhand von griechischen wie assyrischen Schriftquellen ab etwa 738 v. Chr. bezeugt werden. Der Legende nach hatte er sich beim Einfall des aus dem nördlichen Kaukasus stammenden Reitervolkes der Kimmerier das Leben genommen, da die Hauptstadt Gordion nicht mehr zu retten war. Die Zerstörung der Stadt Gordion durch die Kimmerier ist belegt, wird jedoch in das Jahr 696 oder 679 v. Chr. datiert. Da der Tumulus den archäologischen Untersuchungen zufolge um 740 v. Chr. oder wenig später angelegt wurde, erscheint die Zuordnung zu König Midas, der Ende des Jahrhunderts starb, problematisch. Eventuell handelte es sich bei dem Grabinhaber auch um dessen Vater Gordios, der vor der Thronbesteigung seines Sohnes starb. Midas hätte das Grabmonument demzufolge für seinen Vater errichten lassen. Die genaue Chronologie ist hier allerdings unklar.

Die nächste Stufe in der Entwicklung der Tumulusgräber stellt die Nekropole von Bin Tepe in der Nähe des lydischen Sardes dar. Genau wie in Gordion findet sich hier eine Ansammlung – über 100 an der Zahl – von künstlich angelegten Grabhügeln unterschiedlicher Größe. Die größten Tumuli werden hierbei als Königsgräber angesprochen, die kleineren als Grabmäler der ansässigen Aristokratie. Wie in Gordion sind nicht alle Gräber erforscht.

Im Vergleich zu den phrygischen Tumuli fallen die Grabmonumente durch ihre andersartige Bauweise auf: Die größeren Grabhügel stützen sich auf einen Unterbau in Gestalt eines Mauerrings, hatten einen gemauerten Dromos, der zum und in das Grab führte, sowie mehrere Grabkammern aus Quadersteinen. Zudem besaßen viele der Gräber eine Markierung auf der Spitze des aufgeschütteten Hügels, der aus einem Gemisch von Erde, Sand, Lehm, Kies, Schotter sowie Steinen bestand.

Die Gräber weisen ein großes Formenspektrum auf. Sie variieren von einräumigen Grabkammern ohne Tür oder Dromos bis hin zu aus mehreren Räumen bestehenden Einbauten mit Grab- und Vorkammer, wobei die Gräber mit Dromos-Zugang überwiegen. Einige Grabkammern wurden direkt aus dem anstehenden Fels herausgeschlagen, andere waren in Quadermauerwerk errichtet. Bei den „Königsgräbern" war die Grabkammer sogar mit Marmor ausgekleidet.

Der Bau des Dromos erfolgte erst nach der Fertigstellung der Grabkammer. Der Fußboden dieses Zugangs bestand aus gestampftem Kies oder war in den Fels eingeschnitten. In manchen Fällen war er überdacht. Nach Einbringen der Bestattung in die Grabkammer wurde der Zugang mit einem Blockierstein verschlossen oder in einigen Fällen wohl auch mit Erde verfüllt.

Hinsichtlich der Struktur der Nekropole sowie der Anlage der Gräber scheinen sich die Tumuli den Ausgräbern zufolge in kleine Gruppen zu gliedern, was Rückschlüsse auf eine Anordnung nach sozialen Aspekten zulässt. Vermutlich besaßen alle Grabinhaber einen ähnlichen Status beziehungsweise gehörten derselben aristokratischen Familie oder Gruppe an. Eventuell handelte es sich um „Fürsten", die wirtschaftlich wichtige Areale des Herrschaftsgebietes des Königs von Sardes verwalteten, wobei sie diesem untergeordnet waren.

Mit einem Durchmesser von ca. 200 m bei einer ursprünglichen Höhe von 50 m gehört der sogenannte Gyges-Tumulus zu den größten Gräbern der Nekropole. Benannt wurde er nach dem gleichnamigen König, der von etwa 680 bis 645 v. Chr. in Sardes herrschte. Eine Inschrift, die wahrscheinlich den Namen des Königs nennt, kam während der Ausgrabungen innerhalb des Grabhügels im Jahr 1963 auf einem unvollendeten Mauerstück des Unterbaus zutage. Dieser Unterbau bestand aus zwei Reihen von Kalksteinblöcken und sollte ursprünglich die Einfassung für einen kleineren Grabhügel von etwa 90 m im Durchmesser bilden. Später, wahrscheinlich im späten 7. Jh. v. Chr., entschied man sich für eine Vergrößerung des Erdhügels auf seine heutigen Maße, so dass dieser Unterbau von Erde überdeckt wurde.

Der Hügel barg keine Grabkammer, sondern stattdessen ein System von Gängen, das sich

Abb. 74: Gordion (Türkei). Tumulus

über eine Länge von insgesamt 130 m erstreckte. In den Gängen fanden sich neben lydischer Keramik aus dem 7. oder frühen 6. Jh. v. Chr. auch Keramik aus römischer Zeit, wahrscheinlich aus dem späten 1. oder frühen 2. Jh. n. Chr., eine Münze aus konstantinischer Zeit (335–341 n. Chr.) sowie byzantinische und islamische Keramikscherben. Demzufolge muss der Tumulus in späterer Zeit wiederverwendet worden sein, eventuell stammen auch die Gänge erst aus dieser Zeit. Möglicherweise wurde das ursprüngliche Grab des Königs bereits in diesen Jahrhunderten geplündert.

Falls der „innere" kleinere Tumulus mit der zugehörigen Umfassungsmauer tatsächlich König Gyges zugeschrieben werden kann, würde es sich hier um den ersten datierbaren Grabhügel Lydiens handeln.

Mit dem Beginn der orientalisierenden Phase änderte sich Etrurien die Bestattungsform hin zu aufwendig gestalteten Grabanlagen mit Tumulus: War bis ins 9. Jh. v. Chr. hinein die Verbrennung und Bestattung in einfachen Urnen vorherrschend, so kam ab dem frühen 8. Jh. v. Chr. die Körperbestattung in Gruben auf, wobei wohlhabende Familien ihre Gräber mit immer größeren Grabhügeln bedeckten.

Anhand der neuen Bestattungssitte wird die Herausbildung einer aristokratischen Elite fassbar, die sich sowohl durch die Tumuli als auch durch reiche Grabbeigaben auszeichnete. Der neue Wohlstand resultierte aus einem wirtschaftlichen Aufschwung infolge der Handelskontakte vor allem mit dem östlichen Mittelmeerraum, besonders mit den Griechen und Phönikern. Diese Beziehungen spiegeln sich auch im restlichen Kulturgut der Etrusker. So zeigen sich etwa Einflüsse auf die Entwicklung des etruskischen Kunsthandwerks beispielsweise bei der Goldverarbeitung zu filigranen Objekten, aber auch in der Herstellung von Keramik und Plastik; ebenso spricht die Übernahme der Bankettzeremonie für die vielfältigen Kontakte. Vor diesem Hintergrund mag es deshalb kaum verwundern, dass wahrscheinlich auch die Bestattungssitte in monumentalen Tumuli von den östlichen Nachbarn, speziell von denen des westlichen Kleinasiens, übernommen wurde. Die frühen Beispiele großer Grabhügel aus dem phrygischen Gordion oder dem lydischen Sardes wurden bereits beschrieben.

Derartige Tumulusgräber entstanden im Verlauf des 7. und 6. Jhs. v. Chr. in allen Nekropolen bedeutender Siedlungen Etruriens, beispielsweise in Cerveteri, Vulci, Populonia und Tarquinia. Der äußere Aufbau dieser Gräber gliederte sich in einen steinernen, oftmals aus dem Fels herausgemeißelten oder aus sorgfältig bearbeiteten Steinquadern aufgeschichteten, zylindrischen Sockel, über dem ein großer Erdhügel aufgeschüttet wurde. Die nicht selten im Durchmesser über 40 m großen und 12 bis 15 m hohen Grabhügel dienten dem Schutz der Grabkammern und waren – wie bereits erwähnt – Ausdruck von Macht und Stolz der aristokratischen Familien. Bekrönt wurden sie häufig von einer steinernen Stele.

Die Grabkammern waren ebenfalls meist aus dem anstehenden Gestein herausgemeißelt. Das vorwiegend in Südetrurien zu findende, weiche Tuffgestein war dafür besonders gut geeignet, da es leicht zu bearbeiten war. In Nordetrurien, wo kein Tuff anstand, mussten die Kammern hingegen aus Steinplatten und Blöcken errichtet werden.

Bei jedem Tumulus führte ein langer Dromos, manchmal in Verbindung mit Stufen, in eine Hauptkammer, von der eine oder mehrere Nebenkammern abzweigen konnten. Oft befanden sich unter einem Grabhügel auch mehrere, voneinander abgegrenzte Grabanlagen, die zwar zu verschiedenen Zeitpunkten errichtet, sicher aber von einer Familie über mehrere Generationen benutzt wurden. Der Bau der Tumuli erstreckte sich demzufolge über mehrere Phasen.

Ein frühes Beispiel für eine derartige Grabgestaltung zeigt der sogenannte Tumulus II (auch Tumulus della Capanna genannt) in der Banditaccia-Nekropole von Cerveteri (Abb. 75), der mit einem beachtlichen Durchmesser von knapp 50 m in seinem Inneren vier separate Kammerkomplexe aufwies.

Bereits im frühen 7. Jh. v. Chr wurde der profilierte Sockel des Grabhügels aus dem Tuffgestein herausgemeißelt und der erste Kammerkomplex

Abb. 75: Cerveteri. Etruskische Tumuli in der Banditaccia-Nekropole

angelegt. Ab dem späten 7. bis zur Mitte des 6. Jhs. v. Chr. entstanden die restlichen drei Grabanlagen, indem sie nachträglich in den Sockel des Tumulus eingeschnitten wurden. Alle vier Anlagen besaßen einen separaten Eingang im Sockel, der nach ihrer Fertigstellung verschlossen und verputzt wurde.

Die Grabkammern imitieren die Architektur und Ausstattung von Wohnhäusern, beispielsweise die hölzernen Balken der Decken, Pilaster, Bänke, Betten sowie andere hölzerne Möbelstücke. Die Verstorbenen wurden dabei auf Bänken entlang der Wände, auf klinenartigen Totenbetten oder in Nischen aufgebahrt, später im 6. Jh. v. Chr. auch in Sarkophagen bestattet.

Zusätzlich waren die Kammern oft mit Wandmalereien ausgestattet. Besonders beliebt waren geometrische Ornamente sowie phantasievolle Tier- und Pflanzendarstellungen, wie sie beispielsweise aus der Tomba Campana in Veji (um 600 v. Chr.) oder der Tomba dei Animali Depinti (zweite Hälfte 7. Jh. v. Chr.) überliefert sind.

Von besonderer Bedeutung scheint der Ahnenkult gewesen zu sein, der vornehmlich am Grab stattfand, wo kleine, zumeist tönerne Statuen der Vorfahren aufgestellt wurden. In der Tomba delle Cinque Sedie in Cerveteri (zweite Hälfte des 7. Jhs. v. Chr.) ist zudem ein separater Kultraum für die Ahnenverehrung erhalten geblieben, der mit fünf steinernen Sitzen (daher der Rufname des Grabes) für die Statuen der Verstorbenen sowie mit Tischen für Speiseopfer und einem Altar ausgestattet war.

Die monumentalen Tumuli entstanden vorwiegend im 7. Jh. v. Chr., wohingegen im nachfolgenden Jahrhundert zunehmend kleinere Grabhügel mit nur einer Grabanlage im Inneren errichtet wurden, die aber häufig mit anderen Hügeln zu einer Gruppe zusammengefasst waren und so eine gewisse Zusammengehörigkeit symbolisierten. Wie das Beispiel der Nekropole von Tarquinia zeigt, wurden auch die Grabkammern kleiner gebaut und dienten nur noch der Bestattung von Ehepaaren. Ein Charakteristikum der

Nekropole stellen neben der Bemalung der Kammern reliefverzierte oder bemalte Platten aus Tuff dar, die figürliche oder ornamentale Motive trugen und vielleicht als Verschlusssteine der Dromoi genutzt wurden.

Daneben entstanden im 6. Jh. v. Chr. kleinere, aus dem Tuff herausgeschlagene oder aus Quadersteinen errichtete Kammergräber einer neu etablierten etruskischen Mittelklasse, die auf eine Straße ausgerichtet waren. Später wurde diese Wegführung teilweise durch einheitlich geplante Gräberstraßen ersetzt.

Beispiele für solche Gräberstraßen in den Nekropolen finden sich in Veji, Orvieto oder in Cerveteri mit den sogenannten Würfelgräbern, wobei in Cerveteri darüber hinaus auch weiterhin kleine Tumulusgräber errichtet wurden. Die Wände der Grabkammern waren mit bemalten Terrakottaplatten geschmückt, die mythische Szenen oder Darstellungen des täglichen Lebens zeigten.

Erwähnt sei an dieser Stelle auch der in Cerveteri gefundene Terrakotta-Sarkophag aus dem letzten Viertel des 6. Jhs. v. Chr., der in Nachahmung einer Kline ein gelagertes Ehepaar auf seinem Deckel trägt. Er zeugt von einem erweiterten Kunstverständnis und der Fähigkeit, großformatige Skulpturen zu erschaffen.

Ein beeindruckendes Beispiel für die weitere Entwicklung der Ausgestaltung der Grabkammern liefert die Tomba dei Relievi in Cerveteri aus dem dritten Viertel des 4. Jhs. v. Chr. Es handelt sich um ein prachtvolles, aus dem Tuffgestein herausgehauenes Kammergrab, das über eine steile Treppe zugänglich ist und in dessen Innerem sich umlaufende Steinbänke sowie Wandnischen für die Bestattung befinden. Eine Nische, wahrscheinlich diejenige des Grabinhabers, ist besonders prachtvoll mit Reliefs gestaltet, die die Beine einer Kline nachahmen und eine mythische Szene mit dem Kerberos und einem Unterweltdämon abbilden. Die Wände und die tragenden Pilaster sind mit Stuckreliefs dekoriert, die Gegenstände des täglichen Lebens zeigen: Gefäße, Messer, Löffel, Seile, Werkzeug, Bratspieße, Tiere, aber auch Rüstungsteile wie Beinschienen, Helm und Schilde, die den Grabherrn als Krieger kennzeichnen. Ob das Grab oberirdisch durch einen Erdhügel ausgewiesen war, ist mangels fehlender Befunde unklar.

Was die Grabmalereien betrifft, so haben sich hierzu hervorragende Beispiele aus der archaischen Zeit in der Monterozzi-Nekropole von Tarquinia in einem breiten Farbspektrum erhalten. Sie stammen aus den Gräbern der reichen Familien, die sich eine derartige Ausgestaltung leisten konnten. Die Motive der Darstellungen zielten dabei auf eine Selbstdarstellung der Familie ab, deren Machtstellung über mehrere Generationen weitergetragen und auf diese Weise erhalten werden sollte.

Die Malerei beschränkte sich zunächst auf den oberen Bereich der Wände, auf die Giebelfelder über den Eingängen zur Grabkammer. Ab etwa 530 v. Chr. wurden dann ganze Wände mit figürlichen Motiven bemalt, darunter mythische Bilder, Bankettszenen, Kämpfe, Tänzer und Musikanten, Jagd und Fischerei, Tierdarstellungen sowie Szenen des täglichen Lebens oder des Abschieds vom Verstorbenen. Berühmte Gräber in Tarquina sind beispielsweise die Tomba degli Auguri (s. Abb. 22), die Tomba dei Leopardi (s. Abb. 18; Abb. 21) oder die Tomba dei Tori (s. Abb. 6).

Auch im 4. Jh. v. Chr. waren die Gräber der Oberschicht noch reich ausgemalt. Dabei stand das feierliche Bankett im Vordergrund. Die Grabinhaber trugen nun individuelle Gesichtszüge und konnten anhand von Inschriften identifiziert werden. Zuweilen bestand die Hauptintention der Malerei wiederum darin, auf die herausragende Stellung oder die hohen Ämter dieser Familien zu verweisen.

Die Forschung betrachtet die monumentalen Tumuli der orientalisierenden und archaischen Zeit als einen Versuch der etruskischen Fürsten, auf diese Weise ihr Prestige und das ihrer Nachfolger – die oft über Generationen in ein und demselben Grab bestattet wurden – zu manifestieren. Der Tumulus fungierte dabei – wie schon erwähnt – als ein sichtbares Zeichen des fürstlichen Landbesitzes und konstituierte damit den konkreten Machtanspruch der Aristokratie. Durch ihre exponierte Lage und monumentale Größe hoben sich die Grabanlagen nicht nur von den übrigen Gräbern der Nekropole ab, sondern waren auch über eine gewisse Entfernung hin sichtbar, wahrscheinlich sogar bis zur zugehörigen Siedlung, um der Bevölkerung die Bedeutung der Aristokratie vor Augen zu führen. Leider lässt sich die in diesem Zusammenhang wichtige Frage nach den zugehörigen aristokratischen Residenzen und deren Lage im Verhältnis zu den Grabhügeln aufgrund fehlender Befunde kaum beantworten.

Die topographische Lage und die Struktur der Monumente verhielten sich in der Regel proportional zur sozialen Stellung der Verstorbenen; als Faustregel kann beispielsweise gelten: Je größer ein Tumulus im Durchmesser ist, umso höher ist der soziale Rang des darin Bestatteten. Hinzu kommt, dass einzelne Nekropolenbereiche meist nur jeweils von einem monumentalen Tumulus beherrscht wurden, was vermutlich letztlich ebenso ausschließlich dem Zweck diente, die eigene aristokratische Stellung zu betonen.

Standen bisher die Bauten und ihre Ausstattung im Zentrum der Betrachtung, so sollen abschließend zu den etruskischen Tumuli noch die Sarkophage und Aschenurnen im Blickfeld stehen, die in großem Umfang in hellenistischer Zeit in Etrurien für die Bestattung aristokratischer Familien produziert wurden.

Zentren der Herstellung waren im 4. und 3. Jh. v. Chr. unter anderem Chiusi, Tarquinia und Volterra. So stammen beispielsweise zahlreiche kleine undekorierte Kalksteinsarkophage, die eine Kline nachahmen und auf deren Deckel der Verstorbene wie schlafend abgebildet wird, aus Chiusi (s. Abb. 31) und Tarquinia. Streng genommen handelt es sich dabei nicht um Sarkophage oder Urnen im eigentliche Wortsinne, sondern um Kästen, die zur Aufnahme des aus dem Scheiterhaufen gesammelten Leichenbrandes dienten.

Bei einer weiteren Variante der Darstellung erscheint der Verstorbene liegend dem Betrachter zugewandt und den Oberkörper auf ein Kissen gestützt. Er wird hierdurch als Teilnehmer eines Banketts gekennzeichnet.

Der Sarkophagkasten war oftmals mit einem Reliefband dekoriert, das Kampfszenen, Darstellungen mit mythologischen Themen – oftmals verbunden mit einem gewaltsamen Tod wie der Tötung des Achill – oder etruskische Unterweltszenen zeigte.

Im 2. Jh. v. Chr. änderte sich das Formengut dahingehend, dass die Sarkophage nun nicht mehr aus Stein, sondern aus der kostengünstigeren Terrakotta hergestellt und zudem oftmals farbig gestaltet wurden. Darüber hinaus wurden die Sarkophagkästen jetzt auch mit architektonischen Elementen wie Triglyphen und Rosetten geschmückt. Die Darstellung der Personen auf dem Deckel blieb ähnlich, doch kam bei den Frauen der Gestus der Entschleierung hinzu, wobei eine Hand den Schleier des Gewandes hob, um beispielsweise in einen in der anderen Hand gehaltenen Spiegel zu blicken.

In der zweiten Hälfte des 3. Jhs. v. Chr. wurden verstärkt Aschenurnen aus Alabaster, Terrakotta oder Stein produziert, die genau wie die Sarkophage eine reiche Farbigkeit aufwiesen. Die Urnen stellen gewissermaßen eine verkleinerte Version der Sarkophage dar, denn sie waren ebenso mit einem Relief auf der Ansichtsseite sowie dem gelagerten oder schlafenden Verstorbenen auf dem Deckel ausgestattet.

Aus Volterra im Norden Etruriens sind mehr als 1000 reich dekorierte Aschenurnen überliefert, die sich durch eine große Vielfalt auszeichnen. Dabei zeigen die Reliefs komplexe Szenen der griechischen Mythologie, die Bezug auf einen tragischen Tod, eine Entführung oder Kampfmotive nehmen, aber auch einheimische Sagenfiguren treten auf.

Die schlichteren Urnen aus Ton oder Kalkstein entstanden in Massenproduktion und waren aufgrund dessen auch für breitere Bevölkerungsschichten mit bescheideneren Mitteln erschwinglich. Ihre Aufstellung erfolgte auf steinernen aus dem Fels herausgemeißelten Bänken entlang der Wände der Grabkammern.

Auch in den Nekropolen Zyperns, in Salamis und Tamassos, entstanden ab dem 8. Jh. v. Chr. Bestattungen in Tumuli beziehungsweise unterirdische Grabanlagen. Sie wurden in der archaischen

Periode, zur Zeit der großen Stadtkönigtümer, errichtet und spiegeln den Reichtum der ansässigen Elite wider, wie eine Reihe prunkvoll ausgestatteter Hügelgräber in Salamis anschaulich belegt. Alle folgen einem ähnlichen Prinzip: Die eigentliche Grabkammer war über einen langen Dromos zugänglich, in dem teilweise auch die wertvollen Grabbeigaben deponiert lagen, darunter große, bronzene Dreifußkessel mit figürlichen Protomen und sogar Wagengespanne samt Pferden. Die Grabkammern selbst waren aus Quadersteinen gemauert und konnten durch einen mächtigen Blockierstein verschlossen werden. Darüber befand sich eine Aufschüttung, die sicher auch den Dromos und einen Teil der Beigaben bedeckte.

Desgleichen ist aus Tamassos eine Anzahl an Kammergräbern überliefert, die ebenfalls aus archaischer Zeit – zumeist aus dem 7. Jh. v. Chr. – stammen und aufgrund ihrer Ausstattung wie die Gräber von Salamis als „Königsgräber" bezeichnet werden. Auch diese Gräber tragen alle die gleichen Merkmale: Sie bestanden aus einer tief in den Fels oder das Erdreich eingeschnittenen Grabkammer, deren Wände zusätzlich aus Quadersteinen errichtet waren. Die Kammern überdeckte ein Sattel- oder Flachdach oder eine gewölbte Dachkonstruktion. Sie lagen unterhalb des Bodenniveaus und waren über einen steil abfallenden oder mit Stufen ausgestatteten Dromos erreichbar.

In den Gräber fanden sich sowohl einräumige Grabkammern als auch solche mit einer Vorkammer, die mit Scheintüren und Scheinfenstern versehen sein konnte. Die Bestattung der Toten erfolgte in zumeist schmucklosen Sarkophagen.

Die Kammern imitierten oftmals die Architektur der Wohnhäuser; so wurde beispielsweise die hölzerne Verschalung der Eingänge oder der Balken darüber in Form von steinernen „Platten" wiedergegeben. Einige der verwendeten architektonischen Elemente – wie etwa Pilaster mit einem Lotusblütenkapitell oder protoäolische Kapitelle mit Volutenzier am Eingang zur Kammer – bezeugen einen phönizischen Einfluss, der sich durch die weitreichenden Handelskontakte erklärt, die die Insel ihren reichen Kupfervorkommen verdankte.

Einhergehend mit der Entstehung der Kammergräber lassen sich zudem phönizische Ansiedlungen auf Zypern nachweisen. Besonders in der archaischen Periode scheint Tamassos demzufolge durch den Abbau und die Verhüttung von Kupfer zu einem gewissen Wohlstand gekommen zu sein, der sich in der Gestaltung der Gräber niederschlug.

Ob sich über allen Gräbern ein Tumulus oder wenigstens eine Aufschüttung befand, ist schwer zu beurteilen, da sich keinerlei Spuren einer Erdabdeckung erhalten haben. Überhaupt gestaltet sich generell die Zuordnung von Tumuli zu Kammergräbern schwierig. Beispielsweise konnte bei Kammergräbern in Anatolien zwar immer eine Aufschüttung über den Gräbern nachgewiesen werden, allerdings fehlten hier oftmals der Dromos und Eingang zur Kammer. Bei den übrigen Kammergräbern des Mittelmeerraumes hingegen ist ein Tumulus nicht immer nachweisbar, da er im Laufe der Jahrhunderte der Erosion zum Opfer fiel.

Ab dem 6. Jh. v. Chr. war die Bestattung in monumentalen Tumuli schließlich im gesamten Mittelmeerraum beliebt, allerdings waren die Grabmonumente nun wesentlich kleiner als ihre Vorläufer in Phrygien und Lydien. Beispiele für Hügelgräber finden sich unter anderem in der Balkanregion, auf Sardinien, in Etrurien, in Nordafrika, auf dem griechischen Festland oder auf den Ägäischen Inseln.

Zudem wurde es nun üblich, den Tumulus komplett aus Quadersteinen zu errichten, so dass eine Art Rundbau entstand. Im zugänglichen Unterbau dieser Tumuli befand sich die Grabkammer. Darüber erhob sich eine kegelförmige, flach oder spitz angelegte Aufschichtung kleinerer Steine oder Steinplatten, die die großen Erdhügel imitierte. Gräber dieser Art gibt es beispielsweise im nordafrikanischen Kyrene, auf den Inseln Korfu und Rhodos oder auch dem Athener Kerameikos. Der hier aus Fragmenten rekonstruierte Tumulus war 5,50 m hoch und bestand aus einem niedrigen Sockel, auf dem ein zylindrischer Unterbau, überwölbt von einem kegelförmigen, flachen Dach, ruhte. Wahrscheinlich handelte es sich nicht um ein richtiges

Grab, sondern ein Kenotaph (s. Einleitung Kap. 6.5) für die Heroenverehrung.

In manchen Regionen des Mittelmeerraumes waren Tumulusgräber so beliebt, dass sie sogar noch in hellenistischer Zeit Verwendung fanden. In Makedonien beispielsweise, speziell in der Region um Vergina, wo die erste Hauptstadt des makedonischen Reiches, Aigai, vermutet wird, bestand eine lange Tradition an Hügelgräbern.

Die Nekropole umfasste über 300 Gräber mit einer Erdaufschüttung beziehungsweise einem Tumulus, von denen die ältesten bis in die frühe Eisenzeit (1000–700 v. Chr.) zurückreichen. Genau wie in Sardes scheinen einige der älteren Hügel in Gruppen nahe beieinander zu liegen, was auch hier auf die Zugehörigkeit zu einer Sippe oder zu Personen desselben sozialen Status zurückgeführt wird. In einigen Fällen umgab ein niedriger Mauerring den Tumulus.

Stets befanden sich mehrere Bestattungen in einem Grabhügel; in den meisten Fällen handelte es sich um Körperbestattungen, die wahrscheinlich von ein und derselben Familie hier beigesetzt worden waren. Die Bestattung erfolgte dabei entweder am Fuß des Hügels oder weiter oben in der Aufschüttung in einfachen Schachtgräbern oder in großen Pithoi. Die Funde – unter anderem protogeometrische Keramik mit konzentrischen Kreisen, eiserne Waffen und Schwerter, bronzene Gegenstände sowie Schmuck in vielfältiger Form, teilweise aus Gold – sprechen für eine sehr begüterte Gesellschaft der frühen Eisenzeit, die hier ihre Grabhügel errichtete.

Des Weiteren gehört zur Nekropole eine Reihe bedeutender Kammergräber, die alle unter einem Tumulus (110 m im Durchmesser, 12 m Höhe) verborgen lagen und in das 4. bis 2. Jh. v. Chr. datieren. Die aus lokalen Kalksteinblöcken gemauerten Grabkammern besaßen eine überwölbte Decke und eine oftmals imposant gestaltete Fassade. Diese war von zwei bis vier Säulen oder Halbsäulen mit ionischen oder dorischen Kapitellen gefasst, die den Eingang rahmten, zu dem häufig ein kurzer Dromos führte. Die Säulen trugen das Gebälk mit dem Architrav und einer Frieszone mit dorischem Triglyphenfries oder ionischem Zahnschnitt sowie zumeist einen schmucklosen Giebel.

Erhaltene Reste der Bemalung zeugen bei den meisten Gräbern von einer Farbenvielfalt der Fassade sowie der Frieszone, die oft mit figürlichen oder ornamentalen Darstellungen reich geschmückt war.

In den meisten Grabanlagen gliederte sich die Grabkammer in eine Vor- und eine Hauptkammer. Dabei wurden in fast allen Gräbern reich dekorierte Grabklinen für die Bestattungen gefunden.

Die mit Mörtel verputzten Wände der Kammern waren mit Wandmalereien ausgestattet, die zum Teil mythische Szenen zeigten. Ein Beispiel dafür ist das sogenannte Grab der Persephone, das als eines der Gräber unter dem Großen Tumulus zum Vorschein kam. Auf einer Wandfläche ist der Raub der Persephone durch den Unterweltgott Hades in hervorragender Ausführung dargestellt, daher auch der Name des Grabes. Die Grabkammer besaß keinen Eingang, so dass die Bestattung durch eine Öffnung in der Decke eingebracht werden musste, die später mit einem Stein blockiert wurde. Das Grab wurde bereits in der Antike beraubt, konnte aber anhand der Keramik um 340 v. Chr. datiert werden.

Ein weiteres Grab, das sich unter dem Großen Tumulus befand, ist jenes, das gemeinhin Philipp II., 359 bis 336 v. Chr. König von Makedonien und Vater Alexanders des Großen, zugeschrieben wird. Mit einer Fläche von 10 m × 5,50 m und einer von Höhe von 6 m handelt es sich um das größte Grab des Tumulus.

Die Fassade bestand aus zwei Säulen dorischer Ordnung sowie zwei Eckpilastern, in deren Zentrum sich der monumentale Eingang mit marmorner Tür befand. Die Frieszone darüber war farbig gefasst, in blauer und roter Bemalung. Über dem Türsturz haben sich Reste einer Malerei erhalten, die eine Jagdszene zeigen.

Die Vor- sowie die eigentliche Grabkammer waren nicht mit figürlichen Malereien geschmückt und eher schlicht gehalten. Über einer weiß verputzten Wand trugen sie jeweils im oberen Bereich des Raumes umlaufende stuckierte Zierleisten sowie in der Vorkammer eine rote

Bemalung in Form eines umlaufenden, breiten Bandes.

Im Zentrum der westlichen Wand der Hauptkammer stand ein marmorner Sarkophag, der eine goldene Larnax mit den verbrannten Resten des Bestatteten enthielt. Eine große Zahl an Grabbeigaben fand sich *in situ* um den Sarkophag verteilt: unter anderem silberne und bronzene Gefäße, Waffen aus Eisen, eine eiserne Rüstung mit eingelegten Goldblättchen und zugehörigem Helm sowie Reste von hölzernen Möbeln, die ursprünglich wahrscheinlich zu einer mit Elfenbein- und Goldblättchen dekorierten Kline gehörten. Objekte aus Gold, wie ein Kranz aus Eichenblättern oder ein (königliches?) Diadem unterstreichen die Bedeutung des Grabes.

In der Vorkammer befand sich ein weiterer marmorner Sarkophag mit goldener Larnax darin, die neben den von einem gold- und purpurfarbenen Stoff bedeckten sterblichen Überresten ein goldenes Diadem barg. Auch hier sprechen die Funde in Form mehrerer Goldobjekte – darunter ein Kranz aus Myrtenzweigen, Holz und Keramik – für die Bestattung einer weiteren bedeutenden Persönlichkeit, möglicherweise einer Frau.

Ein drittes im Großen Tumulus gefundenes Grab, das sogenannte Prinzengrab, war ebenfalls mit einer monumentalen Fassade, Vor- und Hauptkammer sowie Malereien, Friesen – dargestellt sind Wagenrennen – und reichen Grabbeigaben – darunter Gold- und Silberobjekte – ausgestattet. Der Name geht darauf zurück, dass es sich bei dem Bestatteten um einen jugendlichen Mann, nicht älter als 16 Jahre, handelte.

Alle im Großen Tumulus freigelegten Gräber datieren in die zweite Hälfte des 4. Jhs. v. Chr., genauer gesagt in einen Zeithorizont zwischen 350 und 310 v. Chr., und stammen demzufolge wahrscheinlich von ein und derselben Familie, wobei es sich aufgrund der reichen Funde durchaus um eine königliche Familie gehandelt haben könnte. Für diese Annahme spricht auch die im Gegensatz zu den anderen Hügelgräbern der Gegend enorme Größe des vermutlich erst nach 274 v. Chr. aufgeschütteten Tumulus. Die Verbindung mit Aigai, der ersten Hauptstadt des makedonischen Reiches, scheint diese Vermutung zu bestätigen. Ob es sich allerdings bei der im sogenannten Philippsgrab bestatteten Person tatsächlich um König Philipp II. handelt, wie der Ausgräber Manolis Andronikos glaubt, kann nicht völlig zweifelsfrei nachgewiesen werden.

Blickt man ins nordafrikanische Numidien, so liefert hier der vollkommen aus Blöcken von Quadersteinen errichtete Tumulus von Medracen das früheste Beispiel monumentaler Architektur. Er ist von enormer Größe (58 m im Durchmesser bei einer Höhe von 18,50 m) und besteht aus einem zylindrischen Unterbau mit einem oberen Aufbau, der aus aufeinandergeschichteten Steinen als eine Art konische Stufenpyramide in Erscheinung tritt und in einer Plattform endet, auf der sich vielleicht eine Statue des Bestatteten oder ähnlicher Schmuck befand. Der zylindrische Unterbau weist insofern eine Besonderheit auf, als er mit 60 Halbsäulen dorischer Ordnung sowie drei Scheintüren versehen ist (Abb. 76).

Im Zentrum des Tumulus befand sich eine einräumige Grabkammer, zu der von Osten her ein 17 m langer Gang führte. Der Zugang zum Gang konnte mittels eines Steinblocks verschlossen werden.

Datiert wird der Bau in die hellenistische Zeit, in das späte 4. oder frühe 3. Jh. v. Chr. Wahrscheinlich handelte es sich um das Grab eines Königs des Stammes der Massyler, die die Region in der Antike beherrschten.

Ein in seiner Ausführung zum Bau von Medracen nahezu identischer Tumulus aus dem 1. Jh. v. Chr. ist der sogenannte Kbour-er-Roumia-Tumulus im Westen Algeriens nahe der Stadt Tipasa. Der Grabbau besteht ebenfalls aus einem zylindrischen Unterbau, ionischen Halbsäulen, Scheintüren sowie dem pyramidengleichen oberen Aufbau. Die Grabkammer im Inneren ist über ein aufwendiges System an Gängen zu erreichen; allerdings wurde sie bereits in der Antike beraubt.

Die numidischen Tumuli können zusammen mit den etruskischen Tumuli als Vorläufer für die späteren, ganz aus Steinen errichteten römischen Tumulusgräber gelten. Die numidischen Grabanlagen entstanden dabei möglicherweise in Anlehnung an die ägyptische und griechische

Abb. 76: Medracen (Algerien). Numidischer Tumulus

Architektur, wobei die Art der Aufschichtung der Steine des oberen Aufbaus an eine Stufenpyramide erinnert und die dorischen Säulen aus dem griechischen Kulturkreis übernommen wurden.

6.3.2 Römische Tumuli

In Rom und Italien wurde der Tumulus als Grabform verstärkt wieder seit dem 1. Jh. v. Chr. verwendet. Als Vorbilder für diese neu aufgekommene Bestattungsform sind die etruskischen Tumuli zu nennen oder die hellenistischen Grabhügel im östlichen Mittelmeerraum, wobei auch die numidischen Grabhügel in ihrer Gestaltung eine große Ähnlichkeit aufweisen.

Die römischen Tumuli setzen sich im Wesentlichen aus zwei Teilen zusammen: einem zylindrischen, gemauerten Unterbau, in dem sich die Grabkammer befand, und einem oberen Aufbau, der entweder aus einem aufgeschütteten, kegelförmigen sowie bepflanzten Erdhügel bestand oder – wie bei dem Tumulus von Medracen – aus einem konisch angelegten Steinaufbau. Die Ausmaße der Hügel variierten dabei stark; ihr Durchmesser schwankte zwischen 34 und 41 m bei einer Höhe zwischen 4,50 und 8 m.

Generell können zwei Varianten unterschieden werden: Monumente mit einem größeren Durchmesser des Kegels und einem niedrigen Unterbau sowie Grabmäler mit einem geringeren Kegeldurchmesser, aber mit einem hohen, fast turmartigen Unterbau. Bei der ersten Variante, die zumeist in der Mitte des 1. Jhs. v. Chr. üblich war, wurde der Sockel durch sternenförmig angelegte Mauern stabilisiert, um die Last des massiven Erdhügels zu tragen.

In einigen Fällen fehlte die Grabkammer im Zentrum unter dem Erdhügel, hier wurde die Urne direkt unter der Erdaufschüttung platziert. In anderen Fällen wiederum war der Sockel bis auf eine röhrenförmige Aussparung für die Urne komplett mit *opus caementitium,* einer Art Beton, ausgegossen.

Die Tumulusgrabmäler befanden sich – wie die meisten anderen Grabmonumente – entlang der großen Gräberstraßen außerhalb der Stadt. Eine Blütezeit erreichte diese Grabform in Rom in spätrepublikanischer und in frühaugusteischer Zeit.

Das ganz aus Stein errichtete Grabmal der Caecilia Metella an der Via Appia aus der Mitte des 1. Jhs. v. Chr. gehört zu den berühmten Beispielen von Tumuli in Rom. Der obere Aufbau, der auf einem blockförmigen Podium ruht, hat einen Durchmesser von ca. 30 m bei einer Höhe von 20 m. Das zylindrische Monument besteht aus einem *opus caementitium*-Kern und ist außen komplett mit hellen Travertinblöcken verkleidet. Im oberen Bereich trägt es einen umlaufenden, marmornen Fries mit Girlanden und Bukranien sowie eine in Marmor gefasste Inschrift, die den Namen der Grabinhaberin, Caecilia Metella, der Tochter eines römischen Konsuls, nennt. Der Zinnenkranz, der heute den Abschluss des Monuments bildet, wurde im Mittelalter ergänzt (Abb. 77; s. auch Kap. 4.3). Ursprünglich bekrönte eine kegelförmige Erdschüttung den Unterbau. Die Grabkammer lag im Podium des Grabbaus und war aus Ziegelsteinen errichtet.

Ein ähnlich monumentaler Tumulusbau befindet sich in Gaeta, etwa 130 km südlich von Rom gelegen. Es handelt sich dabei um den Grabbau des römischen Senators Lucius Munatius Plancus, der, wie der Bau der Caecilia Metella, einen Durchmesser von 30 m hatte, jedoch nur rund 10 m hoch war.

Der zylindrische Unterbau bestand ebenfalls aus einem hohen, mit Travertinblöcken verkleideten Sockel, in dem sich vier Grabkammern mit Nischen für die Bestattungen befanden. Auf dem Unterbau war ein Erdkegel aufgeschüttet, der heute nicht mehr erhalten ist (Abb. 78).

Das Monument datiert ebenfalls in die zweite Hälfte des 1. Jhs. v. Chr. und gehörte ursprünglich zu einem Landsitz des Senators. Durch seine exponierte Lage auf dem Monte Orlando ist es

Abb. 77: Rom, Via Appia. Tumulus der Caecilia Metella

sowohl von der einige Hundert Meter entfernten Via Appia als auch vom Meer aus gut sichtbar und markiert damit – ähnlich den etruskischen Grabhügeln – den Landbesitz des Aristokraten.

Das prachtvolle Mausoleum des Augustus, das sich bei einer Höhe von etwa 45 m gewissermaßen aus mehreren übereinandergeschichteten Tumuli zusammensetzte, an der Spitze eine Statue des Kaisers trug sowie mit weiteren Statuen und Beutewaffen reich geschmückt war, gilt als das Meisterwerk der augusteischen Tumulusbauten (s. Kap. 6.6).

Die nachfolgenden Tumuli, die bis zur Mitte des 1. Jhs. n. Chr. entstanden, waren kleiner, was jedoch durch eine aufwendige Gestaltung des Sockels mit architektonischen Ornamenten kompensiert wurde. Eine Verkleidung der Außenseite mit Marmor war dabei obligatorisch. Weitere Dekorationen bestanden beispielsweise in der Gliederung des Sockels durch Halbsäulen; auch eine zweistöckige Säulenstellung, getrennt durch ein Gebälk, war möglich oder die Ausstattung mit Porträtreihen.

Nicht nur in den Metropolen, sondern auch in den Landstädten Italiens wurden von augusteischer Zeit bis in die erste Hälfte des 1. Jhs. n. Chr. Grabhügel errichtet. Ihr Aufbau entsprach dem der kleinen Tumuli mit einem zylindrischen, marmorverkleideten Unterbau, auf dem ein Erdkegel von etwa 6 bis 18 m Durchmesser ruhte. Die Außenverkleidung konnte dabei reich mit Reliefs und Friesen, die zumeist Amtszeichen oder florale Ornamente zeigten, dekoriert sein.

Römische Grabhügel mit gemauertem Unterbau wurden später, zwischen dem späten 1. und 3. Jh. n. Chr., auch in den Provinzen errichtet, beispielsweise in Britannien sowie in den Rhein- und Donauprovinzen, vereinzelt auch in Hispanien oder in Nordafrika. Die Beispiele in Nordafrika in Form eines mit Quadersteinen verkleideten Rundmonuments ähnelten dabei den römischen Tumuli am meisten. Bei den Tumulusgräbern in den nördlichen Provinzen, zum Beispiel in Pannonien (Ungarn) oder im Umland von Trier, handelte es sich dagegen in der Regel um einfache Erdhügel ohne gemauerten Unterbau; sie waren zumeist nur durch eine Mauer als

Abb. 78: Gaeta. Tumulus des Lucius Munatius Plancus

unteren Abschluss eingefasst. Die meisten dieser Tumuli besaßen einen Durchmesser von über 30 m bei einer Höhe von bis 12 m. Sie entstammten vermutlich eher einer lokalen, seit der späten Bronzezeit tradierten Bestattungstradition und dienten der Abgrenzung des lokalen Landadels von der einfachen Bevölkerung.

6.4 Mausoleen und Tempelgräber

Bis zum Ende des 5. Jhs. v. Chr. waren Tumulusgräber, Felsgräber sowie unterirdisch angelegte, über einen Dromos zugängliche Kammergräber die bestimmenden Grabformen im Mittelmeerraum. An ihre Stelle traten im 4. Jh. v. Chr. monumentale, aus Quadersteinen errichtete Grabbauten, die ihren Ursprung im östlichen Mittelmeerraum, vorwiegend in Kleinasien, hatten und sich nun zunehmender Beliebtheit erfreuten.

Die monumentalen Grabmäler besaßen eine aufwendige architektonische Gestaltung, waren zumeist reichlich mit Skulpturen oder Reliefs ausgestattet und dienten der Heroisierung des Verstorbenen, was einerseits visuell durch die Ausstattung des Baues, andererseits durch die Platzierung an exponierter, gut sichtbarer Stelle zum Ausdruck gebracht wurde.

Die zuvor üblichen Tumuli bestachen zwar durch ihre Größe sowie durch ihre Lage an wichtigen Straßen und Wegen, bestanden aber dennoch lediglich aus einer massiven Erdaufschüttung, die den eigentlichen Reichtum in den Grabkammern verbarg. Ebenso hatten die Felsgräber gewisse Nachteile: Ihre Fassaden waren zwar zum Teil üppig mit architektonischen Details ausgeschmückt, konnten aber nur dort angelegt werden, wo Felsgestein anstand; die Lage des Grabmals war demzufolge nicht frei wählbar.

Die neuen, freistehenden Grabmonumente hingegen vereinigten gewissermaßen alle Kriterien eines repräsentativen, dekorativen Grabbaus, in dem sich nicht zuletzt auch ein gewisser Machtanspruch manifestiert: Der Standort konnte ohne Einschränkungen gewählt und der Bau nach eigenen Vorstellungen gestaltet werden. Auf diese Weise setzte sich der Grabherr ein unmissverständliches Zeichen, das über Jahrhunderte Bestand hatte.

Die verschiedenen Grabformen orientierten sich in ihrer Gestaltung zum Teil an altehrwürdigen Motiven. So erschien beispielsweise an den Gräberstraßen Italiens im 1. Jh. v. Chr. das Tumulusgrab, das an die riesigen Grabhügel der archaischen Zeit anknüpfte, oder erinnert sei auch an die Gräber in Pyramiden- oder Kegelform, die an die ägyptischen Pyramiden angelehnt waren und von denen das am besten erhaltene Beispiel die Cestius-Pyramide in Rom ist (s. Kap. 6.1.1). Andere Grabformen nahmen Ehrenmonumente des öffentlichen Lebens zum Vorbild, wie etwa die mehrstöckigen Bauten, die sich seit dem 1. Jh. v. Chr. in Italien und auch in den römischen Provinzen etablierten. Über einem hohen Sockel erhob sich ein oberer Aufbau mit vier oder mehr Säulen, Pfeilern oder Pilastern, die das Gebälk trugen – eine Ausführung, die einer Tempelfassade ähnelte (Abb. 79). Zwischen den Säulen oder Pfeilern standen zumeist Statuen, die der Selbstdarstellung der Grabinhaber dienten.

Derartige Gräber, die die griechische Sakralarchitektur, vor allem Tempel, imitierten, entstanden bereits im 4. Jh. v. Chr. im östlichen Mittelmeerraum.

Eines der frühesten Grabbauten dieser Art ist das sogenannte Nereidenmonument im lykischen Xanthos, das um 380 v. Chr. datiert. Es steht in der Tradition der typischen Grabmonumente Lykiens, weist aber, bedingt durch die in Kleinasien lebenden ionischen Griechen, eine Vielzahl an griechischen Einflüssen auf.

Die Kunst der Landschaften Lykien und Karien war aufgrund dieser kulturellen Kontakte weitgehend griechisch geprägt: Griechische Bildhauer waren in den Königreichen vor allem im Bereich der Grabkunst tätig, die sich stilistisch kaum von den Kunstwerken des griechischen Mutterlandes unterschied und wenig Provinzialität verriet, wie das Nereidenmonument eindrücklich zeigt.

Der Bau wurde für einen lykischen Fürsten wahrscheinlich in einer Weiterentwicklung der traditionellen lykischen Pfeilermonumente

Abb. 79: Ammaedara (Haïdra, Tunesien). Römischer Grabbau

geschaffen, die ebenfalls der Bestattung dienten: Über einem hohen Podium, auf dem sich ein in zwei Zonen untergliederter, umlaufender Fries befand, erhob sich ein oberer Aufbau, gestaltet in der Art eines griechischen Tempels. Ionische Säulen, zwischen denen Frauenstatuen mit fliegenden Gewändern standen, trugen das Gebälk, das sich wiederum in eine Frieszone mit darauffolgender Zahnschnitt-Dekoration gliederte, woran der Giebel anschloss (Abb. 80).

Die Cella des Tempels fungierte als Grabkammer, ausgestattet mit vier Steinbänken in Form von Klinen, die für die Bestattungen vorgesehen waren. Die in 3 m Höhe gelegene Kammer war über eine Rampe an der Nordseite des Baues erreichbar.

Das Monument war üppig mit figürlichem Schmuck dekoriert. Neben den bereits erwähnten weiblichen Großplastiken zwischen den Säulen, die wahrscheinlich die Nereiden, die Töchter des griechischen Meergottes Nereus und der Doris, darstellten, erschienen auf den Reliefs sowie im Tympanon des Giebels Szenen aus dem Leben des Grabinhabers, unter anderem Jagd- und Kampfdarstellungen – besonders die Belagerung einer Stadt –, Szenen des persischen Hofrituals, solche mit dem König und der Königin sowie eine Opferdarstellung.

Da Lykien zur Zeit der Entstehung des Monuments unter persischer Herrschaft stand und es sich bei dem Bestatteten wahrscheinlich um einen persischen Statthalter (Satrapen) handelte, verwundert es kaum, dass in die Darstellungen auch persische Elemente einflossen wie beispielsweise die Tracht der Figuren oder die Szenen am persischen Königshof.

Die Ausführung der Figuren und besonders auch die eng an den Körper geschmiegten Gewänder der Nereiden knüpfen hingegen an die Skulpturen der Athener Akropolis, speziell des Parthenon, des Erechtheion und des Nike-Tempels, an und erlauben eine Datierung des Monuments in die erste Hälfte des 4. Jhs. v. Chr.

Der größte und prachtvollste Grabbau des 4. Jhs. v. Chr. war das bereits in der Antike zu den Sieben Weltwundern gezählte Mausoleum in Halikarnassos. Die Stadt war eine Gründung dorischer Griechen, gelegen an der Südwestküste Kleinasiens, in der Landschaft Karien. Ab etwa 386 v. Chr. stand sie unter persischer Oberhoheit, regiert von dem persischen Satrapen Maussollos von Karien (377–353 v. Chr.), der sie zur Hauptstadt seines Reiches machte und zu einer Festung ausbauen ließ.

Mit der Errichtung des prunkvollen Mausoleums begann man wahrscheinlich bereits zu Lebzeiten des Maussollos. Nach seinem Tod betreute seine Schwester und Gemahlin Artemisia II. die Arbeiten am Bau weiter, bis sie selbst 351 v. Chr. verstarb. Noch bis 340 v. Chr. wurde an dem Monument gearbeitet, wobei die umgebende Umfassungsmauer in einem unfertigen Zustand blieb.

Das Grabmal, an dem einige bedeutende Künstler Griechenlands wirkten, wurde aufgrund seiner aufwendigen architektonischen Ausstattung sowie zahlreicher Skulpturen schon in der Antike außerordentlich berühmt. Anscheinend war es so bekannt und in aller Munde, dass die Bezeichnung „Mausoleum“ – der Wortbedeutung nach „dem Maussollos gewidmet“ – prägend für alle nachfolgenden Grabanlagen dieser Art wurde.

Das Mausoleum stand – entgegen der gängigen Praxis – mitten in der Stadt auf einer 105 m × 244 m großen Felsterrasse – ein Privileg, das sonst nur den Gründern griechischer Städte in Kleinasien vorbehalten war, die ein Ehrenmonument oder in einigen Fällen auch ein Grabmal in der Stadt erhielten. Mit der Errichtung dieses riesigen Grabmals setzte der Auftraggeber demgemäß ein unmissverständliches Zeichen.

Leider ist von dem eigentlichen Bau, genau wie von der antiken Stadt Halikarnassos, relativ wenig erhalten geblieben. Wahrscheinlich wurde er bereits im 12. Jh. durch ein schweres Erdbeben stark zerstört. Zusätzlichen Schaden nahm das Monument dann im frühen 16. Jh., als die Ritter des Johanniterordens große Teile von ihm als Baumaterial für die Burg St. Peter nutzten, die an der Stelle des einstigen Palastes entstand. Das Mausoleum wurde dabei bis auf das Fundament abgetragen.

Seit der Freilegung des 32 m × 38 m großen Fundaments sowie der Entdeckung von Bauteilen und Skulpturen Mitte des 19. Jhs. wurden zahlreiche Versuche unternommen, das Grabmal zu rekonstruieren. Dabei erfolgte größtenteils

Abb. 80: Nereidenmonument von Xanthos (London, British Museum)

eine Orientierung am Ausgrabungsbefund in Kombination mit der Beschreibung antiker Schriftsteller, beispielsweise Vitruv oder Plinius dem Älteren. Allerdings konnte eine umfassende Rekonstruktion erst durch erneute Forschungen und Ausgrabungen dänischer Wissenschaftler in den Jahren 1966 bis 1977 vorgelegt werden.

Das im Grundriss rechteckige Mausoleum bestand im Wesentlichen aus drei Teilen: Über einem massiven 19 m hohen Unterbau, der eine Kammer beherbergte, erhob sich ein Geschoss mit neun auf elf ionischen Säulen sowie einem Einbau, der einer Tempel-Cella glich. Das Dach bildete eine Stufenpyramide, die von einem Viergespann bekrönt war. Die Gesamthöhe des Monuments betrug Berechnungen zufolge fast 60 m (Abb. 81).

Nahezu der gesamte Bau war aus weißem Marmor errichtet beziehungsweise der Sockel mit Marmorplatten verkleidet. Der würfelförmige Sockel stand wahrscheinlich auf einer stufenförmigen Basis und trug an seinem oberen Abschluss einen umlaufenden figürlichen Fries, der die Kämpfe der Griechen gegen die Amazonen zeigte. Es handelt sich dabei um ein typisches griechisches Thema, worin sich der Einfluss griechischer Künstler zeigt.

Die berühmten Bildhauer, die die Friese sowie die statuarische Ausstattung des zweiten Geschosses anfertigten, werden von Plinius namentlich erwähnt: Timotheos, Skopas von Paros, Leochares aus Athen sowie Bryaxis aus Karien. Als Architekten des Grabbaus sind Satyros von Paros und Pytheos überliefert, der auch die Quadriga auf der Spitze der Pyramide geschaffen haben soll. Beide verfassten eine Schrift über den Aufbau des Mausoleums, die vielleicht sogar Plinius bei seiner Beschreibung

Abb. 81: Halikarnassos (Bodrum, Türkei). Grabbau des Maussollos, sogenanntes Maussolleion (Rekonstruktionszeichnung von Oskar Mothes, um 1890)

zur Verfügung stand, heute aber nicht mehr erhalten ist.

Das zweite, wahrscheinlich 12 m hohe Geschoss des Baues gestaltete sich in der Weise eines griechischen Peripteros-Tempels, der durch die bereits erwähnte umlaufende Säulenstellung von insgesamt 36 ionischen Säulen charakterisiert wird. Auf die äußere Säulenhalle folgte eine zweite innere mit sieben auf neun Säulen, so dass ein Dipteros, ein Tempel mit doppelter Säulenstellung, entstand. Zwischen den Säulen standen in zwei Reihen hintereinander überlebensgroße Statuen aus Marmor; die hintere Reihe war dabei wohl zum Zweck der besseren Sichtbarkeit mit höheren Sockeln ausgestattet. Insgesamt müssen es mehr als 60 Figuren gewesen sein, von denen sich viele Bruchstücke erhalten haben. Dabei handelt es sich vermutlich um Angehörige des Herrscherhauses, Verwandte und Ahnen des Königs, die teilweise persische Gewänder trugen – also gewissermaßen eine Ahnengalerie.

Die Pyramide, die als Dach des Bauwerks fungierte, bestand aus 24 Stufen, wahrscheinlich die Anzahl der Jahre, in denen Maussollos regierte. In ihre unterste Stufe waren Aussparungen für weiteren Skulpturenschmuck eingelassen, zu dem beispielsweise die bei den Ausgrabungen gefundenen Skulpturen von Löwen gehörten – sie fungierten in der orientalischen Welt häufig als Grabwächter –, aber auch weitere, knapp überlebensgroße Statuen, die als Götterfiguren gedeutet werden. Auf der Spitze der Pyramide stand eine marmorne und mit Bronzeapplikationen geschmückte Quadriga mit einer Statue des Königs Maussollos und möglicherweise einer weiteren seiner Gattin Artemisia.

Im Fundament des Baues befand sich die bereits erwähnte Kammer, überdeckt mit einem vorkragenden Gewölbe. Zumeist wird sie als Grabkammer gedeutet. Zu ihrem Eingang führte eine Treppe, auf der Tieropfer niedergelegt waren; die Kammer selbst war mit einem Steinblock verschlossen.

Ob es sich um die Grabkammer des Maussollos handelte, ist ungewiss. Nach der Tradition lykischer Grabbauten lagen die Bestatteten überirdisch in hoch angelegten Felsgräbern oder in Sarkophagen auf Sockeln oder hohen Pfeilern. Auch der hohe Sockel des Mausoleums impliziert diesen Gedanken. In der Forschung wurde deshalb die Vermutung geäußert, dass möglicherweise noch eine zweite Kammer vorhanden war, vielleicht in der angenommenen Cella des zweiten Geschosses, und dass die unterirdische Kammer eventuell nur als Schatzhaus diente. Allerdings bliebe bei dieser Interpretation die Frage nach dem Sinn und Zweck der Tieropfer offen. Letztendlich muss damit die genaue Lage der Grabkammer ungeklärt bleiben.

Das Mausoleum von Halikarnassos glich in seinem Aufbau und seiner Ausstattung einem Heroon, dem Grabtempel eines Helden, der in ganz besonderem Maße verehrt wurde. Genau wie bei diesem sollte der Betrachter des gewaltigen Monuments daran beziehungsweise an die großen Taten des Verstorbenen erinnert werden – ein Umstand, der durch den exponierten Standort mitten in der Stadt an einer Stelle, an der sich sonst nur Ehrenmonumente befanden, noch untermauert wurde.

Bis auf den hohen Sockel, der der Tradition der lykischen Grabmonumente entstammt, und die stufenförmige Pyramide an der Spitze ist das Mausoleum griechisch geprägt, speziell was die Architektur des zweiten Geschosses, aber auch die statuarische Ausstattung sowie die figürlichen Reliefs betrifft. König Maussollos präsentierte sich dadurch als griechenfreundlich und als Bewahrer der griechischen Kunst und Kultur.

Das 14 km nordöstlich der ionischen Stadt Ephesos gelegene, unvollendete Mausoleum von Belevi wies in seinem äußeren Aufbau eine große Ähnlichkeit zum Mausoleum von Halikarnassos auf und wurde wahrscheinlich in Anlehnung daran errichtet. Genauso wie dieses bestand es aus einem hohen Sockel, einer umlaufenden Säulenhalle und Cella im zweiten Geschoss sowie eventuell einer abschließenden Stufenpyramide.

Von dem quadratischen Mausoleum, das einst im Glanz einer weißen Marmorverkleidung erstrahlte, ist heute nur noch der ehemals dreistufige Unterbau erhalten, dessen Kern direkt aus dem harten Kalkstein eines Bergvorsprungs herausgemeißelt wurde. Die im Zuge dieser

Arbeiten direkt in den Felskern eingelassene und mit einem Tonnengewölbe überdeckte Grabkammer konnte durch einen Steinblock derart verschlossen werden, dass sie von außen nicht mehr sichtbar war. Untergliedert war sie in einen kleinen Vorraum mit anschließender Hauptkammer, der einen großen Sarkophag barg. Seinen Deckel zierten eine liegende Person – der Verstorbene – sowie ein Diener.

An der Nordseite des Sockels, dessen obere Verzierung aus einem umlaufenden dorischen Fries mit Metopen und Triglyphen bestand, befand sich eine nicht fertiggestellte Scheintür.

Die Säulenhalle mit acht korinthischen Säulen an jeder Seite des Mausoleums trug ein Gebälk mit einem Architrav, einem Eierstab sowie einem ornamentalen Fries, über dem ein Gesims mit Zahnschnitt lag. Die Decke des Säulenumgangs war mit Kassetten dekoriert, deren Reliefs Wettkämpfe sowie eine Kentauromachie zeigten. Über dem Gebälk befanden sich als Dachschmuck an den Langseiten wahrscheinlich Statuen von Löwengreifen sowie an den Ecken Paare von Pferdeskulpturen.

Der obere Aufbau ist – wie schon erwähnt – nicht erhalten geblieben, wird aber in Anlehnung an den Grabbau des Maussollos oftmals als Stufenpyramide rekonstruiert. Daneben werden in der neueren Forschung auch Vorschläge für eine Rekonstruktion ohne oberen Aufbau diskutiert.

Wie zahlreiche Farbreste belegen, waren große Teile der Architektur farbig gefasst. Darüber hinaus fanden sich derartige Spuren auch auf vielen Bruchstücken von Skulpturen, die auf eine statuarische Ausstattung des Monuments oder der Grabkammer hindeuten.

Das Grabmal konnte anhand stilistischer Merkmale der Bauornamentik einhergehend mit Keramikfunden in das frühe 3. Jh. v. Chr. datiert werden.

Was dagegen die hier bestattete Person betrifft, so gibt es nur wenige aussagekräftige Anhaltspunkte. Fest steht, dass der Grabinhaber einen sehr hohen Rang innehatte; vermutlich war es ein Herrscher, wofür auch die Lage des Baues in der Nähe eines wahrscheinlich ebenfalls von einem Herrscher geschaffenen Tumulus sprechen würde. Die Forschung geht deshalb davon aus, dass es sich bei dem Auftraggeber für das Grab um den Diadochen Lysimachos (um 360–281 v. Chr.) handelt, der seit 306 v. Chr. König von Thrakien und seit 285 v. Chr. König von Makedonien war. Lysimachos hatte Ephesos im Jahr 296 v. Chr. an seine heutige Stelle versetzen lassen und war deshalb mit der Stadt besonders verbunden.

Wenn diese Zuschreibung auch nicht gesichert ist, so korrespondieren doch zumindest die Lebensdaten des Lysimachos mit der Datierung des Mausoleums.

Tempelgräber auf hohem Podium sowie monumentale Grabbauten generell wurden im östlichen Mittelmeerraum bis etwa zum Ende des 2. Jhs. v. Chr. und dann erst wieder im späten 1. Jh. v. Chr., unter römischer Herrschaft, errichtet.

Eine der letzten monumentalen Anlagen des Hellenismus ist das Turm-Mausoleum in Olba, dem späteren Diokaisareia, einer Stadt in der Landschaft Kilikien. Auf einem aus drei Stufen bestehenden, quadratischen Podium erhob sich ein hoher, aus Quadersteinen errichteter Turm, der an den Ecken von dorischen Pilastern gerahmt wurde. Darüber befand sich ein Architrav, gefolgt von einer Frieszone mit Metopen und Triglyphen. Als Bekrönung diente eine kleine Stufenpyramide.

Die mit einem Tonnengewölbe überdeckte Kammer im Inneren des Mausoleums barg ausreichend Platz für Bestattungen. Datiert wird der eventuell für einen König von Olba bestimmte Bau ins 1. Jh. v. Chr.

Der Grabtypus der Turm-Mausoleen wurde mit einigen Veränderungen später im römischen Kilikien erneut verwendet.

Neben den genannten Beispielen gibt es darüber hinaus Parallelen mehrstöckiger Grabbauten hellenistischer Zeit auch in Nordafrika und Syrien, wobei eine Orientierung an der Grabarchitektur des östlichen Kleinasiens wahrscheinlich ist. So verbreiteten sich die griechisch beeinflussten Grabtypen beispielsweise in Numidien, das sich in der Antike über weite Teile der heutigen Staaten Tunesien und Algerien erstreckte, oder in Lybien, wo sich in Sabratha eines der ältesten punischen Mausoleen des ausgehenden 3. Jhs. v. Chr. befindet. Das Grabmal bestand aus einem Stufenpodium, auf dem sich zwei Geschosse mit reicher architektonischer und skulpturaler Ausstattung erhoben, bekrönt von einer spitzen Pyramide.

Das im westlichen Numidien gelegene Mausoleum von Siga, das einem König des Stammes der Massylier, Vermina (201–191 v. Chr.), und dessen Familie zugeschrieben wird, ähnelt dem Mausoleum von Sabratha in seiner äußeren Gestalt, der Dreiecksform sowie der bekrönenden Pyramide, war aber mit mehr als 30 m Höhe wesentlich größer. Das zweite Geschoss war an jeder konkaven Fläche mit einer Scheintür ausgestattet, die jeweils von zwei ionischen Säulen und einem darüberliegenden Türsturz gerahmt wurde. Während der Ausgrabungen fand man zahlreiche Fragmente von Skulpturenschmuck, die aber keiner bestimmten Stelle am Mausoleum zugeordnet werden konnten. Das Monument selbst beherbergte keine Grabkammer, vielmehr wurden die Bestattungen in zehn Räumen unter dem Bau vorgenommen.

Weitere mehrstöckige Mausoleen des 2. Jhs. v. Chr. standen darüber hinaus unter anderem im tunesischen Dougga oder in El Khroub nahe der numidischen Hauptstadt Cirta (heute Constantine/Algerien).

Im 1. Jh. v. Chr. kam dieser Grabtypus dann schließlich auch in Syrien auf, so in Palmyra und in Dura Europos. Alle Monumente vereinten stets lokale architektonische Elemente mit griechisch-hellenistischer Bauornamentik.

Ab dem 1. Jh. v. Chr. fanden mehrstöckige Grabbauten auch in der römischen Grabarchitektur eine weite Verbreitung. Vorbilder für diesen Grabtypus waren öffentliche Ehrenmonumente, charakterisiert durch einen tempelartigen Aufbau mit einer an mindestens drei Seiten geschlossenen Cella, Säulen und einem Dreiecksgiebel, die Ädikulen. Die Front blieb meist offen und gab den Blick auf eine Ehrenstatue in einer Nische frei. Derartige Ädikulen wurden auch oft zur Gliederung großer Wandflächen genutzt.

Mehrstöckige Grabbauten waren sowohl in den Nekropolen Roms und der Umgebung als auch in den westlichen Provinzen sehr beliebt. Besonders aus dem 1. Jh. v. Chr. und dem 1. Jh. n. Chr. stammt eine Vielzahl derartiger Monumente, die einst entlang der großen Ausfallstraßen Roms standen, von denen aber heute nur noch Reste wie der Gussmauerkern und Bruchstücke der Verkleidung zeugen.

In den nachfolgenden Jahrzehnten wurde der Formenschatz stetig und in den unterschiedlichsten Ausprägungen weiterentwickelt. Die Bauten waren oftmals zwei- oder dreistöckig und mit einer reichen architektonischen Ausstattung wie Säulen, Friesen, Reliefs etc. versehen. Alle Monumente besaßen entweder einen massiv gestalteten oder die Grabkammer bergenden Sockel von runder oder eckiger Form, der häufig durch Säulen, Halbsäulen oder Pilaster gegliedert war, aber auch ungegliedert als Quaderbau erscheinen konnte. Neben der Säulengliederung war er mitunter mit figürlichen Reliefs geschmückt oder mit Stuckdekor verziert. Zumeist wurde an ihm auch die Grabinschrift angebracht.

Über dem Sockel befanden sich in der Regel noch ein oder zwei Geschosse mit architektonischer Gliederung, an die sich das Dach anschloss.

Die Form der oberen Aufbauten war vielfältig. Häufig kam die von einem Giebel bekrönte Ädikula mit offener Front vor, die die Statue des Grabinhabers besonders gut zur Geltung brachte. Daneben waren der offene oder teilweise geschlossene Rundtempel (Monopteros) oder das sogenannte Tetrapylon mit vier Säulen an der Front ein beliebtes Motiv. Das Dach war als Giebel oder Pyramide gestaltet oder mit einem kegelförmigen Aufbau bekrönt.

Die verschiedenen Elemente ließen eine variable Kombination und Zusammenstellung zu, so dass sich jeder Bauherr ein individuelles Grabmal schaffen konnte, das sich von den anderen Monumenten absetzte.

Derartig aufwendig gestaltete Anlagen dienten der Selbstdarstellung des Verstorbenen, der sich dementsprechend prächtig und für jedermann gut sichtbar im Obergeschoss präsentierte. Mitunter wurden neben seiner Porträtstatue auch noch weitere Statuen – bei tetrastyler Säulenstellung beispielsweise in den Interkolumnien – aufgestellt.

Eine Vielzahl mehrstöckiger Grabbauten ist entlang der Gräberstraßen von Pompeji erhalten geblieben. Das älteste bekannte Beispiel ist das sogenannte Girlandengrab aus sullanischer Zeit.

Ein weiterer interessanter Grabbau befindet sich dort vor der Porta Nocera. Er stammt aus dem späten 1. Jh. v. Chr. und zeigt den klassischen Aufbau der Ehrenmonumente: Auf einem niedrigen Sockel lag ein Unterbau mit Säulenstellung, die eine Tür einrahmte. Über dem Architrav mit Frieszone folgte ein kleiner Sockel mit der Inschriftentafel, darüber schloss sich die Ädikula an, die aus zwei Säulen, einem Architrav und einem Dreiecksgiebel bestand. In einer bogenförmigen Nische befand sich eine Statuengruppe.

Bei dem Bau wurde großer Wert auf eine in sich stimmige Gesamterscheinung des äußeren Aufbaus gelegt. So standen die Säulen des Unterbaus symmetrisch zu denjenigen der Ädikula.

Einige weitere hervorragend erhaltene Exemplare finden sich auch in den römischen Provinzen, so beispielsweise das Mausoleum der Julier in Glanum, dem heutigen Saint-Rémy in der Provence.

Bei dem aus augustueischer Zeit (30–20 v. Chr.) stammenden Grabmal handelt es sich um einen dreistöckigen Bau von 18 m Höhe, der auf einem niedrigen dreistufigen Podium aufragt. Der Unterbau ist auf allen vier Seiten von mit Eckpilastern gerahmten Reliefs versehen, auf denen Kampf- und Jagdszenen abgebildet sind. Das erste Geschoss besteht aus einem oberen Aufbau mit vier Dreiviertelsäulen an den Ecken, die korinthische Kapitelle tragen. Die Interkolumnien sind durch bogenartige Durchgänge mit je zwei Eckpilastern miteinander verbunden, der Architrav darüber mit einem Meerwesenfries geschmückt. Den Abschluss des Monuments bildet ein offener Monopteros auf hohem Sockel, bestehend aus zehn Säulen mit korinthischen Kapitellen. In dem Rundbau befand sich eine stark beschädigte Statuengruppe zweier in Togen gewandeter Männer, die nach der Inschrift als Vater und Großvater der Familie der Julier gedeutet werden.

Das Dach des Monuments ist von konischer Form, dekoriert mit einer Blattzier; vermutlich war es durch einen Pinienzapfen bekrönt (Abb. 82). Bei dem Bau handelt es sich wahrscheinlich um ein Kenotaph (s. Einleitung Kap. 6.5), da jegliche Hinweise auf eine Bestattung fehlen. Es ist daher in erster Linie wohl ein Monument, das den hohen sozialen Rang und den Reichtum der Familie zur Schau stellen sollte, in Anbetracht der Sockelreliefs aber auch auf die militärischen Erfolge und somit die Tapferkeit der Familie verwies.

Im 1. Jh. v. Chr erreichte die Gestaltungsvielfalt der mehrstöckigen Grabbauten einen Höhepunkt, danach – im 1. Jh. n. Chr. – wurde dieser Grabtypus in Rom und Italien immer weniger verwendet, in den Provinzen hingegen blieb er bei der städtischen Führungsschicht als Mittel zur Selbstdarstellung weiterhin beliebt. Ein Beispiel hierfür ist das Mausoleum des Poblicius in Köln aus der Mitte des 1. Jhs. n. Chr. Bei dem etwa 15 m hohen Bau handelt es sich um das Grabmal eines ehemaligen Legionärs.

Abb. 82: Glanum (Saint-Rémy). Grabbau/Kenotaph der Julier

Auf einem niedrigen Podium erhob sich der schmucklose Sockel, der an den Ecken lediglich durch Säulen gefasst war. Eine Inschrift befand sich vermutlich in Augenhöhe des Betrachters. Das Geschoss über dem Sockel war durch eine tetrastyle Säulenstellung mit korinthischen Kapitellen gegliedert. Nur die Front blieb offen, die restlichen Säulenzwischenräume waren vermauert und mit reichem figürlichem Dekor versehen, unter anderem mit dionysischen Figuren. Das Dach glich einer Art Pyramide mit konkav geschwungenen Seiten.

Durch eine derartige Gestaltung mit hohen Säulen und figürlichen Darstellungen traten die Porträtstatuen zunehmend in den Hintergrund und verloren an Bedeutung. Am sogenannten Turm der Scipionen bei Tarragona aus der ersten Hälfte des 1. Jhs. n. Chr. erschienen die Figuren der Verstorbenen sogar nur in einem flachen Relief, während der Rest des Grabbaus – ein dreistöckiger Bau aus Quadersteinen mit einer spitzen Pyramide als Dach – weitgehend schmucklos blieb.

Im ersten Geschoss standen auf niedrigen Basen zwei Skulpturen im Trauergestus, gekleidet in orientalischen Gewändern, darüber befand sich eine Inschrift in Form einer *tabula ansata*. Die Figuren unterscheiden sich dabei in ihrer Größe kaum von der Darstellung der Verstorbenen im Relief, sie sind nicht mehr das alles beherrschende Detail des Grabbaus, sondern auch andere Elemente der Gestaltung scheinen nun wichtig zu werden. Im nordafrikanischen Haïdra beispielsweise lenkten eine riesige *tabula ansata* auf dem Sockel und eine Ädikula im oberen Geschoss den Blick des Betrachters sofort auf das Monument.

Auch die Grabbauten des 2. und 3. Jhs. n. Chr. folgen diesem neuen Prinzip. Dazu zählen die sogenannten Pfeilergrabmäler mit pyramidaler Spitze. In Germanien konnte die ganze Fassade dieser Monumente mit plastischen Reliefs dekoriert sein, die den Verstorbenen und dessen Familie zeigten, zuweilen auch Szenen des täglichen Lebens, die auf Lebensumstände, Aktivitäten und Wertvorstellungen verwiesen, oder mythologische Darstellungen.

Andere Pfeilergräber, etwa in Nordafrika, bestachen durch eine enorme Größe oder eine lang gestreckte pyramidenförmige Spitze, wobei sie insgesamt eher den frühen Ädikula-Bauten mit architektonischer Säulen- und Halbsäulengliederung ähnelten. Weit verbreitet, besonders in Syrien und Kleinasien, waren zudem Grabbauten in baldachinartiger Form: Der Aufbau über dem schmucklosen Sockel mit Grabkammer im Inneren gestaltete sich offen, ohne Mauern zwischen den Säulen, die zumeist ein Dach in Form einer kleinen Stufenpyramide trugen, so wie im karischen Mylasa. Neben Säulen waren bogenartige Durchgänge oder in reicherer Ausstattung sogar Rundbauten in Monopterosform, so beispielsweise in Ephesos, beliebt.

In Rom und Umgebung entwickelten sich im 2. und 3. Jh. n. Chr. separate Nekropolen, die sich von den Gräberstraßen und ihren prunkvollen Monumenten lösten, so etwa die Nekropole unter dem Petersdom in Rom. Ein besonders gut erhaltenes Beispiel ist eine kleine Insel im Umland der Hafenstadt Ostia, die sogenannte Isola Sacra, die ausschließlich Bestattungen vorbehalten war.

Ziegelbauten ohne aufwendig gestaltete Fassade bestimmten das Bild dieser meist durch Mauern abgegrenzten Areale. Es handelte sich dabei größtenteils um hausähnliche Kammergräber, bestehend aus einem oder seltener auch zwei Räumen mit einem schmucklosen Dreiecksgiebel als Dach. In den Kammern befanden sich Nischen (Loculi oder Arkosolien) für die Aufstellung von Aschenurnen oder Sarkophagen. Auch die schlichte Fassade der Monumente erinnert mehr an ein Haus des Verstorbenen als an ein Grabmonument.

Diese schlichten Mausoleen folgten in der Regel einem ähnlichen Schema: In der Mitte befand sich ein in Stein gefasster Eingangsbereich, mit Blöcken in Pfeilerform an den Seiten sowie einem Türsturz. Darüber war zumeist eine Inschriftentafel angebracht, in einigen Fällen in Form einer kleinen Ädikula. Weiterhin war die Fassade oftmals durch kleine Fenster gestaltet und manchmal mit einzelnen Friesplatten verziert, die Reliefs trugen (s. auch Kap. 4.3).

Die Bauten drängten sich oft dicht aneinander entlang der Wege oder gruppierten sich in unterschiedlicher Staffelung. Ihre relative Einheitlichkeit in der Größe und äußeren Gestaltung sowie die Lage in dichter Reihung sprechen für ein neues Bestattungsideal, das vermutlich dem Wunsch nach mehr Privatsphäre entsprang. Eventuell wurde dadurch auch der Zusammenhalt der Gruppe gestärkt, herrschte doch nun – was die Ausstattung der Grabbauten betrifft – deutlich weniger Konkurrenzdruck.

Ab dem 3. Jh. n. Chr. wurden kaum noch repräsentative Grabbauten errichtet. Die alten Nekropolen wurden weiterhin genutzt, aber nur in seltenen Fällen kamen neue Anlagen hinzu. Vielmehr wurden die alten Gräber ausgebaut, indem man sie durch Mauerzüge miteinander verband, untergliederte oder durch Aufbauten erweiterte. Zum Teil wurden die Sarkophage auch einfach in den schon bestehenden Grabbauten aufgestellt, wodurch die Innenräume oftmals unzugänglich wurden.

Nur vereinzelt präsentierten sich noch neu errichtete Anlagen in Form von großen Kuppelbauten, deren Innenräume tempelartig gestaltet waren. Aufgrund ihrer Größe setzten sie sich von früheren Anlagen ab. Oftmals standen sie nicht allein, sondern waren in einen Komplex eingebunden.

Ein riesiger Grabbau bei Tor de' Schiavi an der Via Praenestina vor den Toren Roms gehörte beispielsweise zu einer Villa, die in der Mitte des 3. Jhs. n. Chr. errichtet wurde und sich im Besitz des Geschlechts der Gordiane befand, aus dem auch zwei Kaiser hervorgingen. Das Mausoleum liegt etwas abseits der Villa in der Nähe einer frühchristlichen Basilika vom sogenannten Umgangstypus (dreischiffige Basilika mit erhöhtem Mittelschiff und Apsis sowie ringsum laufenden Seitenschiffen). Es bestand aus einem Podiumrundbau von 18,90 m Durchmesser, der mit einer Kuppel aus *opus caementitium* überwölbt war. Gut erhaltene Reste zeugen noch heute von diesem einst imposanten Bau, der sicher das im frühen 2. Jh. n. Chr. errichtete Pantheon in Rom zum Vorbild hatte.

Allgemein gesehen entwickelte sich mit diesen tempelartigen Bauten und ihren großen, prächtig mit Marmor und Malereien ausgestatteten Sälen insofern ein völlig neuer Grabtypus, als die großen, von Licht erfüllten Kuppelräume nun Platz für ein größeres Publikum boten. Die Sarkophage nahmen dagegen – aufgestellt in Wandnischen oder in einem Untergeschoss – eine eher untergeordnete Stellung ein. Die Präsenz des Toten rückte in den Hintergrund.

Was sich genau in diesen großen Sälen abspielte, wissen wir nicht, aber es ist anzunehmen, dass sie für zeremonielle Toten- und Gedenkfeiern im Kreise privater oder öffentlicher Gesellschaften genutzt wurden.

Nachfolgend wurden derartige Anlagen, nun meist im Typus des Rundbaus mit Obergaden und innerer Säulenstellung, oft an christliche Basiliken angeschlossen, bis die Bestattungen schließlich im Laufe des 5. Jhs. n. Chr. ganz in die Innenräume von Kirchen verlegt wurden. Freistehende Grabbauten entwickelten sich danach erst wieder zur Zeit der Renaissance.

6.5 Kenotaphe und Ehrengräber

Unter einem Kenotaph (von griech. *kénos* = leer und *táphos* = Grab) versteht man ein Ehrenmonument für einen oder mehrere Verstorbene. Im Gegensatz zu einem tatsächlichen Grab enthält ein Kenotaph in der Regel keinen Leichnam oder andere sterbliche Überreste, sondern dient in erster Linie dem Gedenken und der Verehrung des Toten. Im archäologischen Befund ist das Kentopaph – außer durch den fehlenden Leichnam – nicht von anderen Gräbern zu unterscheiden: Sowohl die Form des Grabes als auch die Beigaben sind identisch.

Ursprünglich errichtete man Kenotaphe für diejenigen Verstorbenen, deren Leichnam verschollen war (zum Beispiel Kriegsgefallene). So schrieb schon der griechische Dichter Xenophon (426–355 v. Chr.) in der *Anabasis*, dem „Zug der Zehntausend" eines griechischen Söldnerheeres in Persien: „Für diejenigen [Gefallenen], die sie nicht finden konnten, errichteten sie ein großes Kenotaph und legten Kränze darauf" (Anab. 6,4,9).

Doch nicht nur in solchen speziellen Fällen wurden Kenotaphe errichtet. Da die Gräber selbst nicht nur Aufbewahrungsorte für den Leichnam und Orte des Totenkultes waren, sondern auch als Stätten der Verehrung nicht körperlicher Erscheinungen des Toten galten, war es möglich, zusätzlich zum eigentlichen Grab noch ein Kenotaph mit Kultstätten zu besitzen.

6.5.1 Abydos: Kenotaphe beim Grab des Osiris

Schon im Alten Ägypten gab es Kenotaphe. Die Könige der beiden ersten Dynastien (3000–2740 v. Chr.), unter denen erstmals aufwendige Grabbauten errichtet wurden, besaßen außer ihren Gräbern in Abydos auch noch Gräber in Sakkara. Die Gräber dieser sogenannten thinitischen Könige im oberägyptischen Abydos waren jedoch leer und dienten – da die Könige der Überlieferung nach aus This in Oberägypten stammten – in der Heimat ihrer Vorfahren wohl als Kenotaph. Auf diese Weise konnte der Verstorbene an den dortigen Feiern zu Ehren des Osiris teilnehmen, der nach der mythischen Überlieferung in Abydos begraben wurde.

Ab der 5. Dynastie (2500–2350 v. Chr.) wurde Abydos zum Hauptkultort des Osiris, des Herrschers über die jenseitige Welt. Viele Ägypter wünschten sich, nahe bei Osiris begraben zu sein.

Auf dem frühen Friedhof von Umm el-Qaab etwas außerhalb der Stadt wurden die Gräber der meisten Herrscher der vor- und frühdynastischen Zeit entdeckt. Da die zu den Gräbern gehörenden Tempel für den Totenkult in der Frühzeit aus Flechtwerk bestanden, sind sie meist nicht erhalten geblieben. Man erkennt sie aber noch anhand der sie umgebenden Gräberreihen, in denen Hofangehörige bestattet waren. Wenige Zeit später wurden die leicht vergänglichen Flechtwerkbauten von Ziegelbauten abgelöst.

Spätestens seit Djoser (2690–2670 v. Chr., 3. Dynastie) wurde Abydos als königliche Nekropole aufgegeben und die Herrscher wurden in Unterägypten, vor allem in Sakkara und Gizeh, bestattet. Dennoch scheint man in Abydos weiterhin Scheinbegräbnisse durchgeführt zu haben. Sogar viele einfache Ägypter ließen sich an dem Begräbnisort des Osiris Stelen aufstellen, obwohl ihre tatsächlichen Gräber woanders lagen. Zudem wurden noch in der 6. Dynastie viele hohe Beamte hier bestattet.

6.5.2 Ehrengräber in Griechenland

Schon bei Homer werden Kenotaphe erwähnt. So weist die Göttin Athena den Sohn des Odysseus, Telemach, an: „Hörst du, er [Odysseus] sei gestorben und nicht mehr unter den Menschen, siehe, dann kehre wieder zur lieben heimischen Insel, häufe dem Vater ein Grabmal [Sema] und opfere Totengeschenke [...]" (Od. 1,289–292).

Ein ähnliches Grabmal war das Grab, das Menelaos seinem ermordeten Bruder Agamemnon in Ägypten errichten ließ und das dem „ewigen Nachruhm" des Agamemnon diente (Od. 4,584); bestattet war der König in seiner Heimatstadt Mykene.

Während diese Kenotaphe nur rein literarischer Natur sind, gibt es daneben aber auch antike Berichte, die nahelegen, dass es derartige Gräber mythischer Figuren offenbar tatsächlich gab. Der Reiseschriftsteller Pausanias (115–180 n. Chr.) etwa sah das leere Grab des berühmten Sehers Teiresias in Theben oder das der vor Troja gefallenen Argiver in deren Heimatstadt Argos auf der Peloponnes. Auch der um 406 v. Chr. verstorbene Dichter Euripides, der im makedonischen Pella begraben lag, bekam ein zusätzliches Ehrengrab in Athen, nachdem man sich vergeblich um die Überführung seines Leichnams bemüht hatte.

Ein bekanntes Kenotaph ist das Grab des Dexileos im Athener Kerameikos. Dexileos war 394 v. Chr. in einer Schlacht bei Korinth gefallen und im Winter in einem offiziellen Staatsgrab bestattet worden; zu dieser Jahreszeit fanden jährlich in Athen die Begräbnisfeiern, Epitaphia, für die gefallenen Athener und ihre Bundesgenossen statt; dabei wurde ihre Asche in einem gemeinsamen Staatsgrab, dem Demosion Sema, beigesetzt.

Um Dexileos auch in das schon bestehende Familiengrab mit einzubeziehen, ließ seine Familie ihm zusätzlich auf dem Athener Kerameikos eine Grabstele errichten, die ihn als siegreichen Krieger zu Pferd im Kampf mit einem Gegner zeigt (s. Abb. 98). Das Grabrelief diente daher lediglich seinem Angedenken – denn der Leichnam selbst lag ja in dem offiziellen Staatsgrab bestattet – und ermöglichte die Ausübung des privaten Totenkultes auch am Familiengrab.

Eine besondere Ehrung für einen Verstorbenen stellte ein intraurbanes, also ein innerhalb des besiedelten Stadtgebietes gelegenes Grab dar. Die so Geehrten hatten zu Lebzeiten meist ein politisches Amt inne oder sich in anderer Weise um die Polis verdient gemacht; später wurden auch Ehrengräber aufgrund einer besonderen Lebenseinstellung oder eines großen Lebenswerks des Verstorbenen errichtet. So gab es intraurbane Ehrengräber für Stadtgründer, Politiker, Dichter, Olympiasieger, Künstler, Soldaten oder Euergeten, also mächtige und reiche Mitglieder des Stadtrats, die sich durch Stiftungen hervorgetan hatten.

Zwar gab es im griechischen Kulturkreis kein ausdrückliches oder gar schriftlich belegtes Bestattungsverbot wie in Rom (Zwölftafelgesetz), dennoch stellten derartige Gräber etwas Außergewöhnliches dar. Einer intraurbanen Bestattung gingen stets besondere Ehrungen voraus, etwa eine öffentliche Bestattung oder Totenfeier. Darüber hinaus wurde später am Grab des derart Geehrten ein immerwährender Kult gefeiert, der als solcher auch in die offiziellen städtischen Kulte eingegliedert war.

6.5.3 Das Grab Alexanders des Großen

Das wohl bekannteste Ehrengrab der Antike war das Grab Alexanders des Großen. Dessen Lokalisierung wie auch die des Palastes in Alexandria und die der Grabanlage der Ptolemäer müssen – etwa im Gegensatz zu den Königsgräbern von Alexanders Familie in Makedonien – immer noch als unsicher betrachtet werden.

Alexander selbst hatte offenbar den Wunsch, in der Oase Siwa oder in Memphis bestattet zu werden; dafür spricht auch seine Einbalsamierung nach altägyptischem Brauch, wie wir aus dem Geschichtswerk des Diodor (Bibl. hist. 18,3,5.28,3 f.) oder aus den *Historiae Alexandri Magni Macedonis* des Curtius Rufus (10,10,13) erfahren. Der letztgenannten Quelle zufolge war der Leichenwagen Alexanders persisch beeinflusst, die Gemälde daran griechisch und der Sarg ägyptisch. Zudem ist überliefert, dass Alexander das Grab des Perserkönigs in Pasargadae (s. Kap. 4.4.1) besichtigte und davon offenbar zutiefst beeindruckt war.

Dass der einbalsamierte Leichnam Alexanders schließlich in der von ihm selbst gegründeten Stadt Alexandria bestattet wurde, geht auf eine Order Ptolemaios' I. zurück, der glaubte, damit seine Herrschaft über Ägypten legitimieren zu können. Hinzu kommt, dass die Präsenz von Alexanders Leichnam in der Hauptstadt des neuen Ptolemäerreiches durchaus ihre Vorteile hatte.

Was den von Ptolemaios IV. neu eingerichteten Gräberbezirk mit den Bestattungen der Ptolemäer betrifft, so kann darüber ebenfalls nur spekuliert werden. Über seine Lokalisierung wie auch über sein Verhältnis zum alexandrinischen Palast ist kaum etwas bekannt. Den Quellen zufolge befanden sich die Gräber der Ptolemäer wahrscheinlich zusammen mit dem Grab Alexanders in ein und demselben, von einer Umfriedung eingefassten *temenos*. Intensiv wird danach geforscht, aber angesichts der schwierigen archäologischen Situation in Alexandria – die Stadt ist komplett modern überbaut beziehungsweise ein Teil befindet sich heute unter Wasser – wird sich diese Frage ohne die Vorlage schlüssiger Beweise oder konkreter Grabungsbefunde kaum beantworten lassen. Dennoch gibt es in jüngerer Zeit wieder Versuche, aufgrund des bisher vorhandenen Denkmälerbestandes das Alexandergrab, das sogenannte Sema, in Alexandria genau zu lokalisieren beziehungsweise zu identifizieren. Auf der Grundlage der literarischen Quellen lassen sich zunächst einmal folgende Fakten zusammentragen: Das ursprüngliche Grab Alexanders wurde von Ptolemaios I. errichtet und blieb solange bestehen, bis Ptolemaios IV. eine neue Anlage errichten ließ; das ehemalige einfache Grab diente fortan als Kenotaph. Das neue Grab nahm nicht nur die Mumie Alexanders auf, sondern auch die Bestattungen der Vorgänger Ptolemaios' IV., inklusive derjenigen seiner Mutter Berenike; zudem ließ er sich selbst hier beisetzen. Später wurde die Grabstätte unter anderem von Caesar und diversen römischen Kaisern, zuletzt Caracalla, besichtigt.

In der Folgezeit wurden mehrere Einzelgräber für die Nachfolger Ptolemaios' IV. errichtet, die zum Teil die Form von Kolumbarien hatten beziehungsweise später auch für die Aufnahme von Sarkophagen einbalsamierter Mumien konzipiert waren. Das letzte dieser Gräber war für Marcus Antonius und Kleopatra VII. bestimmt.

Nach Strabon (Geographie 17,1,8) soll das Grab Alexanders und der Ptolemäer in einem Peribolos, einem umfriedeten Grabbezirk, gelegen haben und Teil des königlichen Quartiers, der sogenannten Basileia, gewesen sein. Ein Kult für Alexander an dessen Grab ist jedoch erst seit hadrianischer Zeit sicher belegt.

In jüngster Zeit wurde wieder mehrfach vorgeschlagen, das sogenannte Alabastergrab in der lateinischen Nekropole, das bereits 1907 entdeckt wurde, als das Grab Alexanders zu identifizieren. Das Grab lag knapp außerhalb der vermuteten Stadtmauer, bestand aus einer aus mehreren massiven Alabasterplatten zusammengesetzten, einfachen Grabkammer mit zwei Räumen (Vor- und Hauptkammer) und besaß wahrscheinlich eine Tempelfassade. Vermutlich war es mit einem Tumulus überdeckt. Damit scheint es sich an den makedonischen Kammergräbern (s. Kap. 6.3.1) von Alexanders Vorfahren zu orientieren.

6.5.4 *Funus publicum:* Römische Ehrengräber

Nicht nur in Ägypten und Griechenland, sondern auch in Rom war ein staatliches Ehrenbegräbnis, ein sogenanntes *funus publicum*, möglich, wobei vor allem die schriftlichen Zeugnisse ein sehr differenziertes Bild von der Art und dem Umfang einer solchen, meist von der Gemeinde angeordneten Ehrung zeichnen. Von einer aufwendigen, staatlicherseits angeordneten Ehrenbestattung bis hin zur Beteiligung einer Gemeinde an den Kosten der Beisetzung oder der Zurverfügungstellung eines Grabgrundstücks gab es nahezu alle Formen.

Die Anfänge des *funus publicum* reichen bis in die Frühzeit der Republik zurück. So berichtet Livius (59 v. Chr. – 17 n. Chr.) in seinem großen Geschichtswerk *Ab urbe condita* (2,7,4) davon, dass der Konsul P. Valerius Poblicola seinem im Jahre 509 v. Chr. verstorbenen Kollegen Brutus zu Ehren ein prächtiges Leichenbegräbnis veranstaltete und ihm eine mit großem Beifall und Bewunderung bedachte Leichenrede hielt. Darüber hinaus soll dem Konsul, der im Kampf gegen Arruns, den Sohn des von Brutus vertriebenen letzten Königs, gefallen war, eine allgemeine, bis dahin beispiellose Trauer durch das Volk zuteil geworden sein. Auch für Valerius Poblicola und seinen Sohn sind ähnliche Ehrungen überliefert, verbunden mit der Nachricht, das Volk habe aus freien Stücken Geld für die Feierlichkeiten und das Begräbnis gesammelt.

Seit wann das *funus publicum* zur Institution wurde, entzieht sich unserer Kenntnis, doch sind für die Zeit der späten Republik (2./1. Jh. v. Chr.) zahlreiche *funera publica* belegt. Die meisten der staatlichen Ehrengräber lagen auf dem Marsfeld, auf dem trotz der Tatsache, dass es außerhalb des Pomerium, also der sakralen Stadtgrenze lag – innerhalb derer Bestattungen seit der Einführung der Zwölftafelgesetze (um 450 v. Chr.) untersagt waren –, dennoch nur ausnahmsweise, das heißt durch Senatsbeschluss oder durch ein Gesetz für Ehrengräber, Bestattungen vorgenommen werden durften; dazu mussten allerdings bestimmte Voraussetzungen erfüllt sein. Dies war offenbar der Fall bei dem um 78 v. Chr. verstorbenen Diktator Sulla oder den 43 v. Chr. im Bürgerkrieg gegen die Truppen des Marcus Antonius gefallenen Konsuln Aulus Hirtius und Vibius Pansa. Waren die Bedingungen jedoch nicht erfüllt, führte das zu rechtlichen Schwierigkeiten. So berichtet etwa Cassius Dio (Hist. Rom. 39,64) davon, dass der Konsul L. Domitius Ahenobarbus einer Bestattung der Gattin des Pompeius und Tochter Caesars, Julia, heftigen Widerstand entgegensetzte, obwohl das Volk die Bestattung bereits durchgesetzt hatte. Den vom Volk nach 37 v. Chr. auf dem Marsfeld bereits bestatteten Ädilen Marcus Oppius ließ der Senat sogar wieder exhumieren (Cassius Dio, Hist. Rom. 48,53,6).

Gerade in der Zeit der späten Republik entwickelten sich die *funera* bedeutender Persönlichkeiten zu einem Instrument der Selbstdarstellung und Machtdemonstration, abhängig vom finanziellen Vermögen und der Möglichkeit der politischen Einflussnahme des Verstorbenen beziehungsweise seiner Hinterbliebenen. Dadurch trat die persönliche Trauer der Familie hinter politischem Kalkül zurück beziehungsweise wurde – schon allein aufgrund der Tatsache, dass derartige Feierlichkeiten von der Präsenz der Bevölkerung lebten und auch vorrangig auf diese ausgerichtet waren – gewissermaßen in eine öffentliche Trauer umgemünzt.

Gut überliefert sind die Feierlichkeiten für die Beisetzung Caesars im Jahre 44 v. Chr. Nach Sueton (Caes. 82,3) wurde die Leiche des im Senat Ermordeten von drei Sklaven in einer Sänfte in sein Haus getragen. In der Nähe des Grabes von Caesars Tochter Julia wurde anschließend auf dem Marsfeld ein Scheiterhaufen aufgeschichtet. Gleichzeitig wurde auf dem Forum Romanum vor der Rostra (Rednertribüne) ein vergoldeter Bau nach dem Vorbild des von Caesar gestifteten Tempels der Venus Genetrix errichtet, in dessen Innerem eine Liege aus Elfenbein mit dem Leichnam Caesars – zugedeckt mit einem purpurnen, goldbestickten Leichentuch – stand. Am Kopfende war ein Gestell mit dem blutgetränkten Gewand platziert, das Caesar bei seiner Ermordung trug.

Während der Leichenspiele wurden Tragödien aufgeführt, die beim Volk Mitleid mit dem Ermordeten und Hass auf die Mörder erzeugen sollten. Der Konsul des Jahres 44, Marcus Antonius, hielt die Totenrede und ließ das Testament des Ermordeten verlesen, in dem er verfügt hatte, dass jeder Bürger 300 Sesterzen erhalten sollte. Weiterhin wurde ein Senatsbeschluss verlesen, der Caesar alle göttlichen und menschlichen Ehren zuerkannte. Unter den dadurch entstandenen tumultartigen Umständen wurde die Liege mit dem Leichnam Caesars von amtierenden und ehemaligen Magistraten auf das Forum hinabgetragen und von bewaffneten Unbekannten entzündet, wobei das Volk die Flammen mit Reisig, Sitzbänken, Gewändern und allem Brennbaren, dessen es habhaft werden konnte, nährte. Schließlich wurde die Asche im Familiengrab der Julier beigesetzt. Die Lage dieses Monuments ist allerdings umstritten, möglicherweise handelt es sich um das Grabmal auf dem Marsfeld, in dem schon Caesars Tochter Julia beigesetzt worden war.

Zu Ehren Caesars – vielleicht sogar noch zu dessen Lebzeiten – war vom Senat seine Erhebung in den Götterstand beschlossen worden. In dem Kometen, der an den von Caesars Adoptivsohn Octavian – dem späteren Kaiser Augustus – zwischen dem 20. und 30. Juli durchgeführten Spielen für die Venus als Victoria Caesaris erschien, glaubte man die vergöttlichte Seele Caesars zu erkennen. Octavian ließ daraufhin diesen Kometen an der Statue des Divus Iulius, des vergöttlichten Caesar, über der Stirn anbringen. Auch auf zahlreichen Münzen erschien der Komet, das *sidus Iulium*, mit der Beischrift *„divus Iulius“* (= vergöttlichter Caesar). Diese nach Caesars Tod verfügte Erhebung unter die Götter, die sogenannte Apotheose, wurde in der Kaiserzeit weiter institutionalisiert (s. Kap. 3.4.3).

6.6 Grabbauten der römischen Kaiser

Der erste kaiserlicher Grabbau ist das Mausoleum des Augustus (27 v. Chr. – 14 n. Chr.), in dem der Princeps im September des Jahres 14 n. Chr. bestattet wurde. Von Sueton (Aug. 100,4) wissen wir, dass Augustus bereits während seines 6. Konsulats, also im Jahre 28 v. Chr., vielleicht aber schon vor der Schlacht von Actium, mit dem Bau seiner als dynastisches Mausoleum geplanten Grabanlage begann.

Das in seiner Tumulusform altitalische Traditionen aufgreifende (s. Kap. 6.3.2), in seinen Ausmaßen allerdings ins Monströse übersteigerte Mausoleum, dessen unterer, ursprünglich mit Travertin aus Tivoli verkleidete Zylinder einen Durchmesser von 89 m hatte, ist nach Paul Zanker wohl vorrangig als „ein Monument der Treue des *dux Italiae* zur römischen Sache“ zu verstehen.

Auf dem unteren Zylinder ruhte ein weiterer Zylinder mit kleinerem Durchmesser und darauf ein Erdkegel, der mit Zypressen bepflanzt war. Die Spitze des mehrstöckigen Rundbaus zierte eine Bronzestatue des Princeps. Gut positioniert und für jedermann sichtbar flankierten Bronzetafeln, die den Rechenschaftsbericht des Kaisers, die *Res gestae*, enthielten, den Eingang des Grabmals. Abgerundet wurde die Gesamterscheinung des Monuments durch zwei Obelisken, die beidseitig des Baues aufgestellt waren (Abb. 83).

Doch nicht nur Augustus allein, sondern auch zahlreiche Verwandte, Freunde und einige Nachfolger wurden in dem prächtigen Mausoleum beigesetzt, zum Beispiel Marcellus (23 v. Chr.), Agrippa (12 v. Chr.), Drusus (9 v. Chr.), die Enkelsöhne Lucius und Gaius Caesar (2/4 n. Chr.), Germanicus (20 n. Chr.), Livia (29 n. Chr.), Tiberius (37 n. Chr.), Claudius (54 n. Chr.) und als Letzter Nerva (98 n. Chr.). Zusätzlich bekamen einige der zuletzt Genannten ein weiteres Kenotaph: Dem in Germanien gefallenen Drusus dem Älteren etwa wurde in Mainz ein Erinnerungsmonument an dem Ort errichtet, an dem sein Heer von seiner aufgebahrten Leiche Abschied genommen hatte. Gaius Caesar, der bei Kämpfen im Osten des Reiches tödlich verwundet wurde, bekam ein Ehrenmonument in der lykischen Stadt Limyra, vermutlich an der Stelle seines Scheiterhaufens; noch heute haben sich von diesem Monument ein mächtiger Stumpf sowie einige Teile seines einstigen Bauschmuckes erhalten. Ein ähnliches Monument erhielt wahrscheinlich auch der in Antiochia öffentlich auf dem Forum verbrannte Germanicus, auch wenn sich der Bau archäologisch nicht nachweisen lässt.

Diejenigen Kaiser, die ein unrühmliches Ende fanden, wurden dagegen in privaten Gärten des stadtrömischen Suburbium beigesetzt, so etwa Caligula (37–41 n. Chr.) in den Horti Lamiani, Nero (54–68 n. Chr.) im Domitiergrab auf dem Pincio oder Galba (68–69 n. Chr.) in seinen Gärten an der Via Aurelia.

Das Templum Gentis Flaviae, in dem die Flavier – also Vespasian (69–79 n. Chr.), Titus (79 bis 81 n. Chr.) und Domitian (81–96 n. Chr.) – bestattet wurden, lag auf dem Quirinal, einem der sieben Hügel Roms. Den Schriftstellern Sueton (Dom. 1,5,17) und Martial (Ep. 9,20,1; 9,3,12; 9,34,2; 9,34,7) zufolge befand sich das Templum Gentis Flaviae innerhalb der sakralen Stadtgrenze und damit innerhalb eines Bezirks, in dem Bestattungen eigentlich untersagt waren. Lokalisiert wird der Bau, den der Letzte der Dynastie, Domitian, errichten ließ, im Bereich

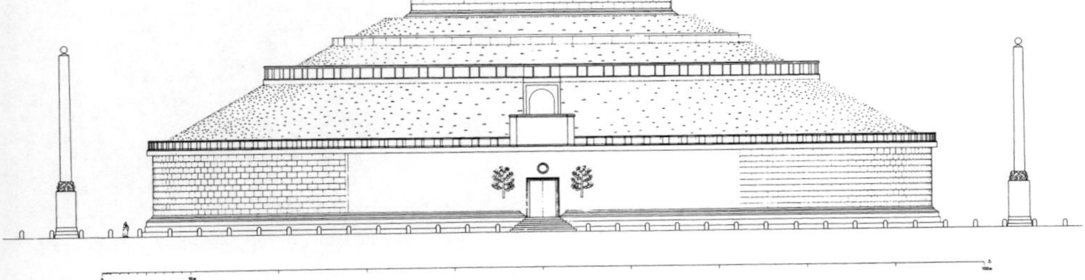

Abb. 83: Rom. Mausoleum des Augustus (Rekonstruktionszeichnung)

unweit der Gärten des Sallust und der Diokletiansthermen; bislang wurde er allerdings noch nicht gefunden.

Der Grabtempel mit 5 m hohen ionischen Säulen aus afrikanischem Marmor, wie der berühmte im 16. Jh. tätige Bildhauer Flaminio Vacca berichtet (Mem. 38), wurde unter Domitian auf dem Grundstück angelegt, auf dem sich auch der Wohnsitz seines Vaters Vespasian befand. Über das genaue Aussehen des Monuments ist nichts bekannt; die Prägung auf einer Münze Domitians und einige Darstellungen auf Relieffragmenten zeigen allerdings ein Bauwerk, bei dem diskutiert wird, ob es sich dabei nicht eventuell um das betreffende Grabmal handeln könnte. Vor dem Hintergrund einer gottartigen Überhöhung der Person des Kaisers in Domitians Herrscherauffassung scheint dessen Anspruch auf ein Grab innerhalb der Stadtgrenzen durchaus erklärbar.

Innerhalb des Pomerium lag auch das Grab des Trajan (98–117 n. Chr.). Von Cassius Dio wissen wir, dass die großartige, über 40 m hohe Säule im Zentrum des Forum Traiani – die auf einem ringsum bis zur Spitze umlaufenden Reliefband Trajans große Lebensleistung, die Eroberung Dakiens, illustriert (Abb. 84) – gleichzeitig das Grabmal des Kaisers war. Die Asche befand sich – nach Cassius Dio (Hist. Rom. 68,16; 3,69,2,3) und Eutrop (Brev. 8,5,2) – in einer goldenen Urne im Sockel der Säule. Die *fasti Ostienses* berichten, dass Trajan die Säule am 12. Mai des Jahres 113, also bereits vier Jahre vor seinem Tod, eingeweiht hat. Dass er selbst bewusst das intraurbane Bestattungsverbot missachtete, steht daher außer Zweifel. Zwar war bereits das Templum Gentis Flaviae *intra urbem* gelegen, doch übertraf die Trajanssäule dieses noch hinsichtlich ihrer Exzeptionalität und Lage im Zentrum des von Trajan geschaffenen monumentalen Forums im Herzen Roms. Vermutlich sah sich Trajan sowohl als Triumphator als auch in der Tradition griechisch-hellenistischer Stadtgründungsheroen. Wiederum scheint also der Anspruch auf ein intraurbanes Grab in einer Herrscherauffassung begründet zu liegen, die dem Kaiser übermenschliche Bedeutung beimaß.

Trajans Nachfolger Hadrian (117–138 n. Chr.) knüpfte wieder an ältere Traditionen an und ließ sich ein monumentales Rundgrab außerhalb des Pomerium als dynastisches Mausoleum errichten, das jedoch erst ein Jahr nach dem Tod Hadrians unter Antoninus Pius vollendet wurde. Bereits am 10. Juli 138 in Baiae verstorben, wurde Hadrian deshalb zunächst auf dem Gelände einer Villa Ciceros bei Puteoli beigesetzt.

Sowohl hinsichtlich der Lage als auch der architektonischen Form dürfte das Augustus-Mausoleum als Vorbild für Hadrians Mausoleum, die heutige Engelsburg (Abb. 85), eine entscheidende Rolle gespielt haben.

Der Bau lag in den extraurbanen Horti Domitiae und war von der Stadt aus über eine eigens zu diesem Zweck errichtete Brücke gut zu erreichen. Im Gegensatz zu seinen Vorgängern erhob Hadrian also nicht mehr den Anspruch auf eine intraurbane und damit für Grabstätten außergewöhnliche Lage seines Grabes. Dennoch stand das Monument durchaus exponiert, nahm es

Abb. 84: Rom. Trajansforum, Grabmonument des Trajan (Trajanssäule)

Abb. 85: Rom. Mausoleum des Hadrian (Engelsburg)

doch eine Schlüsselposition an einer wichtigen Ausfallstraße ein, die durch die eigens angelegte Brücke noch betont wurde.

Wichtige Monumente, die mit der Bestattung von Kaisern verbunden sind, sind auch die der Trajanssäule vergleichbaren Säulen des Antoninus Pius (138–161 n. Chr.) und des Marc Aurel (161–180 n. Chr.), obwohl sie nicht die Grabmonumente selbst darstellen. Vielmehr markierten die riesigen Säulen die Orte auf dem Marsfeld, an dem die Verbrennung der kaiserlichen Leichname stattfand. Die Asche der beiden genannten Kaiser wurde dann später vom Verbrennungsplatz, dem *ustrinum*, in das Hadriansmausoleum überführt.

Während der Sockel der Antoninus-Pius-Säule ein Relief mit der Darstellung der Apotheose des Kaiserpaares (Antoninus Pius und seine Gemahlin Faustina werden von einem geflügelten Genius und zwei Adlern gen Himmel getragen [Abb. 86]) zeigt, führen die Reliefs der Marc-Aurel-Säule – entsprechend der Trajanssäule – die Siege des Kaisers in den Markomannenkriegen vor Augen.

Bis hin zu Caracalla wurden sämtliche Nachfolger Hadrians im Hadriansmausoleum bestattet.

Zu Beginn des 3. Jhs. n. Chr. bricht Kaiser Severus Alexander (222–235 n. Chr.) mit der Tradition der Bestattung in einem der großen, innerstädtischen oder exponiert gelegenen Mausoleen. Die Gründe dafür sind unklar, doch scheint ein dynastischer Grabbau in der späteren Kaiserzeit nicht mehr die repräsentative und propagandistische Wirkung gehabt zu haben, die ihm noch in den ersten beiden nachchristlichen Jahrhunderten nachgesagt wurde.

Der letzte Severer ließ sich vermutlich auf dem Grund eines kaiserlichen, suburbanen Grundstücks ein sehr bedeutendes Grabmal (Historia Augusta, Alex. 63,3) errichten. Bei dem Grab,

Abb. 86: Sockel der Antoninus-Pius-Säule mit einer Darstellung der Apotheose des Antoninus Pius und der Faustina (Rom, Vatikanische Museen)

von dem die Forschung vermutet, dass es die letzte Ruhestätte Severus Alexanders sein könnte, handelt es sich um einen monumentalen Erdhügel – einen Tumulus – von etwa 62 m Durchmesser mit zwei überwölbten Kammern im Inneren. In der oberen Kammer wurde bereits im 16. Jh. ein monumentaler attischer Klinensarkophag gefunden, dessen Porträts man als die des Severus Alexander und seiner Mutter Julia Mamaea identifizierte. Der Grabtypus passt dabei durchaus zur Programmatik und Selbstdarstellung des letzten Severers als neuer Alexander. Wenn die Interpretation auch umstritten ist, so sprechen doch einige Fakten für diese Hypothese.

Tatsächlich handelt es sich um eine für das 3. Jh. n. Chr. im stadtrömischen Suburbium ungewöhnliche Grabform, die bereits seit dem mittleren 1. Jh. n. Chr. nicht mehr üblich war. Es ist daher durchaus möglich, dass sich der Grabinhaber bewusst am Mausoleum des Augustus oder vielleicht sogar am Grab Alexanders des Großen orientierte, bei dem es sich wohl ebenfalls um ein unterirdisches und mit einem Erdhügel überdecktes Kammergrab gehandelt haben dürfte (s. Kap. 6.5.3).

Für eine *imitatio Alexandri* des Grabinhabers spricht auch das Bildprogramm der Grabausstattung: So wird auf der Schauseite des Sarkophags gezeigt, wie Achill – Alexanders Urahn – auf Skyros unter den Töchtern des Lykomedes entdeckt wurde. Interessant ist in diesem Zusammenhang, dass die Aschenurne, die berühmte Portlandvase, ebenso einen Dekor mit Anspielungen auf Alexander den Großen trägt.

Severus Alexander, der sich als neuer Alexander und Unterwerfer der Perser verstand, hätte sich demnach einen Grabhügel in Anlehnung an den großen Makedonen und seinen mythischen Vorfahren Achill errichten und seinen Sarkophag sowie die Urne mit Szenen der Abstammung Alexanders des Großen verzieren lassen.

Die meisten Gräber der zum Teil nur sehr kurz regierenden Soldatenkaiser des 3. Jhs. n. Chr. kennen wir nicht. Erst mit Gallienus (260–268 n. Chr.) können wir wieder ein noch erhaltenes Grabmonument in Verbindung bringen.

Der nie vollständig untersuchte und daher auch nur unzureichend publizierte Grabbau liegt kaum mehr als 100 m vom 9. Meilenstein der Via Appia entfernt auf dem Gelände einer Villa. Dabei handelt es sich um einen Rundbau mit einem äußeren Durchmesser von 14,50 m. Die Cella, die sich auf einem Podium mit Krypta erhob, war ursprünglich von einer ringsum laufenden Peristase umgeben.

Die Identifikation als Mausoleum des Kaisers Gallienus stützt sich auf schriftliche Quellen (Anonymus Valesianus 3,10; Aurelius Victor, Epit. de Caes. 40,3) und kann als gesichert gelten. Zudem spricht die Datierung des Baues aufgrund der typologischen Einordnung des Mauerwerks ins mittlere 3. Jh. n. Chr. ebenfalls für die Annahme, dass sich Gallienus, der im Jahre 268 n. Chr. in Mailand einem Attentat zum Opfer fiel, hier bestatten ließ.

In Ermangelung eines eigenen Mausoleums wurde im Jahre 307 n. Chr. der Tetrarch Severus II. ebenfalls im Grab des Gallienus beigesetzt.

Die Residenzen der Tetrarchen unterscheiden sich von den bisher genannten Monumenten grundlegend dadurch, dass sie an die neuen Brennpunkte des militärischen Geschehens, vor allem an die Nord- und Ostgrenzen des Reiches, verlegt wurden. Das Diokletian-Mausoleum in Spalato (heute Split, Kroatien) stellt dabei aufgrund seines baulichen Kontextes das interessanteste und aufschlussreichste Beispiel in der Reihe der tetrarchischen Mausoleen dar.

Der oktogonale Zentralbau mit Peristase und Podium lag im Zentrum des Palastes, den Diokletian (284–305 n. Chr.) als seinen Altersruhesitz zwischen 295 und 305 n. Chr. erbauen ließ (Abb. 87). Er war damit der erste römische Kaiser, der sein Mausoleum direkt in seinen Palast integrierte und es einem Tempel – dem Jupiter-Tempel – gegenüberstellte.

Zwischen dem Jupiter-Tempel und dem Mausoleum lag das Peristyl, das auch das für das Hofzeremoniell relevante Zentrum des gesamten Palastes bildete und die wichtigsten Teile der Anlage erschloss.

Das Mausoleum selbst orientierte sich in seiner Architektur wiederum an den Zentralbauten des 3. Jhs. n. Chr., wie etwa dem Mausoleum des Gallienus an der Via Appia (s. o.), und barg, aufbewahrt in einem – den Schriftquellen zufolge – mit einem purpurnen Tuch zugedeckten Sarkophag, die sterblichen Überreste des Kaisers. Möglicherweise handelt es sich bei einigen Porphyrfragmenten, die sich heute im archäologischen Museum von Split befinden, um Überreste dieses Sargs. Seit der Spätantike war die Verwendung des an Purpur erinnernden Porphyr, der in einem Steinbruch in der ägyptischen Wüste abgebaut wurde, ein Privileg des Kaisers.

Auch die Residenz des Galerius (293–305 n. Chr.) in dem nach dessen Mutter Romula benannten Romuliana (heute Gamzigrad in Serbien) hatte eher privaten Charakter, denn seine offizielle Residenz befand sich in Sirmium beziehungsweise in Thessaloniki. Ein Unterschied zum Palast des Diokletian in Split ist jedoch, dass sich das vermutete herrschaftliche Mausoleum in Romuliana nicht innerhalb der Palastanlage befand. Zwei Mausoleen, die mit zwei Tumuli unmittelbar verbunden sind, liegen etwa 1 km außerhalb der Anlage auf einem Hügel. Bei Ausgrabungen in den Tumuli wurden in einem etwas dezentral gelegenen Brandherd 3 kg geschmolzenes Silber sowie Münzen der Jahre 281 bis 294 n. Chr. gefunden.

Bei den Mausoleen handelt es sich zum einen um einen Bau mit runder Cella und umlaufender Peristase, zum anderen um einen etwas schlichter gehaltenen Podiumrundbau mit vieleckigem Grundriss.

Die Ausgräber gehen davon aus, dass es sich bei den beiden Tumuli aufgrund der Brandrückstände um die Verbrennungsplätze für Galerius und seine Mutter Romula handelt. Zwar deuten die Krypten beziehungsweise Grabgruben in den Mausoleen auf eine Körperbestattung, doch ist erst Konstantin der erste Kaiser, für den eine Körperbestattung sicher überliefert ist.

Abb. 87: Spalato (Split, Kroatien). Mausoleum des Diokletian (Rekonstruktionszeichnung)

Eine ganz ähnliche Verbindung von Palast und Grabbau finden wir auch in Thessaloniki wieder. Auch wenn die archäologischen Erkenntnisse zu der hier gelegenen offiziellen Residenz des Galerius nur fragmentarisch publiziert sind, so lässt sich doch festhalten, dass sie aus dem eigentlichen Palastgebäude, einem Circus und einem Rundbau – der sogenannten Georgsrotunde – bestand, der über einen durch den „Galeriusbogen“ (ursprünglich handelte es sich dabei um ein Tetrapylon) führenden Weg mit dem Palast verbunden war.

Die Georgsrotunde wird traditionell als Mausoleum des Galerius gedeutet. Aurelius Victor zufolge wurde Galerius jedoch in Romuliana/Gamzigrad bestattet, was auch der archäologische Befund zu bestätigen scheint (s. o.).

Vor einigen Jahren konnte aufgrund einer Untersuchung des Mauerwerks nachgewiesen werden, dass der Bau, mit dessen Arbeiten offenbar unter Galerius begonnen wurde, zunächst unvollendet geblieben war und erst in nachtetrarchischer Zeit fertiggestellt wurde. Für eine Interpretation der Georgsrotunde als geplantes Galerius-Mausoleum spricht zum Beispiel seine große Ähnlichkeit mit den tetrarchischen Mausoleen und die daraus resultierende Einordnung in die Typologie der spätantiken Mausoleumsarchitektur.

Die Villa beziehungsweise der Palast des Kaisers Maxentius (306–312 n. Chr.) lag an der Via Appia vor den Toren Roms. Südlich zu Füßen der palastartigen Villa erstreckte sich in westöstlicher Richtung ein Circus, während sich westlich davon der Mausoleumskomplex direkt an die Via Appia anschloss.

Der von einer hohen Ummauerung in Form eines Portikus eingerahmte Grabbezirk hatte monumentale Ausmaße von etwa 120 m × 107 m. Im Zentrum des Bezirks erhob sich einst ein überkuppelter Podiumrundbau mit Pronaos. Die Bestattung selbst befand sich vermutlich im Podium, in das ein Untergeschoss mit Ringhalle und Mittelstützpfeiler eingebaut war; es ist der einzige heute noch erhaltene Teil des Grabbaus.

Eine im Bereich des Mausoleums gefundene Inschrift gehörte vermutlich zu einer Statue des divinisierten Romulus, des um 309 n. Chr. verstorbenen Sohnes des Maxentius; aufgrund dieser Inschrift glaubte man deshalb lange Zeit, dass es dessen Grabmal sei. Da es sich bei dem Monument aber aller Wahrscheinlichkeit nach um ein dynastisches Mausoleum handelt, muss davon ausgegangen werden, dass sich auch Maxentius selbst hier bestatten ließ.

An der ehemaligen Via Labicana, im Suburbium Roms, befindet sich die Ruine eines weiteren monumentalen Rundbaus. Sie liegt in einem Gebiet, in dem vermutlich eine kaiserliche Residenz oder suburbane Villa stand, die sich einst im Besitz der Helena, der Mutter Kaiser Konstantins, befand.

Der Bau war über einen sogenannten Narthex direkt mit einer frühchristlichen Kirche, der Basilika der Heiligen Marcellinus und Petrus, verbunden (Abb. 88). Begründet liegt die Errichtung der Kirche an diesem Ort in seiner Bedeutung als Stätte der christlichen Märtyrerverehrung, die sich wiederum durch eine ältere hier gelegene Katakombenanlage erklärt (s. auch Kap. 6.2.4.2).

Das Mausoleum war einst mit einem Kuppelmosaik und Marmorinkrustationen an den Wänden prächtig ausgestattet. Neben dem Altar im Zentrum der Basilika gab es einen weiteren, vom Kaiser gestifteten, der zur Feier der Eucharistie im Mausoleum diente. In der rechteckigen, dem Zugang von der Kirche gegenüberliegenden Hauptnische stand einst ein großer und noch heute gut erhaltener Porphyrsarkophag, der bereits im 12. Jh. in den Vatikan gebracht wurde. Er ist auf allen Seiten mit Hochreliefs geschmückt, die Kampfszenen zwischen Römern und Barbaren zeigen (Abb. 89).

Der *Liber pontificalis* (1,182) und der christliche Schriftsteller Eusebius (Vita Const. 3,46 f.) berichten, dass in dem Mausoleum die Kaiserinmutter Helena etwa 80-jährig, also im Jahr 329, bestattet wurde. Die als Grabschmuck für die Bestattung einer Frau eher unpassenden Schlachtszenen des Porphyrsarkophags wie auch die Architektur des Grabbaus, der in der Tradition der kaiserlichen Grabrundbauten steht, legen es jedoch nahe, dass Konstantin den Grabbau als kaiserliches Mausoleum für sich selbst errichten ließ, bevor er im Jahr 324 seinen östlichen Mitkaiser Licinius besiegte und die Hauptstadt nach Konstantinopel verlegte.

Neu ist bei dem monumentalen Rundbau gegenüber den älteren paganen Mausoleen, dass er in Verbindung mit einer öffentlichen Totenkultstätte steht, als die die Umgangsbasilika interpretiert werden muss. Auf diese Weise sollte die kaiserliche Familie privilegiert am Gedächtniskult für die Märtyrer teilhaben. Unterstützt wird diese Interpretation von einem Bericht des Eusebius (Vita Const. 4,58 ff.) über die Bestattung Konstantins, des ersten christlichen Kaisers, in der von ihm errichteten Apostelkirche in Konstantinopel. Von der Kirche selbst ist heute nichts mehr erhalten. Aus den Schriftquellen wissen wir aber, dass sich Konstantin dort inmitten der zwölf Apostel bestatten ließ. Der Sarkophag des Kaisers war dabei umringt von den zwölf Sarkophagen der Apostel, die jedoch an ganz unterschiedlichen, über die gesamte antike Welt

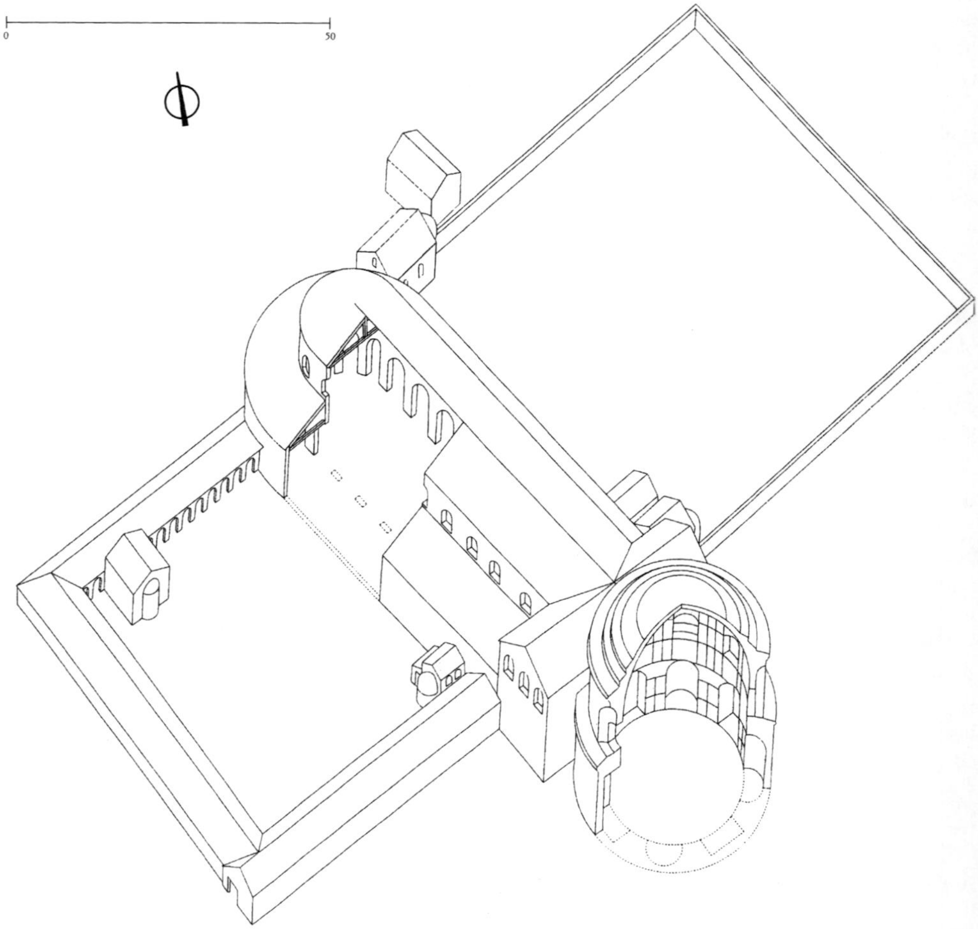

Abb. 88: Rom. Basilika der Heiligen Marcellinus und Petrus mit dem Mausoleum der Helena (Rekonstruktionszeichnung)

verstreuten Orten bestattet waren; es handelte sich also um Kenotaphe. Der Kaiser wollte demnach am Gebet und an dem Gedächtnis für die Apostel teilnehmen in der Hoffnung, dass dies seiner Seele Nutzen bringen werde. Die Memorien zu Ehren der Märtyrer sollten also gleichzeitig auch der Verehrung des Kaisers dienen. Durch diese Verschmelzung von Gedächtniskult für die Märtyrer und Totenkult für den Kaiser wurden der Kaiserkult und die *consecratio* des Herrschers geschickt in die christliche Glaubenswelt eingebunden.

Das gleiche Baukonzept – also die Verknüpfung eines Mausoleums mit einer christlichen Basilika vom sogenannten Umgangstypus – finden wir auch bei weiteren Mitgliedern der Familie Konstantins. So wurde die Tochter Konstantins, Constantina, in einem Rundbau an der Via Nomentana bestattet – ebenfalls in einem monumentalen Porphyrsarkophag – und Konstantins Vater, der im Jahr 306 n. Chr. nach nur kurzer Regentschaft verstorbene Tetrarch Constantius Chlorus, möglicherweise in dem Mausoleum von Tor de' Schiavi an der Via Praenestina beigesetzt (s. Kap. 6.4). Der noch heute gut erhaltene Rundbau mit Pronaos und zentraler Kuppelrotunde kann als Zwillingsbau beziehungsweise Vorläufer des Maxentius-Mausoleums an der Via Appia

Abb. 89: Porphyrsarkophag der Helena (Rom, Vatikanische Museen)

(s. o.) betrachtet werden. Er steht typologisch noch in der Tradition der tetrarchischen Mausoleen und ist, wie diese, mit einer kaiserlichen Residenz verbunden, die nur wenige Meter entfernt lag. Erst später – so die Analyse des Mauerwerks – wurde in unmittelbarer Nachbarschaft eine christliche Basilika errichtet und so auch Constantius Chlorus wie schon Helena und Constantina zuvor in die Fürbitten für die Märtyrer eingeschlossen. Er soll – im Gegensatz zu seinem Mitregenten Diokletian – zumindest eine christenfreundliche Politik betrieben haben, wenn er nicht sogar selbst Christ gewesen ist.

Auch spätere kaiserliche Mausoleen wurden stets mit christlichen Kirchen verbunden.

7. GRABMONUMENTE

7.1 Grabvasen

Antike Töpferprodukte dienten vielfältigen Zwecken. Neben dem Transport und der Lagerung von Nahrungsmitteln und anderen Gütern oder dem Servieren und Konsumieren von Speisen und Getränken konnten Gefäße durchaus auch ganz andere Verwendung finden. Beispielsweise wurden die sogenannten Panathenäischen Preisamphoren als Siegespreise für athletische Wettbewerbe ausgelobt und die Lebetes Gamikoi bei einer Hochzeit als Brautgabe überreicht. Selbst die Scherben von Gefäßen wurden noch genutzt, indem sie als Schreibunterlage dienten, wie wir vom sogenannten Scherbengericht *(Ostrakismos)* in Athen wissen. Diese spezielle Gerichtsform ermöglichte es den Bürgern, unliebsame Politiker aus der Stadt zu verweisen, indem sie deren Namen auf die Scherben schrieben, die im Anschluss daran ausgezählt wurden. Der Meistgenannte musste daraufhin ins Exil.

Abgesehen von solchen Informationen, die sich aus dem Fundgut erschließen lassen, handelt es sich bei Keramik beziehungsweise Gefäßen/Gefäßfragmenten darüber hinaus auch deshalb um eine bedeutende Objektklasse, weil sie gerade in weitgehend schriftlosen Kulturen (wie etwa bei den Germanen) spezifische Aussagen über deren territoriale Ausdehnung und zeitlichen Horizont erlaubt. Zudem liefert sie durch ihre Qualität und Verwendung sowie ihre Verbreitung Anhaltspunkte zum Import und Export sowie zur wirtschaftlichen Lage und sozialen Entwicklung dieser Kulturgruppen oder Völkerschaften.

Besonders interessante Einblicke gewähren die im Rahmen von Bestattungsbräuchen eingesetzten Gefäße, die nicht zwingend immer aus Ton, sondern auch aus anderem Material, wie etwa Stein, hergestellt sein können.

Bei einer Betrachtung der Grabgefäße muss dabei zunächst einmal zwischen den verschiedenen Möglichkeiten ihrer Verwendung differenziert werden. Zudem ist zu berücksichtigen, dass die Quellenlage bei den verschiedenen Epochen und Regionen der Antike sehr unterschiedlich ist. So sind wir etwa aus dem frühen und klassischen Griechenland zum Teil sehr gut über die Benutzung von Keramik im Rahmen des Jenseitskultes informiert, während die Situation in der römischen Kaiserzeit eher begrenzte Aussagen erlaubt.

Gefäße konnten bei einer Bestattung die unterschiedlichsten Funktionen haben, sei es, dass darin die Überreste des Verstorbenen aufbewahrt oder dass sie dem Toten als Grabbeigabe mitgegeben wurden. Darüber hinaus konnten sie zur Kennzeichnung einer Grabstätte aufgestellt oder auch bei Ritualen am oder im Grab verwendet werden.

Die verschiedenen Möglichkeiten schließen sich dabei durchaus nicht aus; beispielsweise wurde der Tote verbrannt und in einer keramischen Urne, umgeben von Gefäßen als Beigaben, bestattet.

7.1.1 Ägypten

Bereits im Alten Ägypten dienten Gefäße aus Ton verschiedenen Zwecken. So ist schon in den Pyramidentexten (Spruch 244, s. u.; s. auch Kap. 1.1) des Alten Reiches von einem wichtigen Ritual die Rede, bei dessen Ausführung „rote Töpfe“ zerbrochen werden sollten. Das Ritual steht eindeutig im Bestattungskontext und diente höchstwahrscheinlich als apotropäische Maßnahme, bevor man im Totenkult eine Grabkammer betrat, denn der Tote konnte durchaus auch zornig sein, und man wollte ihn beispielsweise nicht in seiner Ruhe stören.

Solche apotropäischen Rituale waren in Ägypten sehr verbreitet und fanden in viele Dokumente – wie etwa die Sprüche des Totenbuches (s. Kap. 1.1) – Eingang. Nicht zuletzt illustrieren darüber hinaus auch die vielfältigen als Amulette genutzten Gegenstände (wie etwa der Skarabäus) das Bestreben der Ägypter, sich mit Sprüchen und anderen unheilabwendenden Gegenständen zu umgeben, um im Nachleben vor Unbill geschützt zu sein.

In den Texten des oben angesprochenen Rituals ist explizit von „roten Töpfen“ die Rede – über die apotropäische Wirkung dieses Rituals hinaus wird vermutet, dass das Zerbrechen der roten Töpfe sinnbildlich für die Vernichtung der Feinde des Toten stand und dessen Macht betonte, die über das Diesseits hinausreichte. Dabei repräsentierten die roten Töpfe (die Farbe des Blutes) die Lebenskraft dieser Feinde, die während der Zerstörung der Gefäße erlischen sollte. Oft finden sich die Anweisungen in Sprüchen, die einerseits von der Stärke des Verstorbenen sprechen, andererseits davon, dass man ihn fürchten müsse. Insofern scheint in dieser wichtigen Kulthandlung ein apotropäisches Ritual mit der kultischen Verehrung und Erhöhung des Verstorbenen verbunden gewesen zu sein.

Tatsächlich haben archäologische Arbeiten an verschiedenen Orten in Ägypten teils beträchtliche Mengen an zerscherbten roten Gefäßen verschiedener Art zutage gefördert, wie etwa in der Nekropole von Al-Asasif in Theben-West. Man kann also davon ausgehen, dass dieses Ritual auch wirklich an beziehungsweise in den Gräbern praktiziert wurde – ein recht seltener direkter Beleg für eine solche Kulthandlung in der Archäologie und Epigraphik, verfügen wir doch sonst entweder nur über archäologische Indizien oder nur über Schriftzeugnisse.

Neben ihrer Verwendung in solch spezifischen Ritualen erfüllten Gefäße in Ägypten aber eine noch wesentlich wichtigere Funktion im Rahmen des Einbalsamierungsrituals. Die hier gebräuchlichen Kanopenkrüge, unter anderem aus Ton oder Kalkstein gefertigt, dienten im Rahmen des Mumifizierungsvorganges als Behälter der inneren Organe des Verstorbenen mit Ausnahme des Herzens, das im Körper verblieb. Schon in der 5. Dynastie waren sie sehr geläufig und wurden stets nahe der eigentlichen Mumie beigesetzt. Zunächst waren sie schlicht, später konnten ihre Deckel mit den Köpfen der vier Horussöhne versehen sein, die zugleich als Schutzgötter der Kanopen galten: Duamutef (Falkenkopf), Amset (menschengestaltig), Hapi (Paviankopf) und Kebechsenuef (Schakalkopf). Auch einzelne Elemente der Jenseitssprüche können als zusätzliches apotropäisches Element auf ihnen vorkommen.

Gefäße spielten somit also im Alten Ägypten schon seit der Frühzeit des Reiches im Grabkult eine sehr wichtige Rolle und wurden bereits im Alten Reich sehr differenziert eingesetzt.

7.1.2 Griechenland

In der mykenischen Kultur lässt sich eine derart spezielle Verwendung von Gefäßen, wie wir sie aus dem Alten Ägypten kennen, im Grabkontext nicht nachweisen. Zwar kommen verschiedene Arten von Keramik als Grabbeigaben durch die gesamte mykenische Phase hindurch vor, doch lassen sie keine Rückschlüsse auf die Verwendung zu. Als Beispiel seien die einfachen Gräber der mittleren ägäischen Bronzezeit genannt. Wenngleich sie über keramische Objekte als Grabbeigabe verfügen, erlaubt der Befund dennoch keine weitergehende Interpretation. Die einzige Auffälligkeit ist, dass sich die in den Gräbern dieser Phase gefundene Gefäßkeramik offenbar auf einen bestimmten Typus konzentriert: die Kylix, eine Trinkschale mit Standfuß. Welche Motive sich allerdings dahinter verbergen, ist fraglich.

In dieser Epoche wie auch in den anderen ließ sich Keramik generell relativ günstig herstellen und war daher allen Schichten der Gesellschaft zugänglich, was sich auch in den entsprechenden Grabbeigaben niederschlägt. Diese entwickelten sich im Verlauf der mykenischen Zeit zunehmend weiter, wobei auch die Keramik gewissen Veränderungen unterlag. So befanden sich beispielsweise unter den keramischen Beigaben der Gräber der Spätphase des Gräberrunds B in

Mykene (16. Jh. v. Chr.) importierte Waren von den Kykladen, die einen gewissen Einfluss der minoischen Kultur Kretas erkennen lassen. Wenngleich es sich dabei durchaus um Gefäße gehandelt haben dürfte, die nicht jedem zugänglich waren, so verlor die Keramik dennoch spätestens seit dieser Zeit zunehmend an Bedeutung. Die Aufmerksamkeit der Eliten Mykenes galt nun ganz anderen Objekten. Die berühmten Beigaben aus Gold und Elektron (wie Totenmasken und sonstiger Goldschmuck) sowie anderer Edelmetalle bestimmten jetzt den Grabluxus – Keramik wurde zwar kontinuierlich mitgegeben, bildete allerdings eine eher sekundäre Fundgruppe.

Auffällig ist, dass generell viele Gefäße in ihrem Formenspektrum dem der Edelmetallgefäße ähneln. Offenbar war man also auch jenseits der Eliten bestrebt, der jeweiligen Mode zu folgen, indem man die Luxusgüter dieser Elite nachahmte. Interessant ist zudem, dass die luxuriösen Gefäße und andere Objekte aus Edelmetall, die in den mykenischen Gräbern des Adels gefunden wurden, offensichtlich keinem alltäglichen Zweck dienten – in der Nachahmung solcher Gefäße zeigt sich also eventuell auch die Übertragung von bestimmten, im Rahmen einer Elitebestattung vollzogenen Handlungen auf sozial niedriger angesiedelte Bevölkerungsgruppen.

Was den spezifischen Gebrauch von Keramik im rituell-sepulkralen Kontext der mykenischen Epoche betrifft, so ist kaum etwas darüber bekannt. Inwieweit ein Totenkult gefeiert wurde, kann ebenso nicht sicher bewiesen werden, auch wenn einige Indizien zumindest auf eine gewisse Ehrfurcht der Nachgeborenen gegenüber den Verstorbenen hindeuten. So wurden die beiden Gräberrunde A und B mit in die Festungsmauern einbezogen, als man diese in den Krisenzeiten des 12. Jhs. v. Chr. verstärkte.

Einige Jahrhunderte später sind wir über die keramischen Grabbeigaben, genauer gesagt Grabvasen verschiedener Art, etwas besser unterrichtet. In Griechenland hatte sich nach dem Zusammenbruch der mykenischen Kultur bis zur geometrischen Zeit ein Töpfereiwesen hohen Anspruchs entwickelt, das durch die traditionell als „Dunkle Jahrhunderte“ bezeichnete Epoche (gemeinhin zwischen 1200 und 750 v. Chr. angesetzt) hindurch kontinuierlich an technischem wie künstlerischem Verve dazugewann.

Wenn in der spätmykenischen Phase (späthelladisch III C) auch eine Degeneration der geltenden politischen wie wirtschaftlichen Verhältnisse einsetzte, so blieb die mykenische Kultur dennoch bis kurz vor 1000 v. Chr. weiterhin bestehen, was sich sehr deutlich in der Keramik ablesen lässt, die stilistisch eng mit der Keramik der hochmykenischen Periode (der „Palastzeit“) verwandt ist. Zwar blieb die Kunst vom endgültigen Verschwinden der mykenischen Kultur nicht unbeeinträchtigt, dennoch offenbart sich in der Keramik der nachfolgenden Jahre der Dunklen Jahrhunderte alsbald wieder (oder gar stetig?) eine gewisse Kunstfertigkeit, die bereits in der protogeometrischen Phase (1000–900 v. Chr.) in einer ausgereiften Töpferkunst und sorgfältigem Dekor zum Ausdruck kommt. Mit speziellem Blick auf die Keramik handelt es sich also bei Weitem nicht um „dunkle Jahrhunderte“, wobei allerdings dazugesagt werden muss, dass wir über die spezielle Verwendung von Keramik in der Phase von 1000 bis 800 v. Chr. bislang relativ wenig wissen und nur festhalten können, dass Gefäße zur Kennzeichnung von Bestattungen sowie als Grabbeigaben in Gebrauch blieben. Es bleibt abzuwarten, inwieweit archäologische Forschungen in der Zukunft weiteres Licht in die Dunklen Jahrhunderte bringen werden.

Im 8. Jh. v. Chr. hatte sich der geometrische Stil zu voller Blüte entwickelt, was sich heute besonders in den Gefäßen des sogenannten Dipylon-Malers – allen voran der Dipylon-Amphore (s. Abb. 15) – zeigt. Diese gewaltige spätgeometrische Vase aus der Mitte des 8. Jhs. v. Chr. wurde speziell für den sepulkralen Bereich hergestellt und lässt eine Verbindung von Dargestelltem und Verwendung erkennen, wie sie nachfolgend für viele im Rahmen einer Bestattung verwendeten Gefäße prägend wurde.

Die rund 1,60 m hohe Amphore befand sich mit Sicherheit einst als Bekrönung auf einem Grab in der Nekropole Athens, dem Kerameikos. Sie wurde nahe des Dipylon-Tors entdeckt – wahrscheinlich zerbrach sie im Zuge der persischen Eroberung unter Xerxes und wurde von ihrem Aufstellungsort entfernt; heute befindet sie sich in restauriertem Zustand im Athener Nationalmuseum.

Die Amphore steht eindeutig mit einer Bestattung in Zusammenhang: Zum einen kennzeichnete und bekrönte sie ein (leider) nicht näher zu bestimmendes Grab, was ihr Fundort in einer Nekropole beweist, zum anderen zeigt ihr figürliches Dekor ein ganz wesentliches Ritual im Zuge griechischer Bestattungen, die Prothesis (s. Kap. 3.2.1). Damit verbinden sich Anwendung und Dekoration des Gefäßes auf eine völlig neue Art und Weise und bezeugen die Benutzung der Amphore in einem rein auf den Grabkult bezogenen Umfeld.

In der Folge scheint sich eine regelrechte Industrie für solche Vasen herausgebildet zu haben, denn die Dipylon-Amphore stellt nicht das einzige Erzeugnis ihres Meisters dar. Verschiedene andere Gefäße und Fragmente können seinem Atelier zugeschrieben werden und gehören thematisch in das gleiche Umfeld. Neben der Prothesis bilden sie auch die Ekphora (s. Kap. 3.2.2) ab.

Die Werkstatt des Dipylon-Malers produzierte, so weit wir heute beurteilen können, ausschließlich Gefäße dieser Art (ca. 760–745 v. Chr.). In ihnen offenbart sich einerseits besonders eindrücklich eine frühe Blüte der Töpfereikunst in Athen, andererseits eine bereits sehr spezielle Nachfrage seitens der athenischen Bevölkerung. Darüber hinaus lassen sich aus ihnen gewisse Rückschlüsse auf die Bedeutung einer Bestattung und des Grabes ziehen: Offenbar wurden keramische Erzeugnisse nun nicht mehr ausschließlich als reine Grabbeigaben verwendet, sondern sollten auch repräsentativ wirken und den Ort der Bestattung kennzeichnen und schmücken. Daneben belegen die Darstellungen auf den Gefäßen, dass die Aufbahrung und der Totenzug wichtige Rituale im Rahmen einer Bestattung waren. Inwieweit sich hier die Vorstellungswelt der frühen Griechen tatsächlich widerspiegelt, lässt sich freilich nicht mehr bis ins letzte Detail klären, festgehalten werden kann jedoch, dass sich die Grabsitten seit den Dunklen Jahrhunderten aus unserer heutigen Sicht heraus bereits bedeutend weiterentwickelt hatten.

Doch nicht nur die Vasen des Dipylon-Meisters spiegeln diese Entwicklung im 8. Jh. v. Chr.; auch andere Werkstätten folgten der Nachfrage. Etwas später als das Dipylon-Atelier war der sogenannte Hirschfeld-Maler tätig (750–735 v. Chr.), dem wir unter anderem den gleichnamigen Krater verdanken, der sich heute wie die Dipylon-Amphore im Nationalmuseum von Athen befindet.

Das Gefäß zeigt unter anderem die Darstellung einer Ekphora und darf ebenso wie die Dipylon-Vase als rein sepulkrales Erzeugnis gelten (s. Abb. 16). Ebenfalls im Kerameikos in Athen gefunden, beweist es einmal mehr, dass sich bereits im 8. Jh. v. Chr. eine Grabkultur herausgebildet hatte, bei der es auch darum ging, sich zu repräsentieren und des Verstorbenen zu gedenken.

Generell ist in dieser Phase der Wechsel vom rein ornamentalen zum ornamental-figürlichen Dekor von ganz entscheidender Bedeutung, und es fällt auf, dass wir heute – wenn auch vielleicht zufällig –, die frühesten anthropomorphen Darstellungen gerade in diesem sehr spezifischen Umfeld finden. Möglicherweise spiegelt dieser Befund die Bedeutung des Totenglaubens im antiken Griechenland der geometrischen Zeit, dessen spezielle Prägung wir heute trotz des zur Verfügung stehenden Materials nicht mehr kennen. In nachfolgenden Jahrhunderten wird die Entwicklung dann jedoch zunehmend differenzierter greifbar, was nicht zuletzt auch dadurch bedingt ist, dass wir nun neben den archäologischen Funden auch über Schriftquellen verfügen, die Aussagen zu den Jenseitsvorstellungen zulassen. Zudem erstreckt sich der überlieferte Bestand an Grabmälern spätestens seit der Früharchaik weit über die Grabvasen hinaus: Statuen, Stelen, Altäre und Reliefs sind wichtige Informationsträger, die nun in die Betrachtung der Grabkultur einbezogen werden können beziehungsweise müssen.

Im Griechenland der klassischen Zeit finden wir bereits mehrere Klassen von keramischen und steinernen Gefäßen, die explizit auf das Umfeld der Bestattung zugeschnitten sind und Aussagen über die entsprechenden Sitten und Bräuche zulassen, allen voran Vasen verschiedenster Art, die sich nun im Rahmen der Bestattungsriten großer Beliebtheit erfreuten. Einige Beispiele sollen dies im Folgenden verdeutlichen.

Schon seit der protoattischen Zeit (7. Jh. v. Chr.) war in Attika die charakteristische Form der Loutrophore bekannt. Diese durch ihren sehr gestreckten Hals mit einem bis drei ebenso langen Henkeln ausgewiesene Form einer Amphore oder Hydria war offensichtlich eine attische Erfindung, die auch auf Attika beschränkt blieb und dort in ganz verschiedener Ausprägung vorkam: Sie war als Tongefäß verbreitet, wurde aber auch in vollplastischer Form aus Marmor gefertigt oder auf Grabstelen abgebildet.

Die Loutrophoren waren in Athen in zwei bestimmten Lebensabschnitten von Bedeutung: Zum einen spielten sie bei Hochzeitsritualen, zum anderen bei Begräbniszeremonien eine Rolle – das altgriechische *loutron* bezeichnet auch genau das „Badwasser", das für die reinigenden Rituale im Laufe der Zeremonien gebraucht wurde.

Ein entscheidendes Indiz für ihren zumeist wohl symbolischen Gebrauch im Zusammenhang mit kultischen Ritualen ist die Tatsache, dass der größere Teil der erhaltenen Gefäße über ein Bodenloch verfügt, was einen alltäglichen Gebrauch dieser Vasen von vorneherein ausschließt.

Besonders interessante Information zur Verwendung dieser Vasen liefern die schriftlichen Zeugnisse. So heißt es beispielsweise in einer antiken Schriftquelle: „Archiadas starb unverheiratet. Der Beweis dafür? Eine Loutrophoros wurde auf seinem Grab aufgestellt" (Pseudo-Demosthenes 44,18).

Der Text, der auf Athen zu beziehen ist und wahrscheinlich aus dem Ende des 4. Jhs. v. Chr. stammt, stellt aus mehreren Gründen eine interessante Quelle dar: Zum einen geht aus dieser Passage einer Rede (in der es im Übrigen um Fragen des Besitzes und der Erbschaft geht) hervor, dass Loutrophoren einer ganz bestimmten Personengruppe, nämlich unverheirateten Personen, vorbehalten waren. Zum anderen ist ihr zu entnehmen, dass diese Gefäße speziell im Grabkontext verwendet wurden. Der archäologische Befund stützt diese Beobachtung zum Teil, denn die erhaltenen Loutrophoren stammen, soweit es sich heute beurteilen lässt, aus dem sepulkralen Umfeld. Sie waren also eng mit den rituellen Handlungen am Grab verbunden, von denen die Reinigung eine der wichtigsten war (s. o.), galten doch die Körper von Verstorbenen als unrein.

Die Loutrophore war in Athen offenbar derart beliebt, dass sie – wie bereits kurz angesprochen – über die rein keramische Form hinaus auch in andere Kunstgattungen Eingang fand, wie beispielsweise die um 380 v. Chr. gefertigte Stele des Panaitios aus dem Kerameikos in Athen beweist. Die Stele, heute im Nationalmuseum Athen, bildet eine Loutrophore und zudem noch zwei Lekythen ab und bezeugt – ebenso wie die Loutrophoren aus Marmor – die Bedeutung dieser Gefäßform als Grabvase. Sie diente im antiken Athen sowohl als Grabbeigabe wie auch als Markierung und Grabschmuck.

Eine weitere Vasenform, die im Grabkult von besonderer Bedeutung war, sind die in weißgrundiger Maltechnik hergestellten Lekythen, die in dieser speziellen Ausprägung (die Kombination von Form und Dekor) ebenso im Wesentlichen auf Attika beschränkt blieben und sich in den verschiedensten Unterformen finden; produziert wurden sie vornehmlich im 5. Jh. v. Chr.

Dabei handelt es sich um relativ kleine einhenklige Vasen, die zur Aufbewahrung von Flüssigkeiten wie Öl dienten und offenbar speziell im Rahmen einer Bestattung verwendet wurden, wofür die zahlreichen Funde in attischen Gräbern sprechen.

Die Gefäßform und ihre Funktion als solche waren im griechischen Kulturkreis bereits sehr lange bekannt, schon bei Homer (Od. 6. Gesang, 79) wird der Prinzessin Nausikaa Olivenöl in einer goldenen Lekythos als Geschenk überreicht – allerdings erfahren wir dabei nicht, wie die Lekythen zu Zeiten Homers ausgesehen haben. Weitere schriftliche Nachrichten späterer Zeit beweisen allerdings ganz deutlich, dass die Lekythen im Grabkontext eine Rolle spielten. Beispielsweise finden wir in einem Kommentar zum zweiten Hippias-Dialog des Platon (368c) die Erläuterung, dass Lekythen den Athenern dazu dienten, den Toten Duftöle zu bringen.

Auch in einigen Werken des klassischen athenischen Komödiendichters Aristophanes ist die Lekythos bereits so geläufig, dass derber Humor mit ihr betrieben wird: In den *Frauen bei der Volksversammlung* (Ekklesiazusen 1030,33) beispielsweise stellt eine ältere Frau einem Jüngling nach, der sie schließlich damit beauftragt, schon einmal das Bett zu bereiten – dabei soll sie, wie bei einer Prothesis, Lekythen neben das Bett stellen. Betreffender Jüngling hatte bereits vorher darauf hingewiesen, dass die alte Frau einen Liebhaber besäße, den besten aller Maler, der „Lekythoi für die Toten herstelle" (996). Es ist somit ganz evident, dass dieser Vasentypus dem Grabkult diente.

Darüber hinaus beweist die Verwendung des Begriffes in den Schriftquellen – besonders bei Aristophanes –, dass Lekythoi nicht nur im und am Grab benutzt wurden, sondern bereits schon während der Aufbahrung des Toten als – wenn man so will – Duftspender dienten. Was die Schriftquellen jedoch nicht eindeutig beschreiben, sind Form und Dekor solcher Vasen. Die Archäologie hat hier – vor allem durch die vielen in attischen Gräbern gefundenen weißgrundigen Lekythen – wichtige Hinweise geliefert und mit dazu beigetragen, den in den Quellen genannten Vasen ein Gesicht zu verleihen.

Die weißgrundigen Lekythen scheinen die wichtigste Form von Grabvasen der klassischen Zeit in Athen gewesen zu sein. Nicht nur ihre Form und Fundorte beziehen sich auf den Bestattungskontext, auch die Darstellungen beschreiben im Laufe ihrer Entwicklung letztlich fast immer Momente, die in Zusammenhang mit dem Jenseits stehen.

Zu Beginn der klassischen Zeit finden wir auf den Lekythen zunächst noch eine ganze Reihe von figürlichen Darstellungen mit Alltags- oder allgemein mythologischen Szenen. Demnach waren die Vasen zu dieser Zeit noch nicht in der gleichen Art und Weise auf den Grabkult zugeschnitten, wie es in den folgenden Jahrzehnten der Fall ist, in denen sich die Szenen im Zuge der Weiterentwicklung der weißgrundigen Maltechnik immer mehr auf den Grabkontext konzentrieren.

Nach den Perserkriegen wurden die schwarzfigurigen Darstellungen dann zunehmend von Umrisszeichnungen ersetzt, die bald das „kanonische" Dekor der weißgrundigen Lekythen bildeten.

Mit dem Wechsel der Technik zwischen 480 und 470 v. Chr. gewannen die Lekythen hinsichtlich ihrer Verwendung im Bestattungskontext enorm an Bedeutung; die Darstellungen spiegeln dies in eindrücklicher Art und Weise. Neben Abbildungen von Frauen bei verschiedenen häuslichen Tätigkeiten oder einzelnen Männern, die oft im militärischen Ornat und/oder als Reiter dargestellt werden, sind es nun vor allem mehrfigurige Szenen, die sich mit dem Tod befassen. Besonders beliebt sind beispielsweise Abschiedsszenen, bei denen eine Frau oder ein Mann einem bewaffneten Jüngling oder einem älteren Krieger Geleit geben. Viele Lekythen zeigen auch den Akt des Rüstens vor dem Kampf, wobei all diese Szenen eher indirekt auf das Jenseits hinweisen. Andere weißgrundige Lekythen zeigen dagegen die Prothesis, die Aufbahrung des Verstorbenen, und beziehen sich eindeutig auf das Jenseits.

Auch das Pantheon der Griechen ist auf den Vasen vertreten; besonders die Begleiter der Seele des Verstorbenen, der Fährmann Charon und der Gott Hermes, nehmen eine prominente Position in den Darstellungen ein. Hermes wird dabei nahezu ausschließlich in der Form dargestellt, wie er gerade im Begriff ist, die Seele des Verstorbenen zu ergreifen oder er sie bereits ergriffen hat und in die Unterwelt und zu Charon führt (s. Abb. 4). Charon wiederum erscheint in verschiedenen Bildkompositionen, beispielsweise lässt er sich die Seele eines Verstorbenen von Hermes übergeben oder wird vom Verstorbenen am Grab erwartet, wo er dessen Seele mit auf die Überfahrt über den Acheron nehmen wird.

Desgleichen wird der Moment der Abreise auf den Vasen geschildert. So finden sich zum Beispiel Darstellungen, in denen Eltern Abschied von ihrem Sohn nehmen, der bereits in Charons Boot steht.

Weniger oft, aber nicht minder eindrücklich treten dagegen die Götter des Schlafes und des Todes, Hypnos und Thanatos, auf. Eine Lekythos des Thanatos-Malers im British Museum in London zeigt die beiden, wie sie den Körper eines Kriegers an dessen Grab aufheben und sich so seiner Seele annehmen.

Neben diesen Darstellungen, die im Umfeld der Seelenreise in die Unterwelt anzusiedeln sind, finden sich auch solche, die sich auf die Zeit nach dem Tod eines Menschen beziehungsweise die Hinterbliebenen beziehen. Einige weißgrundige Lekythen zeigen den Besuch oder kultische Handlungen am Grab, wie zum Beispiel eine Lekythos des Vouni-Malers im Metropolitan Museum in New York, auf der unter anderem eine Frau beim Schmücken zweier Grabstelen gezeigt wird, während ein Mann sich diesen Grabmälern im Gestus der Adoration nähert. Diese überaus interessanten Stücke runden die Themenvielfalt der weißgrundigen Lekythen ab, ohne diese jedoch gänzlich zu erfassen. Dennoch kann festgehalten werden, dass die attischen Lekythen dieser Machart in ihrer Verbindung von Verwendung und Bildthematik eine der wichtigsten und aussagekräftigsten Gattungen von Grabvasen in der gesamten Antike darstellen.

Eine weitere, allerdings in gänzlich anderer Art und Weise ausgeführte Gruppe der Lekythen des klassischen Athen beweist darüber hinaus ihre Bedeutung beziehungsweise Verwendung als Grabvase. Es handelt sich dabei um überaus qualitätvolle Gefäße, die etwa von der Mitte des 5. Jhs. bis ans Ende des 4. Jhs. v. Chr. verfolgt werden können und neben ihrer reinen Monumentalität auch aufgrund ihrer künstlerischen und bildlichen Gestaltung eine bedeutende Objektklasse bilden. Neben anderen Grabmälern wie Stelen oder Reliefs erfreuten sie sich in Attika – wo sie auch nahezu ausschließlich vorkommen – einer großen Beliebtheit.

Viele dieser Gefäße haben sich – ganz oder in wesentlichen Teilen – erhalten und sollen im Folgenden kurz vorgestellt werden.

Zumeist wurden sie aus Marmor gefertigt und erreichten erhebliche Größen, die sich zwischen 1 und bis zu über 2m bewegen. Dabei hat sich der größte Teil mit einer Höhe von über 1,50m erhalten oder kann auf eine solche Größe rekonstruiert werden.

Formal folgen die Lekythen in verschiedenen Variationen der Form, wie wir sie bereits von den weißgrundigen Gefäßen kennen, jedoch sind sie nicht nur aufgrund ihrer Größe bedeutend wertvoller als die tönernen Objekte, sondern auch aufgrund ihres Materials. Marmor war wesentlich exklusiver und langlebiger (dadurch eignete er sich besonders gut für die Lekythen, die ja für einen längeren Gebrauch gedacht waren) und dementsprechend teurer als Gefäßton. Es dürfte sich bei den großen Lekythen also durchaus um Luxusobjekte gehandelt haben.

Ähnlich wie wir es beispielsweise von antiken Skulpturen kennen, waren sie mit bunten Farben bemalt. Verschiedene Darstellungen wurden in Form von Reliefs wiedergegeben, zudem wurden die Gefäße – wenn auch sparsam – in nahezu jedem Fall mit Inschriften versehen. Die Reliefszenen sind dabei fast nie in einen bestimmten Kontext eingebunden, sondern zeigen meist mehrere Figuren unter Nennungen ihrer Namen.

Die Darstellungen weisen eine sehr deutliche Beziehung zu denen der weißgrundigen Lekythen auf und beziehen sich wie bei diesen eindeutig auf den sepulkralen Bereich. Wie bei den Tongefäßen finden wir auch hier Szenen des Abschieds und des Geleitens der Seele des oder der Verstorbenen in die Unterwelt, wie etwa bei der schönen Lekythos der Myrrhine im Athener Nationalmuseum. Hier ergreift der Gott die Hand der Verstorbenen, die im Begriff ist, ihm zu folgen, und sich mit gesenktem Kopf ihrem Schicksal ergibt.

Insgesamt gesehen ist es recht schwierig, den Stellenwert dieser Gefäße im Umfeld der Grabmonumente richtig zu bewerten. Die technische Ausführung spricht für einen hohen Anspruch und auch die Reliefs sind teilweise von guter Qualität. Was dagegen die Bildkomposition und -verteilung der Szenen betrifft, so unterlagen sie im Laufe der Jahrzehnte gewissen Veränderungen, die besonders für die Interpretation der im Grabkult des klassischen Athen kommunizierten Inhalte wichtig sind. Während die erhaltenen Exemplare des 5. Jhs. v. Chr. – so auch die Lekythos der Myrrhine – durchaus erzählende Darstellungen abbilden, verflacht die Bildkomposition im Laufe des 4. Jhs. v. Chr. zusehends; die Bilder werden immer vignettenhafter und statischer – selbst die Gefäße werden zunehmend unter Bevorzugung einer Ansichtsseite gefertigt. Die bildliche Darstellung zeigt schließlich nur noch den oder die Verstorbene, ohne ihn/sie dabei in einen größeren Kontext einzubinden – im selben Maße fungieren die ihn/sie umgebenden Figuren eher als Schmuck und Rahmung denn als handelnde Personen. Die Abschiedsszene mit einem sitzenden Verstorbenen wird zunehmend zum alles beherrschenden Bildmotiv (Abb. 90), was zum einen für einen Rückgriff auf ein bestehendes Formenrepertoire spricht, zum anderen beweist, dass es immer mehr nur noch um den rein dekorativen Charakter ging. Nicht zuletzt fügt sich in diese Beobachtung auch die Tatsache, dass die Gefäße nur noch eine Ansichtsseite tragen. Ebenso scheint – soweit man es anhand von Resten nachweisen kann – die Farbigkeit der Lekythen in der Spätzeit an Bedeutung zu gewinnen. Unter Berücksichtigung all dieser Fakten könnte man daher zunächst einmal vermuten, dass die Marmorlekythen grundsätzlich als sekundäre Dekoration von Gräbern fungierten, allerdings sprechen die Darstellungen und die Inschriften dagegen. Die Reliefs auf den Lekythen beziehen sich stets auf bestimmte Verstorbene, die auch namentlich genannt werden. Insofern dienten sie mit Sicherheit als wesentliches Grabmal, auch wenn diese Funktion in der Spätzeit nicht mehr in jedem Fall gewahrt gewesen sein mag.

Im Rahmen einer Betrachtung der Bestattungssitten und -bräuche bilden diese Gefäße folglich eine Gattung, die sowohl durch ihre Darstellungen als auch ihre Kunstfertigkeit die Bedeutung des Grabmals und des Verstorbenen widerspiegelt, auch wenn ihr Stellenwert im Vergleich zu anderen Objektklassen nicht ganz so hoch gewesen sein mag.

Wie so viele andere Grabmäler fielen auch diese Gefäße letztlich den attischen Grabluxusgesetzen zum Opfer. Nichtsdestotrotz bildet Attika die wichtigste Quelle sepulkraler Monumente und Dokumente, über die wir aus dem klassischen und auch antiken Griechenland insgesamt verfügen.

Abb. 90: Marmorlekythos der Myrrhine (Athen, Nationalmuseum)

7.1.3 Italien und das Römische Reich

Wenn man sich vom griechischen Mutterland entfernt, stößt man im griechisch geprägten Unteritalien auf eine Produktionsregion von Keramik, die zwar letztlich keine der attischen Vasenkunst gleichwertigen Erzeugnisse hervorbrachte, deren Ware aber dennoch durch ihre Vielfältigkeit und Qualität besticht. Die griechischen Städte Unteritaliens, allen voran Tarent, dürften wohl die treibende Kraft hinter dieser Industrie gewesen sein; allein in Apulien wurde etwa die Hälfte der heute um die 25 000 erhaltenen unteritalischen Vasen gefertigt. Daneben stellen vor allem Werkstätten in Lukanien, Kampanien und auch Sizilien bedeutende Produktionsorte dieser Gefäße dar.

Die zwischen 430 und 300 v. Chr. tätigen Ateliers produzierten verschiedenste Gefäße, deren Stil heute zumeist nach dem prägenden Zentrum als „apulische Vasenmalerei“ bezeichnet wird. Es handelt sich dabei um einen figürlich dekorierenden Stil, der formal zunächst der Vasenmalerei attisch-rotfiguriger Prägung folgte, im Laufe des 4. Jhs. v. Chr. dann aber seine charakteristische Farbigkeit entwickelte, die die apulischen Vasen unverwechselbar macht. Die Anwendung der verschiedensten Farben – neben Rot und Gelb vor allem Weiß – verlieh den Darstellungen eine große Lebendigkeit und grenzte die Vasen gleichsam von anderen Erzeugnissen ab.

Die in den Ateliers gefertigte Ware zeichnet sich durch eine große Formenvielfalt aus; dabei umfasst das Repertoire einen Großteil der Gefäßformen, die wir bereits aus der attischen Vasenmalerei kennen, wenngleich es oft auch lokal unteritalische Einflüsse zeigt.

Neben kleinformatigen Gefäßen wie Tellern, Skyphoi oder Peliken sind es natürlich vor allem die großformatigen Kratere, Amphoren, Loutrophoren und andere Gefäße, die für die heutige Zeit besonders interessant sind, gewähren sie doch einerseits Einblicke in die hochentwickelte Töpferkunst Großgriechenlands, andererseits in die Vorstellungswelt ihrer Hersteller und Konsumenten.

Um die Funktion vieler dieser unteritalischen Erzeugnisse zu erschließen, ist es notwendig, ihre Merkmale genauer zu betrachten. Bereits formal deutet sich eine bestimmte Verwendung an: Verschiedene Gefäßformen der apulischen Vasen belegen, dass sie nicht für den alltäglichen Gebrauch gedacht waren, so zum Beispiel etwa die Rhyta, welche fast nie Gebrauchsspuren zeigen und zudem eine zum Trinken ungeeignete Mündung aufweisen. Bei anderen Gefäßen, wie beispielsweise Kantharoi, sind die Henkel entweder viel zu filigran oder auch von einer so ausschwingenden Form, dass das Trinken aus ihnen kaum möglich ist. Andere Gefäße wiederum sind entweder schier zu klein oder es mangelt ihnen an wichtigen praktischen Bestandteilen, so etwa zu beobachten bei den apulischen Situlen, die auf die Löcher zur Befestigung von Henkeln oder Trageschnüren verzichteten. Zu erwähnen sind auch die Loutrophoren, die in Apulien ebenfalls produziert wurden und wie in Attika zum größten Teil über keinen durchgehenden Boden verfügen. Sie scheiden also für den täglichen Gebrauch vollkommen aus. Gleiches trifft auf die apulischen Amphoren, Kannen und Hydrien zu – auch hier fehlt der Boden. All diese Beispiele machen deutlich, dass diese Gefäße keinem alltäglichen Zweck dienten, sondern im sepulkralen Bereich anzusiedeln sind, was zusätzlich noch dadurch untermauert wird, dass sich ein Großteil ihrer vielfältigen Darstellungen direkt oder auch indirekt auf das Jenseits bezieht.

Ein Krater des Ganymed-Malers in Basel mag dies veranschaulichen. Die Vase zeigt keine antiken Gebrauchsspuren und verfügt zudem über ein Bodenloch – sie ist damit formal als Grabvase zu identifizieren. Darüber hinaus ist das Gefäß reich mit figürlichen Szenen dekoriert, besonders wichtig sind hier die zwei Hauptdarstellungen.

Seite A zeigt im Halsbereich zunächst die in Ranken eingerahmte Büste einer Frau, neben der zwei Tauben in entgegengesetzte Richtungen fliegen. Im Hauptbild darunter ist ein Jüngling auf einem nach rechts galoppierenden Pferd dargestellt, der sich in einem Naiskos befindet – diese Naiskoi sind ein immer wiederkehrendes

Element auf den apulischen Vasen und dürfen eindeutig als Grabbauten angesprochen werden. Der Jüngling trägt einen kurz gegürteten Chiton, der farblich von einem purpurnen Kurzmantel kontrastiert wird, den er um den linken Unterarm geschlungen hat. Reiter und Pferd sind dabei komplett in Weiß angegeben. Links und rechts hängen über dem Jüngling zwei Hüte im Gebälk des Grabnaiskos, ein Pilos und ein Petasos, ferner befinden sich eine Tänie, zwei Blumen und ein Schwan im Naiskos.

Diese zentrale Darstellung wird links und rechts von jeweils zwei sitzenden Figuren eingerahmt. Auf der linken Seite hält oben ein weiterer Jüngling einen Muskelpanzer, der in Weiß und Gelb gemalt ist, und zwei Speere. Neben ihm befinden sich eine Blume und eine weitere Tänie. Unter diesem Jüngling sitzt eine Frau mit einem Fächer, zwischen diesen beiden Personen befinden sich eine Kanne und ein Salbgefäß, das auf dem Sockel des Naiskos steht; unter der Frau sieht man eine Phiale.

Auf der rechten Seite hält oben eine Frau eine geöffnete Kiste in der Hand und unter ihr befindet sich eine Weintraube. Vor ihren Füßen sieht man wiederum ein Salbgefäß, rechts unter ihr befindet sich ein weiteres Gefäß, das allerdings nur noch teilweise zu erkennen ist – wahrscheinlich eine Amphore. Darunter sitzt ein weiterer Jüngling, der zwei Lanzen hält, rechts neben ihm hängt ein weiterer Pilos. Ein Schild ist von rechts an den Sockel des Grabbaus gelehnt, weiter unten ist eine weitere Blume sichtbar.

Die zweite Hauptseite zeigt unter verschiedenen Palmettenornamenten am Hals eine in ihrer Figurenkonstellation sehr ähnliche Szene. Das zentrale Element bildet jedoch nicht, wie auf der gegenüberliegenden Seite, ein Grabtempel, sondern eine Grabstele, die mit einer schwarzen Tänie umwunden und von zwei weißen Tänien umgeben ist. An ihrem Sockel ist ein weiteres Salbgefäß angelehnt. Um sie herum beobachten wir wiederum vier Figuren, die jedoch, anders als auf Seite A, chiastisch vertauscht sind. Oben links hält eine Frau einen Kasten mit einer Tänie, darunter sitzt ein Jüngling mit zwei Speeren und einer Phiale. Oben rechts finden wir einen weiteren Jüngling, der einen Kranz hält, durch den eine Tänie geschlungen ist. In der linken Hand hält er einen großen Zweig, von dem eine Blumengirlande herabhängt. Darunter befindet sich wieder eine Frau mit einem Fächer, die zudem noch zwei übereinandergelegte Phialen hält. Um sie herum befinden sich ein Handspiegel und eine Strigilis (Abb. 91).

Der Krater bildet ein sehr eindrückliches Beispiel der diffizilen Grabsymbolik der apulischen Vasenmalerei, die über ein überaus großes Repertoire an bildlichen Darstellungen verfügte, wobei, wie auf dem beschriebenen Krater, bestimmte Elemente besonders vorherrschen. Das Basler Exemplar bietet dabei eine vergleichsweise leicht zu interpretierende Bildkomposition.

Die beiden Seiten des Gefäßes bezeugen dem Verstorbenen Ehre; dieser erscheint in einem tempelartigen Naiskos, leicht entrückt, was neben der Abgrenzung durch die Architektur zusätzlich durch die weiße Farbe angedeutet wird, in der er abgebildet ist. Im Rahmen von Deutungsversuchen wurde dabei in Betracht gezogen, dass es sich bei diesen Darstellungen lediglich um Statuen der Verstorbenen handeln könnte, aber angesichts der tiefgründigen Symbolik der Vasen scheint eher die durch die Farbe vermittelte Abgrenzung von den Lebenden das eigentliche Ziel dieser Darstellungen gewesen zu sein, zumal die Verstorbenen in den Szenen stets mit sich selbst beschäftigt sind, gleichsam von der sie umgebenden Bilderwelt gelöst.

Auf dem Krater in Basel erscheint ein einzelner Jüngling, aber auch Gruppen von zwei oder mehr Personen sind möglich. Diese widmen sich erfreulichen Tätigkeiten wie unser Jüngling, der in der Vorstellung des Malers (oder des Auftraggebers) über eine mit Blumen bedeckte Wiese reitet – dabei reicht eine minimale Angabe zweier Blüten völlig aus, um dem Betrachter dieses Bild vor Augen zu führen. Zudem deutet die Bewegung des Pferdes an, dass der Grabbau kein Gefängnis für den Toten darstellt, sondern dass dieser sich jederzeit aller gesetzten Begrenzungen entledigen kann. Dabei sind ganz verschiedene Szenen möglich, die den Verstorbenen in Bewegung, in Posen der entspannten Rast und dabei zeigen, wie er etwa seine Waffen präsentiert. Dabei vermitteln die Darstellungen oft einen Einblick, womit sich der Verstorbene zu Lebzeiten beschäftigt hat, wie man es auch auf unserem Krater an der stark mit Waffen versehenen Szenerie erkennen kann, die den Verstorbenen als Krieger ausweist. Daneben erinnern Szenen des Dialogs in den Naiskoi an die Bildwelten der attischen Grabreliefs, wie etwa Bilder der Handreichung und des Abschieds. Insgesamt wird dieser Bereich, mit dem nur die Domäne des Jenseits gemeint sein kann und der den Verstorbenen in einer Fülle von Abbildern in der Unterwelt zeigt, durch die Einbindung von Szenen in eine Grabarchitektur von den anderen Bildern auf den apulischen Vasen gelöst. Allerdings kann durchaus auch auf die Angabe von Grabarchitektur verzichtet werden, wenn der Verstorbene etwa in einem illusionären Umfeld inmitten von oft mythischen Szenen erscheint, die ihn gleichsam an ein anderes, ewiges Leben annähern, ihn im Umfeld von Göttern und Heroen platzieren oder sogar als Heros erscheinen lassen. Nicht zuletzt deswegen finden wir im Bereich des göttlichen Umfelds auf apulischen Vasen die chthonischen Mythen besonders häufig – an dieser Stelle sei nur daran erinnert, dass der Raub der Persephone durch Hades in der apulischen Vasenmalerei eine bedeutende Stellung einnimmt. Darüber hinaus galten Heroen wie Herakles und Perseus als Garanten der Unsterblichkeit, da sie sich trotz ihrer halbgöttlichen Herkunft letztlich den Platz im unendlichen Leben erstritten.

Nicht nur die Verstorbenen, sondern auch die Hinterbliebenen sind auf den apulischen Vasen vertreten, waren sie doch letztlich diejenigen, die der Werkstatt den Auftrag dazu erteilten, eine Grabvase zu fertigen. Auf dem Basler Krater sind sie in den Rollen der jeweils vier Figuren

Abb. 91: Apulischer Krater des Ganymed-Malers (Basel, Antikenmuseum und Sammlung Ludwig)

dargestellt, die dem Verstorbenen Ehre erweisen, indem sie Gaben an sein Grab bringen. Die Jünglinge und Frauen schmücken einerseits das Grab selbst, andererseits bringen sie dem Verstorbenen aber auch in seiner neuen, jenseitigen Welt Gaben dar. Dabei scheint es sich um relativ allgemein gehaltene Darstellungen zu handeln, die man mit dem Grabkult verbinden kann, wofür besonders die relativ emblemhafte Verwendung dieser Bilder spricht, wie sie auf dem Basler Krater und auf vielen anderen Gefäßen auftritt. Dennoch ist die Ausdrucksweise sehr tiefgründig.

Die sorgsame Abbildung verschiedenster Geschenke bis in jede Einzelheit und auch die Ausschmückung des Grabmals deuten auf eine spezifische Verbindung zwischen dem Toten und den Hinterbliebenen hin, man mag dies unter anderem daran erkennen, dass der Jüngling in seinem Naiskos zwei verschiedene Kopfbedeckungen zur Auswahl hat: den Pilos und den Petasos. Wenn man so will, kann man in den beiden Hüten Attribute der Dioskuren und des Hermes sehen; sowohl die Heroen – einer von beiden sterblich, der andere unsterblich – als auch Hermes als der Geleiter der Seelen in die Unterwelt weisen einen deutlichen Bezug auf die Unterwelt und das Jenseits auf. Inwieweit die Symbolik der unteritalischen Weise allerdings tatsächlich derart tiefgründig ist, kann man kaum entscheiden.

Unweigerlich fühlt man sich bei den Darstellungen der Gabenbringer an die attisch-weißgrundigen Lekythen erinnert, die ebenfalls eine solche Pflege des Grabmals und ein derartiges Gedenken an den Toten zeigen. Nur wurde diese Verbindung in der apulischen Vasenmalerei und auch angesichts der Massenproduktion dieser Vasen mit eher andeutenden als eindeutigen Mitteln ausgedrückt; dennoch ist sie wohl sicher verstanden worden.

Zudem deutet diese gewisse Ambivalenz in den Darstellungen der Gabenbringer an, dass sie als generelle Symbole für die Hinterbliebenen zu interpretieren sind und sich nicht auf spezifische Gruppen wie die Familie des Verstorbenen beziehen. Eventuell finden wir die Wurzeln für diese Art der Darstellung in den griechischen Kultgemeinschaften, denen die rituelle Fürsorge für den Toten und dessen Dasein in der Unterwelt angedacht war.

Sehr prononciert wird auch der Gegensatz zwischen Diesseits und Jenseits in den Darstellungen der apulischen Vasen greifbar, denn die Verstorbenen nehmen bei ihren verschiedenen Beschäftigungen niemals Notiz von den Gabenbringern und ihrer Sorgfalt. Damit wird eine unüberwindbare Distanz geschaffen und die Welten des Diesseits und des Jenseits werden voneinander getrennt.

Wenn auch die Bildwelten der apulischen Vasen in ihrer Gesamtheit noch viel umfangreicher und diffiziler sind, so vermag der Krater in Basel doch einen Großteil dieser Symbolik zu beweisen.

Derzeit kann man davon ausgehen, dass zwischen 40 und 50 Prozent der apulischen Vasen exklusiv als Grabvasen produziert wurden und nie einem anderen Zweck dienten, als dem Verstorbenen mit in sein Grab gegeben zu werden. Sowohl die technische als auch die künstlerische Prägung lassen darauf schließen, dass ein Großteil der Werkstätten in Apulien und Unteritalien auf diese Nachfrage reagierte und entsprechende Gefäße produzierte. Dabei ist es fast überflüssig, darauf hinzuweisen, dass das Gros der heute erhaltenen Vasen dieser Machart aus Gräbern stammt und somit zusätzlich unterstreicht, welche Bedeutung diese Objektklasse in diesem Rahmen hatte.

Einen solch hohen Stellenwert von Grabvasen können wir im Hellenismus und auch in der römischen Zeit bislang nicht nachweisen, wofür eine ganze Reihe von Faktoren ursächlich sein mag. Einerseits brachte die Massenproduktion von Keramik seit dem Hellenismus gewisse Rückschritte im Dekor der Vasen mit sich – über den in Hinblick auf figürliche Darstellungen weniger aufwendigen Gnathia-Stil, sparsam dekorierte Schwarzfirniskeramik und megarische Becher bis hin zur Terra sigillata lässt sich ein steter Rückgang der Vielfalt im Dekor dieser Gefäße beobachten. Auch wenn beispielsweise Waren wie die megarischen Becher oder die römische Terra sigillata umfangreiche Dekors aufweisen, so entstanden sie doch mithilfe von vorgefertigten

Matrizen und zeigen daher nur noch recht allgemeine, schablonenhafte und in vielfacher Wiederholung auftretende Bildmotive. Die Massenproduktion von Keramik wird demnach eine wesentliche Ursache dafür gewesen sein, dass der spezifische Gebrauch von Gefäßen im Grabkult zunehmend an Bedeutung verlor.

Unabhängig von der Massenproduktion scheint andererseits auch die generelle Nachfrage nach derartig speziellen keramischen Erzeugnissen zurückgegangen zu sein. Inwieweit sich daraus ein Wandel der allgemeinen Bestattungsriten ablesen lässt, kann hier nicht en détail geklärt werden. Fest steht, dass seit dem Hellenismus und besonders in römischer Zeit die Tendenz zu beobachten ist, dass die Keramik oft nur noch als sekundäre Grabbeigabe verwendet wurde. Gleichwohl kamen solche Gefäße nie völlig außer Gebrauch, nur wurden sie wesentlich weniger differenziert eingesetzt. So finden wir im Hellenismus beispielsweise reiche keramische Grabinventare im mittelitalischen und etrurischen Raum, ohne dass wir jedoch spezifische Aussagen darüber treffen können, wie diese Gefäße letztlich verwendet wurden. Das Einzige, was wir sagen können, ist, dass sie offensichtlich den Luxus und Status des Verstorbenen unterstrichen.

Hinzu kommt, dass sich die Keramiken nach Ende des 4. Jhs. v. Chr. auch formal nicht ohne Weiteres als Grabvasen identifizieren lassen, denn nur noch extrem selten finden wir Gefäße, die keine praktische Anwendung zuließen, indem sie etwa mit einem Bodenloch versehen worden.

Außerhalb des Römischen Reiches lässt sich hierbei etwas Interessantes beobachten: Oft werden Erzeugnisse römischer Töpferkunst etwa in germanischen Gräberfeldern gefunden – sie zeugen nicht nur von regen Handelskontakten, sondern auch davon, dass die römischen Produkte als Grabbeigabe einen gewissen Luxus darstellten und dem Verstorbenen offenbar zur Ehre gereichten. Freilich gab es auch andere Objekte wie Silbergeschirr, die einen größeren Stellenwert hatten, dennoch darf man nicht vergessen, dass Grabbeigaben in Form von Terra sigillata außerhalb des Römischen Reiches durchaus etwas Besonderes waren.

Im Römischen Reich selbst können wir vor allem in den Nordwestprovinzen eine gewisse Tendenz dahingehend feststellen, dass man dem Verstorbenen Gefäßkeramik in Form von Ess- und Trinkgeschirr mit ins Grab gab, besonders Schalen und Kannen waren gebräuchlich – allerdings nimmt die Zahl der Beigaben in vielen Provinzen zunehmend ab, in der Spätantike sind sie bisweilen auf einzelne Objekte begrenzt.

Die geschilderte Veränderung der Wertigkeit von Keramik im Grabkontext steht mit verschiedenen Prozessen in Verbindung, die sich seit dem Hellenismus und besonders in der römischen Kaiserzeit abzeichnen. Anders als etwa im klassischen Griechenland beobachten wir in römischen Bestattungen eine Entwicklung hin zu repräsentativeren Grabmälern, deren Außenwirkung die kultischen Aspekte und auch die Zahl an Grabbeigaben an Bedeutung übertrifft. Der Grabbau selbst wurde zunehmend wichtiger, wie wir es bei beispielsweise an den römischen Gräberstraßen in Rom und Pompeji sehen (s. Kap. 4.3). Daneben wurde auch großer Wert auf das Objekt gelegt, in dem man sich bestatten ließ, hier sprechen die römischen Sarkophage eine eindeutige Sprache (s. Kap. 5.3.2). In dieser Entwicklung hin zu mehr Außenwirkung verliert sich die Verwendung von Keramik im sepulkralen Bereich bis zu einem gewissen Grad. Nichtsdestotrotz liefern die Gefäßbeigaben weiterhin wichtige Erkenntnisse, wenn auch vornehmlich in Hinblick auf die Datierung der Bestattungen und die Handelswege der hellenistischen und römischen Antike.

Werfen wir ausgehend von Unteritalien noch einmal einen Blick zurück ins griechische Mutterland, so bleibt zusammenfassend festzuhalten: Im Griechenland der klassischen Zeit und besonders in Athen erlebte der Gebrauch von Grabvasen eine Blüte, die weder in den vorherigen noch den nachfolgenden Epochen erreicht wurde und uns heute bedeutsame Einblicke in die Vorstellungen und Rituale vermittelt, die die Griechen mit Tod und Sterben verbanden. Die Aussagekraft antiker Grabvasen insgesamt ist dabei noch wesentlich umfangreicher, als es hier geschildert werden konnte, jedoch mag dieses

Kapitel zumindest einen kurzen Einblick in diese umfassende Thematik gewährt und illustriert haben, welche große Bedeutung Keramik im Jenseitsglauben der antiken Hochkulturen beigemessen wurde und welchen Stellenwert diese Gefäße in der heutigen Forschung einnehmen.

7.2 Grabskulpturen

Antike Grabskulpturen gehören zu den monumentalsten Zeugnissen antiker Grabmäler und sind uns aus vielen Epochen überliefert. Sie fungierten sowohl als Kennzeichnung wie auch als Schmuck eines Grabes, zudem brachten sie den sozialen wie wirtschaftlichen Status der Verstorbenen zum Ausdruck.

Die Ursprünge der Verwendung von Grabskulpturen in den antiken Hochkulturen reichen weit zurück.

7.2.1 Ägypten

Bereits im Alten Reich Ägyptens finden wir eine vielfältige Verwendung von Skulpturen im sepulkralen Kontext. Dort hatte sich schon im Verlauf der 2. und 3. Dynastie die Aufstellung von Statuen in bestimmten sepulkralen Funktionen etabliert, wobei man auf bereits vorhandene Vorbilder in Form von Tempelskulpturen zurückgriff, diese jedoch neu definierte, indem man ihnen eine jenseitsbezogene Rolle zuschrieb.

Besonders in den Mastabas (s. Kap. 6.1) der hohen Beamten und Mitglieder der Königsfamilie wurden Statuen verwendet, die als Abbilder des *ka* (s. Kap. 1.1) des Verstorbenen fungierten und in speziellen architektonischen Strukturen, den sogenannten Serdabs oder Statuenhäusern, zur Aufstellung kamen. Diese Serdabs dienten im Rahmen des Totenkultes dazu, die *ka*-Statuen der Verstorbenen aufzubewahren und zu schützen, denn die Räume, entweder über oder unter der Erde angelegt, waren in sich abgeschlossen und nach ihrer Fertigstellung nicht mehr zugänglich.

Wichtiger noch als der Schutz war allerdings der rituelle Zweck der Statue wie auch des Serdabs, an dem lediglich in Augenhöhe der Statue kleinere Sichtöffnungen in Form von Löchern oder Schlitzen angebracht waren. Sie sollten es der Statue des Verstorbenen ermöglichen, am Kult teilzunehmen beziehungsweise ihn zu erfahren und von den Ritualen der Hinterbliebenen zu profitieren, wenn diese etwa Speisen und Getränke in der eigentlichen Grabkammer deponierten, in deren Nähe der Serdab üblicherweise stand. Oft befindet er sich im Grabkomplex auch hinter der Scheintür.

Damit der Verstorbene durch seine *ka*-Statue auch tatsächlich den Ritualen beiwohnen und Gaben in Empfang nehmen konnte, wurden diese Statuen als Ebenbilder ihrer Herren geschaffen, was für uns heute von beträchtlichem Vorteil ist, da es uns oft entscheidende Informationen liefert. Sie waren meist wenig individuell gearbeitet; wichtig war aber, dass sie mit dem Namen des Verstorbenen versehen waren. Selbst das überaus bedeutende Mundöffnungsritual wurde an ihnen durchgeführt. Durch diese Prozesse konnte die Statue als Stellvertreter des Verstorbenen agieren und so dessen Unsterblichkeit zusätzlich sichern. Vor diesem Hintergrund erklärt sich auch die Aufstellung der Statue im Schutz des Serdabs: Gerade weil sie als Stellvertreter des Verstorbenen und als „Hülle" von dessen *ka* fungierte, musste auch sie vor Zugriffen anderer geschützt werden.

Die Praxis, solche Statuen in Serdabs aufzustellen, gewann bereits seit der 3. Dynastie im aristokratischen Bereich immer mehr an Bedeutung, nach und nach nahm die Zahl der Statuen zu – beispielsweise konnten nun auch ganze Familien in dieser Form abgebildet werden.

Während der Genese dieser Skulpturen kristallisierte sich eine Vielzahl von kanonischen Darstellungsschemata heraus, die von den Bildhauern zunehmend perfektioniert wurden. Dabei entstanden zwei wesentliche und besonders wichtige Statuentypen: die Sitzstatue und das Standbild. Innerhalb der verschiedenen Formen von Grabstatuen bilden diese Varianten die bei Weitem beliebteste Gruppe.

Auch wenn ihre Verwendung im Wesentlichen auf das Umfeld privater Bestattungen beschränkt blieb, entstammt eines der frühesten und zugleich wichtigsten Beispiele dem Grabkomplex des Pharaos Djoser (2690–2670 v. Chr.) aus der 3. Dynastie. Gefunden wurde die Skulptur in einem Raum, der durchaus als Serdab interpretiert werden darf.

Die überaus qualitätvolle Statue des Königs, heute im Ägyptischen Museum Kairo, bildet Djoser in spezieller Tracht ab: Der Pharao ist sitzend auf dem Thron dargestellt, er trägt einen enganliegenden weißen Mantel, das Heb-Sed-Gewand, welches auf die Sed-Zeremonie verweist, die eine wichtige rituelle Festlichkeit darstellte. In diesem in Teilen noch rätselhaften Fest kann man einerseits so etwas wie ein Thronjubiläum sehen, andererseits dienten die Rituale auch dazu, die Macht des Pharaos zu erneuern und zu stärken, indem man etwa eine erneute Krönung des Herrschers durchführte. Daneben trägt der Pharao über der Stufenperücke das Nemes-Kopftuch, welches zum geläufigen Königsornat gehörte.

Die Skulptur war polychrom bemalt und zusätzlich verziert, so waren die Augen beispielsweise durch Kristalle hervorgehoben, während ihre Umrandung mit dunkler Farbe ausgeführt wurde. Das Weiß des Mantels kann man heute noch sehen, ebenso wie das Dunkelblau der Perücke oder das Braun der Haut. Das Gesicht des Königs weist andeutungsweise porträthafte Züge auf, wie etwa die großen Ohren oder die hohen Wangenknochen.

Die lebensgroße Kalksteinstatue des Djoser bildet in gewisser Weise eine Ausnahme, denn beim weitaus größeren Teil der erhaltenen Skulpturen handelt es sich – wie bereits erwähnt – um Werke aus dem privaten Bereich. Unter Umständen liegt dies darin begründet, dass die Könige weitaus umfassendere, mediale wie architektonische Möglichkeiten hatten, ihr Nachleben zu sichern, denkt man beispielsweise an die riesigen Grabkomplexe und Totentempel sowie die umfangreichen Pyramideninschriften dieser Zeit.

Spricht man vom privaten Bereich, so ist natürlich zu bedenken, dass die erhaltenen Exemplare von Grabstatuen innerhalb der höchsten Kreise der Beamtenschaft und darüber hinaus im Umfeld von Prinzen und Prinzessinnen vorkommen und dementsprechend vor allem in Mastabas und einigen Felsengräbern zu finden sind. Wie die Entwicklungslinien genau verliefen, kann aufgrund der lückenhaften Befundlage nicht endgültig geklärt werden. Grundsätzlich wurde – wie sich zeigte – richtig vermutet, dass es sich bei diesen Grabstatuen um eine ursprünglich für den königlichen Bereich entwickelte Skulpturengattung handelt. Dafür sprechen sowohl die Statue des Djoser als auch Abbilder verschiedener Mitglieder königlicher Familien. Doch wie ist der schnelle Übergang in den privaten Bereich zu erklären? Handelte es sich um eine Ehrung hoher Beamter durch den König, der die Erlaubnis erteilte, diese Grabstatuen zu verwenden, oder manifestiert sich hier eine alte lokale Tradition? Ersteres mag sicherlich zutreffen – so wird man davon ausgehen dürfen, dass die Beamten des Alten Reiches nicht in der Position waren, exklusiv königliche Medien ohne Rücksprache zu übernehmen. Dafür sprechen einerseits die den Königen vorbehaltenen Pyramidentexte, andererseits deutet die Beschränkung der Grabstatuen auf die Elite an, dass ihre Verwendung ein Privileg bedeutete, in dessen Genuss nur ausgewählte Personen kamen.

Die zweite Frage hingegen hinsichtlich einer lokalen Tradition trifft nur zum Teil zu, denn bislang konnte keine spezifische Ursprungsregion für die Verwendung von Grabstatuen festgestellt werden. Es scheint sich hier vielmehr um eine elitengebundene und funktionale Entwicklung gehandelt zu haben – so ist die Verwendung der Grabstatuen in deutlicher Art und Weise auf die Residenzen (zum Beispiel Sakkara, Abydos, Gizeh) beschränkt, nur selten finden wir Grabstatuen in der Peripherie und auch dann nur in Nekropolen der Elite.

Die funktionale Entwicklung der Grabstatuen ergibt sich aus deren Kontext: Stets sind sie in den Kult eingebunden. Wie oben bereits erwähnt, waren neben den Stand- insbesondere die Sitzstatuen wichtige Bestandteile des Totenkultes, ihnen war ein Teil der Opferhandlungen gewidmet, die im Grab des Verstorbenen stattfanden. Sie galten als „Hülle“ des *ka* des Toten, gaben ihm also eine wenngleich für die Handelnden des Totenkultes nicht vollständig sichtbare

Gestalt – die Aufstellung in einem Serdab garantierte dem Verstorbenen die Teilnahme seines Abbildes am Kult (und so seine Versorgung) und schützte dieses Abbild gleichermaßen. Dabei ist zu bedenken, dass die Statuen nicht die Verstorbenen selbst darstellten, sondern nur den Teilaspekt ihrer Seele abbildeten, dem der Grabkult zukam – sie waren also letztlich ein Medium der Kommunikation zwischen den Hinterbliebenen und den Toten.

Bei dem zweiten wesentlichen Typus, dem Standbild, ist es etwas schwieriger, seine Rolle im Kult zu definieren, da die Überlieferungslage hier nicht ganz so eindeutig ist; selten können wir den genauen Aufstellungsort der Skulpturen rekonstruieren. Dennoch kann man davon ausgehen, dass auch sie dem Grabkult gewidmet waren, denn wenn sie auch nicht ausschließlich aus Serdabs stammen, die sich oft in der Nähe der Scheintür einer Mastaba befanden, so kommen sie jedoch zumindest aus den Nekropolen und dort aus der Nähe von Kultbereichen, soweit wir es heute beurteilen können.

Oft wurde mit dem Statuentypus selbst argumentiert: Während die Sitzstatuen die Anwesenheit des Verstorbenen beim Versorgungskult im Grab versinnbildlichen, ihn gleichzeitig aber den Lebenden entziehen sollten, handele es sich bei den Standbildern um eine Weiterentwicklung. Der Verstorbene sei hier nicht in seiner bloßen Anwesenheit als Empfänger des Kultes wiedergegeben, sondern als Entität, die bereits Besitz von ihrem vollständigen *ka* ergriffen hat und in das unendliche Nachleben eingetreten ist, wo sie den Grabbau ihrem eigenen Willen entsprechend verlassen und betreten kann. Für diese These sprechen die bewegte Haltung und der aufrechte Stand dieser Statuen, die eine wesentlich größere Dynamik suggerieren als die Sitzfiguren.

Gleichwohl blieben beide Versionen besonders im Alten und Mittleren Reich in Gebrauch – erst mit dem Ende der Mastabas in der 12. Dynastie scheint ein gewisser Niedergang dieser spezifisch gebrauchten Grabstatuen einherzugehen, auch wenn durchaus spätere Varianten dieser Grabstatuen existieren, die sich jedoch teilweise schwerer in einen Bestattungskontext einbinden lassen als die früherer Epochen. Zudem sind sie auch wesentlich kleiner als die Grabskulpturen des Alten Reiches.

Vieles ist im Bereich der altägyptischen Grabstatuen noch unklar, beispielsweise das rasche Verschwinden von Grabstatuen aus dem königlichen Umfeld oder ihre genaue Typologie. Die Überlieferungslage ist derzeit noch lückenhaft, letzten Endes können nur Neufunde weitere Informationen liefern. Die – wie die Standstatuen zeigen – nicht immer entscheidende Funktion eines Serdabs im Grabkontext könnte beispielsweise dazu geführt haben, dass die Grabstatuen letztlich aus ihrem spezifischen Kontext gelöst und freiplastisch innerhalb der Nekropolen aufgestellt wurden.

Ebenso hatte die generelle Veränderung in den Grabmonumenten und Objekten mit Sicherheit einen erheblichen Einfluss auf die Entwicklung der Grabstatuen: Die Konzentration auf die Grabkammer selbst, ihre Dekoration und Beigaben sowie die Sarkophage führten dazu, dass die Grabstatuen im Laufe der Zeit an Bedeutung und Individualität verloren.

Besonders im Alten Reich jedoch erfreuten sich diese Skulpturen großer Beliebtheit und kamen in beträchtlicher Vielfalt vor, wie wir im Folgenden sehen werden.

Ein frühes Beispiel ist dabei insofern sehr interessant, als es eine Besonderheit aufweist. Es handelt sich hierbei um die Grabskulptur des Kaiputah und der Ipep, die um 1912 in dessen Mastaba in der Nekropole von Gizeh – unweit der Pyramide des Cheops – gefunden wurde. Die knapp 80 cm hohe Plastik befindet sich heute im Kunsthistorischen Museum in Wien. Die Mastaba wie auch die Skulptur können um 2400 v. Chr. datiert werden.

Die Besonderheit dieser Skulptur besteht in der Wiedergabe zweier Personen, des Grabinhabers und einer Frau, die namentlich in der Inschrift genannt werden. Mehr gibt die Inschrift jedoch nicht preis, so dass wir nicht genau wissen, wie die Verwandtschaftsverhältnisse der beiden ausgesehen haben. So kann Ipep sowohl die Ehefrau, die Schwester oder die Mutter des Kaipuptah gewesen sein. Es soll hier vorerst davon ausgegangen werden, dass es sich um die Gemahlin des Kaipuptah handelt, wofür die behutsame Verbindung sprechen würde: Ipep hält Kaipuptah an der Schulter fest und hat einen Arm um seinen Oberkörper geschlungen.

Was diese Skulptur in jedem Fall zeigt, ist die sich in Ägypten bereits früh abzeichnende Tendenz, Familienzugehörigkeiten auch in der Grabskulptur festzuhalten. Die beiden Verstorbenen werden stehend wiedergegeben, wobei Kaipuptah im Typus des Schreitens dargestellt ist, während Ipep mit geschlossenen Beinen still steht. Es handelt sich hierbei um eine typische Aufteilung, denn das dynamische Schema des Voranschreitens ist in dieser Zeit auf die Männer beschränkt, während die Frauen besonders durch ihre Gewänder und ihren Schmuck charakterisiert sind. Der Verstorbene trägt lediglich ein kurzes Gewand, wohingegen seine Frau mit einem knöchellangen Gewand bekleidet ist.

Darüber hinaus gibt die Polychromie ein weiteres Kriterium preis, nach dem die Geschlechter unterschieden wurden: Während die Haut des Mannes – wie bei Pharao Djoser – bräunlich koloriert ist, finden wir auf den Hautpartien der Ipep Reste von weißer Farbe. Zudem ist Ipep um einiges kleiner dargestellt als Kaipuptah, wobei dies jedoch kein allgemeines Merkmal der Differenzierung ist, kann es doch durchaus vorkommen, dass etwa Prinzessinnen größer dargestellt sind als ihre Brüder oder anderen Verwandten.

Zur Stabilisierung der Skulptur wurde im Rücken der beiden Statuen ein großer Bereich des Kalksteinblocks stehen gelassen, aus dem sie gemeißelt wurden – dies ist eine Eigenschaft, die nahezu alle ägyptischen Standbilder teilen.

Insgesamt bleibt festzuhalten, dass die Grabskulptur die bereits in der 5. Dynastie differenzierte Verwendung von Grabstatuen in den Kreisen der Beamtenschaft zeigt, wie sie oben geschildert wurde.

Der hohe Beamte Anch-Userkaf, ebenfalls der 5. Dynastie zugehörig, ließ sich allein abbilden. Gefunden wurde die knapp über 1 m hohe Kalksteinstatue, die sich heute im Liebieghaus in Frankfurt befindet und in die Regierungszeit des Pharaos Sahure (ca. 2433–2413 v. Chr.) datiert wird, in der Nekropole von Abusir.

Die ebenfalls polychrom vorzustellende Skulptur zeigt Anch-Userkaf im Schema des Voranschreitens, beide Arme sind an den Körper gelegt – wie auch bei der Statue des Kaipuptah und der Ipep scheint der Verstorbene etwas in den Händen zu halten. Es handelt sich hierbei jedoch lediglich um das Innere der Hand, das sehr oft nicht herausgemeißelt wurde, höchstwahrscheinlich, um Beschädigungen oder Abbrüche an den Händen zu vermeiden.

Auch bei Anch-Userkaf dient ein großer Teil des Kalksteinblocks als Stütze der Skulptur, wobei er darüber hinaus als Träger einer längeren Inschrift fungiert, die den Verstorbenen als Hohen Priester der Löwengöttin Seret und gleichzeitig als königlichen Aufseher, das heißt Bauleiter königlicher Architektur ausweist – auch hierin zeigt sich, dass das Recht, eine Grabstatue aufzustellen, auf die Eliten des Alten Reiches beschränkt war (s. o.).

Ungewöhnlich ist die knapp 80 cm hohe und aus Kalkstein gefertigte Grabstatue des Snofrunefer, die sich heute im Kunsthistorischen Museum Wien befindet. Sie stammt aus der Nekropole von Gizeh und gehört wie die zuvor genannten ebenfalls in die Zeit der 5. Dynastie, genauer gesagt in einen Zeithorizont um 2400 v. Chr.

Wie bei den anderen Statuen wird auch hier die Darstellung des voranschreitenden Verstorbenen im Rücken durch einen Rest des Kalksteinblocks stabilisiert. Ebenso ist der innere Bereich der Hände nicht ausgearbeitet.

Im Gegensatz etwa zu Anch-Userkaf, der einen enganliegenden Lendenschurz trägt, ist Snofrunefer jedoch nackt dargestellt. Abbildungen von Nacktheit waren in Ägypten alles andere als üblich und stellen unter den erhaltenen Skulpturen einen sehr geringen Teil dar – zudem war Nacktheit zumeist Darstellungen von Kindern vorbehalten, so dass die Zahl an nackten Skulpturen erwachsener Menschen noch weiter zurückgeht. Über die Gründe hierfür kann man lediglich Vermutungen anstellen. Zumeist wird davon ausgegangen, dass in der abgebildeten Jugendlichkeit und Nacktheit des Verstorbenen auf dessen auch im Tode ungebrochene Lebenskraft hingewiesen wird und dass sie die Hinterbliebenen an ihn in ebendieser Lebenskraft erinnert. Dem scheint allerdings das Konzept einer Deutung zugrunde zu liegen, wie sie zumeist für die archaischen Grabplastiken in Anspruch genommen wird (s. Kap. 7.2.2) – eine Interpretation, die einerseits aufgrund der zeitlichen Distanz nicht ohne Risiko ist, andererseits aufgrund der Tatsache, dass hier die einen absoluten Sonderfall darstellenden unbekleideten Standbilder Ägyptens mit den archaischen männlichen Statuen verglichen werden, bei denen die Nacktheit durchaus die Regel ist.

Wenn man hingegen gezieltere Überlegungen anstellt, so verbindet sich die hier abgebildete Nacktheit des Snofrunefer durchaus mit der Idee der körperlichen Verjüngung des Verstorbenen nach seinem Übertritt in das Nachleben. Darüber hinaus jedoch scheint sie ihn auch als seelisch „Gerechtfertigten" zu zeigen, der nach dem positiven Urteil der *maat* nackt und frei von Schuld sowie materiellen Dingen in das unendliche Nachleben eingetreten ist. Die materiellen Dinge erhielt er nach seinem Übertritt ins Jenseits von den Hinterbliebenen und/oder eigens dafür beauftragten Priestern, die verschiedenste Gegenstände bereitstellten oder regelmäßige Rituale durchführten, um den Verstorbenen zu versorgen. Genau zu diesem Zweck wurden auch die Gräber selbst mit Objekten, Dekorationen und Inschriften ausgestattet, auf die der Verstorbene dann zugreifen konnte.

Aufgrund der begrenzten Zahl an entsprechenden Statuen wird man einer erschöpfenden Erklärung jedoch momentan noch nicht näherkommen können. Wie die anderen Statuen, die hier kurz angesprochen wurden, so ist auch die des Snofrunefer ein Objekt des Grabluxus der Eliten des Alten Reiches – die Inschrift der Statue weist ihn als Aufseher der Sänger am königlichen Hof aus und somit als hohen Beamten des Hofstaates.

Die Verwendung von Grabstatuen in spezifischer Aufstellung wie auch die stilistische Genese des Standbildes grundsätzlich haben die folgenden Jahrhunderte antiken Kunstschaffens deutlich geprägt. Auch wenn diese Skulpturen bereits am Ende des Alten Reiches zunehmend aus ihrem eng begrenzten sepulkralen Kontext herausgelöst wurden, so blieb das Motiv des Standbildes doch bis zum Ende des ägyptischen Königreiches und weit darüber hinaus vorherrschend und wurde ständig weiterentwickelt und in vielerlei Funktion genutzt.

7.2.2 Griechenland

In Griechenland etablierte sich im Verlauf der Archaik die Herstellung großer rundplastischer Marmorbildnisse von Jünglingen und jungen Mädchen, den Kouroi beziehungsweise Korai.

Mögen diese Statuen auch in mancher Hinsicht an die minoisch-mykenische Kunst und die Kunst des Vorderen Orients erinnern, so führen ihre Wurzeln doch bis zu einem gewissen Grad in das Alte Reich Ägyptens zurück – die Entwicklung monumentaler Freiplastik als solche scheint in besonderem Maße unter der Inspiration Ägyptens verlaufen zu sein, wie die Beispiele im Folgenden deutlich machen werden. Darüber hinaus durchliefen diese freiplastischen Bildnisse in der griechischen Archaik eine umfangreiche und regional differenzierte Genese, deren Höhepunkt im 6. Jh. v. Chr. liegt.

Neben der diffizilen und viele Vorbilder beinhaltenden Entwicklung der archaischen Plastik ist es vor allem die Verwendung von Großplastik im Grabkontext, die uns hier interessieren soll. Dabei sei angemerkt, dass sich die Verwendung dieser Bildnisse generell auf zwei Bereiche erstreckt. So wurden Statuen von Jünglingen und Mädchen aus der archaischen Zeit sowohl in Heiligtümern als auch im Grabkontext gefunden, was beweist, dass sie sowohl als Weihgeschenke an die Götter wie auch als Grabstatuen fungierten. Im Folgenden sollen jedoch nur Skulpturen besprochen werden, deren Aufstellung im sepulkralen Kontext gesichert ist.

Die archaischen Kouroi stellen rein formal eine Gruppe von Skulpturen dar, die unbekleidete Jünglinge in einem geläufigen Stand-/Schrittschema zeigen, das sich grundsätzlich nicht ändert. Das linke Bein ist – wie bei den ägyptischen Standbildern – nach vorn gesetzt, beide Hände liegen am Körper an und sind geschlossen.

Zunächst tragen die Jünglinge langes, über die Schultern fallendes Haar, im Verlauf der Spätarchaik ist auch eine kürzere Haartracht möglich. Sie zeigen das sogenannte archaische Lächeln, das auf verschiedenste Art und Weise interpretiert wurde: als Ausdruck der Fähigkeit zur Gemütsäußerung, der Freude am Dasein oder der über den Tod hinaus andauernden Existenz des Individuums. Letztlich wird man es wohl nicht endgültig deuten können.

Die stilistische Ausführung dieser Skulpturen wird im Laufe der Archaik immer ausgereifter, so werden etwa die Darstellungen des Körpers und der Physiognomie zunehmend realistischer. Zudem muss man sich die Skulpturen polychrom vorstellen, was ihre Wirkung auf den Betrachter in der Antike mit Sicherheit beträchtlich verstärkt haben wird.

Stellvertretend für die Gruppe einer bereits entwickelten Kourosskulptur der Hocharchaik sei hier der Kouros von Tenea angeführt, der auch als „Teneat" bezeichnet wird.

Die Skulptur, heute in der Münchner Glyptothek, wurde nach ihrem Fundort Tenea in der Nähe von Korinth benannt, wo sie als Krönung eines Grabes aufgestellt war. Sie zeigt die bekannten Schemata: Der nackte Jüngling steht in relativ starrer Haltung, das linke Bein jedoch nach vorn gestellt, beide Arme sind an den Körper angelegt, das Haar ist lang und fällt in Wellen über die Stirn bis auf die Schultern. Das typische „archaische Lächeln" verleiht dem Gesicht des Kouros eine gewisse Lebendigkeit.

Insgesamt weist die Skulptur zwar eine noch relativ stark geprägte Symmetrie und Frontalität auf, ist aber im Unterschied zu den oben besprochenen Statuen aus Ägypten (s. Kap. 7.2.1) deutlich weiterentwickelter, sie steht frei, denn auf den Stützpfeiler in ihrem Rücken wurde verzichtet. Dadurch wird die Skulptur in sich wesentlich dynamischer und erscheint beweglicher, sie wirkt „freier" und kann trotz Betonung der Frontalansicht von allen Seiten betrachtet werden.

Etwas später datiert die Statue des Kroisos, die aus Anavyssos in Attika stammt und sich heute im Nationalmuseum Athen befindet.

Im Wesentlichen zeigt auch diese Skulptur die gleichen Parameter wie der Kouros von Tenea: Das Standschema ist das gleiche, wieder erscheint der Jüngling nackt, mit dem linken Bein vorgesetzt, die Arme an den Körper gelegt. Auch er trägt das Haar lang, allerdings ist es wesentlich feiner behandelt und fällt nur nach hinten über seine Schultern (Abb. 92).

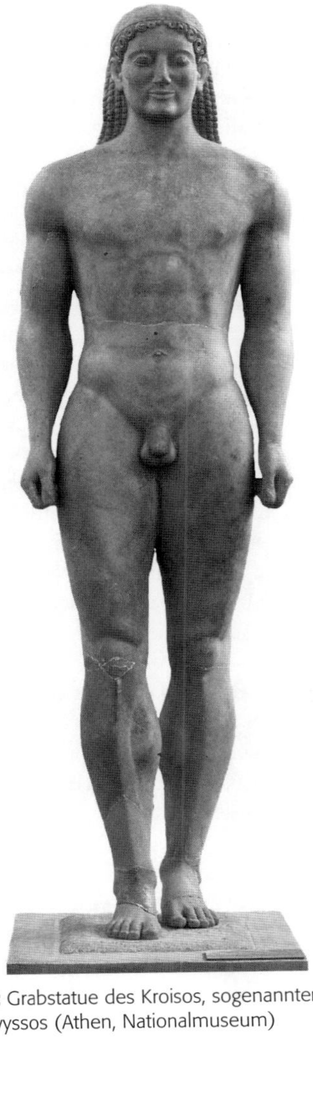

Abb. 92: Grabstatue des Kroisos, sogenannter Kouros von Anavyssos (Athen, Nationalmuseum)

Aufgrund der Art und Weise, wie das Haar wiedergegeben wurde, sowie anderer stilistischer Feinheiten, beispielsweise der etwas naturalistischeren Ausführung der Körperpartien und der Physiognomie, kann der Kouros in die Zeit um 530 v. Chr. datiert werden.

Während der Kouros von Tenea nur durch seine Fundumstände als Grabfigur zu deuten ist, wird diese Verwendung bei der Statue des Kroisos zusätzlich durch ein Grabepigramm auf der Plinthe bewiesen, das den Betrachter des Grabmals in der üblichen Weise anspricht: „Bleibe stehen und trauere beim Grabmal des toten Kroisos, den unter den Kämpfern der vordersten Linie hinweggerafft hat der ungestüme Ares."

Auf welche Schlacht sich dieses Epigramm bezieht, wissen wir nicht, jedoch ist damit die formale Funktion der Statue eindeutig ermittelt.

Als spätarchaisches Beispiel sei der Kouros des Aristodikos genannt, der im Allgemeinen um 500 v. Chr. datiert wird. Zwar zeigt auch er denselben statuarischen Grundtypus, aber insgesamt ist die Darstellung wesentlich weiterentwickelter, so sind die Muskelpartien realistischer und weniger symmetriebetont wiedergegeben und die Arme weiter vom Körper entfernt. Auch die Physiognomie der Statue erscheint reifer und naturalistischer; das „archaische Lächeln" beispielsweise ist nur noch sehr dezent angegeben. Ebenso hat man sich von der kanonischen Langhaarfrisur getrennt, der Kouros trägt das Haar kurz im Typus eines Palästriten – diese Frisur wird für die folgenden Epochen der griechischen und auch römischen Kunst von erheblicher Wirkkraft sein.

Die Inschrift weist die Skulptur als Darstellung des Aristodikos aus, eines nicht näher zu bestimmenden Inhabers eines Grabes in der Nähe von Mesogeia in Attika. Auch hier ist der Bestattungskontext der Statue gesichert.

Die plastischen Bildnisse von Mädchen, die Korai, zeichnen sich durch eine wesentlich differenziertere Darstellung aus. Sie sind immer bekleidet, typische Gewänder sind entweder die Kombination aus Chiton und dem ionischen Schrägmäntelchen oder auch der Peplos.

Während es bei den Kouroi um die Darstellung der Nacktheit ging (zu Fragen der Deutung s. u.), stehen bei den Korai dagegen vielmehr die weibliche Anmut und Schönheit im Vordergrund der Formgebung. Zu erkennen ist dies etwa an der teilweise sehr feinen Behandlung der Gewänder (zum Beispiel mit verschiedenen Ornamenten wie Mäandern), den detailgetreu geschaffenen Frisuren und an vielfältigen anderen Attributen wie Kronen, Diademe, Schmuck oder andere Gegenstände.

Die Koren muss man sich wie die Kouroi polychrom bemalt vorstellen – neben den Gewändern und dem Schmuck ergab sich für die Künstler damit eine zusätzliche und noch wesentlich bessere Möglichkeit, den Blick des Betrachters auf die Statuen zu lenken. Ungeachtet dessen folgen auch die Koren den kanonischen Darstellungsprinzipien ihrer Zeit: Sie zeichnen sich durch eine gewisse Starrheit aus und zeigen das „archaische Lächeln" – auch sie folgen einer grundsätzlichen stilistischen Entwicklung, die von einem immer größer werdenden Maß an Naturalismus in der Darstellung geprägt ist.

Die Kore der Phrasikleia bildet ein hervorragendes Beispiel für die Korai als Grabskulpturen. Bereits ihre Entdeckungsgeschichte beziehungsweise Zuordnung ist interessant: Schon seit dem 18. Jh. war eine Statuenbasis bekannt, die als Spolie in einer Kirche in Merenda (Myrrhinous) in Attika verbaut war. Im Jahr 1968 wurde dieser Block schließlich entfernt und in das epigraphische Museum in Athen gebracht. 1972 wurden bei Grabungen in Myrrhinous, wenige Hundert Meter von der Kirche entfernt, zwei offenbar rituell bestattete Statuen gefunden, ein Kouros und eine Kore, die stilistisch unzweifelhaft zusammengehören (Abb. 93). Man stellte sofort eine Verbindung mit der Statuenbasis her und in der Tat passten Reste der aus Blei gefertigten Anstückung der Kore in die Aussparung auf der Basis, so dass die Zusammengehörigkeit von Inschriftenbasis und Kore gesichert werden konnte.

Die Statue des Mädchens ist überlebensgroß (über 2 m), gekleidet ist sie in einen langen Chiton, der überaus sorgfältig mit Mäandern und Blumen verziert ist. Da die Füße zum Teil unter dem Chiton herausschauen, erkennt man die fein angegebenen Sandalen, die das Mädchen trägt.

Mit der rechten Hand rafft sie ihr Gewand und in der linken, die sie vor ihrer Brust verschränkt hat, hält sie eine ungeöffnete Blumenknospe, höchstwahrscheinlich eine Lotosblüte. Auf dem Kopf trägt sie eine stilisierte Krone aus Blüten, hinzu kommen Schmuckstücke wie Ohrringe, eine Halskette und zwei Armreifen.

Verschiedene Farbreste haben sich an der Skulptur erhalten, so dass sie, ebenso wie die bisher besprochenen Bildwerke, in bunten Farben vorzustellen ist – beispielsweise war ihr Chiton rot und weiß, wobei die Schmuckelemente des Gewandes gesondert hervorgehoben waren.

Stilistisch folgt die Statue der typisch hocharchaischen Formgebung, so ist das „archaische Lächeln" stark ausgeprägt, zudem ist der Faltenwurf des Gewandes sehr dezent und symmetrisch angegeben. Ebenso ist die Frisur zwar sehr fein gearbeitet, weist aber dennoch eine Blockhaftigkeit auf, die die Skulptur zusammen mit den anderen stilistischen Eigenheiten um 550/540 v. Chr. datiert.

Abb. 93: Grabstatue der Phrasikleia und ihres Bruders (Fundsituation; heute in Athen, Nationalmuseum)

Gestützt wird die zeitliche Einordnung durch die Buchstabenformen der Inschriften an der Statuenbasis. Die Künstlerbeischrift auf der Seite der Basis bestimmt die Skulptur als das Werk des Bildhauers Aristion von Paros, die Hauptinschrift weist die Kore eindeutig als Grabstatue aus: „Grabmal der Phrasikleia. / Kore [Mädchen] soll ich gerufen werden / für immer, anstatt der Heirat / [ist dies mein] von den Göttern / gegebener Name."

Die Inschrift ist nicht nur deshalb wichtig, weil sie die Verwendung der Phrasikleia als Grabstatue belegt, sondern zudem auch eine Aussage enthält, die uns Hinweise zur Deutung solcher Statuen im Grabkontext gibt. Dem Text zufolge war die Verstorbene unverheiratet.

Man könnte nun davon ausgehen, dass Statuen dieser Art generell unverheiratet Gestorbene wiedergeben, allerdings reicht die Quellenlage derzeit nicht aus, um diese Interpretation zu stützen. Viel wichtiger scheint daher die Anrufung der Phrasikleia als Mädchen, die für immer beibehalten werden soll – hier deutet sich eine Grabsymbolik an, wie sie auch für die Grabkouroi in Anspruch genommen werden kann: Die Statuen symbolisieren grundsätzlich die immerwährende Jugend der Verstorbenen und stehen so sinnbildlich für das Leben nach dem Tod in der Unvergänglichkeit der Jugend. Dabei treten die Jünglinge in ihrer als athletisch oder heroisch zu interpretierenden Nacktheit auf und die Mädchen in ihrer Weiblichkeit, die sich vor allem in den reich geschmückten Gewändern und den vielen Schmuckstücken äußert.

Inwieweit sich die Grabstatuen auf das Alter der Verstorbenen beziehen, lässt sich schwer beweisen; mitunter wurde erwägt, dass sie junge Verstorbene darstellen, deren Verlust in der Familie stets als das schlimmste Schicksal galt. Nichtsdestotrotz wird man hier wohl zu keiner endgültigen Lösung kommen, denn die Jugendsymbolik dieser Statuen kann sich durchaus auch auf ältere Verstorbene bezogen haben.

Die wenigen erhaltenen gesicherten Grabinschriften in Verbindung mit Kouroi und Koren lassen keine spezifischen Aussagen über die Eigentümer der Gräber zu, ebenso spricht die gewisse Formelhaftigkeit in der Darstellung der Statuen eher für ein allgemein zu interpretierendes Jugendbild – zumal solche Statuen auch in Heiligtümern geweiht wurden und so auch außerhalb des sepulkralen Kontextes Verwendung fanden. Im Kern versinnbildlichen die Skulpturen von Jünglingen und Mädchen ihre Jugendlichkeit, an die mit ihren Statuen auf den Gräbern erinnert werden sollte.

Gegen Ende der hocharchaischen Epoche verlieren die Grabstatuen zunehmend an Bedeutung und werden schließlich mit Beginn der griechischen Klassik von anderen Grabmälern abgelöst – es handelt sich also um ein Phänomen, das auf den ägyptischen und griechisch-archaischen Kulturkreis beschränkt zu sein scheint. In den der Archaik nachfolgenden Epochen verlagert sich das Gewicht zunehmend hin zu anderen Grabmälern, beispielsweise sind in der Klassik und im Hellenismus Grabreliefs sehr bedeutend (s. Kap. 7.3) und seit dem Hellenismus und bis in die römische Zeit hinein gewinnt vor allem der Grabbau selbst an Bedeutung (s. Kap. 6). Zudem sind Sarkophage als Bestattungsform der Elite in römischer Zeit sehr weit verbreitet (s. Kap. 5.3).

7.3 Grabreliefs

Grabreliefs gehörten in der Antike zu den beliebtesten Grabmonumenten und sind nahezu in allen Epochen greifbar. Sowohl die Gründe hierfür als die Grabreliefs der einzelnen Regionen und Zeiten selbst sollen im Folgenden in aller Kürze untersucht werden. Dabei sei vorausgeschickt, dass gewisse Elemente – wenn auch in vielerlei Ausprägung – immer wieder auf den Grabreliefs erscheinen. Das zentrale Element ist dabei die bildliche Darstellung, die ganz unterschiedlich ausfallen kann, wobei die gewählten Motive stets im Umfeld der Verstorbenen angesiedelt sind. Zumeist sind diese selbst dargestellt, über die Zeiten hinweg entweder als rein formale Abbilder oder eingebunden in einen gewissermaßen erzählenden Kontext, verschiedene Handlungen ausführend. Dabei erscheinen die Toten in nahezu jedem Fall in idealisierter Form, etwa im jugendlichen Alter oder in Rollen, die sie in ihrem Leben wohl so nicht immer ausgefüllt haben. Dies kann sich auf sozialen Status, weltlichen Reichtum oder die *pietas* den Göttern gegenüber beziehen.

Das zweite wichtige Element eines Grabreliefs sind die Inschriften. Sie enthalten zahlreiche Informationen, wobei diese sich stets auf den Verstorbenen beziehen, und können je nach Epoche, finanziellen Möglichkeiten und künstlerischen Prinzipien stark in Stil und Umfang variieren. Die einfachste Form besteht in der Nennung des Namens, die umfassendere hingegen gibt umfangreiche Informationen über das Leben und die Taten der Verstorbenen preis und/oder kann in poetischer Form formuliert sein, wie es etwa beim Grabepigramm der Fall ist (s. Kap. 7.5). Zwar sind Inschriften auf Grabreliefs die Regel, dennoch verfügen wir auch über Beispiele, bei denen auf eine Inschrift verzichtet wurde.

Formal können Grabreliefs von sehr verschiedener Gestalt sein, das Spektrum reicht von Scheintüren im Alten Ägypten und immer beliebt bleibenden Stelen bis hin zu reinen Reliefs oder architektonische Formen wiedergebenden Hochreliefs, die etwa Grabnaiskoi nahestehen. Immer wieder müssen wir auch davon ausgehen, dass stark mit Kolorierung gearbeitet wurde, verschiedenste erhaltene Farbreste deuten darauf hin, dass wir uns die Reliefs in teilweise recht bunten Farben vorstellen müssen.

Insgesamt sind die Vielfalt der Reliefs und die Bandbreite ihrer Gestaltung nahezu unbegrenzt, daher sollen auf den folgenden Seiten charakteristische Beispiele aus verschiedenen Epochen angeführt und im Detail besprochen werden.

7.3.1 Ägypten

Sepulkrale Reliefs sind bereits aus sehr früher Zeit überliefert – schon im Alten Ägypten der 1. Dynastie stehen sie an allererster Stelle. Exemplarisch sei hier die Stele des Horus Djet vorgestellt.

Der Pharao Horus Wadji (oder Djet) wurde in einer in den Boden eingelassenen Lehmziegelgruft mit verschiedenen Nebenräumen in der Nekropole von Abydos bestattet (sogenanntes Grab Z). Aus diesem Grab stammt auch eine einfache Reliefstele, die jedoch in bereits sehr feiner Ausarbeitung den Königsnamen des Pharaos nennt: In der hieroglyphischen Darstellung finden wir unten zunächst das königliche Serech, das stets in Form einer stilisierten Palastfassade auftritt und so signalisiert, dass sich die folgenden Symbole auf das königliche Umfeld beziehen. Über dem Serech ist eine Schlange dargestellt und darüber ein Falke (Abb. 94). Aus den letzten beiden Bestandteilen setzt sich der sogenannte Horusname des Pharaos zusammen und bildet so den Namen Horus Wadji oder Horus Djet, Horus „Schlange".

Abb. 94: Grabstele des Horus Wadji, aus Abydos (Paris, Musée du Louvre)

Die Horusnamen stellen den ältesten Bestandteil der ägyptischen Königstitulatur dar und sind in der Frühzeit des Reiches die einzigen greifbaren Königsnamen – sie spiegeln den alten Glauben, dass die Pharaonen die „Statthalter" und Stellvertreter des Horus auf Erden waren.

Ab der 4. Dynastie kommen immer mehr Elemente zur Titulatur hinzu, die die Pharaonen etwa mit Re oder Osiris verbinden. In der Frühzeit jedoch finden wir nur die Horusnamen, wobei man in unserem Fall die Schlange als Ruf- oder Eigennamen des Pharaos interpretieren kann, während Horus als Hinweis auf den Gott zu sehen ist. Der Name liest sich dann folgendermaßen: „Schlange, ein Horus".

Die Hieroglyphen sind durch eine feine Politur hervorgehoben und vom Untergrund abgesetzt; abgesehen von einem Bogen über dem Falken des Horus verfügt die Stele über keinen weiteren Schmuck oder Inschriften.

Mitunter wurde erwogen, die Stele zeitlich weit nach der Regierungszeit des Horus Djet (ca. 2902–2889 v. Chr.) anzusetzen, verschiedene Gründe sprechen jedoch eher für eine zeitnahe Datierung. Wir haben damit bereits zu Beginn des 3. Jts. v. Chr. eine qualitativ hochwertige Reliefkunst im königlichen Ägypten, die allerdings in ihrem bildlich-inschriftlichen Gehalt eher minimalistisch ausfällt.

Ein weiteres Stück aus der Frühzeit ist die Stele des Ser-Inpu, die wahrscheinlich um das Jahr 2850 v. Chr. zu datieren ist. Formal unterscheidet sie sich nicht von der Stele des Djet, auch sie nennt in der hieroglyphischen Darstellung lediglich einen Personennamen: Ser-Inpu, was so viel bedeutet wie „Anubis ist der/ein Fürst".

Unter der Hieroglyphe für Anubis, einem sitzenden Schakal, sind die Zeichen des Mundes und gefalteten Stoffes wiedergegeben, die für die Buchstaben R und S stehen und von rechts nach links gelesen das Wort „sr" ergeben, was so viel wie „Fürst" oder „Herrscher" bedeutet. Dieser Begriff ist zusätzlich mit einem interessanten Determinativ versehen: Unter dem „sr" ist ein stehender Mann abgebildet, was auf einen Männernamen hinweist. Zudem war der Mann offensichtlich kleinwüchsig, denn seine Arme und

Beine sind deutlich verkürzt. Solche Kleinwüchsigen gehörten in der Frühzeit offenbar zum Hof des Pharaos und wurden in Nebengräbern der königlichen Grablegen bestattet, meist in kleinen Kammergräbern. Mehrere Stelen dieser Art wurden in Abydos gefunden, ebenso Skelette kleinwüchsiger Menschen, so dass wir über eindeutige Beweise für deren Aufenthalt im Umkreis des Herrschers verfügen.

Bei unserer Stele handelt es sich um den Grabstein eines dieser „Hofzwerge", der wohl unter Horus Den, dem Nachfolger des Horus Djet (ca. 2889–2842 v. Chr.), lebte.

Die Ausführung der Stele reicht, der Position des Ser-Inpu gemäß, nicht an die königlichen Stelen heran, gewährt aber interessante Einblicke in den Hofstaat in der frühesten Phase des ägyptischen Königreiches.

Mit der Weiterentwicklung des Königreiches gewann auch die Reliefkunst erheblich an Verve, sowohl im königlichen wie im privaten Bereich finden wir sehr qualitätvolle Reliefs, die sich in puncto Darstellung und Inhalt bereits sehr weit von den frühesten Exemplaren entfernt haben. Als Beispiel aus dem Mittleren Reich sei das Grabrelief des Amenemhet und seiner Frau Kem hier vorgestellt.

Die Stele ist in zwei wesentliche Bereiche untergliedert: Eingefasst von einem Zierfries sowie der Hieroglyphe des Himmels enthält der Grabstein sowohl einen Bild- als auch und einen Inschriftenbereich. Im Bild sind der Verstorbene Amenemhet und seine Frau dargestellt, sie sitzen nebeneinander auf einem Stuhl mit sehr breiter Sitzfläche und Beinen, die denen eines Löwen nachempfunden sind. Kem hält ihren Mann an der linken Schulter und am rechten Arm fest, er selbst hält einen Stab und ein Stück Stoff in seinen Händen. Rechts neben ihnen befinden sich verschiedene Beigaben auf einem separaten Tisch, unter anderem ein Rinderschenkel, ein Bund Zwiebeln, Weintrauben, ein Kalbskopf und eine grüne Gurke. Unter dem Tisch befinden sich zwei Gefäße, eine Kanne und ein Krug, die jeweils in eine Schüssel gestellt sind. Ergänzt wird diese sehr detailreiche Darstellung im oberen Bereich durch eine ausführlichen Inschrift: „Jahr 12 unter der Herrschaft des Königs von Ober- und Unterägypten, Nubkaure[1], er möge ewig leben. Sein wahrhaftiger Diener, der täglich lobenswerte Dinge vollbringt; der Vorsteher der königlichen Huftiere, des Federviehs und der Fische, der Vorsteher der Kleintiere des ganzen Landes, Amenemhet, Sohn des Intef, der Sohn des Kemsi war. Er sagt: Ich bin ein Vater für die Waisen, ein Gatte für die Witwe, ein Windschutz für die Frierenden. Ich gab Brot den Hungrigen und Kleidung dem Nackten. Ich rettete den Mann vor dem Spruch des Gerichts, ich sprach für den Mann und er wusste es nicht. Kein Mann war gering vor seinem Fürsten, es gab keine Toten unter meiner Leitung. Oh ihr Lebenden auf Erden, die ihr vorbeigeht an diesem Grab, sprecht: Ein Tausend an Brot und Geflügel auf dem Opfertisch des Ersten der Westlichen[2], für seine geliebte Frau, seinen Liebling, Kem, Gerechtfertigte, und für den versorgten[3] Vorsteher des Kleinviehs, Amenemhet, den Gerechtfertigten, den Herren der Ehrwürdigkeit."

Es handelt sich hier also um einen königlichen Beamten, der allerdings in einer nicht sehr herausgehobenen Position beschäftigt war. Dennoch deuten sowohl die Qualität des Reliefs als auch die Fülle an Informationen darauf hin, dass es sich um eine zumindest recht angesehene Anstellung gehandelt haben muss.

Durch die Jahresangabe in der Inschrift lässt sich der Grabstein sicher in die Regierungszeit Amenemhets II. datieren und belegt damit die Verwendung von aufwendig gestalteten Grabsteinen im Umfeld der Beamten des Königshauses zu Zeiten des Mittleren Reiches.

Das Relief veranschaulicht in mehreren wesentlichen Punkten die Weiterentwicklung der ägyptischen Sepulkralkunst. Zum einen zeigt sich schon anhand der Machart, dass Grabsteine mit technisch meisterhaften Reliefs zu Zeiten des Mittleren Reiches bereits nicht mehr exklusiv den Pharaonen vorbehalten waren, zum anderen

1 = Pharao Amenemhet II. (1914–1879/76 v. Chr.).
2 = Chontamenti/Osiris, Totengott der Nekropole von Abydos.
3 Der Verstorbene war kultisch durch Opferanteile, die von zu diesem Zweck eigens beauftragten Priestern an ihn gegeben wurden, „abgesichert".

haben sich sowohl die Darstellung als auch die inschriftliche Ausstattung bereits entscheidend weiterentwickelt. Die Verstorbenen sind idealisiert dargestellt und werden in der Inschrift namentlich genannt. Letzteres ist eine Tendenz, die bei der Entwicklung der ägyptischen Grabinschriften generell zu beobachten ist.

Die Inschrift liefert zahlreiche Informationen über den Verstorbenen und ehrt ihn, indem seine guten Taten und ethisch-moralischen Qualitäten hervorgehoben werden. Darüber hinaus wird auch der Betrachter angesprochen, indem er um ein Opfer zu Ehren der Verstorbenen gebeten wird. Zudem ist eine gewissermaßen persönliche Note in der Inschrift unverkennbar, was sich beispielsweise in dem Verweis darauf äußert, dass niemand unter der Aufsicht des Amenemhet zu Tode gekommen ist, oder in der doppelten Betonung der Liebe zu seiner Frau Kem. Gleiches trifft auch auf die beinahe liebevolle Darstellung der Beigaben zu, mit denen die Verstorbenen im Nachleben versorgt werden; auch ihr haftet etwas Persönliches an, wodurch wir Amenemhet und seiner Frau durchaus etwas näherkommen.

Grabreliefs blieben im Alten Ägypten bis in die Spätzeit und darüber hinaus in Gebrauch, wurden aber zunehmend durch andere Medien und Objekte wie etwa Wandmalerei, Sargschmuck und Papyri (zum Beispiel das Totenbuch [s. Kap. 1.1]) ergänzt, daher soll das Augenmerk im Folgenden auf andere Regionen und Epochen gelegt werden.

7.3.2 Griechenland

In Griechenland liegen uns bereits aus mykenischer Zeit Zeugnisse sepulkraler Reliefkunst vor. Besonders herausragend sind hier die Grabstelen des Gräberrunds A in Mykene. Sie dienten als Markierungen der Schachtgräber der frühmykenischen Zeit und gehören zu den frühesten Grabmonumenten im mykenisch-frühgriechischen Kulturkreis.

Jeweils mehrere Stelen kennzeichneten jedes der sechs Schachtgräber. Dabei handelt es sich einerseits um völlig schmucklose Kalksteinplatten, andererseits um Monumente, die mit einem ornamentalen und figürlichen Dekor in Form eines Reliefs verziert sind. So zeigt beispielsweise eine Stele im oberen Bereich ein abstrakt wirkendes, jedoch relativ regelmäßiges Spiralmuster, wohingegen darunter die Darstellung eines Kampfes wiedergegeben wird, bei dem ein Krieger auf einem Streitwagen im Begriff ist, einen anderen Krieger, der zu Fuß kämpft, zu besiegen. Offenbar wird der Streitwagen von einem Pferd gezogen, auch wenn man bei der Darstellung unter Umständen an eine Raubkatze denken könnte – die Beine des Tieres scheinen jedoch in Hufen auszulaufen.

Die Szene ist zusätzlich mit eher unregelmäßigen ornamentalen Verzierungen in Spiralform versehen. Der besiegte Krieger ist mit einem Schwert bewaffnet, der Streitwagenfahrer ebenso. Während der Krieger zu Fuß es nur mehr hilflos nach oben streckt, hält der Führer des Streitwagens sein Schwert schräg vor seiner Brust nach unten, mit nach außen gerichteter Hand, während er mit der rechten den Wagen lenkt. Diese Haltung des Schwertes scheint relativ ungeschickt dargestellt zu sein und ist zudem bislang nicht wirklich beachtet worden, jedoch ist sie sehr interessant. Eine solche Haltung des Schwertes in der linken in Verbindung mit der Steuerung des Streitwagens durch die rechte Hand ermöglicht es dem Krieger einerseits, sich selbst während des Führens des Wagens vor Verletzungen durch sein Schwert zu schützen, andererseits ist er dadurch in der Lage, mit der Linken einen vernichtenden Rückhandhieb gegen seinen Feind auszuführen, wenn er seinen Streitwagen rechts an ihm vorbeilenkt. Wenn diese Deutung zuträfe, würde sie zumindest einen kleinen Einblick in die Kampfesweise der Mykener gewähren und zusätzliche wertvolle Informationen zu einem Bereich liefern, der bislang noch wenig erschlossen ist. Begründet liegt dies in der unzureichenden Quellenlage. Nehmen wir beispielsweise die Stele: Sie trägt keine Inschrift – ein Manko, das alle mykenischen Reliefs teilen. Obwohl durch Schriftzeugnisse wie die Linear-B-Tafeln erwiesen ist, dass die Mykener über eine Schriftsprache verfügten, und obwohl diese Schrift zudem als frühe Form des Griechischen identifiziert werden konnte, besitzen wir keinerlei Dokumente aus einem sozialen oder rituellen Umfeld. Die Täfelchen stellen im Wesentlichen zufällig erhaltene Verwaltungstexte dar, die zudem auf eine von Krisen gezeichnete Phase in der Spätzeit Mykenes beschränkt sind. Insofern können wir lediglich konstatieren, dass die figürlichen Grabstelen in Mykene den kriegerischen Charakter der Mykener widerspiegeln; darüber hinaus bleibt nur die Möglichkeit, über eine spezifische Betrachtung und Interpretation des jeweils Dargestellten, konkretere Hinweise zu erhalten.

Einige Jahrhunderte später, in der Phase der griechischen Archaik, stehen uns schon weitaus mehr Informationen zu Verfügung. In Attika waren im 6. Jh. v. Chr. große Grabstelen beliebt, die zu den qualitätvollsten Kunsterzeugnissen der archaischen Zeit gehören und zweifelsfrei den Wunsch ihrer Auftraggeber nach gebührender Repräsentation im Tode widerspiegeln. Man wird dabei davon ausgehen dürfen, dass die hochwertigen Grabstelen aus einem wohlhabenden, wahrscheinlich aristokratischen Umfeld stammen; dafür sprechen der in der Regel verwendete Marmor und die generelle Qualität der Bildwerke.

Wir verfügen über die verschiedensten Varianten von archaischen Grabstelen, deren wichtigste Charakteristika nachfolgend anhand ausgewählter Beispiele herausgearbeitet werden sollen.

Die am vollständigsten erhaltene archaische Grabstele ist die sogenannte Geschwisterstele, deren Fragmente in mehreren Museen aufbewahrt werden – sie befinden sich im Nationalmuseum Athen, im Berliner Pergamonmuseum und im Metropolitan Museum in New York, das über die meisten Fragmente verfügt; daher wird die Geschwisterstele auch am ehesten mit New York in Verbindung gebracht, zumal dort auch die nicht vorhandenen Teile ergänzt wurden.

Bei dem Grabmal, das in die Zeit um 530 v. Chr. datiert, handelt es sich um einen in mehrere Bereiche unterteilten Pfeiler: Über dem Sockel befindet sich die Reliefzone, darüber kann ein ornamentales Kapitell ergänzt werden, das wir uns farbig vorstellen müssen. Auf dem Kapitell sitzt eine vollplastische Sphinx, die zu den wenigen erhaltenen archaischen Sphingen gehört, die wir kennen. Sphingen galten seit jeher als apotropäische Wesen, auch wenn dieses schön gearbeitete Exemplar mit Sicherheit zudem eine dekorative Funktion erfüllte.

Das Relief selbst zeigt die Darstellung zweier Personen. Bei der größeren der beiden handelt es sich um einen Jüngling, der im Bildschema des Athleten wiedergegeben ist. An seinem Unterarm hängt ein Salbgefäß, ein Aryballos. Er hält einen Granatapfel, der in der griechischen Antike sowohl als Symbol der Fruchtbarkeit als auch des Jenseits galt – die vielen Kerne symbolisierten dabei die Fruchtbarkeit; gleichzeitig stand der Apfel aber auch sinnbildlich für Persephone, die ja von Hades in die Unterwelt entführt worden war und ein Drittel des Jahres bei ihm bleiben musste, nachdem sie in der Unterwelt von einem Granatapfel gekostet hatte. Im Fall der Grabstele dürfen wir mit Sicherheit von dieser Bedeutungsebene ausgehen. Begleitet wird der Jüngling von einem kleineren Mädchen, das eine Blume in seiner Hand hält (Abb. 95). Letztlich hat diese Kombination der Stele auch den Rufnamen „Geschwisterstele" eingebracht, wenngleich wir über die Verbindung dieser beiden Personen nichts wissen.

Neben der figürlichen Darstellung trägt die Stele eine Grabinschrift, die auf der Basis eingearbeitet war, allerdings leider nur fragmentarisch erhalten ist: „Dem geliebten Me[––] haben nach seinem Tod sein Vater und seine Mutter [dies] aufgestellt als sein Grabmal." Gerade der Name des Verstorbenen ist nicht erhalten, das kleine Mädchen wird überhaupt nicht erwähnt. Mitunter wurde in Erwägung gezogen, dass hier Megakles gemeint sein könnte, von dem wir wissen, dass er in der Mitte des 6. Jhs. v. Chr. ein wichtiger Politiker in Athen war. Er stammte aus dem Geschlecht der Alkmaioniden, deren Geschichte eng mit der attischen Tyrannis unter den Peisistratiden verbunden ist. Megakles selbst war einmal für, einmal gegen Peisistratos. Über sein weiteres Schicksal nach der endgültigen Etablierung der Tyrannis in Athen wissen wir nichts. Bedauerlicherweise enthält die Inschrift auch keinerlei Hinweise, die uns nähere Auskunft über die Auftraggeber des Grabmals, die Eltern des

Abb. 95: Sogenannte Geschwisterstele (New York, Metropolitan Museum of Art)

Me[--], sowie die Familie des Verstorbenen liefern könnten. Letztendlich wird sich die Identität des abgebildeten Jünglings damit wohl nie endgültig klären lassen.

Was wir jedoch mit hoher Sicherheit sagen können, ist, dass die Auftraggeber wohl aus einem höheren aristokratischen Umfeld stammten, wofür nicht zuletzt auch die stattliche Höhe der Stele spricht: Sie ist nahezu 4 m hoch.

Im Vergleich zur mykenischen Zeit ist die Stele sowohl in künstlerischer als auch technischer Hinsicht wesentlich weiterentwickelter. Der Verstorbene ist direkt, fast porträthaft, abgebildet und wird auch in der Grabinschrift angesprochen, die die Stele zusätzlich als Grabmal ausweist.

Als nächstes Beispiel sei die Grabstele des Aristion vorgestellt, die sich heute im Nationalmuseum Athen befindet. Das ca. 2 m hohe Bildwerk, das um 520 bis 510 v. Chr. datiert werden kann, ist zwar weniger fragmentarisch erhalten als die Geschwisterstele, jedoch fehlt ihm die Bekrönung vollkommen, so dass es nicht sinnvoll ergänzt werden kann. Im Gegensatz zur Geschwisterstele zeigt das Relief keinen Jüngling, sondern einen bärtigen Mann mittleren Alters, der nicht als Athlet, sondern eindeutig als Hoplit dargestellt ist. Er trägt einen attischen Helm, Beinschienen und eine Lanze. Gekleidet ist er in einen Chiton, darüber trägt er eine Rüstung (Abb. 96).

Verschiedene Farbreste auf der Stele deuten darauf hin, dass zusätzlich zur plastischen Ausformung ausgiebig mit verschiedenen Farben wie Rot und Gelb gearbeitet worden sein muss; zudem sind verschiedene Körperteile, wie etwa die Spitze des Bartes, wohl in Metall angestückt gewesen.

Insgesamt betrachtet handelt es sich auch hier, wie bei der New Yorker Stele, um ein Monument von außerordentlich hoher Qualität hinsichtlich der technischen wie künstlerischen Ausführung.

Zwei Inschriften auf der Stele weisen das Grabmal zum einen als das des Aristion aus, zum anderen wird auch der Künstler genannt: „Werk des Aristokles“. Leider helfen uns diese sehr minimalen Angaben jedoch kaum weiter, um Näheres über die Entstehungsumstände der Stele zu erfahren. Über Aristion selbst wissen wir nichts, der Bildhauer der Stele dagegen wird zumindest

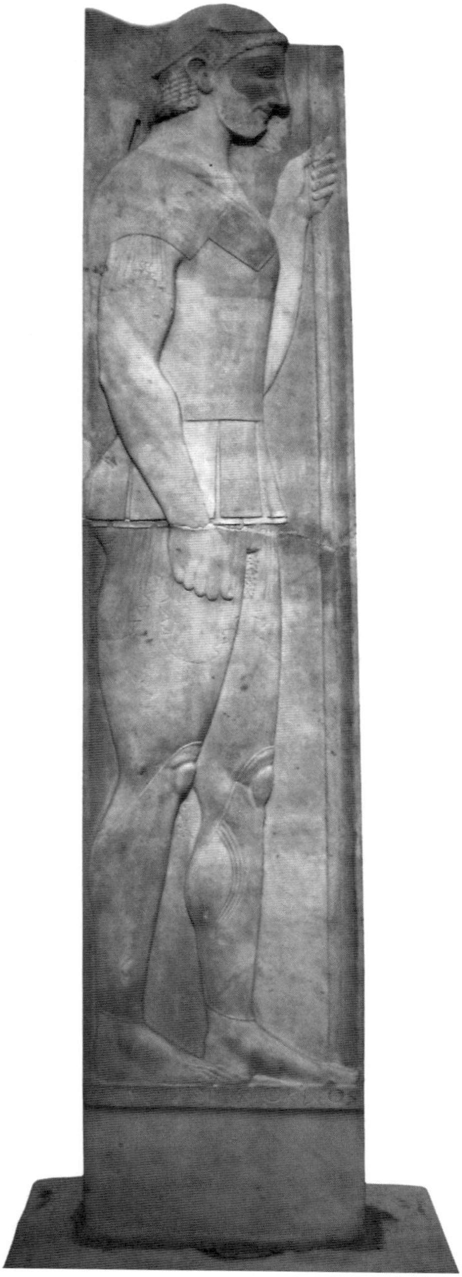

Abb. 96: Grabstele des Aristion (Athen, Nationalmuseum)

namentlich auch an anderer Stelle erwähnt. So haben sich verschiedene Statuenbasen erhalten, die in der Themistokleischen Stadtmauer Athens verbaut wurden und Aristokles nennen, auch wenn die entsprechenden Bildwerke verloren sind. Dabei ist freilich unsicher, ob es sich um ein und dieselbe Person handelt. In der Forschung werden Aristokles mehrere andere Kunstwerke zugeschrieben, ohne dass sich in diesem Punkt jedoch Gewissheit erzielen ließe. Insgesamt zeugt die Erwähnung des Bildhauers auf der Grabbstele jedoch von einem hohen künstlerischen Anspruch, und zudem erfahren wir zumindest den Namen dessen, der sie in Auftrag gegeben hat.

In den archaischen Grabstelen zeichnet sich ein Trend ab, der in den folgenden Jahrhunderten in Griechenland immer deutlicher wird – die Grabmäler werden zunehmend individualisiert und tragen porträthafte Züge. Zudem liefern die inschriftlichen Dokumente detaillierte Informationen über den Verstorbenen und sein Umfeld.

Die erhaltenen Grabreliefs des klassischen Griechenland stellen heute eine Schaffensperiode dar, die man ohne jegliche Bedenken durchaus als eine Hochphase der antiken Kunst bezeichnen kann.

Ein herausragendes Beispiel für die Reliefkunst des klassischen Athen bildet das zwischen 420 und 410 v. Chr. datierte Grabrelief der Hegeso, das im Kerameikos in Athen aufgestellt war. In Stil und technischer Ausführung meisterhaft, bildet es die Verstorbene ab – sie sitzt auf einem luxuriösen Stuhl, hat ihre Füße auf einen Schemel gestützt und ist in einen Chiton und einen Mantel gekleidet. Links neben ihr reicht ihr eine weitere Frau eine Schachtel, in der sich wahrscheinlich Schmuck befindet – Hegeso selbst hat offenbar gerade ein Schmuckstück aus der Schachtel genommen und betrachtet es.

Die Szene ist in einen architektonischen Kontext eingebettet: Man sieht zwei Pfeiler, die ein Gebälk mit Dachbekrönungen tragen. Im unteren Bereich des Giebels befindet sich eine Inschrift, die die Grabinhaberin als „Hegeso, Tochter des Proxenos“ ausweist (Abb. 97).

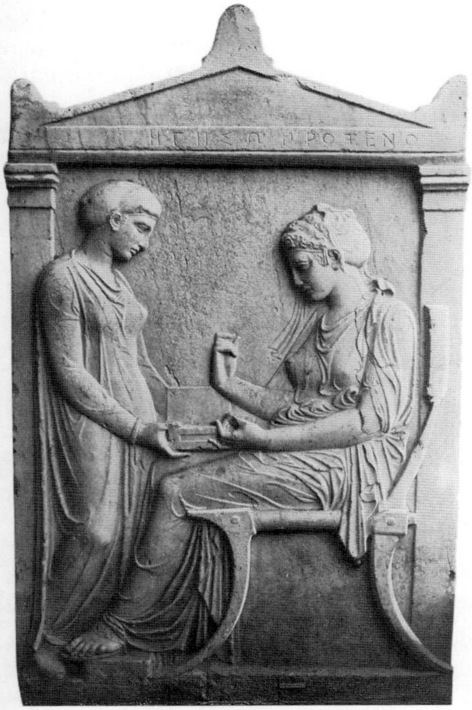

Abb. 97: Grabrelief der Hegeso (Athen, Nationalmuseum)

Neben dem erhabenen Stil des Kunstwerks, bei dem oft eine Verbindung zu den großen Meistern der griechischen Klassik hergestellt wurde, fallen noch weitere Aspekte auf. Zum einen ist die Verstorbene in einem streng privaten, häuslichen Moment dargestellt, zum anderen ist sie durch ihre Größe ganz eindeutig von ihrer Dienerin/Sklavin abgesetzt, denn diese ist stehend kaum größer als die sitzende Verstorbene. Auch die Behandlung der Gewänder deutet diesen Unterschied an. So ist der Faltenwurf des Mantels der Hegeso deutlich differenzierter und kunstvoller wiedergegeben als der des insgesamt auch weniger stilvoll wirkenden Cheiridotos (langärmliger Chiton) der Bediensteten. Mit diesen Mitteln wird die Überhöhung der Verstorbenen nicht nur im diesseitigen, sondern auch im jenseitigen Rahmen verankert. Dem damaligen griechischen Glauben entsprechend weilt Hegeso jetzt in der Unterwelt und ist daher für die Lebenden unerreichbar.

Dezent erzeugt das Relief eine tiefe melancholische Stimmung, die gerade in dieser scheinbar alltäglichen Szene besonders gut zum Ausdruck kommt.

Fehlende Elemente wie etwa das Objekt, auf dem der Blick der Verstorbenen ruht, müssen wir uns als gemalte Bereiche vorstellen.

Das feine Relief enthält eine Vielzahl von Aussagen, die sich dem antiken Betrachter sicherlich besser erschlossen haben werden als uns heute. Was wir aber zumindest relativ sicher sagen können, ist, dass es sich aufgrund seiner meisterhaften Ausführung auch hier um ein Grabmal handelt, das im Umfeld gehobener Kreise angesetzt werden muss. Man hat verschiedentlich versucht, eine Beziehung zu anderen Grabmälern (wie etwa dem des Koroibos) im Kerameikos herzustellen, doch wird sich dies letztlich nicht mehr definitiv beweisen lassen.

Ein weiteres hervorragendes Beispiel der klassischen griechischen Reliefkunst liefert die Grabstele des Dexileos, die ebenfalls aus dem Kerameikos stammt. Das außerordentlich gut gearbeitete Grabmal eines Mannes zeigt eine wesentlich bewegtere Darstellung als das Relief der Hegeso: Eingebettet in einen als Schmuck fungierenden architektonischen Kontext reitet ein Krieger zu Pferd einen Feind nieder. Das Pferd bäumt sich leicht auf und der Reiter, der in Chiton und Mantel gekleidet ist, zielt mit einer (nicht erhaltenen) Lanze auf seinen Gegner (Abb. 98). Der Verstorbene wird hier also als siegreicher Kavallerist porträtiert.

Die Darstellung ist insgesamt sehr dynamisch und nutzt den zur Verfügung stehenden Raum geschickt aus: Indem das Pferd in aufgebäumter Haltung wiedergegeben wird, kann der gefallene Feind dargestellt werden. Zudem bewirkt die Überschneidung der Gliedmaßen des Pferdes mit dem Gefallenen eine hohe Plastizität des Reliefs, wodurch die Bewegung der Szene noch zusätzlich unterstrichen wird.

Nicht nur die Darstellung ist ungewöhnlich, sondern auch die Inschrift auf der Stele: „Dexileos, des Lysanias Sohn aus Thorikos, geboren unter dem Archon Teisandros, gefallen unter Eubulides in Korinth als einer der fünf Reiter.“

Abb. 98: Athen, Kerameikos. Grab des Dexileos (Rekonstruktion mit Abguss des Reliefs, Stele heute im Athener Kerameikos-Museum)

Sehr ungewöhnlich ist es, dass die Lebensdaten des Dexileos genannt werden, was in dieser Zeit unüblich ist – selbst in römischer Zeit erwähnen die Grabinschriften höchstens das Alter des Verstorbenen. Die Lebenszeit des Dexileos kann damit und in Verbindung mit anderen Dokumenten eindeutig ermittelt werden: Geboren im Jahr 414/13 v. Chr. starb Dexileos im Alter von nur 20 Jahren in der Schlacht von Koroneia 394/93 v. Chr.

Es ist bemerkenswert, wie genau in der Inschrift auf diese Ereignisse eingegangen wird – einerseits wollte man damit mit Sicherheit auf den viel zu frühen Tod von Dexileos hinweisen, andererseits sollte er aber eventuell auch von einer Schuld im politischen Sinne freigesprochen werden. Gegen Ende des 5. Jhs. v. Chr. hatten in Athen mehrmals Gruppierungen, die sich im Wesentlichen aus Reitern zusammensetzten, versucht, die Macht in der Stadt an sich zu reißen – vielleicht wollten die Auftraggeber des Grabmals deutlich machen, dass Dexileos als tapferer und unschuldiger Krieger gelebt hatte und gestorben war.

Aus der klassischen Zeit sind uns noch viele weitere sehr qualitätvolle Grabreliefs überliefert, zusammen mit den beiden hier besprochenen bilden sie eine Gruppe von Kunstwerken, die deutlich macht, welchen außerordentlichen Wert man in entsprechenden Kreisen auf ein künstlerisch wie inhaltlich vielschichtiges Grabmal legte. Wie so viele andere Monumente aus dem Grabkontext erlischt auch die Kunst dieser Grabreliefs gegen Ende des 4. Jhs. v. Chr. mit den Grabluxusgesetzen des Demetrios von Phaleron.

7.3.3 Hellenistische Totenmahlreliefs

Im Verlauf der hellenistischen Zeit tritt eine Objektklasse hervor, die unter der Sammelbezeichnung „Totenmahlreliefs“ geführt wird. Diese überaus beliebte Gattung von Reliefs finden wir seit dem 3. Jh. v. Chr. in der gesamten hellenistischen Welt.

Angelehnt an Bildwerke, die im attischen, lykischen und graeco-persischen Umfeld anzusiedeln sind, fanden nun Bankettszenen Eingang in die Sepulkralkunst. Die Darstellungen sind dabei vom Grundaufbau immer gleich: Die Verstorbenen werden auf einer Kline liegend beim Bankett gezeigt, wobei allerdings ganz unterschiedliche Kombinationen möglich sind – die Bandbreite reicht von einer bis hin zu mehreren lagernden Personen, die von Nebenfiguren in unterschiedlicher Zahl und Größe umgeben sind.

Wenngleich die gewählte Kombination auch sehr stark vom Herstellungsort des betreffenden Reliefs abhängt, so lassen sich dennoch einige allgemeingültige Merkmale in der Bildthematik der Totenmahlreliefs ausmachen: Grundsätzlich werden die Verstorbenen – wie im Fall der klassischen Grabreliefs – durch ihre Größe überhöht dargestellt, was allerdings im Gegensatz zu den klassischen Reliefs noch dadurch gesteigert wird, dass sie mithilfe von verschiedensten Attributen wie etwa Pferdeköpfen oder Schlangen in den Umkreis von Heroen gerückt werden. Es handelt sich dabei um ein Stilmittel, das erstmalig im Hellenismus bei Grabreliefs auftritt und sicherlich in der generellen Bedeutung des Heroenkultes der Herrscher dieser Zeit begründet liegt.

Neben diesem Stilmittel wird in den vielfältigen Bankettdarstellungen mittels der Angabe von teilweise riesigen Mengen an Bankettgeschirr, prunkvollen Möbeln und prachtvoller architektonischer Einbettung darauf hingewiesen, dass die Verstorbenen den Sinn und auch die Ressourcen für ein luxuriöses Leben hatten, in dem sinnliche Genüsse wie Essen und Trinken ebenso geschätzt wurden wie Luxus im Allgemeinen. Auch die oft auf den Totenmahlreliefs angegebene zahlreiche Dienerschaft ist ein Indiz dafür, dass es um die Vermittlung dieser Inhalte und damit letztlich um die Darstellung des persönlichen Status ging, der sich in vielen Fällen aus der wirtschaftlichen Kraft Kleinasiens im Hellenismus erklärt.

Vor allem im 3. und 2. Jh. v. Chr. hatten die wirtschaftlich günstigen Verhältnisse zu einem Aufschwung geführt, von dem insbesondere die Städte profitierten – und mit ihnen die Angehörigen der innerstädtischen wohlhabenden Schichten, die wir als wesentliche Auftraggeber der Totenmahlreliefs identifizieren dürfen. In diesen Kreisen hatte man sich im Verlauf des Hellenismus zunehmend entfernt von den propagierten Lebensidealen der klassischen Poleis, wie etwa der Gleichheit der Bürger und dem Streben nach Bescheidenheit im weltlichen Leben. Hierin manifestiert sich eine bedeutende Veränderung der Ansprüche, die mit ihrer Betonung eines materiell basierten weltlichen Lebens bis ins Jenseits hinein in deutlichem Gegensatz zur klassischen Zeit stehen. Die melancholisch-individuellen Grabmäler wichen zunehmend allgemein gehaltenen, nicht personalisierten Monumenten.

In den Reliefs fungiert die Familie als Repräsentant des weltlichen Status, den der Verstorbene einst innehatte. Hierin zeigt sich deutlich, dass es den Auftraggebern weniger darum ging, die Familie als emotional bedeutsam und sozusagen als seelische Basis im diesseitigen Leben darzustellen, als vielmehr mithilfe von möglichst vielen gezeigten Familienmitgliedern etwa darauf zu verweisen, wie groß und mächtig diese Familie war und welcher Ahnenreihe sie entstammte.

Auch hierin spiegelt sich wiederum der generelle Zeitgeist des Hellenismus. Schon zu Lebzeiten wurden etwa die Könige und ihre Familien heroisiert und vor allem im städtischen Herrscherkult überhöht. Genau diese Prozesse sind es, die sich von den städtischen Eliten ausgehend in geradezu hierarchischer Weise bis in jene Bevölkerungsgruppen fortsetzten, die zumindest wohlhabend genug waren, eine Werkstatt mit der Herstellung eines Totenmahlreliefs zu beauftragen. Die oben angesprochene Heroisierung der Verstorbenen kann in ebendiesem Umfeld verortet werden. Selbst die „normale" Familie erscheint auf den Totenmahlreliefs oft zahlreich und in einer heroisch überzeichneten, aber zu einem gewissen Grad auch unpersönlichen Art und Weise.

Diese Beobachtungen werden zusätzlich durch den Befund der Inschriften gestützt. Die Grabinschriften der Totenmahlreliefs sind grundsätzlich sehr sparsam. Ihren Kern bildet in der Regel die übliche Namensformel, bei der der Name des oder der Verstorbenen zusammen mit dem Patronym angegeben wird, wie etwa „Attalos, [Sohn des] Metrodoros". Dazu können noch verschiedene kleinere Ergänzungen kommen, beispielsweise wird gelegentlich das Verwandtschaftsverhältnis in die Namensformel explizit eingefügt, etwa „Sohn", „Tochter" oder „Ehefrau". Der sparsame Gruß „Chaire" (etwa: „Sei gegrüßt") kommt wesentlich häufiger vor als ausführliche Anreden des Betrachters des Grabmals, wie wir sie zum Beispiel aus klassischen Grabepigrammen kennen (s. Kap. 7. 5.2). In größeren Städten wie etwa Rhodos finden wir oft eine Angabe der städtischen Ethnika, was offenbar notwendig war, um die Verstorbenen und ihre Herkunft eindeutig anzugeben.

Interessant ist, dass die Verstorbenen in den Inschriften gelegentlich (je nach Region in unterschiedlichem Ausmaß) als Heros angesprochen werden. Es handelt sich dabei um eine neue Form der Ansprache, die hier bei den Totenmahlreliefs erstmalig auftritt. Zwar können beispielsweise die apulischen Grabvasen (s. Kap. 7.1.3) und attisch-klassischen Grabreliefs auch in den heroischen Bereich weisen, doch wird die Aussage dort mit Bildmotiven vermittelt, die eine überaus differenzierte, hintergründige Symbolik enthalten – eine Ehrfurcht, die bei den Totenmahlreliefs oft nicht mehr derart spürbar ist. Insofern spiegelt sich nicht nur in der bildlichen

Darstellung, sondern auch in der epigraphischen Überlieferung eine Epoche, die von großem Selbstbewusstsein geprägt ist. Gleichzeitig jedoch zeigt sich besonders in der Sparsamkeit der Inschriften der Trend, den Status der Verstorbenen zwar zu überhöhen, allerdings weniger in Hinsicht auf Individualität als vielmehr darauf abzielend, sich den Wertvorstellungen dieser Zeit gemäß zu repräsentieren. Gerade in den Bezeichnungen der Verstorbenen als Heros, von denen gelegentlich Gebrauch gemacht wird, manifestiert sich erneut der vor allem im Hellenismus verbreitete Heroenkult – die Könige wurden etwa als Förderer und Retter, oft auch geradezu als Neugründer von Städten heroisch verehrt, zudem konnten besonders prominenten Stadtbewohnern, die sich zum Beispiel um das Gemeinwesen verdient gemacht hatten, heroische Ehrungen zuteil werden. Auch wenn man es letztlich nicht ausschließen kann, so bedeutet dies nicht zwangsläufig, dass jedem Verstorbenen, der auf seinem Grabmal als Heros angesprochen wird, diese Ehrung auch tatsächlich in der betreffenden Stadt zukam, vielmehr ist auch hier das Bestreben greifbar, diese in den höchsten Schichten der Gesellschaft üblichen Sitten und Gebräuche in den privaten Bereich zu übertragen.

Anhand eines Totenmahlreliefs aus Kyzikos, das in das 2. Jh. v. Chr. datiert werden kann, sollen nachfolgend einige dieser wesentlichen Charakteristika näher veranschaulicht werden.

Das in eine Haupt- und eine Nebenszene unterteilte Bildmotiv ist in einen architektonischen Kontext in Form eines Naiskos eingebettet; unterhalb der Reliefzone befinden sich vier Inschriften, die typische Namensformeln unter Nennung eines Patronyms enthalten.

Die zentrale Szene zeigt vier Männer unterschiedlichen Alters, die – auf einer Kline ruhend – beim Gelage mit Trinkgefäßen abgebildet sind. Hierbei wird es sich gewiss um die in der Inschrift genannten Verstorbenen im familiären Kontext, genauer gesagt jeder für sich genommen im Kreis seiner Vorfahren, handeln – dafür spricht beispielsweise die Tatsache, dass die Männer, von rechts nach links betrachtet, immer jünger werden, was besonders am Bartwuchs abzulesen ist. Aus ikonographischer Sicht wird hier also eine Ahnenreihe gezeigt.

Links und rechts werden die Männer von zwei sitzenden verschleierten Frauen flankiert, die als Ehefrauen zu deuten sind. Auch wenn sich freilich nicht genau erschließt, wem sie angetraut waren, so darf man aus der Konstellation der Figuren doch darauf schließen, dass es sich um die Gemahlinnen des ältesten und jüngsten der Männer handelt.

In der Mitte des Reliefs wird ein kunstvoll gearbeiteter Tisch abgebildet, der mit allerlei Speisen gedeckt ist, neben dem Tisch steht ein großer Kelchkrater, der dem Mischen des Weines für das Gelage diente.

Wesentlich kleiner als die Familie der Verstorbenen sind die Diener dargestellt. Zwei Mädchen links und rechts halten Objekte in ihren Händen, bei denen es sich – in Analogie zu anderen Reliefs – vermutlich um Gefäße mit Getränken und Speisen oder Schachteln mit Geschenken handelt.

Zwei Jünglinge links und rechts der sitzenden Frauen bilden den Rest der Dienerschaft, wobei der linke Jüngling im typischen Bildschema des Mundschenks erscheint und der rechte im Gestus der Bereitschaft verharrt. Angemerkt sei, dass es sich hier nicht um die Kinder der Hauptpersonen handelt – wie man vielleicht denken könnte –, denn diese sind – wenn sie auf den Totenmahlreliefs vorkommen – wesentlich kleiner und zudem in einer deutlicheren Beziehung zu ihrer Familie dargestellt.

Ein interessantes Detail besteht in der Schlange, die links oben auf dem Reliefgrund abgebildet ist und hier bereits eine sehr verallgemeinernde Form des Heroenattributs darstellt (Abb. 99).

Das Relief zeigt exemplarisch die oben besprochenen Charakteristika wie heroische Überhöhung, Ahnenfolge und Reichtum der Verstorbenen. Es arbeitet mit der gleichen Bildsymbolik, wie wir sie von Aberhunderten dieser Grabreliefs kennen – einer Gattung, deren Beliebtheit nahezu ungebrochen bis in die römische Zeit andauerte.

Abb. 99: Totenmahlrelief aus Kyzikos (Istanbul, Archäologisches Museum)

7.3.4 Rom

Generell konnte man in römischer Zeit auf eine große Bandbreite an Grabreliefs zurückgreifen, die sich im griechischen Raum durch jahrhundertelange Tradition entwickelt hatte – dementsprechend vielfältig ist auch das Spektrum römischer Grabreliefs. Stellvertretend für diese vielschichtige Gattung soll hier eines der berühmtesten Reliefs behandelt werden, das bis heute eines der wenigen nicht literarischen Monumente und Dokumente jener Schlacht darstellt, die gemeinhin als die „Schlacht im Teutoburger Wald" oder „Varusschlacht" bezeichnet wird. Es handelt sich um das Grabmal des Marcus Caelius aus Xanten, das – abgesehen von seiner weltgeschichtlichen Bedeutung – auch deshalb interessant ist, weil es die typischen Elemente eines römischen Grabreliefs zeigt. Der Verstorbene ist ganz spezifisch in seiner wesentlichsten Lebensaufgabe dargestellt; im Fall des Caelius handelt es sich dabei um das komplexe Ornat eines römischen Zenturionen. Eingebettet in einen architektonischen Kontext mit Pfeilern und Giebel (unzweifelhaft ein Erbe der klassischen und hellenistischen Epochen) wird Marcus Caelius im Zentrum des Reliefs als hochdekorierter Soldat gezeigt. Über der Tunika und den schützenden Lederlaschen trägt er einen Körperpanzer, der reich mit militärischen Auszeichnungen, den *dona militaria*, verziert ist, die als Embleme *(phalerae)* oder als *torques*, befestigt mit kunstvollen Löwenkopfschlaufen, auf dem Panzer erscheinen. Um den Hals trägt er ein zusammengerolltes Halstuch, sein Mantel hängt von seiner linken Schulter herab. Beide Handgelenke sind mit Armreifen verziert, bei denen es sich um weitere militärische Auszeichnungen, sogenannte *armillae*, handelt. Sein wesentliches Rangabzeichen hält Marcus Caelius allerdings in der rechten Hand – die *vitis*, den hölzernen Zenturionenstab, der ihm in rein rechtlicher Hinsicht ermöglichte, seine Untergebenen zu züchtigen (Abb. 100).

Caelius ist hier also mit sämtlichen Insignien seines Berufs in überdeutlicher Art und Weise abgebildet. Zweifellos handelt es sich hier um ein Zeichen besonderer Ehrerbietung seitens seines

Abb. 100: Grabstein des Marcus Caelius aus Xanten (Bonn, Rheinisches LandesMuseum)

Bruders Publius, der das Grabmal in Auftrag gegeben hat (zur Inschrift selbst s. Kap. 7. 5.3).

Links und rechts neben der zentralen Darstellung des Caelius sind noch zwei Büsten abgebildet, bei denen es sich um Freigelassene handelt – die beiden, die über lange Zeit Diener des Caelius gewesen sein müssen, symbolisieren die Macht und den Reichtum des Verstorbenen. In diesem Element finden sich zweifellos Traditionen wieder, die ihren Ursprung in der hellenistischen Epoche und den dortigen Dienerdarstellungen haben – sie zeigen an, dass der Zenturio über den rein militärischen Bereich hinaus über so viel materiellen Reichtum verfügte, dass es ihm möglich war, nicht nur Sklaven zu besitzen, sondern diese auch freizulassen. Daneben legt diese Darstellung Rechenschaft über die Milde und Gerechtigkeit des Caelius als Herrn ab, denn ohne seine Erlaubnis wären die ehemaligen Sklaven gewiss nicht zusammen mit ihrem Herrn und Förderer bestattet worden. Vermutlich haben die beiden Freigelassenen ihn begleitet und sein Schicksal in der Varusschlacht geteilt, denn sonst wären sie auf dem Grabstein nicht derart explizit erwähnt worden.

Wie dieses und die zuvor genannten Beispiele gezeigt haben mögen, handelt es sich bei den antiken Grabreliefs um sehr interessante Zeugnisse. Insgesamt stellen sie eine der wesentlichsten Denkmälergruppen im sepulkralen Kontext dar, die in ihrer beeindruckenden Vielfalt einen außerordentlich tiefgreifenden Einblick in die Entwicklung antiker Jenseitsvorstellungen gewährt. Tausende dieser Monumente sind uns überliefert – auch aus diesem Grund konnte hier nur ein kleiner Teil behandelt werden.

7.4 Grabaltäre

Altäre bildeten in den antiken Hochkulturen stets das wichtigste Mittel der Kommunikation zwischen Menschen und Göttern. Mehr noch als Tempel waren sie das entscheidende Medium im antiken Kult – hier brachten die Priester der verschiedenen Gottheiten ihre Opfer dar, um sich der göttlichen Unterstützung in vielerlei Angelegenheiten zu versichern oder um ihnen für erfahrenes Glück zu danken.

Diese Götteraltäre waren in allen Kulturen überaus wichtig – sie dienten den verschiedenen Götterkulten und konnten von enormer Größe sein, wie der Pergamonaltar illustriert, dessen rekonstruierte Front im nach ihm benannten Museum in Berlin ausgestellt ist.

Grundsätzlich markiert ein Götteraltar die Stelle, an der den Göttern geopfert wird – das kann durch eine einfache Steinplatte geschehen, aber auch durch aufwendige Bauten wie zum Beispiel den Pergamonaltar, dessen architektonische Ausstattung bereits in sich selbst den Kult der Götter versinnbildlicht.

Aus den verschiedenen Epochen und Regionen sind völlig unterschiedliche Formen bekannt, die teilweise sehr stark in Form und Größe variieren. So steht der Pergamonaltar beispielsweise in der Tradition großer griechisch-hellenistischer Stufenaltäre, während uns wiederum eine andere Variante in Form der sogenannten Aschenaltäre aus griechischen Heiligtümern überliefert ist. Bereits seit der archaischen Zeit wurden diese riesigen Altäre dort in griechischen Heiligtümern aufgestellt, wo sie mit der Zeit stetig wuchsen, da die Überreste der Opfertiere am Ort der rituellen Verbrennung verblieben.

Im Grabkult, der uns hier interessiert, ist allerdings insbesondere eine weniger monumentale Gruppe von Götteraltären von Bedeutung. Ihre grundlegende Altarform konnte zwar ebenso wie bei den monumentalen Götteraltären durchaus variieren – so finden wir beispielsweise Rundaltäre ebenso wie Altäre in Pfeilerform –, doch handelte es sich im Prinzip stets um einen Steinblock, der meist zwischen 0,50 und 1 m hoch war und verschiedene Dekorelemente aufwies, die wiederum sehr unterschiedlich ausfallen konnten. So bilden etwa Elemente wie Voluten an beiden Enden der Altaroberfläche in griechischer Zeit immer wiederkehrende Motive – diese volutenartigen Elemente werden in Altären römischer Zeit zu kissenartigen Objekten umgestaltet, die in der Fachsprache heute „Pulvini" genannt werden, auch wenn der Begriff als antike Bezeichnung nicht gesichert ist. Wenngleich es auch keine kanonischen Elemente waren, so begegnen uns diese Verzierungen doch auf vielen der erhaltenen griechischen und römischen Götteraltäre.

Vor allem die römischen Altäre waren darüber hinaus häufig mit weiterem Schmuck ausgestattet. So zieren beispielsweise Reliefs, die sich auf den religiös-rituellen Kontext beziehen, die Seiten römischer Block- oder Tischältare. Daneben sind architektonische Elemente wie Giebel möglich, und oft finden wir Girlanden als weiteres Schmuckelement. Die Elemente können dabei auf die verschiedenste Art und Weise miteinander kombiniert sein.

Diese im Wesentlichen aus einem einfachen Steinblock bestehenden Altäre wurden besonders in der griechischen und römischen Antike für den Götterkult verwendet und gerade sie waren es auch, die letztlich Eingang in das Bestattungswesen fanden.

Die ersten Grabaltäre sind uns aus der Zeit des Hellenismus überliefert; sie stammen von den Inseln der Ägäis, aus Rhodos, Kreta, Zypern und auch dem kleinasiatischen Festland (Abb. 101). Da wir beim derzeitigen Stand der Forschung noch zu wenig über sie wissen, können sie hier nicht erschöpfend vorgestellt werden. Zudem wird eine detaillierte Analyse noch dadurch erschwert, dass die Altäre in römischer Zeit gerne auch als Grabmal verwendet wurden, wie die großen Mengen an entsprechenden Objekten beweisen, die sich an vielen Orten des Römischen Reiches erhalten haben.

Auch wenn sich das Bild in Zukunft noch ändern sollte, so kann man doch davon ausgehen, dass die Grabaltäre der nachfolgenden Epochen – hauptsächlich waren sie seit der späten römischen Republik und besonders in der Kaiserzeit verbreitet – auf hellenistische Vorbilder zurückgriffen.

In ihrer Grundform folgten die Grabaltäre den Götteraltären und zeichneten sich – beispielsweise im Vergleich zu Grabreliefs – durch ein neues Merkmal aus: Sie waren stets dreidimensional ausgearbeitet, also allansichtig. Dabei ist durchaus eine gewisse Konzentration auf einzelne Seiten erkennbar; besonders fein wurde natürlich die Front gestaltet, während die Rückseite einiger Altäre sogar den Schluss nahelegt, dass sie ursprünglich an einem Ort aufgestellt waren, wo diese Seite verdeckt war. Prinzipiell ist jedoch die Allansichtigkeit und damit die Möglichkeit einer freien Aufstellung dieser Grabaltäre in Nekropolen und Gräberstraßen ihr wichtigstes Merkmal. Mit Sicherheit ist dies auch einer der Gründe dafür, weshalb diese

Abb. 101: Nea Paphos (Zypern). Hellenistischer Grabaltar

Grabmonumente in römischer Zeit so beliebt waren.

Bei einer genauen Betrachtung dieser Monumente darf die formal enge Verbindung zwischen Grab- und Götteraltären nicht außer Acht gelassen werden, denn oft sind sie sich typologisch derart ähnlich, dass nur ihre inschriftliche Ausstattung eine Differenzierung erlaubt: Während es bei den Götteraltären um die Weihung eines Objekts an eine bestimmte Gottheit geht und dabei auch oft der Anlass und/oder der Stifter des Objekts genannt wird, beziehen sich die Inschriften der Grabaltäre in der üblichen formalen Vielfalt auf eine spezifische Person und kommunizieren deren Eigenschaften wie etwa das Alter, die Herkunft oder den Beruf. Auch die formale Ansprache der Grabmäler, zumeist „*ara*" (Altar), weist auf den entsprechenden Bedeutungsgehalt jener Monumente hin.

Die Analyse der Grabinschrift bleibt oft nicht zuletzt auch deswegen als einzige Möglichkeit, die beiden Formen voneinander zu unterscheiden, weil Grabaltäre häufig nicht der Aufbewahrung der Überreste der Verstorbenen dienten, sondern oftmals – wie bereits oben erwähnt – lediglich als Grabstein. Viele der Grabaltäre haben beispielsweise im Gegensatz zu dem des Statilius (s. u.) keine Einlassungen zur Ablage der Gebeine des/der Toten. Darin zeigt sich deutlich, auf welch unterschiedliche Art und Weise ein Grabaltar verwendet werden konnte; unter Umständen ist dies ein weiterer Grund dafür, dass sich die Grabaltäre in römischer Zeit derart großer Beliebtheit erfreuten.

Die sich in römischer Zeit entwickelnde Weihung von Grabmonumenten an die Manen wird bei den Grabaltären in einer neuen Qualität kontextualisiert. Anders als etwa Grabreliefs oder Urnen boten Grabaltäre den Auftraggebern die Möglichkeit, ihre Grabmale den Totengöttern nicht nur durch die Inschrift, sondern auch durch die Altarform selbst zu „weihen" und somit ihre *pietas* im Tod in einer neuen Art und Weise auszudrücken beziehungsweise die Wirkung des Grabmals noch zu verstärken. Gewiss wird auch dies dazu beigetragen haben, dass sich Grabaltäre in römischer Zeit großer Beliebtheit erfreuten.

Nachfolgend soll das Grabmal des Titus Statilius Aper stellvertretend für die vielen römischen Grabaltäre kurz vorgestellt werden. Das Monument kann in seiner Grundform eindeutig als Grabaltar identifiziert werden. Der hohe und mehrfach profilierte Sockel trägt zwei verschiedene Grabinschriften (s. Kap. 7.5.3), darüber erhebt sich die Hauptzone des Grabmals, die eine figürliche Szene in Form eines Reliefs zeigt: Der Grabherr wird in seinem Beruf als Vermessungsingenieur (Mensor) der Stadt Rom dargestellt, wobei er derart groß wiedergegeben ist, dass er mit seinem Kopf die architektonische Rahmung der Reliefzone sprengt. Zudem ist das Relief derart tief ausgemeißelt, dass Statilius beinahe als Freiplastik erscheint (Abb. 102). Er trägt eine Tunika, darüber eine in reichen Falten fallende Toga, die ihn als römischen Bürger ausweist. Mit der rechten Hand rafft er seine Toga, seine linke war angestückt und hat sich leider nicht erhalten – vermutlich wird er mit ihr eines seiner Werkzeuge gehalten haben, denn diese werden in dem Relief ebenfalls angesprochen (s. u.).

Statilius erscheint mit einem sehr gepflegten Bart, der eine Datierung in die Zeit nach dem Regierungsantritt des Hadrian (117 n. Chr.) nahelegt, denn durch Hadrian war der Philosophenbart in Rom zur Mode geworden. Darüber hinaus lässt sich der Altar auch aufgrund stilistischer Merkmale gut in die Zeit Hadrians datieren (117–138 n. Chr.).

Rechts neben dem Verstorbenen steht eine Kiste, deren Schloss auf der Vorderseite zu sehen ist. Auf dieser Kiste steht eine Art Zylinder, der unter Umständen dazu diente, Pläne und andere Dokumente aufzubewahren, die Statilius in Ausübung seines Berufes brauchte. Links neben ihm liegt ein (toter?) Eber, der auf sein Kognomen verweist (Aper, s. u.). Weiter links ist ein kleiner nackter Knabe dargestellt, der nicht eindeutig zu deuten ist – eventuell lässt er sich zu einem Amor ergänzen, denn sein Standmotiv und seine Platzierung im Relief ließen durchaus die Wiedergabe von Flügeln zu. Zudem kommt Amor im Grabkontext durchaus vor. Auch hier symboli-

Abb. 102: Grabaltar des T. Statilius Aper (Rom, Kapitolinische Museen)

siert er die Liebe, beispielsweise die Liebe, die die Hinterbliebenen den Bestatteten entgegenbrachten, oder die Liebenswürdigkeit der Verstorbenen selbst. Zudem ist Statilius mit kaum 23 Jahren gestorben und die Jugendlichkeit Amors könnte ein Hinweis auf das gestrenge Schicksal sein, das er so früh erlitt.

Insgesamt ist die Darstellung des Reliefs sehr vielschichtig: Auf der rechten Seite sind lediglich profane Gegenstände aus dem Berufsleben des Statilius gezeigt, während sich die linke Seite des Reliefs in eher allegorischer Weise auf Eigenschaften des Verstorbenen zu beziehen scheint. Interessanterweise sind auch die beiden Grabinschriften auf dem Monument von völlig unterschiedlicher Art. Bei der oberen, in kleineren Buchstaben ausgeführten Inschrift handelt es sich um ein Grabepigramm, das stilistisch an Ovid oder Vergil erinnert und mit seinen Anspielungen auf die Kalydonische Eberjagd und den viel zu frühen Tod des Statilius durchaus emotional-melancholisch gefärbt ist. Die untere, größere Inschrift ist dagegen weitaus nüchterner gefasst und gleicht, abgesehen von der Dedikation an „den besten Sohn", eher einer Aneinanderreihung von Informationen.

Auch der restliche Schmuck des Monuments fügt sich in diese seltsame Dualität. So sind die beiden Schmalseiten des Altars mit Reliefdarstellungen verziert, in denen verschiedene Arbeitsgeräte des Verstorbenen in seiner Eigenschaft als städtischer Vermesser gezeigt werden, zum Beispiel eine lange Messlatte, ein Maßstab von einem Fuß Länge, ein Bündel von Schriftrollen, Schreibgriffel und eine Schreibtafel. In einem gewissen Kontrast dazu steht die Darstellung der Oberseite: In einem stilisierten Giebelfeld, das von zwei mit Rosetten gefüllten Voluten an beiden Seiten eingefasst ist, befindet sich die Büste einer Frau in einer Muschel, die – wiederum beidseitig – von Delphinen umgeben ist. Bei dieser Frau handelt es sich wohl um Orcivia Anthis, die Ehefrau des Statilius – es ist allerdings unklar, ob sie bereits verstorben war oder als zukünftige Grabherrin neben ihrem Mann erscheint.

Die etwas exotisch anmutende Darstellung ist – ebenso wie das Gewand der Anthis selbst, das eine Schulter freilässt – angelehnt an geläufige Darstellungsschemata der Liebesgöttin Venus. Wahrscheinlich sollte damit auf die Schönheit der Anthis hingewiesen werden; darüber hinaus mag die Bildsprache, derer man sich hier bedient hat, auch die Liebe der Anthis zu ihrem Ehemann – ob im Leben oder im Tod – illustrieren.

Würde es sich bei auf dem im Relief dargestellten Knaben tatsächlich um einen Amor handeln, dann würde sich die Darstellung der Anthis im Umkreis der Venus noch besser und logischer in die Gesamtkomposition fügen, jedoch lässt sich das aufgrund des Erhaltungszustandes letztlich nicht sicher beweisen. Die Dualität zwischen dem profanen beruflichen Leben des Statilius und der Liebe, die dieses Leben scheinbar bestimmte, scheint sich jedoch durch das gesamte

Darstellungsspektrum dieses Grabaltars zu ziehen.

Auf der Rückseite des Altars befinden sich im Übrigen Einlassungen, die der Aufnahme der Überreste der Verstorbenen dienten, was in Verbindung mit der deutlich auf eine Hauptseite ausgerichteten Dekoration dafür spricht, dass dieser Altar nicht auf Allansichtigkeit hin geschaffen wurde, sondern wohl an einer Wand oder zumindest in einer Nische gestanden hat.

Mit dem Grabaltar des Statilius haben wir ein Grabmonument vor uns, das in der mannigfaltigen Tradition römischer Grabaltäre steht. Es entstammt dem Korpus der stadtrömischen Grabaltäre, die nahezu 1000 Exemplare zählen und in ihrer Konzentration auf allein eine einzige (wenn auch auf die bedeutendste) Stadt den Stellenwert solcher Grabmäler illustrieren.

Wenn die spezifische Entwicklungsgeschichte von Altären in sepulkraler Verwendung auch noch in vielerlei Hinsicht unklar ist, so bilden sie doch eine Objektklasse, die besonders in der römischen Zeit beliebt war und uns – auch wenn an dieser Stelle nur wenige Beispiele besprochen werden konnten – einmal mehr die Vielfalt antiker Sepulkralkunst vor Augen führt.

7.5 Grabinschriften

7.5.1 Ägypten

Dank der Entstehung und Entwicklung von Schrift verfügen wir heute über zahlreiche Dokumente, die uns – im Vergleich zu schriftlosen Epochen – einen sehr viel tieferen Einblick in die Lebensverhältnisse der antiken Welt ermöglichen.

Bereits in den Dynastien der ägyptischen Pharaonen hatte sich seit dem Ende des 4. Jts. v. Chr. eine Schriftsprache entwickelt, die im Wesentlichen aus Bildzeichen bestand, die durch andere Symbole wie etwa Lautzeichen ergänzt wurden. Diese 1822 durch Jean-François Champollion mithilfe des Steins von Rosette entzifferten Hieroglyphen (benannt nach der späteren griechischen Bezeichnung „Hieroglyphika" [= „heilige Zeichen"]) sind auf zahlreichen altägyptischen Monumenten und Objekten überliefert und enthalten eine Fülle an wertvollen Informationen, die uns helfen, das Alltagsleben wie auch die Jenseitsvorstellungen der alten Ägypter näher zu erschließen.

Der Tod und das Nachleben nehmen bereits sehr früh einen außerordentlich wichtigen Stellenwert in den schriftlichen Quellen ein. In Ägypten treffen wir auf eine Gesellschaft, deren Konzept des Lebens und Sterbens, des ganzen Daseins, sehr stark von überaus spezifischen Vorstellungen und Glaubensstrukturen geprägt ist. Diese Ritualisierung und in gewisser Weise auch Formalisierung des Lebens und Sterbens entwickelte sich während der Herrschaft der ägyptischen Dynastien und besonders in den sogenannten Zwischenzeiten zwar durchaus weiter, blieb in ihrem Kern allerdings in wesentlichen Punkten bestehen.

Ausgehend von dem Grundgedanken, dass das Leben nicht mit dem Tod enden würde, entwickelte sich im Alten Ägypten ein Jenseitsglaube, der heute wohl mit zu den prägnantesten Merkmalen gehört, die wir mit der altägyptischen Kultur verbinden. Der Tod stellte lediglich die Schwelle in ein anderes, idealerweise besseres und endloses Leben dar und war in der ägyptischen Vorstellung zudem eine große Herausforderung, denn dem Verstorbenen wurde es nicht ohne Weiteres gestattet, in das Nachleben einzutreten. Gelang es ihm nicht, in den ewigen Kreislauf aufgenommen zu werden, so erlosch er endgültig.

Damit überhaupt die Chance auf ein unendliches Nachleben bestand, musste der Verstorbene bereits zu Lebzeiten ein möglichst gutes und gerechtes Leben geführt haben – doch selbst dann musste er beim Eintreten ins Jenseits diffizile Rituale beachten und verschiedenste Prüfungen abgelegen.

Als ideales Leben galt den Ägyptern das Leben in der *maat*. Der Begriff *„maat"* ist äußerst komplex; er bezeichnet eine göttliche Entität, ein Lebensprinzip, ja die kosmologische Ordnung selbst. Man spricht in diesem Zusammenhang gern von der *maat* als grundlegender Wahrheit, als dem Kernprinzip der Gerechtigkeit der Welt. Dieses Prinzip kann als Leitfaden zu einem gerechten Leben verstanden werden. *maat* wurde in der Vielzahl ihrer Funktionen und Bedeutungen auch als Göttin personifiziert und verehrt.

Eine ganz entscheidende Funktion dieser Entität ging dabei weit über das diesseitige Leben hinaus. Das Urteil der *maat* bildete die entscheidende Voraussetzung dafür, dass der Verstorbene in das nächste Leben eintreten konnte. Sein Herz wurde in Anwesenheit des Totengottes Osiris und der Totenrichter gegen das Symbol der *maat*, die Feder, aufgewogen. War es schwerer als die Feder, so wurde dem Verstorbenen das ewige Leben verwehrt und seine Seele erlosch im zweiten Tod.

Osiris beurteilte auf diese Weise das Leben des Verstorbenen – wer in der *maat* gelebt hatte, durfte an ihrer Seite im ewigen Nachleben verweilen; wessen Herz dagegen schwerer wog als die Feder der *maat*, der musste nicht etwa für ewig in einem Reich verweilen, wie wir es uns heute vielleicht in Form der Hölle vorstellen, sondern er hörte vielmehr gänzlich auf zu existieren.

Nicht zuletzt die große Sorge, diesem Schicksal zu erliegen, führte dazu, dass sich die Ägypter in umfangreichen Dokumenten mit dem Leben nach dem Tod befassten. Diese Quellen spiegeln deutlich das Bemühen, dem Verstorbenen einerseits den Zugang zum unendlichen Nachleben zu erleichtern, indem man ihm sowohl Ratschläge und Zauberformeln als auch Gebete an die Götter mit auf die Reise gab, und andererseits zu gewährleisten, dass er im Jenseits gut mit Proviant und Dienern ausgestattet war.

Bei einer Analyse dieser vielgestalten Formeln und Elemente fällt gelegentlich eine gewisse „Unsicherheit" des Verstorbenen auf: Offenbar war man sich nicht immer sicher, dass man in der *maat* gelebt hatte und somit nach dem Urteil des Osiris auch zu den Gerechtfertigten gehörte.

Darüber hinaus wurden dem Verstorbenen diverse rituelle Dienste erwiesen, so wurden an seinem Grab zum Beispiel regelmäßig Gebete zu seinen Ehren gesprochen. Zeugnisse dieser vielfältigen Vorgänge haben sich auf Dokumenten verschiedenster Art erhalten; beispielsweise liegen sie in Form von Grabinschriften vor und/oder finden sich auf Reliefs, in der Malerei und auf Papyri – sogar die Särge selbst waren mit den unterschiedlichsten Texten bedeckt. Dabei lässt sich eine jahrhundertelange Entwicklung nachweisen, die die ägyptische Geschichte und materielle Kultur gleichermaßen umspannt.

Als erstes Beispiel sollen die sogenannten Pyramidentexte (s. auch Kap. 1.1) näher beleuchtet werden, denn sie bilden die Grundlage sämtlicher späterer Texte wie das Totenbuch oder die Sargtexte (s. u. und Kap. 1.1).

Schon sehr früh, seit der späten 5. und frühen 6. Dynastie des Alten Reiches, sind uns diese Texte geläufig und kommen in allen königlichen Pyramiden vor. In sehr beeindruckender Weise zeugen sie von der Jenseitsauffassung der Pharaonen und belegen sicherlich eine ältere mündliche Tradition, die hier zum ersten Mal in einer schriftlichen Form festgehalten wurde.

Die Inschriften wurden hauptsächlich in unmittelbarer Nähe des verstorbenen Königs angebracht, zuerst direkt in der Sargkammer und in den angrenzenden Räumen der Pyramide wie zum Beispiel im Fall des Unas (2380–2350 v. Chr), später dann auf dem königlichen Sarg selbst (Teti II. [2318–2300 v. Chr.]) und jenseits der Vorkammern (Pepi I. [2295–2250 v. Chr.]).

Mit dem Zusammenbruch des Alten Reiches am Ende der 6. Dynastie gehen diese einst den Königen vorbehaltenen Inschriften auch in den privaten Bereich über, wo wir sie auf den Särgen und Grabwänden königlicher Beamter finden.

Formal bilden die Pyramidentexte eine vielfältige Sammlung einzelner Sprüche und Gebete, die – ohne jegliche Illustrationen – zumeist senkrecht verlaufen. Die einzelnen Sprüche tragen so gut wie nie einen Titel, sind aber dennoch deutlich voneinander abgegrenzt: In der Pyramide des Unas ist jeder Spruch von dem folgenden mit dem interessanten Hinweis getrennt, man solle die Worte aussprechen, das heißt, sie im Umfeld des Totenkultes rezitieren. Im Verlauf der 6. Dynastie finden wir diese Vermerke sogar in jeder Zeile.

Die Inschriften selbst enthalten, soweit bisher bekannt, über 700 einzelne Aussprüche, die die

Grundlage für alle späteren Texte wie zum Beispiel die verschiedenen Unterweltsbücher bilden. Inhaltlich sind sie eng mit dem Jenseitsglauben und dem Kult verwoben; so leisten sie Pharao Unas etwa Hilfestellungen beim Übergang in das Nachleben, indem sie ihm eine Rampe oder Leiter in den Himmel bieten, ihn auf den Wolken ins Jenseits tragen oder ihm das Licht der Sonne zeigen: „[Worte sprechen] Sei gegrüßt, Tochter des Anubis, die an beiden Fenstern [?] des Himmels ist, Vertraute des Thot, die an beiden Holmen der Leiter ist. Öffne Unas' Weg, damit Unas vorbeigehen kann" (Auszug aus Spruch 304, § 468).

Gleichzeitig begegnet eine Vielzahl der Aussprüche den Gefahren des Übertritts in die Nachwelt, indem sie dem Verstorbenen Wissen darüber vermittelt, welche Wege im Jenseits zu beschreiten sind, welche Gefahren dort lauern und wie man diese abwenden kann.

Auch die Versorgung des Verstorbenen im Nachleben spielt eine wichtige Rolle, ebenso wie die Vernichtung verschiedenster Feinde. Sinnbildlich wird das etwa im rituellen „Zerbrechen der roten Krüge" (s. Kap. 7.1.1) deutlich: „Dies hier ist das feste Auge des Horus; ich gebe es dir, damit du stark wirst und er sich vor dir fürchtet [Zerbrechen der roten Gefäße]" (Spruch 244).

Daneben kreisen viele der Sprüche um die Anwesenheit des Verstorbenen im Reich der Götter, seine Unsterblichkeit sowie seine Macht und Würde im Jenseits, die der der Götter nahekommt und von ihnen gerechtfertigt ist: „Unas' Haus, das am Himmel ist, wird nicht zu Grunde gehen; Unas' Thron, der auf der Erde ist, wird nicht vergehen. [...] Unas' Thron ist bei dir, Re; er wird ihn keinem anderen geben" (Auszug aus Spruch 302, § 458 ff.).

Die Überwindung des Todes und das Leben unter den Göttern spielen in den Pyramidentexten eine zentrale Rolle.

Von besonderer Bedeutung sind dabei die überlieferten Schriftsequenzen aus der Pyramide des Unas, in denen der Unterweltgott Osiris eine wichtige Position einnimmt. Es handelt sich hierbei um die frühesten Quellen für den Herrscher des Totenreiches, der im Fortgang der ägyptischen Geschichte immer bedeutender werden sollte.

Sorgsam wurde jeder nur erdenkliche Aspekt des Nachlebens in den Pyramiden bedacht, um es dem Pharao zu ermöglichen, sein ewiges Nachleben zu feiern und seine Macht zu genießen.

Stark ritualisiert tritt diese Sorgfalt in den Pyramidentexten des Alten Reiches hervor und zeugt von der überwältigenden Macht der Herrscher, die selbst im Jenseits im Umfeld der Götter noch von Bestand war. Darüber hinaus spiegelt sich in diesen Texten aber auch das Bemühen, den Namen des Herrschers unsterblich zu machen und seinen Reichtum im Jenseits zu gewährleisten. Hunderte Male wird Unas in seiner Pyramide namentlich angesprochen, oftmals in seiner jenseitigen Verbindung mit Osiris als „Unas-Osiris".

Daneben dienen die Texte der Ausstattung seines unsterblichen (weil mumifizierten) Körpers mit Gütern des täglichen Bedarfs wie Wasser, Brot und Bier. So heißt es beispielsweise: „[Worte sprechen] Unas' Abscheu ist Hunger, er isst ihn nicht. Unas' Abscheu ist Durst, er trinkt ihn nicht. [...]" (Spruch 211, § 131 a) und „[Worte sprechen] Ein Mahl für mich, Metzger, ein Mahl für mich, Metzger, du im Auge des Re! Ein Mahl für mich [?], [...] im Auge des Gottes! Aufwärter, bringe Wasser dar, entfache das Feuer! Schenkelstück vom Stier und Gebäck! Vier Handvoll Wasser!" (Kurzform Spruch 207, § 124 ff.).

Der körperlich wie seelisch unsterbliche Herrscher wird nicht ausschließlich als entrückter, göttlicher Monarch betrachtet, sondern steht auch sinnbildlich für die Vorstellung, dass das Nachleben letztlich eine unendliche, bessere Form des diesseitigen Lebens darstellt – so finden wir zum Beispiel auch Warnungen vor Schlangen oder Skorpionen in den Sprüchen der Unas-Pyramide: „[Worte sprechen] Der Kopf des großen schwarzen Stiers ist abgeschnitten; Hepenu-Schlange, ich befehle dir, Kheser-Netjer-Skorpion, ich befehle dir: ‚Dreh dich um, winde dich zurück in den Boden!' Dies habe ich dir befohlen" (Spruch 227, § 227).

Nichtsdestotrotz erscheint der Pharao jenseits dieser mehr oder minder profan anmutenden Bedürfnisse als Bringer und Gewährleister der *maat* und damit in einer Funktion, die im Jenseitsglauben der Ägypter von entscheidender Bedeutung war: „Unas wird am heutigen Tag herausgehen, damit er die *maat* bringe, die bei ihm ist" (Auszug aus Spruch 260, § 323).

Ungeachtet der Wirren der sogenannten Ersten Zwischenzeit blieben die Pyramidentexte trotz verschiedener Veränderungen auch in den nachfolgenden Epochen in ihrem Kern bestehen – und damit letztlich auch die spezifischen Jenseitsvorstellungen. Bis ins Neue Reich und in die Spätzeit hinein treten einige der Pyramidensprüche an verschiedenen Stellen nahezu unverändert auf. Wie oben bereits angedeutet, lässt sich jedoch von nun an auch eine Entwicklung beobachten, die wegführt von der königlichen Exklusivität hin zum Gebrauch der Jenseitssprüche im privaten Bereich.

Auch der generelle Charakter und der Inhalt der Sprüche ändern sich – das Augenmerk galt jetzt der Erarbeitung neuer Sprüche und neuer Zusammenstellungen.

Ganz wichtig wird in der folgenden Zeit der Wechsel des Trägermediums. Im Mittleren Reich gingen die königlichen Pyramidentexte – nunmehr in weiterentwickelter Form – auf die Särge von Beamten über. Diese Sargtexte (s. auch Kap. 1.1) ersetzten gegen Ende des Alten Reiches weitestgehend die Pyramidentexte, wobei jedoch stets auch Inhalte des alten Korpus benutzt wurden.

Die neue Entwicklung wurde in erster Linie von den hohen Beamten des Reiches getragen; gehäuft treten die Sargtexte in den Nekropolen der einzelnen ägyptischen Verwaltungsbezirke auf, besonders in Mittelägypten (zum Beispiel Assiut, Deir el-Bersche), verteilen sich aber auch im Rest des Landes.

Dabei ist anzumerken, dass Särge nicht das einzige, jedoch das wichtigste Trägermedium waren; so kommen Sprüche der Sargtexte unter anderem auch auf Stelen, Kanopenbehältern und Papyri vor.

Bisher konnten knapp 1200 einzelne Sprüche unterschiedlichster Art identifiziert werden; beispielswiese sind manche Sprüche an die Region gebunden, in der die Särge verwendet wurden. Im Wesentlichen jedoch fußen sie nach wie vor auf dem Korpus der Pyramidentexte.

Die Sargtexte sind im späten Alten und Mittleren Reich sehr geläufig, verlieren jedoch gegen Ende des Mittleren Reiches zunehmend an Bedeutung beziehungsweise fließen ein in das Totenbuch. Gelegentlich kommen sie unverändert noch im Neuen Reich und in der Spätzeit Ägyptens vor.

Formal zeichnen sich die Texte durch folgende Merkmale aus: Zum überwiegenden Teil wurden sie auf den Innenseiten von Särgen angebracht, dabei senkrecht verlaufend. Die meisten der Sprüche haben – im Unterschied zu den Pyramidentexten – einen Titel und sind durch rot geschriebene Hervorhebungen voneinander getrennt. Die Rotschreibung kann aber auch besonders „mächtige" Sprüche komplett kennzeichnen.

Anders als bei den Pyramidentexten kommen in den Sargtexten häufig Illustrationen vor, so gibt es beispielsweise ornamentale Randverzierungen, aber auch Darstellungen, die die Inhalte der Texte verdeutlichen, wie etwa Pläne der Unterwelt oder Bilder von Gegenständen und Personen.

Inhaltlich zeugen die Sargtexte von einer gewissen Zäsur beziehungsweise den bereits angesprochenen veränderten Verhältnissen in der Zeit des Mittleren Reiches: Nicht nur die Könige, sondern auch Privatleute konnten jetzt in den Genuss kommen, das Nachleben an der Seite des Osiris zu erreichen.

Wenngleich diese Quellen letztlich auch nur den Jenseitsglauben der obersten Gesellschaftsschichten widerspiegeln, so bleibt doch die Tatsache an sich, dass die Sprüche nun nicht mehr strikt auf das königliche Umfeld beschränkt waren, ein überaus wichtiger Aspekt.

In den Sargtexten finden wir bekannte Themen wie die Hilfestellungen beim Erreichen des Nachlebens, die Versorgung des Verstorbenen mit wichtigen Gütern sowie Sprüche zur Abwehr von Feinden und anderen Gefahren des Jenseits. Dieses Jenseits wird in den Beschreibungen der Sargtexte in neuer Form vermittelt: Die Bedrohungen des Verstorbenen werden spezifischer geschildert und die Hinweise, wie man den Gefahren des Jenseits zu begegnen hat, werden deutlicher. Der Totengott Osiris gewinnt weiter an Bedeutung in seinem Reich, gerne wird der Verstorbene als sein Unterstützer und Helfer vorgestellt. Dennoch konzentriert sich die Reise ins Jenseits auf den Himmel, der Tote bewegt sich in der Gesellschaft der Götter durch den Tageshimmel und folgt dem Lauf der Sonne. Auch die Sieghaftigkeit des Verstorbenen gegen seine Feinde gewinnt an Dichte, ab jetzt wird das Totengericht immer wichtiger und entsprechende Inhalte werden in den Dokumenten wesentlich umfangreicher behandelt.

Weitere Elemente der Sargtexte sind jedoch auch gänzlich neu: So verdeutlichen einige Sprüche die Sehnsucht des Verstorbenen danach, im Jenseits seiner Familie zu begegnen und das Nachleben in Anwesenheit seiner Verwandten zu verbringen.

Ein gutes Beispiel liefert der Sarg des Nacht im Roemer- und Pelizaeus-Museum Hildesheim. Das Objekt stammt mit großer Wahrscheinlichkeit aus der Nekropole von Assiut und gehörte dem Beamten Nacht in der 12. Dynastie des Mittleren Reiches (um 2050 v. Chr.).

Der Holzsarg ist nahezu vollständig erhalten, lediglich die Bodenplatte fehlt. Der Schmuck ist – wie fast immer – an den Innenseiten des Sargs angebracht, denn der Verstorbene sollte die seinem Schutz und seiner Versorgung dienenden Sprüche und Bilder sehen, lesen und sich ihrer bedienen können. Dabei finden wir Darstellungen der materiellen Güter, derer sich der Verstorbene vergewissern wollte – eine Langseite bildet Objekte ab, die im Jenseits von Bedeutung waren, beispielsweise eine Scheintür, durch die der Verstorbene zwischen dem Diesseits und dem Jenseits wandeln konnte, oder drei Vasen, die seiner Versorgung mit Wasser dienten. Auch ein Opfertisch und verschiedene Kleidungsstücke sind vorhanden.

Vom Beruf und vielleicht auch von einer persönlichen Vorliebe des Nacht künden die Schreibutensilien, die den rechten Abschluss des bildlastigen Frieses bilden. Die Schalen für die rote und schwarze Farbe sind ebenso deutlich zu sehen wie eine Reihe von Schreibbinsen direkt darunter. Umrahmt sind die Bilder von verschiedenen Sprüchen aus dem Korpus der Sargtexte.

Die zweite Langseite verzichtet weitestgehend auf bildliche Darstellungen, nur eine Aufstellung von 120 Opferträgern (drei Reihen mit jeweils 40 Figuren) ist abgebildet. Sie bringen dem Verstorbenen ganz verschiedene Opfer dar, derer er sich im Jenseits bedienen kann. Dabei handelt es sich um verschiedene Speisen, Getränke, aber auch Kosmetikartikel wie Schminke und anderes (Abb. 103).

Die beiden Schmalseiten des Sargs weisen ähnlich gelagerte Darstellungen auf, beispielsweise ein Paar Sandalen und ein Gebäude, das als Kornspeicher gedeutet wird.

Durchaus nicht unpassend findet sich auf der Innenseite des Sargdeckels die Darstellung eines Kalenders, in dessen Mitte drei Gottheiten abgebildet sind. Die Himmelsgöttin Nut stützt dabei mit erhobenen Armen den Himmel, ihr ist beigeschrieben: „Nut, erhebe deine Arme!"

Besonders interessant ist der Rinderschenkel, der sich rechts neben ihr befindet und sieben Sterne in einer überaus geläufigen Anordnung enthält. Das Gestirn kann eindeutig als Ursa Maior, der Große Bär oder Große Wagen, identifiziert werden. Im Mittleren Reich wurde dieses Sternbild augenscheinlich mit anderen Dingen verbunden.

Rechts daneben wiederum ist Orion dargestellt, ihm ist beigeschrieben: „Orion, dreh deinen Kopf, damit du Osiris erblickst!" Neben ihm befindet sich eine weitere weibliche Gestalt, die den Stern Sirius (ägyptisch Sothis) repräsentiert.

Um diese zentrale Darstellung herum sind Hieroglyphen in regelmäßigen Registern verteilt, sie stellen – wie bereits erwähnt – einen astronomischen Kalender dar, dessen Datumsangaben in roter Farbe ausgeführt sind. Der Kalender ist allerdings unvollständig, er beinhaltet kein ganzes ägyptisches Jahr, sondern nur 270 Tage. Eingehend hat man sich bereits mit dieser insgesamt überaus interessanten, aber rätselhaften Darstellung befasst, doch bislang konnte noch keine vollständig überzeugende Erklärung geliefert werden.

Der Inhaber des Sargs hat möglicherweise zu den königlichen Astronomen gehört, über die wir auch aus anderen Quellen informiert sind. Ebenso ist die astronomische Thematik auf Sär-

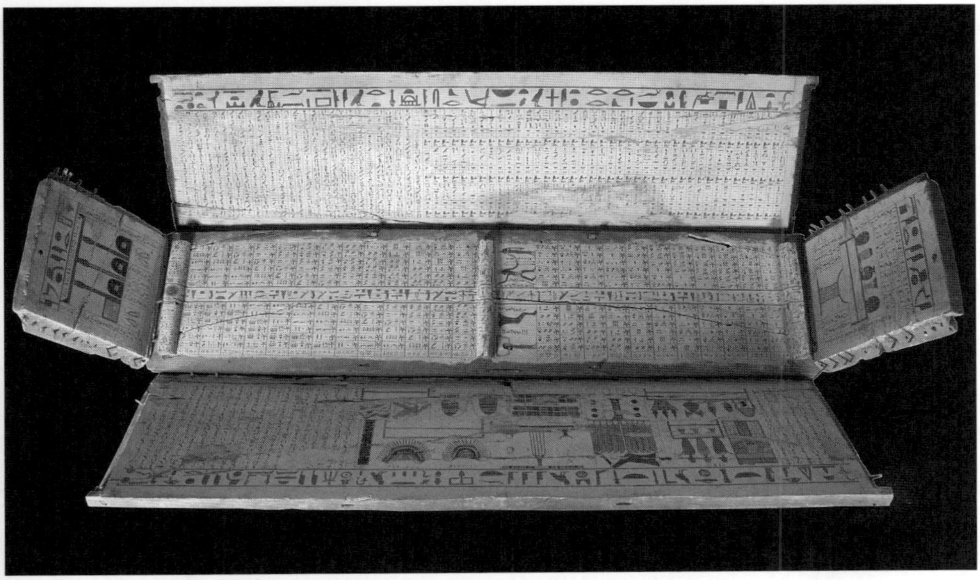

Abb. 103: Sarg des Nacht (Hildesheim, Roemer- und Pelizaeus-Museum)

gen aus Assiut geläufig, mehrere Exemplare weisen ähnliche Dekorationen auf. Es handelt sich dabei um ein durchaus passendes Sujet – der Verstorbene sollte auch im Nachleben die Möglichkeit haben, das Datum und damit letztlich seinen eigenen „Tages-" und „Nachtrhythmus" bestimmen sowie den Blick auf die Sterne richten zu können.

Insbesondere bei einem Astronomen ist eine solche Ausstattung nachvollziehbar, zudem wurde ja auch dafür Sorge getragen, dass der als Astronom hohe Beamte seine Schreibutensilien im Nachtleben bei sich hatte. Insofern sind die entsprechenden Dekorationen wie auch die Sprüche auf dem Sarg des Nacht im ägyptischen Verständnis durchaus wörtlich zu verstehen. Die Sprüche wie auch die Bilder transportieren Inhalte, derer sich der Verstorbene im Nachleben real bedienen wollte und die ihm nach dem Glauben der Ägypter halfen und Unterstützung boten. Der astronomische Kalender selbst musste dabei nicht einmal vollständig sein – die Darstellung als solche und ihre Identifikation reichten aus, zumal Nacht als Astronom ohnehin in der Lage war, den Kalender zu ergänzen. Die Überlegung, der Kalender sei aus Platzmangel unvollständig wiedergegeben worden, vermag daher wenig zu überzeugen.

Überaus rätselhaft erscheinen die sogenannten Fugeninschriften. Diese Inschriften bedecken Teile des Sargs, die man nicht mehr sehen konnte, sobald der Tote bestattet war, denn sie befinden sich an den Verbindungsstellen der einzelnen Teile – war der Sarg zusammengesetzt, waren die Inschriften verborgen.

Lange Zeit wurden diese Inschriften nicht systematisch untersucht, mittlerweile weiß man jedoch einiges über sie. Fugeninschriften treten durchaus nicht sporadisch auf, es hat sie sogar recht häufig gegeben, wir finden sie in nahezu allen großen Nekropolen wie in Assiut, Theben oder Sakkara. Sie wurden sowohl eingeritzt als auch mit schwarzer Tinte aufgetragen. In sich bilden sie – soweit bisher erforscht – ein den bekannten Inschriften zwar verwandtes, aber doch eigenständiges Korpus.

Thematisch sind die Sprüche der Fugeninschriften in zwei wesentlichen Bereichen des Jenseitsglaubens verankert. Einerseits beziehen sie sich auf Rituale, die im Umkreis der Mumifizierung stattfanden oder auf die körperliche Beschaffenheit des Verstorbenen im Jenseits anspielen, andererseits spiegeln sie ältere Traditionen des ägyptischen Glaubens, die im Umfeld der Himmelsgöttin Nut angesiedelt sind. Vieles bleibt noch im Verborgenen bei diesen Sprüchen, doch zunächst einige Beispiele:

Spruch A (nach Grallert), unter anderem ist er auf dem Sarg des Nacht (Hildesheim 5999) nachgewiesen: „[Worte sprechen] Oh Geb, deine beiden Arme mögen um mich sein! Mögest du mein Gesicht erleuchten und meine beiden Augen öffnen!"

In der Anrufung des Erdgottes Geb erhofft sich der Verstorbene offensichtlich, dass sein Körper nach dem Tod funktionsfähig bleibt; ganz konkret geht es hier darum, dass der Tote im Jenseits sehen kann. Ebenso zählt die Beweglichkeit des Körpers im Jenseits zu den wichtigsten Eigenschaften, die der Tote sich im Jenseits erhoffte.

Spruch B (nach Grallert), er ist ebenfalls unter anderem auf dem Sarg des Nacht (Hildesheim 5999) vertreten: „[Worte sprechen] Oh meine Mutter, komm zu mir! Entferne die Mumienbinden von mir, aus der Hand dessen, der dies gegen mich tat!"

Hier ruft der Verstorbene die Himmelsgöttin Nut an, ihm Beweglichkeit im Jenseits zu verschaffen – die Mumienbinden sind Fesseln, von denen er befreit werden möchte. Ein unbekannter Feind hat sie ihm angelegt. Dieser Feind wird zwar nie genannt, aber aufgrund der Tatsache, dass kein konkreter Name genannt oder ein Beiname angegeben wird, kann es sich im Grunde nur um den Tod selbst handeln, der hier als unbekannter Feind auftritt.

Ein noch aus der Tradition der Pyramidentexte stammender Spruch auf dem Sarg des Nacht bittet um die Aufnahme des Verstorbenen unter die Sterne, was besonders für einen Astronomen wie Nacht passend ist: „[Worte sprechen] Oh meine Mutter Nut, breite dich über diesen N. N.[4], mögest du ihn unter die Unvergänglichen geben, die in dir sind" (Spruch G [nach Grallert]).

Wie bereits erwähnt, sind bei diesen Fugeninschriften noch nicht alle Fragen geklärt. Warum beispielsweise wurden sie an dieser Stelle angebracht? Eine Idee wäre folgende: Man ging bekanntlich davon aus, dass der Verstorbene die Macht hatte, in seinem Grab zwischen Diesseits und Jenseits zu wechseln. Dabei konnte auch der Sarg geöffnet werden und somit wären die Inschriften lesbar und für den Verstorbenen verfügbar gewesen. Auch thematisch passen die Fugeninschriften zu diesem Ansatz, denn sie kreisen ganz wesentlich um die Erhaltung des Körpers und seiner Fähigkeiten.

Wenngleich noch einiges ungeklärt ist, so steht doch fest, dass die Texte der Fugeninschriften ein weiteres Bindeglied in der Entwicklung ägyptischer Grabtexte und Jenseitsliteratur von den Pyramidentexten des Alten Reiches bis hin zum Totenbuch im Neuen Reich und in der Spätzeit Ägyptens darstellen.

Zu Beginn des Neuen Reiches entwickelte sich die Totenliteratur zunehmend weiter: Das Totenbuch entstand. Dabei handelt es sich nicht um ein einziges Buch, vielmehr bezeichnet dieser Name ganz verschiedene Dokumente, die bis heute erhalten geblieben sind und den Inhalt des *Buches vom Herausgehen am Tage* (so der Originaltitel) bilden (s. auch Kap. 1.1).

Das Totenbuch ist insbesondere auf Papyri überliefert, daneben auf Leichentüchern und Särgen, selten dagegen auf den Wänden einzelner Tempel – manche Sprüche finden sich auch auf Skarabäen. Verwendet wurden diese neuen Texte in ganz Ägypten, wobei eine gewisse Konzentration des Materials in Theben festgestellt werden kann.

Ähnlich wie beim Übergang von den Pyramiden- zu den Sargtexten fließen nun Sequenzen aus dem Korpus der Sargtexte in das Totenbuch des Neuen Reiches ein. Die Dokumente werden so beliebt, dass sie in den Gräbern der Angehörigen der ägyptischen Beamtenschaft schließlich so etwas wie eine Standardausstattung darstellen.

Von einigen wenigen Unterbrechungen abgesehen, bestehen die Sprüche des Totenbuches – wenn auch in verschiedenen Variationen – vom Neuen Reich bis in die römische Zeit fort und zeugen so von der Beliebtheit des Korpus im privaten Bereich.

4 N. N. = nomen nominandum.

Im Wesentlichen blieb die Verwendung auch auf diesen Bereich beschränkt, doch finden wir Elemente des Totenbuches ebenso im Umfeld der Pharaonen – unter anderem sind Textsequenzen in den Gräbern von Thutmosis III. und Tutanchamun überliefert, obwohl zu diesem Zeitpunkt bereits mehrere königliche Sammlungen von Jenseitssprüchen ediert waren (zum Beispiel die Sonnenlitanei). Wir beobachten also über die Jahrhunderte einen wechselnden Austausch von Jenseitstexten zwischen dem königlichen und dem privaten Bereich.

Besonders interessant sind die Sprüche des Totenbuches vor allem deshalb, weil sie im privaten Bestattungsbrauch – anders als die Sargtexte – von einem wesentlich größeren Personenkreis verwendet wurden.

Waren die Sargtexte ursprünglich weitestgehend dem Hochbeamtentum (etwa den Leitern der ägyptischen Gaue) vorbehalten, finden wir jetzt Auszüge aus dem Totenbuch in weiten Teilen der ägyptischen Beamtenschaft und ihrer Verwandten, was in zwei wesentlichen Ursachen begründet liegt: Zum einen war die Voraussetzung für die Verwendung von Jenseitssprüchen im privaten Bereich dadurch gegeben, dass bereits die Sargtexte seit den Wirren der Ersten Zwischenzeit das königliche Monopol gebrochen hatten. Zum anderen – und das ist besonders wichtig – ermöglichte das Medium Papyrus nun auch Angehörigen weniger begüterter Schichten, ihren Jenseitserwartungen Ausdruck zu verleihen und sich auf die Gefahren des Übertritts vorzubereiten.

Höchstwahrscheinlich steht auch die Überarbeitung der Jenseitssprüche seit Beginn des Neuen Reiches mit dieser Entwicklung in Verbindung, denn die Sprüche des Totenbuches stellten nun gewissermaßen ein „Massenprodukt" dar, wodurch eine Anpassung an die neue Zielgruppe ebenso erforderlich wurde wie die Schaffung neuer, den Pharaonen exklusiv vorbehaltener Korpora. Auch die Anzahl der Sprüche, die sich im Totenbuch fassen lässt, sank wesentlich – bisher konnten knapp 200 unterschieden werden.

Sicher liegt in der Ausrichtung auf den breiteren Bevölkerungskreis auch die Kanonisierung dieser Textsammlung begründet, musste sie doch dementsprechend einfach gehalten sein und sich auf wesentliche Sprüche konzentrieren.

Formal sind die Sprüche des Totenbuches durch folgende Charakteristika gekennzeichnet: Wie in den Sargtexten sind sie illustriert, wobei den Vignetten insofern eine besondere Bedeutung zukommt, als sie der direkten Verstärkung einzelner Sprüche dienen und mit der Zeit auch einzeln – also ohne zugehörigen Text – vorkommen können. Ganz besonders beliebt sind Vignetten, die das Totengericht darstellen, wie etwa auf dem Papyrus des Hunefer im British Museum in London zu sehen (s. u. und Abb. 1).

Die einzelnen Sprüche sind durch die Rotschreibung ihrer Spruchtitel voneinander getrennt, zudem fungieren oft doppelte Linien als gliederndes Element. Auch Kommentare zu einzelnen Sprüchen (die beispielsweise ein bestimmtes Ritual beschreiben, das auszuführen war), sogenannte Nachschriften, bilden oft ein Mittel zur Unterteilung.

Die einzelnen Sprüche konnten – wie die erhaltenen Dokumente zeigen – auf sehr vielfältige Art und Weise miteinander kombiniert werden.

Inhaltlich führt das Totenbuch die lange Tradition der Pyramiden- und Sargtexte weiter, verändert aber gleichzeitig deren Konzeption: Wie in den früheren Texten bilden auch im Totenbuch die Ausstattung des Verstorbenen mit Dingen seines Bedarfs und sein Schutz gegen Gefahren den zentralen Inhalt. Das Augenmerk lag jetzt allerdings eher auf Sprüchen, die eine durchaus praktische Hilfe im Nachleben gaben, wie zum Beispiel Spruch 6, der sogenannte Uschebti-Spruch, mit dem der Verstorbene Stellvertreter beauftragen beziehungsweise ihnen eine Art Vollmacht ausstellen konnte, eventuell im Jenseits zu erledigende Arbeiten an seiner statt zu verrichten: „Spruch, um die Uschebtis im Totenreich Arbeit leisten zu lassen. // Von Osiris N. N.[5], gerechtfertigt, zu sprechen: / Oh ihr Uschebti, wenn man diesen Osiris N. N., gerechtfertigt, zu irgendeiner Arbeit einzieht, die da im Totenreich verrichtet wird, da Schaden dadurch dem Mann seinem Anteil gemäß zugefügt wird, ‚siehe, ich!'[6], sollt

5 S. Anm. 4.
6 Im Sinne von „Hier bin ich!".

ihr sagen! // Möget ihr zu jeder Zeit zählen lassen, die dort zum Pflanzen auf den Feldern verbracht wird, zur Bewässerung der Ufer und zur Ruderfahrt [über] den Sand des Westens zum Osten! // ‚Siehe, ich', sollt ihr sagen, ‚Osiris N. N., gerechtfertigt'!" (Auszug aus Spruch 6, nach dem Papyrus Turin 1791).

Ebenso wollte man sicherstellen, dass man seinen Namen nicht vergaß, gegen Verwesung geschützt und mit Luft und Wasser versorgt war und sich ungehindert bewegen konnte – ja sogar das Schreibzeug sollte dem Verstorbenen im Nachleben erhalten bleiben; hierzu einige Beispiele: „Wer diesen Spruch kennt, der ist kein Verwester, sondern frisch" (Auszug aus Spruch 45, nach dem Papyrus Turin 1791) und „Möget ihr veranlassen, dass ich[7] mächtig bin über Wasser, so wie Seth seinen Feind beraubt hat an jenem Tag des Wütens der beiden Länder" (Auszug aus Spruch 60, nach dem Papyrus Kairo CG 25095).

Das Leben nach dem Tod beginnt rasch: „Gestern bin ich gestorben. / Heute bin ich wiedergekommen" (Auszug aus Spruch 179, nach dem Papyrus des Nu, British Museum BM EA 10477).

Man bediente sich des Korpus und hatte so die Möglichkeit, persönlichen Vorlieben zu folgen oder aber Rituale, die man für sich persönlich als die wichtigsten empfand, auf seinem Papyrus zu vermerken. Nicht zuletzt deswegen bilden viele Papyri Sprüche und Illustrationen ab, die mit dem Totengericht des Osiris und dem Urteil der *maat* in Verbindung stehen. Hier werden die entscheidenden Momente sowohl beschrieben als auch bildlich dokumentiert.

Viele der überlieferten Totenbücher beinhalten den Spruch 125, der ein entscheidendes Element des Totengerichts thematisiert – die Verleugnung böser Taten durch den Verstorbenen. Dieser Vorgang ist auch unter dem Begriff „negatives Sündenbekenntnis" bekannt, was allerdings nicht bedeutet, dass man große Parallelen zur christlichen Religion herstellen kann. Der Verstorbene bestätigt gegenüber den beim Jenseitsgericht des Osiris anwesenden 42 Totenrichtern, dass er keine bösen Taten begangen hat und somit aus dem Totengericht und dem Urteil der *maat* als „Gerechtfertigter" heraustreten wird – mit dem Anrecht auf das unendliche Nachleben.

Die einzelnen Totenrichter sind in den Papyri mit ihren Beinamen verzeichnet, jeder von ihnen richtete über ein spezifisches Verbrechen, wie es beispielsweise aus Spruch 125 hervorgeht: „Oh Weitausschreitender, der aus Heliopolis stammt, ich habe kein Unrecht begangen! // Oh, der den Mund aufsperrt, der aus Cheraha stammt, ich habe nicht geraubt! // Oh Geschnäbelter, der aus Hermopolis stammt, ich war nicht habgierig! // Oh Schattenverschlinger, der aus den beiden Quelllöchern stammt, ich habe nicht gestohlen! // Oh Schreckgesicht, der aus Rasetjau stammt, ich habe nicht unrechtmäßig Menschen getötet! // Oh Ruti, der aus dem Himmel stammt, ich habe das Maß nicht beschädigt! // Oh, dessen Augen aus Feuer sind, der aus Letopolis stammt, ich habe keine Verminderung begangen! // Oh Flammengesicht, der rückwärts herausgeht, der aus Heliopolis stammt, ich habe kein Gotteseigentum gestohlen! // Oh Knochenbrecher, der aus Herakleopolis stammt, ich habe nicht gelogen! // Oh, dessen Atem Feuer ist, der aus Memphis stammt, ich habe kein Essen weggenommen! // Oh Wüstenbewohner von Bubastis, der aus der Schetit stammt, ich habe niemanden zum Weinen gebracht!" (Auszug aus Spruch 125, nach dem Papyrus Turin 1791).

Neben diesen Aussagen gibt es viele weitere, die sich Vergehen wie Ungeduld, Streit, Arroganz, Hitzigkeit und einigen mehr widmen. Die Beteuerungen des Verstorbenen sollten das positive Urteil im Totengericht des Osiris mit herbeiführen und bilden so auch eine Art „Versicherung" für ihn. In diesen Kontext gehören auch die Hymnen zur Lobpreisung der Götter, besonders des Osiris als Herrn des Jenseits. Die Kombination aus mehreren Sprüchen auf einem Totenbuch-Papyrus konnte also dem Besitzer durchaus noch zu Lebzeiten eine gewisse Ruhe verschaffen, da er sich gegen alle Gefahren gewappnet fühlen konnte.

Wie bereits erwähnt, bildeten die Vignetten auf den Papyri eine zusätzliche Möglichkeit, wichtige Inhalte der Jenseitsvorstellungen zu transportieren – überaus häufig begegnen uns Darstellungen des Totengerichts und des Urteils der

7 Sic. der Verstorbene.

maat. Die berühmten Totenbücher des Ani und des Hunefer (beide im British Museum, London) bieten hierfür herausragende Beispiele.

Ani, ein ägyptischer Schreiber (19. Dynastie, um 1275 v. Chr.), hat ein besonders umfangreiches und schön illustriertes Totenbuch mit in sein Grab in Theben genommen. In der Auswahl seiner Sprüche kam es ihm im Jenseits besonders darauf an, über Luft zum Atmen und Wasser zum Trinken zu verfügen (Sprüche 58 und 59); zwei weitere Sprüche lobpreisen Osiris und Hathor.

Die bildliche Darstellung zeigt den Verstorbenen und seine Frau in der wichtigsten Phase des Totengerichts. In Anwesenheit mehrerer göttlicher Totenrichter findet das Jenseitsgericht des Osiris statt. Die Szene liest sich von links nach rechts: Am linken Rand stehen Ani und seine Frau Hand in Hand und beobachten das Urteil der *maat*, bei dem Anis Herz gegen das Symbol der *maat*, die Feder, aufgewogen wird. Zwei Geburtsgöttinnen wie auch eine Personifikation von Anis Schicksal und sein *ba* (in Vogelgestalt) wohnen der Szene bei. Anubis führt das Aufwiegen durch, der Gott Thot protokolliert den Vorgang.

Rechts neben Thot lauert der monströse „Verschlinger", ein Mischwesen aus Krokodil, Löwe und Flusspferd, das die Seelen der Verstorbenen vernichtet, wenn ihr Herz schwerer als die Feder der *maat* wiegt. Ganz dezent weist die Darstellung auf das wünschenswerte Ergebnis des Urteils hin – das Herz des Ani erscheint ein wenig leichter als die Feder.

Der Papyrus des Hunefer weist eine ähnlich gelagerte Darstellung auf, führt diese allerdings noch etwas weiter. Auch diese Szene ist von links nach rechts zu lesen. Im oberen Register erscheint Hunefer im Adorationsgestus gegenüber einer Reihe von Totenrichtern, die das Jenseitsurteil überwachen. Links, im Bildfeld darunter, ist er zu sehen, wie er von Anubis an der Hand zum Totengericht geführt wird. Anubis ist es auch, der im weiteren Verlauf der Darstellung Hunefers Herz wiegt. Nahe der Waage lauert der „Verschlinger" – aber er kommt nicht zum Einsatz; die Szene rechts daneben nimmt das Ergebnis des Jenseitsgerichts bereits vorweg: Neben dem Gott Thot, der das Urteil der *maat* protokolliert, führt Horus den Verstorbenen vor den Thron des Osiris. Hunefer ist jetzt ein „Gerechtfertigter" oder „wahr an Stimme" und hat das unendliche Nachleben erreicht (s. Abb. 1).

Osiris, der Herrscher der Unterwelt, wird auf seinem Thron sitzend in Begleitung seiner Schwestern Nephthys und Isis dargestellt. Anders als bei Ani sind die Waagschalen deutlich zugunsten Hunefers verschoben – sein Herz ist wesentlich leichter als die Feder der *maat*.

Des Weiteren enthält das Totenbuch des Hunefer unter anderem eine Hymne an Osiris gewählt: „Zu dir komme ich, Sohn der Nut, Osiris, Herrscher der Unendlichkeit" (Spruch 183).

Niemals wird auf den Papyri ein negatives Urteil des Osiris dargestellt, was auch allzu verständlich ist, da das Totenbuch in Ägypten als Hilfestellung beim Erreichen des Nachlebens galt, ja geradezu als eine Art Garantie dafür zu interpretieren ist, dass man das unendliche Nachleben erreichte.

Die Totenbücher blieben bis zum Ende der letzten ägyptischen Dynastie und teilweise noch darüber hinaus in Gebrauch und gewähren uns heute – zusammen mit den anderen Dokumenten – einen tiefen Einblick in die Jenseitsvorstellungen und den Totenkult des Alten Ägypten.

7.5.2 Griechenland

Die Schrift erreichte den Raum des heutigen Griechenlands in der Mitte des 2. Jts. v. Chr. in Form der sogenannten Linearschriften A und B. Während Linear A bis heute in seiner Deutung umstritten ist, konnten Michael Ventris und John Chadwick im Jahr 1952 die Linearschrift B entschlüsseln, was der Forschung zu einem Durchbruch verhalf, zeigte sich doch, dass die Mykener, als deren Schriftsprache Linear B angesehen werden muss, eine frühe Form des Griechischen sprachen. Traditionell hatte man bis dahin angenommen, dass die griechische Sprache und Schrift erst wesentlich später, im Zuge der eisenzeitlichen Dorischen Wanderung, das heutige Griechenland erreicht haben.

Die in Linear B verfassten Dokumente enthalten Notizen und Inventarlisten aus dem Bereich von Verwaltung und Wirtschaft und vermitteln uns ein Bild von der Situation kurz vor dem Untergang der mykenischen Kultur. Leider liegen bislang noch keine inschriftlichen Zeugnisse auf Monumenten dieser Zeit vor, die uns einen noch tiefer gehenden Einblick in die mykenische Welt ermöglichen könnten.

Mit dem Untergang der mykenischen Kultur geht eine nahezu vollkommen schriftlose Phase einher, die man traditionell gerne als die Dunklen Jahrhunderte (1200–750 v. Chr.) bezeichnet. Insbesondere die archäologischen Forschungen der letzten Jahre haben jedoch gezeigt, dass diese Jahrhunderte bei Weitem nicht so dunkel waren, wie man bislang dachte. Obwohl ein gewisser kultureller Rückschritt durchaus feststellbar ist, lassen die Befunde dennoch auf eine rege Siedlungstätigkeit und auf künstlerisches Schaffen im heutigen Griechenland schließen. Auch nach den großen Katastrophen existierten Überbleibsel der mykenischen Kultur bis etwa 1000 v. Chr. weiter, was den Zeitraum der Dunklen Jahrhunderte beträchtlich eingrenzt.

Wenngleich die auf Zypern seit etwa 1000 v. Chr. gebräuchliche Schrift auch einen lokal begrenzten Sonderfall darstellt, so zeugt sie doch ebenso davon, dass die Dunklen Jahrhunderte nicht so finster waren, wie bisher angenommen, denn in ihr lebt bis zu einem gewissen Grad die minoische Schrift des 15. Jhs. v. Chr. weiter.

In vollem Umfang kehrte die Schrift jedoch erst im Verlauf des 9. Jhs. v. Chr. wieder in das griechische Mutterland zurück. Dabei besteht kein Zweifel daran, dass es sich bei dem griechischen Alphabet um eine dem Phönizischen entlehnte Buchstabenschrift handelt, die Zeugnis des Einflusses der orientalischen Kultur auf die griechische ist – dieser Einfluss lässt sich auch in anderen Bereichen wie der griechischen Kunst fassen.

Zu den frühesten Zeugnissen, die einen Text in griechischer Schrift tragen, gehören interessanterweise zwei Tongefäße, die Dipylon-Kanne und der Nestor-Becher.

Die in die Mitte des 8. Jhs. v. Chr. datierte Kanne stammt aus der bekannten Nekropole des antiken Athen und trägt eine Inschrift, die als das älteste Dokument der griechischen Schrift gilt: „Wer unter all den Tänzern die lieblichste Anmut uns zeige, dem gehöre dieser [Krug]."

Das Gefäß fungierte sicherlich als Grabbeigabe, verweist aber mit seiner Inschrift auf das diesseitige kulturelle Leben. Dem Inhalt der Worte ist zu entnehmen, dass die Kanne als Preis für einen musischen Agon ausgelobt war.

Wie so oft in der Forschung sind verschiedene Probleme mit diesem Gefäß verbunden: Allem voran muss es getrennt von der Inschrift betrachtet werden, denn sie wurde erst nach dem Brand angebracht. Daraus ergeben sich nun Schwierigkeiten bei ihrer genauen Datierung, muss sie doch nicht zwingend aus der gleichen Zeit wie die Kanne selbst stammen. Vergleiche mit phönizischen Dokumenten legen jedoch unter anderem nahe, dass sie, genauer gesagt ihre Buchstabenformen und Ausrichtung auf dem Gefäß, durchaus gut in die Mitte des 8. Jhs. v. Chr. passt.

Auch der von der großgriechischen Insel Ischia stammende Nestor-Becher diente als Grabbeigabe, entdeckt wurde er im Grab eines jungen Mannes. Ursprünglich wohl in Rhodos gefertigt, wurde der Becher nach Ischia verhandelt, wo er schließlich verwendet wurde.

Stilistisch und in Verbindung mit den anderen Objekten des Grabinventars lässt er sich etwa in die Zeit um 720 v. Chr. datieren, gehört also dem spätgeometrischen Kunstkreis an.

Auch er trägt eine teilweise erhaltene Inschrift, die nach dem Brand eingeritzt wurde und in metrischer Form verkündet: „Dem Nestor gehörte einst ein hübscher Trinkbecher. / Doch wer aus diesem Becher trinkt, den wird sofort das Verlangen nach dem[8] der schönbekränzten Aphrodite ergreifen."[9]

Unabhängig von der inhaltlichen Problematik (beispielsweise die Verbindung dieser Inschrift mit den problembehafteten homerischen Epen) belegt dieses Gefäß eine bereits entwickelte und gekonnt angewandte griechische Schriftsprache.

8 Nach dem Geschenk oder der Gabe.
9 Hier die Variante in der Vergangenheitsform, denn der fragmentarische Zustand des Gefäßes erlaubt auch eine Ergänzung im Präsens: Dem Nestor gehört ein Becher.

Weitere Dokumente erscheinen nicht zuletzt wegen der lückenhaften Überlieferung erst einige Zeit später. Bei den Grabinschriften datieren die bislang frühesten Zeugnisse ins spätere 7. Jh. v. Chr. Anders als in Ägypten zeugen sie nicht von einer derart umfassenden und alle Lebensbereiche ergreifenden Jenseitsauffassung, sondern sind meist sehr kurz und knapp gehalten, wenn auch stilistisch bereits weit entwickelt, denn sie folgen oft metrischen Prinzipien und liegen zu einem großen Teil als Epigramme vor.

Grundsätzlich nennen die griechischen Grabinschriften den Namen des oder der Verstorbenen und fügen oft familiäre Informationen hinzu, zum Beispiel wessen Sohn oder Tochter das Grabmal gehört.

Die ersten bekannten Inschriften auf Monumenten aus Stein befinden sich auf einfachen Grabsteinen oder Stelen und folgen stilistisch zunächst sehr deutlich phönizischen Vorbildern. Zu einem gewissen Grad geht auch der Minimalismus der Informationen über die Verstorbenen auf diese Vorbilder zurück.

Im Laufe der Zeit entwickeln die Griechen ihre Grabinschriften jedoch ebenso weiter wie deren Träger. Sowohl formal als auch inhaltlich können wir einen Zugewinn an Information beobachten, der sich jedoch nie in allen erhaltenen Dokumenten in der gleichen Weise niederschlägt. Überaus wichtig ist es zudem, zwischen öffentlichen und privaten Dokumenten zu trennen. Beispielsweise kann sich eine zu Ehren von Gefallenen einer bestimmten Schlacht gesetzte Inschrift erheblich von der einer Privatperson unterscheiden, sowohl formal wie auch inhaltlich (s. u.).

Eine der frühesten erhaltenen Grabinschriften ist uns aus Korkyra überliefert. Sie stammt aus dem späten 7. Jh. v. Chr. und enthält nur wenige Informationen: „Ich bin die Stele des Xenvares, des Sohns des Meixias."

Wenn sich auch der Stil und der Inhalt der griechischen Grabinschriften mit der Zeit ändern, so bleibt diese minimale Form doch über viele Jahrhunderte in Gebrauch. Darüber hinaus bezeugt das Beispiel eine weitere Eigenheit griechischer Grabinschriften: Oftmals ist es das Monument selbst, das zum Betrachter spricht. Diese Form der Anrede finden wir auf den verschiedensten Inschriftenträgern wie architektonischen Grabmonumenten, Gefäßen, Reliefs und Statuen.

In der weiteren Entwicklung der Dokumente erscheinen neben den reinen Namensnennungen zunehmend mehr Informationen, ebenso schreitet die formale Entwicklung des Grabepigramms stetig voran. Ein Grabstein des 6. Jhs. v. Chr. aus Böotien verkündet beispielsweise: „Ich bin das Grab des Kallias, des Sohnes des Aigisthos. Alles Gute, Wanderer!" Neben der Namensnennung wendet sich das Epigramm nun auch an den Betrachter der Stele.

Von einer weiteren Veränderung zeugt sodann eine Grabinschrift des 6. Jhs. v. Chr. aus Korinth: „Dies ist das Grabmal des Dveinias, ihn vernichtete das mitleidlose Meer."

Diese frühe Inschrift gehört zu den ersten, die sich auf den Tod des Bestatteten beziehen und die Umstände dieses traurigen Ereignisses erläutern.

Auch eine gewisse Ironie schlägt sich bereits sehr früh in den Inschriften nieder, wie ein Grabepigramm des späten 6. Jhs. v. Chr. aus der Gebirgslandschaft Phokis zeigt: „Sei gegrüßt, Charon! Nicht einmal im Tod wird dir einer übel nachreden, denn du hast viele Menschen von ihren Leiden befreit."

Es bleibt hier dem Betrachter überlassen, wie er diese Grabinschrift interpretiert: Man kann davon ausgehen, dass dieses Epigramm einem verstorbenen Arzt mit dem mehr oder weniger passenden Namen Charon galt, oder es abstrakt als recht bittere Ironie eines Verstorbenen deuten, der sein Grab damit hat schmücken lassen. Da aber in den Inschriften immer der Name des Toten genannt wird, scheint die erstgenannte Überlegung wohl wahrscheinlicher zu sein.

In dem Maße, wie sich in Griechenland die Dichtkunst und Literatur seit den homerischen Epen entwickelten, entwickelten sich auch die Grabinschriften zunehmend unter dem Einfluss dieser literarischen Quellen weiter. Oft wird beispielsweise Homer direkt oder indirekt zitiert, so wie in einer Inschrift, die ebenfalls aus Korkyra stammt und in das fortgeschrittene 6. Jh. v. Chr. datiert: „Dies ist das Grab des Arniadas. Der grausame Ares hat ihn vernichtet in der Schlacht bei den Schiffen am Strom des Aratthos: Sehr tapfer war er im Handgemenge der ächzenden Männer."

Auch wenn bislang nicht erschöpfend geklärt werden konnte, welche Schlacht hier gemeint ist, so verweist der Terminus „Schlacht bei den Schiffen" doch ganz deutlich auf Homers *Ilias*, in der die Achäer im 11. Gesang in der Nähe ihrer Schiffe in eine Schlacht gegen die Trojaner verwickelt werden, die über mehrere Gesänge hin andauert.

Homerische Zitate bleiben stets beliebt in antiken Grabinschriften, noch bis weit in die römische Zeit wurden sie teilweise exzessiv verwendet. Ebenso spielte die politische Entwicklung in der griechischen Polis eine überragende Rolle.

Mit der Entstehung der Demokratie gehen bedeutende Veränderungen in den Grabinschriften einher, was besonders an den Ehrengräbern beobachtet werden kann. Der Demos, also das Volk, konnte jemandem, der sich um ihre Stadt besonders verdient gemacht hatte, eine ehrende Grabinschrift setzen lassen. Zudem waren Ehrungen dieser Art auch nach einem Kampf üblich, beispielsweise nach den Kriegen der Griechen gegen die Perser, wie das berühmte Epigramm der Thermopylen veranschaulicht, das nach dem Bericht Herodots (Hist. 7,228,2) zu Ehren der gefallenen Spartaner dort aufgestellt wurde. Die Übersetzung Friedrich Schillers (Der Spaziergang, 1795) ist fehlerhaft, was aber nicht dem Dichter zuzuschreiben ist, denn er benutzte dafür den Text, wie er schon von Cicero falsch verwendet worden war: „Wanderer, kommst du nach Sparta, verkündige dorten du habest / uns hier liegen gesehen, wie das Gesetz es befahl."

Die richtige, wenn auch wesentlich nüchternere Übersetzung geht auf das Zitat bei Herodot zurück. Der Spruch stammt ursprünglich aus der Feder des Simonides von Keos und muss lauten: „Fremder, überbringe den Spartanern die Botschaft, dass wir hier liegen, ihrem Befehle gehorsam."

Diese Inschrift hat sich leider nicht erhalten, war aber in der gesamten Antike bekannt und gehört heute zu den frühesten vom Staat getragenen Grabinschriften.

Im weiteren Verlauf der griechischen Geschichte beinhalten die Staatsmonumente häufig Verlustlisten – besonders im Peloponnesischen Krieg zwischen Athen und Sparta –; Grabepigramme kommen jedoch nie außer Gebrauch und schließen diese Dokumente oft ab.

Aus dem 5. Jh. v. Chr. sind verschiedenste Grabepigramme bekannt, wobei die meisten von ihnen auf staatlichen Grabmonumenten überliefert sind und von einer Weiterentwicklung ihrer inhaltlichen Gestaltung zeugen: Die Beschreibung der Taten der Verstorbenen wird ausgeweitet und in einen Bezug zur jeweiligen Politeia gesetzt, der sie dienten. Ein Beispiel aus dem Kerameikos in Athen ehrt die Gefallenen einer Schlacht: „Diese Männer hier ließen am Eurymedon einst ihre Jugend, im Kampf mit den Vorkämpfern der bogentragenden Meder, Kämpfer zu Fuß und auf den schnellsegelnden Schiffen. Das schönste Denkmal ihrer Tapferkeit ließen sie zurück, als sie starben."

Das Dokument verbindet sich mit der Schlacht am Eurymedon, einem Fluss im südlichen Kleinasien, wie wir aus historischen Quellen wissen. Unter Führung des athenischen Strategen Kimon fand dort eine Schlacht zu Wasser und zu Lande statt, bei der die Hellenen sich gegen die Perser durchsetzten und in deren Folge besonders die Stadt Athen gewaltig an Macht in der Ägäis gewann. Auch wenn die Datierung der Schlacht zwischen 469 und 466 v. Chr. schwankt, lässt sich diese Inschrift doch eindeutig auf das Ereignis beziehen. Sie ehrt die Gefallenen der Schlacht und hebt ganz deutlich ihre Tapferkeit hervor.

Die Staatsmonumente der griechischen Poleis fügen derartige Informationen nun wesentlich häufiger hinzu als zuvor, sowohl Siege als auch Niederlagen werden verherrlicht und verklärt.

Insbesondere wird die Tapferkeit im Dienste des Gemeinwesens betont.

Wichtig ist auch, dass in dieser Zeit der Gegensatz zwischen dem sterblichen Menschen und dessen unsterblichem Nachruhm in den Dokumenten immer deutlicher hervortritt, womit oft die antithetische Gegenüberstellung von Körper und unsterblicher Seele einhergeht.

Auch im privaten Bereich gewinnen die Inschriften zunehmend an formaler und inhaltlicher Qualität. Aus dem 5. Jh. v. Chr. liegen uns vergleichsweise wenige Grabinschriften aus Athen vor, wobei sich dieses Bild durch Neufunde jederzeit ändern kann. Die erhaltenen Dokumente zeigen jedoch, dass sich die Grabepigramme stets weiterentwickelten. So nehmen einige Inschriften aus dem Ende des 5. Jhs. v. Chr. zum ersten Mal ganz deutlich Bezug auf das Grabmonument selbst und dessen Darstellung, wie beispielsweise das Grabrelief der Ampharete aus dem Kerameikos in Athen zeigt; die Inschrift lautet: „Ampharete. Das Kind meiner Tochter halte ich hier, das liebe. Einst, als wir beide lebten und die Sonnenstrahlen schauten, hielt ich es so auf meinen Knien, und tot halte ich nun auch das tote."

Der Inhalt dieses zutiefst melancholischen Epigramms spiegelt die Reliefdarstellung, in der die sitzende Ampharete mit ihrem Enkelkind auf dem Schoß gezeigt wird. Sie ist es auch, die zum Betrachter des Grabmals spricht und den Gegensatz zwischen Leben und Tod auf das Traurigste zum Ausdruck bringt.

Im 4. Jh. v. Chr. setzt eine wesentlich massivere Produktion von Grabinschriften ein, die sich mit dem Hellenismus im Ganzen nun griechisch dominierten Osten des Mittelmeeres ausbreitet und letztlich im Römischen Reich ihren Höhepunkt erreicht.

Zunehmend nimmt die griechische Dichtung Einfluss auf die Inhalte der Grabinschriften, gleichzeitig verstärkt sich der elegische Charakter der meisten Dokumente. Oft ist vom unbarmherzigen Hades die Rede, der alle Menschen gleichermaßen aus dem Leben reißt. Die Unterwelt gewinnt an Bedeutung, sie wird die neue Heimstatt der Toten, die gleichzeitig das Wasser aus dem Fluss Lethe (das Vergessen) trinken und sich somit vollständig aus dem Diesseits lösen. Darüber hinaus wird die Betonung von Tugenden, derer die Toten im Diesseits gerühmt wurden, zunehmend wichtiger, oft finden wir ab dem 4. Jh. v. Chr. zudem umfassendere Angaben über den Verstorbenen, beispielsweise sein Alter, seinen Beruf, seine Heimat und die Ursache seines Todes. Besonders wichtig werden die Tugenden der Gerechtigkeit, der Weisheit und der Tüchtigkeit.

Stetig bringen die griechischen Grabinschriften neue Bilder und Varianten über das Leben und den Tod hervor – ihre grundsätzlichen Elemente bleiben jedoch unangetastet und werden bis zum Beginn der römischen Zeit und weit in diese hinein in großer Vielfalt umgesetzt.

7.5.3 Rom

Die lateinische Schrift blickt auf eine Entwicklungsgeschichte zurück, die eng mit der Geschichte der griechischen Schrift verwoben ist, zeigen doch die wenigen Beispiele früher lateinischer Inschriften deutliche Ähnlichkeiten zum griechischen Alphabet.

Sehr wahrscheinlich sind die Etrusker hier das Bindeglied auf dem Weg der Schriftentwicklung hin zu dem, was wir heute als das klassische lateinische Alphabet kennen.

Zu den ältesten Texten, die in einem frühen Latein verfasst sind, zählen unter anderem die unter dem Lapis Niger entdeckte Inschrift sowie die sogenannte Duenos-Inschrift, die sich interessanterweise – wie bei den frühen Beispielen griechischer Schrift (s. Kap. 7.5.2) – auf einem Gefäß befindet. Beide Dokumente datieren in das 6. Jh. v. Chr.

Die Inschrift, die auf der Basis einer Stele unter dem Lapis Niger gefunden wurde, ist stark fragmentiert und lässt sich daher nicht bis ins letzte Detail klären, dennoch können ihr einige Informationen entnommen werden: Genannt wird ein König, wobei nicht sicher ist, ob es sich um einen wirklichen Herrscher handelt oder jemanden, der das Amt des Rex Sacrorum bekleidete, wie es später in der Römischen Republik üblich war.

Man hat oft versucht, diese Erwähnung auf die größtenteils mythische Königszeit zu beziehen, ohne jedoch den entscheidenden Beweis dafür liefern zu können. Die Buchstabenformen des Dokuments sind sowohl den griechischen als auch den etruskischen verwandt und zeugen vom Einfluss dieser beiden Regionen auf das frühe Rom.

Die Form der Stele steht wiederum etruskischen Cippi (s. Kap. 7.6.1) nahe, was für ein Grabmonument sprechen würde; so ist es durchaus denkbar, dass der Stein zu einem frühen etruskischen Heroenheiligtum gehörte, zumal solche rituellen Grabmale durchaus auf eine eigentliche Bestattung verzichten und lediglich den Ort kennzeichnen konnten, an dem einem Heros kultische Verehrung zuteil wurde. Unter Umständen wurde dieses Heroenheiligtum dann im Verlauf der späteren römischen Geschichte entsprechend interpretiert und als Ort des Todes des Romulus angesehen. Die Inschrift selbst gibt leider kaum Aufschluss darüber, scheint aber durchaus in einen derartigen Kontext zu passen.

Die Inschrift auf dem Duenos-Gefäß stellt ein weiteres Problem dar. Durch die direkte Aneinanderreihung der Buchstaben ohne jegliche Trennzeichen fällt die Unterscheidung einzelner Worte zusätzlich zur Entzifferung der archaisch anmutenden Buchstaben schwer. Dutzende Vorschläge wurden hierzu bereits gemacht, doch bislang vermochte keiner so recht zu überzeugen.

Eventuell handelt es sich um eine Mischung aus einer Art Werbung und einem Trinkspruch; die Inschrift würde sich dann etwa wie folgt lesen (das Gefäß spricht): „Es schwört bei den Göttern, der mich schenkt – wenn das Mädchen dir nicht geneigt sein sollte, sondern dich […], das besänftige mit diesen Strömen. Ein Guter hat mich gemacht zum Wohlsein, dem Guten soll mich ein Böser nicht stehlen."

Auch die Form des Gefäßes ist sehr ungewöhnlich: Es handelt sich um ein Drillingsgefäß, eine Kombination aus drei miteinander verbundenen Gefäßkörpern, wie wir sie häufig im kultischen Kontext finden; leider wissen wir im vorliegenden Fall jedoch nichts Näheres über den Zusammenhang, in dem das Gefäß benutzt wurde. Ob nun ein Töpfer Werbung für seine Ware machen wollte oder ob man dieses Gefäß als Kultgefäß interpretieren darf, lässt sich beim derzeitigen Stand der Forschung nicht entscheiden.

Ein weiteres frühes Schriftdokument ist uns auf der sogenannten Cista Ficoroni überliefert, einem überaus fein gearbeiteten und reich dekorierten Bronzegefäß, das in Stil und Machart deutlich auf griechische Vorbilder zurückgreift, jedoch etruskischen Ursprungs ist. Der auf drei Füßen stehende und von einer Dreiergruppe aus Statuetten bekrönte Gefäßkörper trägt neben vielfältigem Dekor folgende Inschrift (wieder spricht das Gefäß selbst): „Als Geschenk für Dindia Malconia, meine Tochter, hat mich Novius Plautius in Rom gemacht."

Das Gefäß kann aufgrund stilistischer wie epigraphischer Merkmale ins 4. Jh. v. Chr. datiert werden und liefert somit ein weiteres Beispiel für die frühe lateinische Schrift.

Die Schrift entwickelte sich zunehmend weiter; seit dem beginnenden 3. Jh. v. Chr. können wir vom Altlatein sprechen. In diese Zeit fällt auch eine Reihe von Grabmonumenten – die Gruft der ruhmreichen römischen Adelsfamilie der Cornelier, auch als das Grab der Scipionen bekannt (s. Kap. 4.3).

Eine der frühesten lateinischen Grabinschriften trägt dort der Sarkophag des L. Cornelius Scipio Barbatus. Der erfolgreiche Politiker und Senator der Römischen Republik hatte die höchsten Ämter inne und war sowohl Konsul (298 v. Chr.) als auch Zensor (280 v. Chr.). Seine Grablege entstand wohl in den Jahren zwischen 280 und 270 v. Chr.

Die Inschrift auf seinem Sarkophag lautet: „L. Cornelius Scipio Barbatus, Sohn des Vaters Gnaeus, ein tapferer und kluger Mann, dessen Gestalt seiner Tüchtigkeit gleichkam, Konsul, Zensor, Ädil ist er bei euch gewesen. Taurasia, Cisauna, Samnium hat er genommen, ganz Lucanien hat er erobert und Geiseln weggeführt" (Abb. 104).

Vieles können wir bereits hier ablesen, was später in den römischen Grabinschriften wichtig wird: Der Name des Verstorbenen wird genannt und seine wichtigsten Ämter werden erwähnt. Daneben spielen die guten Eigenschaften des

Abb. 104: Sarkophag des L. Cornelius Scipio Barbatus (Rom, Vatikanische Museen)

Corneliers und seine ruhmreichen Taten im Krieg eine zentrale Rolle.

Auch wenn die Wortformen auf dem Sarkophag noch altertümlich anmuten, so war die Entwicklung der lateinischen Sprache und Schrift doch im Kern spätestens im 3. Jh. v. Chr. abgeschlossen. Cicero, Vergil, Horaz und die anderen großen Dichter und Philosophen des 1. Jhs. v. Chr. verfeinerten sie schließlich derart, dass gelegentlich auch von der Literaturepoche der Goldenen Latinität gesprochen wird.

Seit der römischen Kaiserzeit, also seit der Regentschaft des Augustus, war das in sich zu diesem Zeitpunkt vollendete Latein die Amtssprache des Römischen Reiches. Dabei darf man jedoch nicht außer Acht lassen, dass auch das Griechische stets in Gebrauch blieb und im östlichen Mittelmeerraum neben dem Lateinischen gleichberechtigt verwendet wurde.

Was die Grabschriften betrifft, so konnte man in der Anfertigung, im Stil und im Inhalt auf eine lange griechische Tradition zurückgreifen, was sich besonders deutlich in der Vielfalt der römischen Grabinschriften niederschlägt. Dabei ist grundsätzlich zu beachten, dass sich nur ein gewisser Teil der Bewohner des Römischen Reiches überhaupt eine Grabinschrift leisten konnte. Die Dokumente ermöglichen uns daher nur begrenzt einen Einblick in die Bestattungsbräuche der römischen Bevölkerung. Nichtsdestotrotz enthalten die Inschriften einige Grundelemente, die hier vorgestellt werden sollen.

Zunächst finden wir natürlich den Namen des oder der Verstorbenen, im minimalen Fall bleibt es auch nur dabei.

Daneben wird bald die Formulierung *„Dis Manibus“* oder *„Dis Manibus Sacrum“* – oft auch nur durch *„D M S“* abgekürzt – zum Standard. Dabei handelt es sich um eine Anrufung der Manen, der Totengötter.

Erste weitergehende Informationen über die Bestatteten beziehen sich auf deren Eigenschaften, so werden die Verstorbenen beispielsweise als „Rechtschaffenste“ oder „Liebste“ von den Hinterbliebenen gerühmt.

Im Laufe der Zeit wurden diese Angaben in vielfältiger Weise erweitert, besonders wichtig ist hier die Angabe des Alters: Anders als heute vermerken die Inschriften die Lebensdauer jedoch sehr viel genauer (Jahre, Monate und Tage werden genannt). Beim Militär gewinnt die Angabe der geleisteten Dienstjahre zusätzlich an Bedeutung. Darüber hinaus können viele weitere Informationen ergänzt werden, die sich – je nach Beruf und Rang des Verstorbenen – entweder auf dessen politische Taten und/oder auf persönliche Tugenden beziehen können.

Angehörige der Oberschicht wie Senatoren und Ritter ließen – wie L. Cornelius Scipio Barbatus (s. o.) – ihre politischen Ämter in ihren Grabinschriften vermerken, während erfolgreiche Privatleute wie Händler ihren Reichtum kundtaten. Gladiatoren verkündeten die Zahl ihrer Siege im Kampf, Soldaten ihre Erfolge im Krieg.

Daneben wird oft der Stifter des jeweiligen Grabmonuments erwähnt, der entweder ein Verwandter des Toten oder ein Freund oder Sozius der Familie sein konnte. Ganz verschiedene Kombinationen waren möglich und je nach Vermögen und persönlicher Vorliebe finden wir sowohl verschiedenste Arten von Monumenten wie auch Inschriften vielfältigen Inhalts und deutlich unterschiedlicher Qualität.

Auch die Tradition der griechischen Grabepigramme lebte durchaus weiter, freilich in gezielt formalisierter Art und Weise. Die Ansprache des Betrachters wurde von der griechischen Tradition übernommen – auch im Römischen Reich wünschte sich der Verstorbene, dass man sein Grabmal betrachtete und sich solcherart seiner erinnerte.

Gute Wünsche für den Toten finden wir in dem melancholisch-traurigen *„S T T L“, „sit tibi terra levis“,* „Möge dir die Erde leicht sein“, einem epigrammatischen Überbleibsel der griechischen Grabinschriften.

Die Inschriften variieren sehr stark und bieten durch nahezu alle Bevölkerungsschichten hindurch verschiedenste Informationen. Hierzu nachfolgend einige Beispiele.

Angesichts seiner Taten bleibt die Grabinschrift des Trajan im Rahmen kaiserlicher Inschriften bemerkenswert dezent. Sie befindet sich über dem Eingang der Trajanssäule in Rom, in deren Sockel einst die Asche des Kaisers (98–117 n. Chr.) in einer Urne aufbewahrt gewesen sein soll (s. Kap. 6.6): „Senat und Volk von Rom für den Imperator Caesar Nerva Traianus Augustus, den Sohn des vergöttlichten Nerva, den Bezwinger der Germanen, dem Bezwinger der Daker, dem obersten Priester, dem Inhaber der tribunizischen Gewalt zum 17. Male, dem siegreichen Feldherrn zum 6. Mal, dem Konsul zum 6. Mal, dem Vater des Vaterlandes, um zu zeigen, wie viel Berg und Gelände für derart große Baumaßnahmen abgetragen worden sind.“

Die Inschrift nimmt besonders Bezug auf die Ämter, die der Kaiser naturgemäß innehatte, und legt darüber hinaus Rechenschaft über dessen Taten ab, denn er galt den Zeitgenossen als der perfekte Feldherr und Befehlshaber. Zudem verweist die Inschrift indirekt auf das große Bauprojekt des Trajansforums in Rom, im Zuge dessen auch die Säule errichtet wurde.

Angesichts der umfangreichen Bautätigkeiten gibt sich die Inschrift sehr bescheiden, macht aber gleichzeitig deutlich, dass der Verstorbene die höchsten Würden im Reich innehatte und die Geschicke Roms lenkte. Ohne großes Pathos werden diese Taten genannt, aber über allem stehen der gewaltige Komplex des Trajansforums und auch die Säule, die in ihren Reliefs die Ereignisse der Dakerkriege wiedergibt.

Wenn wir uns vom kaiserlichen Hof entfernen, so begegnen wir einer enormen Vielfalt von Grabinschriften, deren detaillierte Vorstellung den hier gesteckten Rahmen sprengen würde. Doch gewähren auch bereits schon wenige ausgewählte Dokumente einen guten Einblick in die Art und Weise, wie die Inschriften der Mitglieder verschiedener Berufsgruppen gestaltet sein konnten.

Berühmt ist die Inschrift des Marcus Caelius aus Xanten, denn offensichtlich ist der Zenturio der 18. Legion in der sogenannten Schlacht im Teutoburger Wald gefallen. Die Inschrift stellt bislang das einzige Dokument dar, das sich außerhalb der literarischen und archäologischen Überlieferung auf diese Schlacht – beziehungsweise das Kommando des Varus in Germanien – bezieht: „Für Marcus Caelius, Sohn des Titus, aus der Tribus Lemonia, aus Bononia [= Bologna], Centurio 1. Ordnung der 18. Legion, 53 Jahre und ein halbes alt. Er ist gefallen im Krieg des Varus. Die Gebeine der Freigelassenen dürfen hier bestattet werden. Publius Caelius, Sohn des Titus, aus der Tribus Lemonia, sein Bruder, hat [den Grabstein] gemacht."

Der Grabstein stammt aus Xanten und stellt eher ein Ehrenmonument dar, denn vermutlich konnte die Leiche des Caelius auf dem Schlachtfeld nicht geborgen werden. Demnach fungierte der Grabstein als Kenotaph für ihn und zwei seiner freigelassenen Sklaven, M. Caelius Privatus und M. Caelius Thurinus, die sein Schicksal unter Umständen teilten.

Wie im Militär üblich, erscheint Caelius in der Darstellung als Soldat (s. Kap. 7.3.4), worauf auch die Inschrift Bezug nimmt. Neben dieser Angabe werden einerseits die Herkunft des Zenturio – Norditalien – und dessen Alter vermerkt. Darüber hinaus erinnert die Inschrift an seine beiden freigelassenen Sklaven, wobei diese Erwähnung auch dazu diente, den Reichtum des Caelius zu unterstreichen.

Außerhalb des militärischen Bereiches konnten es sowohl Beamte wie auch erfolgreiche Kaufleute durchaus zu gewissem Ruhm bringen, wie zunächst die umfangreiche Grabinschrift auf dem Grabaltar des Titus Statilius Aper illustriert, der zu Lebzeiten ein Vermessungsbeamter in der Stadt Rom war.

Im oberen Register sehen wir ein Grabepigramm, das sich formal wie inhaltlich deutlich den Werken Ovids und Vergils annähert; „Schuldlos, Aper, liegst du hier, nicht durch der Jungfrau Zorn; denn nicht hat der wilde Meleager durchbohrt deine Eingeweide mit dem Eisen; der Tod hat sich still und jäh herangeschlichen und dir das Ende bereitet, welches dir, der du noch im Heranwachsen warst, deine jugendliche Gestalt raubte" (s. Kap. 7.4).

Hier wird melancholisch mit dem Kognomen des Statilius gespielt (Aper = Eber), wobei gleichzeitig die Trauer über den zu frühen Tod des Statilius bekundet wird.

Die eigentliche Inschrift folgt erst weiter unten in größeren Buchstaben und liefert verschiedene Informationen zu Statilius und seiner Familie: „Für T. Statilius Aper, aus der Tribus Voltinia, den Gebäudevermesser: Er lebte 22 Jahre, 8 Monate und 15 Tage. T. Statilius Proculus, aus der Tribus Voltinia, Amtsdiener, und Argentaria Eutychia, die Eltern, für den besten Sohn und für Orcivia Anthis, seine Ehefrau, und für sich und ihre männlichen wie weiblichen Freigelassenen sowie deren Nachkommen."

Aus der Inschrift geht hervor, dass Statilius ein Gebäudevermesser war, also ein römischer Vermessungsingenieur, der sicherlich gut mit Aufträgen versorgt gewesen sein wird, denkt man nur an die umfangreichen Bauprogramme, die unter Trajan und Hadrian in Rom eingeleitet wurden – die Darstellung kann in diese Zeit datiert werden.

Des Weiteren wird deutlich gemacht, wer den Grabaltar gestiftet hat und für wen.

Der Vater des Statilius war mit Sicherheit ein römischer Bürger, wie die Nennung seiner Tribus beweist; seine Mutter und seine (scheinbar ebenfalls bereits verstorbene) Frau tragen mit Eutychia und Anthis griechische Namen, was bedeuten könnte, dass sie einst Sklavinnen waren.

Darüber hinaus widmen die Eltern des Statilius dieses Grabmal auch den Freigelassenen der Statilier und deren Nachkommen sowie sich selbst. Die explizite Erwähnung der Freigelassenen scheint darauf hinzudeuten, dass die Familie ihren Sklaven wohlgesinnt war, was wiederum für eine ursprünglich sklavische Herkunft der Frauen des Statilius sprechen würde.

Der reiche Bäcker Marcus Vergilius Eurysaces hat sich ein sehr merkwürdiges und in vielen Teilen schwer zu deutendes Grabmonument schaffen lassen, das heute an der Porta Maggiore in Rom steht, jedoch leider nicht mehr vollständig erhalten ist. Dennoch befinden sich einige Inschriften noch *in situ* am Monument, andere wurden im 19. Jh. bei Grabungsarbeiten an der Porta Maggiore wiedergefunden und gehörten mit sehr hoher Wahrscheinlichkeit einst zu dem Grabbau des Eurysaces. Sie zierten und zieren alle vier Seiten des Baues und sind sowohl

Eurysaces selbst als auch seiner Frau Atistia gewidmet.

Diese Allansichtigkeit liegt sicher in der Lage des Grabbaus begründet, der an der Kreuzung der beiden antiken Straßen Via Praenestina und Via Labicana stand. Im Wesentlichen besagen die Inschriften alle das Gleiche; die West- und Nordseite verkünden kurz und knapp: „Dies ist das Monument des Marcus Vergilius Eurysaces, des Bäckers und Unternehmers. Und so erscheint es auch[10]."

Die Inschrift an der Südseite ist noch knapper gehalten: „Dies ist das Monument des Marcus Vergilius Eurysaces."

Nur die etwas ausführlichere Inschrift, die wahrscheinlich an der heute nicht mehr erhaltenen Ostseite des Baues angebracht war, stellt eine gewisse Ausnahme dar: „Atistia war meine Ehefrau. Sie hat als hervorragende Frau gelebt. Die Überreste ihres Körpers sind in diesem Brotkasten."

Die Inschrift ist der Gemahlin des Eurysaces gewidmet und betont ausdrücklich deren Tugendhaftigkeit an der Seite ihres Ehemannes. Ob sich die Nennung eines Brotkastens *(panario)* auf eines der seltsamen Gebilde in der Architektur des Grabes bezieht oder das Grab als Ganzes meint, lässt sich kaum entscheiden.

Generell enthalten die Inschriften dieses wahrscheinlich frühaugusteischen Monuments nur wenige Informationen – vermutlich sprach der Bau jedoch durch seine wirklich ungewöhnliche Gestaltung für sich; zudem kann man davon ausgehen, dass Eurysaces in Rom eine recht bekannte, unter Umständen auch leicht exzentrische Persönlichkeit war, für sein Handwerk stand und mit seinem eigenwilligen Grab diesem Beruf, seiner Ehefrau und natürlich auch sich selbst Ehre erwies.

Gelegentlich kommen auch Inschriften vor, die den Passanten direkt ansprechen, etwa um das Grab vor Missbrauch, Schändung oder Besudelung zu schützen. Ein besonders drastisches, aber dennoch humorvolles Beispiel ist die Inschrift CIL IV 8899: „Passant, nicht hier bei diesem Grab zu pinkeln, bitten dich die Gebeine. Denn wenn du diesem [Grab] einen Gefallen tun willst, dann kack! Das Grab der Brennnessel siehst du hier, verschwinde, du Scheißer! Hier ist nicht der Ort, um seinen Arsch zu entblößen!"

Die vorgestellten Beispiele stellen nur einen verschwindend geringen Teil des umfassenden Dokumentenbestandes römischer Grabinschriften dar, doch zeigen sie, in welcher Art und Weise und mit welcher Motivation die Römer ihren Verstorbenen das letzte Geleit gaben und wie sie zum Sterben und dem Tod standen.

Wenn die Grabinschriften auch zum größten Teil engen formalen und inhaltlichen Vorgaben folgten, so ist die Vielfalt der Möglichkeiten, Inhalte zu kommunizieren, doch gleichsam durch nahezu alle Gesellschaftsschichten des antiken Rom hindurch greifbar.

In Rom wie auch in Griechenland waren die Jenseitsvorstellungen und entsprechenden Sitten und Bräuche zwar nicht von derartigem Stellenwert wie in Ägypten, dennoch belegen die römischen Grabinschriften deutlich, dass man auch hier darauf bedacht war, seine Anteilnahme zu bekunden und den Verstorbenen zu ehren, indem man seine Tugenden, seine Taten und auch sein Schicksal, dem er letztlich anheimgefallen war, für ewig festhielt.

Die antiken Dokumente zeugen von tiefer Trauer und Melancholie. Noch heute prägen die Grabinschriften der griechischen und besonders der römischen Antike unsere Grabkultur und haben sich tief in unser kollektives Bewusstsein eingeschrieben.

7.6 Sonstige Grabmonumente

7.6.1 Etruskische Cippi

Als „Cippi" (*cippus* = Spitzpfahl) werden Grabsteine bezeichnet, die vor allem im etruskischen Kulturraum verbreitet sind und in der Regel als Stele oder Pfeiler im Dromos eines Grabes, am Grabeingang oder als Monument auf einem Grabhügel aufgestellt wurden. Darüber hinaus

10 Das letzte Wort ist umstritten, wobei ein Bezug auf die seltsame Architektur (s. Text) am wahrscheinlichsten ist.

kommen sie auch in anderen Kontexten vor, zum Beispiel dienten sie ursprünglich als Grundstücksmarken. So handelt es sich beispielweise bei dem sogenannten Cippus Perusinus nicht um einen Grabstein, sondern – wie die aus 46 Zeilen und ca. 100 Wörtern bestehende Inschrift belegt – um ein Abkommen zwischen zwei Familien, das die Grundstücksgrenzen festlegte.

Umfangreiche Untersuchungen wurden bislang nur zu den etruskischen Cippi durchgeführt. Dabei zeigte sich, dass die als Grabsteine verwendeten Monumente sehr unterschiedlich ausfallen konnten: Sie waren – teils kunstvoll reliefiert – von eier-, würfel-, knauf-, zwiebel-, kugel- oder walzenförmiger Gestalt oder wie ein Pinienzapfen geformt. Zudem sind aus Velsna (Volsinii/ Orvieto) auch zwei Cippi in Form eines behelmten Kriegerkopfes (spätes 6. Jh. v. Chr.) bekannt.

Interessante Befunde lieferte die Nekropole von Caere (Cerveteri): Hier waren die Cippi weiblicher und männlicher Bestattungen verschieden gestaltet; die Gräber der Männer waren mit einer Säule ausgestattet – wohl eine Anspielung auf das männliche Geschlecht (Phallus) –, während sich die Cippi der weiblichen Bestattungen durch eine Spitze in Form eines Hauses auszeichneten.

Über die reine Funktion als Grabstein mit magisch-religiöser Bedeutung hinaus dienten die Cippi mitunter zudem auch als Aufbewahrungsort der Asche des Verstorbenen; deponiert wurden die sterblichen Überreste dabei im Sockel des Monuments. Diese als „Pietrafetida-Denkmäler" bezeichneten Cippi finden sich vor allem in der Umgebung von Clevsin (Clusium/Chiusi); datiert werden sie ins 6. und 5. Jh. v. Chr.

Ab dem 4. Jh. v. Chr. weisen Cippi auch Namensinschriften auf.

7.6.2 Kioniskoi/Kolumellen

Wie im etruskischen so waren auch im griechischen Kulturkreis einfache Grabsteine bekannt.

Während im 6. und 5. Jh. v. Chr. noch zum Teil großformatige Reliefstelen und Grabbauten auf den Friedhöfen Athens errichtet wurden, finden sich – bedingt durch das Grabluxusgesetz des Demetrios von Phaleron (345–280 v. Chr.) aus dem Jahr 317 v. Chr. – ab dem 4. Jh. v. Chr. dort fast ausschließlich nur noch schlichte Grabsteine aus Marmor, sogenannte Kioniskoi oder Kolumellen, die die Form eines Säulenschaftes mit einem umlaufenden Torus knapp unter der oberen Kante haben. Darunter sind lediglich der Name des Verstorbenen, der Namen seines Vaters und der Herkunftsort eingraviert. In seltenen Fällen finden sich auch Ornamente und kleine Bildchen – zum Beispiel eine Loutrophore (= Brautwassergefäß), wenn der/die Verstorbene noch unverheiratet war.

Auch die Beigaben sind schlicht: Meist liegt nur ein kleines Unguentarium im Grab, seltener auch ein Spiegel oder eine Strigilis zur Körperpflege.

Ganz ähnliche, schlichte Grabsteine finden sich auch in anderen Regionen der hellenistischen Welt, beispielsweise auf Zypern.

Bis in die römische Kaiserzeit hinein werden die Kioniskoi als Grabsteine verwendet.

7.6.3 Cupae

Eine spezielle Gruppe von Grabmonumenten aus römischer Zeit, die vor allem im westlichen Mittelmeergebiet verbreitet sind, sind die sogenannten Cupae; die antike Bezeichnung für diese Denkmälergattung ist uns aus einer Grabinschrift aus Barcelona bekannt, wobei sich der Name *„cupa"* (= Tonne, Fass) auf das Aussehen der Grabsteine bezieht.

Aus Nordafrika ist der Name *„cupula"* ebenfalls inschriftlich überliefert.

Die langrechteckigen Grabsteine mit gerundetem oberen Abschluss bestehen fast immer aus lokalem Stein und tragen meist an einer Langseite eine *tabula* mit Inschrift, die oft zusätzlich noch extra ausgestellt oder aufgesetzt, das heißt gerade/senkrecht ist (im Gegensatz dazu gibt es auch Tafeln, die wie der Grabstein selbst gerundet sind); gelegentlich – wohl meist bei enger Aufstellung innerhalb einer Nekropole – kann die zentrale Inschrift auch seitlich verrutschen (Abb. 105).

Über die ehemalige Aufstellung der Cupae sind wir unter anderem durch die Funde in Barcelona oder auch in Emerita Augusta, der Hauptstadt der Provinz Lusitania, recht gut informiert: Die hier *in situ* gefundenen Exemplare belegen, dass

Abb. 105: Haïdra (Tunesien). Cupa des Q. Volusinius Januarius

die Cupae direkt über den Grabgruben aufgestellt waren.

Besonders gehäuft kommen die tonnenförmigen Grabsteine in der Africa Proconsularis und in Hispanien (Tarraconensis, Lusitania) vor. Auch aus Sardinien ist eine größere Anzahl überliefert. In Italien selbst sind sie dagegen nur sehr vereinzelt verbreitet (abgesehen von wenigen Exemplaren in Apulien konzentriert sich die Mehrheit der Funde auf Mittelitalien, genauer gesagt den Bereich der Nekropole der Castra Albana, s. u.).

Blicken wir gezielt auf Lusitania, so stammen hier zahlreiche Exemplare aus der Hauptstadt Emerita Augusta (heute Mérida), aus Pax Iulia (Beja), Ebora (Évora), Myrtilis (Mértola), der Umgebung von Olisipo (Lissabon) sowie aus anderen Zentren der Provinz.

Abgesehen von vier jeweils an den Enden der Steine und in regelmäßigen Abständen auch die Fläche umlaufenden zwei- oder dreisträngigen Bändern und der zentralen *tabula* sind die meisten dieser lusitanischen Cupae weitgehend unverziert. Aus Quinta de Marim (Algarve) sind zudem einige Exemplare überliefert, die lediglich eine kleine quadratische *tabula* mit Inschrift auf der Langseite tragen. Eine Ausnahme bildet dagegen die reicher verzierte Cupa der Patricia, ebenfalls aus Quinta de Marim. Neben Rosetten beziehungsweise kleinen Blüten, die über den ganzen Körper verteilt sind, sowie auf den Schmalseiten angebrachten, aus Rhomben zusammengesetzten großen Kranzrosetten sind es vor allem die in mehreren Zweiergruppen abgebildeten länglichen zylindrischen und jeweils in drei spitz zulaufenden Zipfeln endenden Körper, die der Forschung bislang Rätsel aufgaben. So wurden sie mitunter beispielsweise als Beutel oder Fläschchen oder auch als brennende, dem Totenkult dienende Kerzen mit mehreren Dochten gedeutet. Vermutlich handelt es sich aber wohl eher um stilisierte Knospen, Keime oder ähnliche vegetabile Symbole, die auf ein Weiterleben nach dem Tod anspielen.

Die Frage nach dem Ursprung dieser ungewöhnlichen und nur regional beziehungsweise punktuell verbreiteten Monumentgattung konnte bislang noch nicht zufriedenstellend beantwortet werden. Angesichts der länglichen Form mit abfallenden Enden und einer Gliederung durch Ringe bei manchen Cupae mag man an Fässer denken und hierin einen Ursprung vermuten, doch in Anbetracht der Tatsache, dass die Cupae als Grabmonumente dienten, lässt sich diese Überlegung wohl kaum sinnvoll erklären.

„*Cupa*“ kann im Lateinischen auch „Gewölbe“ bedeuten, und so wird vermutet, dass die massiven Monumente aus Stein ihre Vorbilder in gemauerten Gräbern mit überwölbter Abdeckung haben; besonders die erhaltenen Gräber in der schon erwähnten Nekropole von Barcelona scheinen diese Überlegung zu bestätigen. Die dortigen gemauerten, rechteckigen Grabgruben finden in einem kleinen, außen verputzten Tonnengewölbe ihren oberen Abschluss und sind äußerlich kaum von den massiven Cupae aus Stein zu unterscheiden. Höchstwahrscheinlich tragen beide Grabformen sogar denselben antiken Namen.

Interessant im Zusammenhang mit der Frage nach der Herkunft der Cupae ist auch die Nekropole der Castra Albana (heute Albano Laziale).

Die in Albano stationierte Legio II Parthica wurde von Septimius Severus anlässlich seines Feldzuges 196 und 197 n. Chr. gegen die Parther zusammen mit zwei weiteren Legionen gegründet, die jedoch beide in Mesopotamien stationiert wurden. Für die Legio II Parthica sind inschriftlich folgende Ethnien überliefert: 23 Thraker, sechs Pannonier, acht Italiker, drei Illyrer, zwei Syrer, zwei Afrikaner sowie ein Daker und ein Ägypter. Der größte Teil der Legionäre stammte folglich aus Thracia oder anderen Donau- oder Balkanprovinzen. Da die Cupae in diesen Regionen kaum bekannt waren, scheint es daher ausgeschlossen, dass die Legionäre diese Form der Grabmonumente aus ihrer Heimat mitbrachten. Sehr viel wahrscheinlicher ist es dagegen, dass sie hier eine Form von Grabmonumenten adaptierten, die sie auf ihren Feldzügen kennengelernt hatten.

Werfen wir einen Blick auf die Zusammensetzung aller Grabmonumente im Bereich der Nekropole der Castra Albana, so lässt sich folgender Befund feststellen: Von den 52 Grabmonumenten gehören 40 Cupae verschiedenen Typen an, bei acht Exemplaren handelt es sich um Mischformen aus Cupae und sogenannten Chamosorien; die restlichen acht Cupae lassen sich nicht näher bestimmen.

Von besonderem Interesse sind hier die Chamosorien, bei denen es sich um Vertiefungen im anstehenden Fels handelt, auf die sarkophagähnliche Deckel aufgesetzt waren; ihren Verbreitungsschwerpunkt haben sie in Lykien und Kilikien. Angesichts der Tatsache, dass sich die Form bei den Albaner Cupae wiederfindet, käme eine östliche Herkunft also durchaus in Betracht, zumal viele der Stücke auch in ihrer Ausarbeitung östliche Einflüsse aufweisen, so zum Beispiel in der Gestaltung von Eckakroteren.

Die ältesten und – wie bereits oben erwähnt – meisten Cupae scheinen jedoch aus der Africa Proconsularis vorzuliegen; vor allem im Gebiet von Ammaedara (Haïdra), aber auch in Maktar, Hadrumetum (Sousse), Bulla Regia, Simitthus (Chemtou) sowie im Gebiet von Tipasa und Thamugadi (Timgad) ist eine Fundkonzentration zu beobachten. Die nordafrikanischen Stücke sind zum Teil aufwendiger verziert als die hispanischen oder die Albaner Grabsteine; viele zeigen neben der Inschriftentafel noch vegetabilen oder geometrischen Reliefdekor. In Einzelfällen sind auch Figuren (die Verstorbenen), Gefäße (s. Abb. 105) und Mondsicheln dargestellt.

Aufgrund dieses sowie der anderen Verbreitungsschwerpunkte der Cupae (die Iberische Halbinsel sowie Sardinien) scheint es daher am wahrscheinlichsten, dass die Gattung der Cupae ihren Ursprung im ehemals punischen Nordafrika hat und sich von dort aus besonders in den Regionen verbreitete, die in engem Kontakt zu Nordafrika standen.

8. TODESURSACHEN

8.1 Krankheiten und andere Todesursachen

Wenn man sich mit Medizin und Heilkunst in der Antike beschäftigt, stellt sich einem unwillkürlich auch die Frage nach der generellen Sterblichkeit und den Todesursachen. Nicht anders als heute starben viele Menschen in den antiken Hochkulturen – abgesehen vom Alter – infolge einer Krankheit oder der Gewalteinwirkung anderer. Darüber hinaus kommen auch Unfälle, Katastrophen verschiedenster Art oder Strafen als Todesursachen in Betracht.

Die Klärung der jeweiligen Todesursache ist dabei mit einigen Problemen behaftet, geben doch die antiken Quellen nicht immer ausreichend Auskunft darüber – beispielsweise stellt die Angabe der Todesursache bei antiken Grabinschriften eine Ausnahme dar, denn zumeist enthalten sie nur das Alter der Verstorbenen und allgemeine Angaben; so wird zum Beispiel mitunter der zu frühe Tod des Individuums beklagt, ohne dass jedoch näher auf die Todesursache eingegangen wird. Zudem erlaubt der Erhaltungszustand der sterblichen Überreste, sofern sie überhaupt überliefert sind, nicht immer eine Analyse, die näheren Aufschluss geben könnte.

Grundsätzlich jedoch darf Gewalt in all ihren Formen – dabei allen voran die kriegerische und die kriminelle – als eine der Hauptursachen gelten.

In den Schlachten der Antike wurden den Kämpfenden zum Teil Wunden zugefügt, die auch der beste Arzt nicht zu heilen vermochte. Sowohl die Schriftquellen als auch Skelettfunde sprechen in dieser Hinsicht eine deutliche Sprache.

Schon in den homerischen Epen werden die Szenen teilweise in all ihrer Gewalt geschildert und die Wunden, die die Helden im Trojanischen Krieg davontrugen und zufügten, ausführlich beschrieben. Als Beispiel sei hier ein Auszug aus dem 5. Gesang der *Ilias* zitiert, in dessen Mittelpunkt der achäische Held Diomedes, gestärkt von Athene und unterstützt von anderen Kämpfern wie Menelaos, steht: „Ihn, des Strophios Sohn Skamandrios, kundig des Jagens, // Raffte mit spitziger Lanze des Atreus Sohn Menelaos,/ Jenen tapferen Jäger. Gelehrt von Artemis selber / Traf er alles Gewild, das der Forst des Gebirges ernähret. / Aber nichts ihm nunmehr half Artemis, froh des Geschosses, / Nichts die gepriesene Kunst, ferntreffende Pfeile zu schnellen; // Sondern des Atreus Sohn, der streitbare Held Menelaos, / Als er vor ihm hinbebte, durchstach mit dem Speer ihm den Rücken / Zwischen der Schulterbucht, dass vorn aus dem Busen er vordrang. / Jener entsank vorwärts, und es rasselten um ihn die Waffen. / Auch Meriones traf den Phereklos, stammend von Tekton, // Harmons Sohn, der mit Händen erfindsam allerlei Kunstwerk / Bildete; denn ihn erkor zum Lieblinge Pallas Athene. / Er hatt' auch Alexandros die schwebenden Schiffe gezimmert, / Jene Beginner des Wehs, die Unheil brachten den Troern, / Und ihm selbst; weil nicht er vernahm der Unsterblichen Ausspruch. // Diesen traf, da er jetzt im verfolgenden Lauf ihn ereilte, / Rechts hindurch ins Gesäß Meriones, dass ihm die Spitze / Vorn die Blase durchbohrend am Schambein wieder hervordrang. / Heulend sank er aufs Knie, und Todesschatten umfing ihn. / Meges warf den Pedaios dahin, den Sohn des Antenor, // Der unehelich war; doch erzog ihn die edle Theano / Gleich den eigenen Kindern, gefällig zu sein dem Gemahle. / Diesem schoss nachrennend der speerberühmte Phyleide / Hinten die spitzige Lanze gerad' in die Höhle des Nackens; / Zwischen den Zähnen hindurch zerschnitt die Zunge das Erz ihm; // Und er entsank in den Staub, am kalten Erze noch knirschend. / Doch der Euaimonid' Eurypylos traf den Hypsenor, / Ihn Dolopions Sohn, des Erhabenen, der dem Skamandros / War ein Priester geweiht, wie ein Gott im Volke geehret. / Aber Eurypylos nun, der glänzende Sohn des Euaimon, // Als er vor ihm hinbebte, verfolgt' und schwang in die Schulter / Ihm anstürmend das Schwert, und hieb ihm den nervigen Arm ab: / Blutig entsank ihm der Arm ins Gefild' hin; aber die Augen / Übernahm der finstere Tod und das grause Verhängnis. / So arbeiteten jen' im Ungestüme der Feldschlacht" (Ilias 5,49–84).

Anhand dieser Schilderung vermag man sich gut vorzustellen, dass der Krieg in der Antike im blutigen, direkten Kampf viele Opfer forderte. Doch nicht nur die mythisch-heroischen Epen von Homer, sondern auch die antike Geschichtsschreibung bietet Einblicke in die Zahl der Opfer der vielen Kriege. Zwar lässt sich dabei der tatsächliche Wert nur schwer abschätzen, da die archäologische wie anthropologische Basis meist nicht ausreichend ist oder sogar ganz fehlt, dennoch geben die Verlustzahlen großer Schlachten zumindest gewisse Anhaltspunkte. So sollen in der Schlacht von Zama (202 v. Chr.) im Punischen Krieg 20 000 Karthager und 1500 Römer gefallen sein (Polybios, Hist. 15,14). Auch wenn diese Zahlen angesichts des römischen Sieges sicher etwas übertrieben sind, so werden die Verluste an Menschenleben in dieser Schlacht sehr hoch gewesen sein.

Angesichts der Niederlage römischer Truppen bei den Kämpfen im Teutoburger Wald 9 n. Chr. muss man davon ausgehen, dass drei komplette römische Legionen (mit Hilfstruppen und Tross) dem Krieg zum Opfer fielen; 20 000 tote römische Soldaten können hier angenommen werden ungeachtet der Verluste, die sie ihren Gegnern mit Sicherheit im Laufe ihres Untergangs beibrachten.

Vor dem Hintergrund der zahlreichen Kriege mag es kaum verwundern, dass es in der Archäologie und Anthropologie insbesondere die Bestattungen von Soldaten oder Kriegern sind, die uns Beispiele für einen gewaltsamen Tod liefern. So fand sich beispielsweise in der Nähe der britannischen Festung Maiden Castle im heutigen England eine Reihe von Bestattungen, die tödliche Verletzungen aufwiesen.

Auch wenn die genaue Deutung umstritten ist – unklar ist, ob die Bestatteten im Kampf gegen die Römer starben, als diese Britannien eroberten, oder ob es sich um Opfer einer internen Auseinandersetzung handelt –, so liefern die Befunde doch einen klaren Hinweis auf die Todesursache.

Kriege waren in den antiken Hochkulturen ein beständiges Phänomen – die Verluste an Menschenleben können zu einem guten Teil auf derartige kriegerische Handlungen zurückgeführt werden. Daneben spielte aber auch die kriminelle Gewalt eine Rolle – aus allen antiken Kulturen haben wir durchaus Beweise für Gewalttaten oder finden zumindest Gesetze, die sich auf das Strafrecht bei begangenen Kapitalverbrechen beziehen und aus denen hervorgeht, dass Mörder und andere Schwerverbrecher mit dem Tod bestraft wurden.

Untersuchungen über die Art und Häufigkeit von Verbrechen in der griechischen und römischen Antike deuten allerdings darauf hin, dass kriminelle Gewalttaten in diesen Epochen grundsätzlich seltener vorkommen als etwa im Mittelalter – im klassischen Athen beispielsweise scheint die größte Angst der Menschen darin bestanden zu haben, ihren Besitz zu verlieren, nicht ihr Leben. Gewiss werden auch hier Konflikte an der Tagesordnung gewesen sein, jedoch eskalierten sie zumeist nicht in allzu blutiger Art und Weise. In Rom regelte man erlittenes Unrecht eher vor Gericht, als Blutrache zu üben.

Ein weiteres entscheidendes Kriterium ist der Umgang mit Waffen. Waffen waren von der klassischen griechischen Antike bis zum Ende der römischen Kaiserzeit nicht so weit in der Gesellschaft verbreitet wie in den nachfolgenden Epochen – vielleicht kamen Kapitalverbrechen wie Mord gerade deswegen in vergleichsweise geringerer Zahl vor als im Mittelalter oder in der frühen Neuzeit. Zudem waren in der Antike die staatlichen Organe scheinbar in der Lage, die schwierigsten Fälle von Rechtsbrüchen zu kontrollieren, so dass blutige Gewalt bis zu einem gewissen Grad verhindert werden konnte.

Der Anwalt und Politiker Cicero hat zwar auch Gewaltverbrecher verteidigt, jedoch besonders in seinem Wirken gegen Verres und Catilina einen korrupten Politiker und einen Verschwörer gegen den Staat überführt und eher dadurch seinen Ruhm gemehrt als durch die Verteidigung von Mördern.

Seit der Spätantike und im frühen Mittelalter musste man – bedingt durch die zunehmend fehlenden staatlichen Kontrollinstanzen – immer öfter zur Selbstjustiz greifen und sein „Recht" mit Waffengewalt einfordern. Auch wenn das in der klassischen griechischen Antike und in der römischen Kaiserzeit offenbar nicht die Regel war, wird man dennoch von einem gewissen Maß an krimineller Gewalt und entsprechenden Opfern ausgehen müssen.

Wenn sich für die Antike auch keine statistischen Erhebungen zur Häufigkeit von kriegerischer und krimineller Gewalt durchführen lassen, so wird man doch davon ausgehen können, dass Gewalt eine der Haupttodesursachen in dieser Zeit war.

Die zweite wesentliche Todesursache in der Antike waren Krankheiten. Da es sich hierbei um ein sehr umfassendes Gebiet handelt, können hier nur einige Teilaspekte erörtert werden.

Dabei ist zunächst zu erwähnen, dass die antike Medizin – ob in Ägypten, Griechenland oder Rom – zwar sehr fortschrittlich war, fortschrittlicher als die mittelalterliche etwa, ihr jedoch wichtige Erkenntnisse oder Heilmittel fehlten, wie zum Beispiel Antibiotika. Viel häufiger als heute erlagen die Menschen ihren Krankheiten.

Darüber hinaus sind Krankheiten der Antike heute oft schwer diagnostizierbar, denn zum einen sind die überlieferten Beschreibungen von Symptomen nicht eindeutig genug und zum anderen können auch den anthropologischen Befunden nur bedingt Informationen hierzu entnommen werden. Dennoch konnte die Forschung in den letzten Jahren dank der zunehmend interdisziplinären Zusammenarbeit mit den Naturwissenschaften erhebliche Fortschritte verzeichnen; besonders die Genetik liefert oft entscheidende Informationen über die Todesursachen, sofern Knochenmaterial mit verwertbarer DNA zur Verfügung steht. Nichtsdestotrotz sind auch diesen Verfahren Grenzen gesetzt, wie der Fall des berühmten, wenn auch im Grunde unbedeutenden Pharaos Tutanchamun (ca. 1332–1323 v. Chr.) zeigt. Sowohl die durchgeführten Computertomographien seiner Mumie als auch die DNA-Untersuchungen haben zwar Hinweise auf verschiedene Krankheiten geliefert, an denen der sehr jung gestorbene Pharao gelitten haben dürfte, seine genaue Todesursache ist heute jedoch nach wie vor umstritten. Zunehmend mehren sich allerdings die Stimmen, dass der Pharao letztlich infolge verschiedener genetischer Krankheiten wie Sichelzellanämie oder Skoliose verstarb – auch Malaria wurde vorgeschlagen. Zudem weisen seine Überreste mehrere schwere Frakturen im Bereich der Ober- und Unterschenkel auf, die offenbar vor seinem Tod entstanden sind und ebenso als Todesursache in Betracht kommen. Letztlich wird man wahrscheinlich von einer Kombination verschiedener Ursachen ausgehen müssen, denn der junge Pharao war körperlich in einer sehr schlechten Verfassung.

Noch viel schwerer fällt eine Diagnose aus, wenn lediglich Schriftquellen zur Verfügung stehen. So wird sich die Todesursache Alexanders des Großen wohl nicht mehr genau ermitteln lassen, es sei denn, man findet sein Grab mit seinen Überresten.

Alexander starb im Jahre 323 v. Chr. nach Jahren des Krieges in Babylon – die Quellen sprechen von einem Fieber, dem er schnell erlegen sei. Bislang wurden die verschiedensten Möglichkeiten in Betracht gezogen, so beispielsweise Malaria, das West-Nil-Virus oder auch eine Vergiftung mit Nieswurz (die als Brechmittel von Ärzten der damaligen Zeit benutzt wurde). Auch gab es hartnäckige Gerüchte, dass der König absichtlich vergiftet worden sei.

Sein offenbar exzessiver Alkoholgenuss und die Schwächung seines Körpers durch die langen Feldzüge sowie im Kampf erlittene Verletzungen könnten letztlich in Verbindung mit einer fiebrigen Erkrankung zu seinem Tod geführt haben.

Alexander der Große steht stellvertretend für eine Vielzahl antiker Staatsmänner und Monarchen, deren Todesursache man nicht sicher ermitteln kann. Man darf jedoch davon ausgehen, dass die Elite der antiken Welt die beste und jeweils aktuellste medizinische Versorgung erhielt – verschiedenste Krankheiten konnten so durchaus geheilt werden. Die einfache Bevölkerung wird diese Möglichkeiten nicht in der gleichen Weise zur Verfügung gehabt und demnach unter verschiedensten Krankheiten gelitten haben. Genaue Todesursachen können wir dennoch nur in Ausnahmefällen ermitteln, weder die literarische noch anthropologische Überlieferung lassen ein eindeutiges Urteil zu.

Krankheiten wie Tuberkulose, Cholera, Typhus oder auch Pocken werden beträchtliche Opferzahlen gefordert haben, denn sie waren in der Antike nicht heilbar. Davon einmal abgesehen, scheinen etwa die Bewohner der Vesuvstädte Pompeji und Herculaneum – der Analyse ihrer sterblichen Überreste zufolge – durchaus gesund und wohlgenährt gewesen zu sein, auch wenn Krankheiten wie Syphilis und Arthritis wohl verbreitet waren, was sich allerdings aufgrund der nur begrenzt aussagekräftigen Befunde und Quellen nicht eindeutig beweisen lässt.

Genau hierin besteht auch das Problem der Epidemiologie – zwar beschäftigen sich grundsätzlich die meisten schriftlichen Quellen, in denen Krankheiten geschildert werden, mit Seuchen, dennoch ist eine konkrete Diagnose oft nicht möglich. Seuchen wüteten in allen Epochen der Antike. Bereits in Homers *Ilias* straft der Gott Apollon die Achäer, indem er eine Seuche über sie bringt – hier wird eine Sichtweise deutlich, die wir in allen antiken Hochkulturen finden: Epidemien werden als Strafe der Götter gedeutet und deshalb kaum wissenschaftlich erforscht, zudem obliegt eine Heilung meist den Priesterschaften und nicht den Ärzten.

Berühmte Ärzte des klassischen Griechenland wie etwa Hippokrates wandten sich gegen diese Deutung als göttliche Strafe und suchten nach wissenschaftlichen Wegen der Heilung und Vermeidung von Seuchen – dennoch hielt sich die Ansicht, Seuchen würden von den Göttern gesandt, konstant im „Volksglauben“.

Während des Peloponnesischen Krieges zwischen Athen und Sparta befiel eine Seuche die Stadt Athen, der insgesamt mehr Menschen zum Opfer fielen als dem Krieg selbst. Auch Athens hervorragendster Politiker Perikles starb an den Folgen dieser Pest. Der Geschichtsschreiber Thukydides, dem wir das maßgebliche Werk über die Pentekontaetie und den Krieg verdanken, überlebte glücklicherweise die Pest und beschrieb ihre Symptome sehr eingehend: Der Erkrankte bekam plötzliches Fieber, Augen und Rachen entzündeten sich schwer, der Atem roch übel und Heiserkeit sowie starker Husten konnten auftreten. Etwas später kamen starker Ausschlag und Geschwüre hinzu, Durst, Unruhe und Schlaflosigkeit waren die Regel. Der Tod trat oft nach einer Woche ein, allerdings konnte sich das Leiden noch länger hinziehen, bis die Erkrankten schließlich durch Durchfall so geschwächt waren, dass sie starben.

Trotz dieser Beschreibung ist es schlichtweg unmöglich, die Attische Pest eindeutig zu bestimmen – unter anderem wurden Typhus, Pocken, Gelbfieber und Milzbrand vorgeschlagen.

Thukydides selbst war der Meinung, die Seuche sei aus Äthiopien eingeschleppt worden – aber auch das hilft kaum weiter. Hierin zeigt sich ein generelles Problem: Die Begriffe „Epidemie“ und „Pest“ sind in der Kultur Griechenlands und Roms eher allgemeingültig und besagen lediglich, dass eine Seuche herrschte, ohne jedoch näher auf die Entstehung, Entwicklung und Ursachen einzugehen. Daher können weder die Attische Pest noch die sogenannte Antoninische Pest, die im späteren 2. Jh. n. Chr. grassierte und neben Zehntausenden anderen Menschen auch Kaiser Marc Aurel (161–180 n. Chr.) das Leben kostete, eindeutig klassifiziert werden. Bei der Letzteren könnte es sich um die Pocken gehandelt haben, die von römischen Soldaten aus dem Osten des Reiches eingeschleppt wurden – bislang konnte diese Vermutung allerdings noch nicht bestätigt werden.

Beim dem ersten Fall, den wir überhaupt relativ sicher mit der Pest in Verbindung bringen können, handelt es sich um die sogenannte Justinianische Pest, die in den Jahren 541 und 542 n. Chr. in Konstantinopel wütete – hier können die in den Quellen geschilderten Symptome mit großer Wahrscheinlichkeit als Beulenpest diagnostiziert werden, auch wenn man zu dieser

Zeit noch wie in den Epochen zuvor ganz allgemein von einer Epidemie oder Seuche sprach.

Verschiedenste Krankheiten können unter diesen antiken Sammelbegriff fallen; vor allem Malaria scheint eine Epidemie gewesen zu sein, die in der späteren römischen Kaiserzeit sehr verbreitet war.

Wenngleich Hippokrates die Krankheit schon als Wechselfieber bekannt war, so gelang es doch während der gesamten Antike nie, eine direkte Verbindung zu ihrem Erreger, der Anopheles-Mücke, herzustellen. Insofern blickt die Erforschung der Malaria zwar auf eine lange Tradition zurück, spezifische Erkenntnisse zur Herkunft oder Übertragung gewann man allerdings erst sehr viel später.

Zusammenfassend lässt sich damit festhalten, dass Krankheiten in den antiken Hochkulturen zwar recht deutlich greifbar, aber nicht immer eindeutig diagnostizierbar sind. Grundsätzlich gehören sie jedoch in ihrer Vielfalt wohl zu den wesentlichsten Todesursachen in der Antike, mehr noch als alle Kriege.

Wie bereits eingangs erwähnt, kommen auch Unfälle oder großräumige Katastrophen als Todesursachen in Betracht. Zu nennen wäre beispielsweise der gewaltige Vulkanausbruch auf Thera, der – je nach angewandter Methode – entweder um ca. 1650 oder ca. 1520 v. Chr. datiert werden kann.

Die Katastrophe, der die heutige Insel Santorin ihre charakteristische Form verdankt, wirkte sich auf den ganzen Mittelmeerraum aus und galt lange Zeit als Hauptursache des Untergangs der minoischen Kultur. Auch wenn diese Ansicht mittlerweile wohl nicht mehr genau zutrifft, so kostete der Ausbruch doch unzählige Menschen das Leben.

Ebenso sei an dieser Stelle an die Katastrophe des Vesuvausbruchs erinnert, die am 24. August 79 n. Chr. die umliegenden Städte, allen voran Pompeji und Herculaneum, zerstörte und einen Großteil ihrer Bewohner tötete.

Hinzu kommen Erdbeben, wie etwa jenes, das im Jahre 115 n. Chr. die Stadt Antiochia heimsuchte und bei dem viele Einwohner ums Leben gekommen sein sollen.

Beispiele weiterer, allerdings nicht naturbedingter Katastrophen finden wir in den antiken Quellen. So berichtet der römische Historiker Tacitus in seinen *Annalen* darüber, dass im Jahre 27 n. Chr. das gerade errichtete Amphitheater der Stadt Fidenae in Latium einstürzte und 50 000 Menschen mit sich in den Tod riss (Ann. 4,62 f.). Auch Sueton schildert das Ereignis in seiner Biographie des Tiberius, er spricht jedoch nur von 20 000 Toten (Tib. 40). Wie auch immer die genaue Zahl an Opfern ausgesehen haben mag, so steht unumstritten fest, dass viele Menschen bei diesem Unfall den Tod fanden.

Neben solchen Katastrophen größeren Formats nehmen einige wenige antike Grabinschriften in besonderen Fällen Bezug auf die Todesursache einzelner Menschen, so starb in römischer Zeit etwa ein Mosaizist, als er an einem Deckenmosaik arbeitete und hinabstürzte (CIL 9,6281, ILS 7671); in einer anderen Quelle erfahren wir von einem achtjährigen Jungen, der in den öffentlichen Bädern ertrank (CIL 6,16740, ILS 8518).

Bei den natürlichen Todesursachen ist eine Analyse noch weitaus schwieriger als bei den zuvor behandelten. Grundsätzlich ist es ungemein schwer, Aussagen über die Lebenserwartung in antiken Kulturen zu treffen, da weder die schriftliche noch archäologisch-anthropologische Quellenlage ausreichend genug ist, um eindeutige Rückschlüsse bezogen auf geographisch weite Gebiete zuzulassen.

Hinzu kommt, dass der immer wieder errechnete beziehungsweise geschätzte Durchschnittswert der antiken Lebenserwartung stets durch die überaus hohe Kindersterblichkeit bestimmt wird, die sich in allen antiken Hochkulturen nachweisen lässt.

Besonders die Geburt barg große Gefahren und kostete oft Mutter und/oder Kind das Leben. Darüber hinaus verstarben viele Kinder noch im jüngsten Alter an Krankheiten, für die es noch keine Heilung gab. Kinderkrankheiten, die heute durch einfache Impfungen behandelt werden, bargen in der Antike tödliche Gefahr.

Zudem stellten die oft in sehr jungen Jahren vorkommenden Schwangerschaften ein nicht unerhebliches Risiko dar, wie die traurige Geschichte eines 16-jährigen Mädchens beweist, dessen Überreste in der durch den Vesuv zerstörten Stadt Herculaneum gefunden wurden: Zum Zeitpunkt ihres Todes war sie im 7. Monat schwanger mit ihrem ersten Kind, doch ihr Becken war noch nicht genügend ausgewachsen, so dass sie nicht in der Lage gewesen wäre, ihr Kind ohne tödliche Komplikationen für beide zur Welt zu bringen.

Doch nicht nur diese, sondern auch andere Komplikationen während einer Schwangerschaft, wie etwa eine ungünstige Lage des Kindes im Mutterleib, konnten in der Antike tödliche Gefahr bedeuten. So starb die umtriebige, aber von ihrem Vater innig geliebte Tullia im Jahre 45 v. Chr. nach einer Entbindung, was den großen Cicero in tiefe Trauer stürzte – leider ist seine an sich selbst gerichtete Trauerschrift *Consolatio ad se ipsum*, die aus diesem Anlass verfasst wurde, heute nur indirekt und fragmentarisch erhalten.

Die errechnete Lebenserwartung bewegt sich – nicht zuletzt wegen dieser hohen Kinder- wie Frauensterblichkeit – zwischen 30 und 40 Jahren, ob das nun in Ägypten ist oder in Rom.

Sicherlich werden einige Menschen auch sehr viel älter geworden sein, spielen doch letztlich auch die Lebensumstände des Einzelnen eine entscheidende Rolle. So wird die Elite der antiken Welt generell wahrscheinlich länger gelebt haben als das gemeine Volk, konnte sie sich doch in einem hygienisch saubereren Umfeld bewegen als die restliche Bevölkerung; zudem ermöglichte ihr die größere Finanzkraft einen besseren Zugang zu Ärzten und Heilmitteln. Hinzu kommt eine bessere Ernährung.

Vor diesem Hintergrund scheint es durchaus sinnvoll und vielversprechend zu sein, bei einer Auswertung des Materials zwischen sozialen Gruppen zu differenzieren.

Schließlich darf auch die Genetik nicht unberücksichtigt bleiben: Manche Menschen sind beispielsweise anfälliger für Krankheiten wie etwa Krebs als andere; diese Erkenntnis wird man auch für die Antike annehmen können – Perikles beispielsweise starb an der Attischen Pest, Thukydides dagegen überlebte sie.

8.2 Heilkunst und Medizin

Da in vielen Fällen letztlich die medizinische Versorgung über Leben oder Tod entscheidet, soll im Nachfolgenden die antike Medizin kurz beleuchtet werden.

Die Geschichte der Medizin im Altertum beginnt gewissermaßen mit der Geschichte der Menschheit. Bereits die Schädel von Frauen, Männern und Kindern aus der Jungsteinzeit (5.–3. Jt. v. Chr.) weisen verheilte Wunden und verschiedene Operationsspuren in Form von Trepanationen (Schädelöffnungen) auf. Dabei ist die chirurgische Leistung dieser Zeit umso höher zu bewerten, wenn man bedenkt, dass die Schädelöffnungen lediglich mit Feuersteinklingen ohne weitere Hilfsmittel und mit so hoher Präzision vorgenommen wurden, dass die Heilungsraten nachweislich bei bis zu 90 Prozent lagen.

Neben den chirurgischen Eingriffen war zudem die Kenntnis von Heilpflanzen und der medizinischen Wirkung von Mineralien von großer Bedeutung, um Entzündungen nach solchen Eingriffen zu vermeiden beziehungsweise Verletzungen zu heilen.

Erste nachgewiesene Kräuteranwendungen sind bei der berühmten Gletschermumie aus den Ötztaler Alpen („Ötzi") aus dem 4. Jt. v. Chr. in Form von Kräutereinbrennungen auf der Haut nachgewiesen. Hierbei wurden Kräutersubstanzen durch kleine Hauteinschnitte unter die Haut gebracht und anschließend verbrannt.

Die Heilkunst des Alten Ägypten genoss bereits in den späteren Epochen der Antike einen hervorragenden Ruf und war in vielerlei Weise prägend für die griechische und römische Medizin.

Die Quellen aus der griechischen und römischen Literatur weisen einerseits auf die Qualität der ägyptischen Heilkunst hin, andererseits auch auf deren Spezialisierung. So berichtet Herodot etwa in seinem 6. Buch davon, dass die Ägypter einen Arzt für jede Körperregion hatten und darüber hinaus beispielsweise einen für Augen und Zähne.

Sogar den um 2700 v. Chr. als Baumeister am Hofe von Pharao Djoser tätigen Baumeister Imhotep (griech. Imuthes) haben die Griechen als

Gott in ihre Mythologie aufgenommen. Schon in Ägypten rankten sich reiche Legenden um ihn, so galt er als Erfinder der Mumifizierung und Begründer der ägyptischen Heilkunst. Die Griechen setzten ihn schließlich mit ihrem Heilgott Asklepios gleich.

Heutzutage haben wir das Glück, im Besitz zumindest einiger originärer Quellen für die ägyptische Heilkunst zu sein, wobei hier die verschiedenen medizinischen Papyri von beträchtlicher Bedeutung sind. Dabei handelt es sich um Auszüge größerer Sammlungen von medizinischen Schriften, die unter anderem verschiedene Rezepte, Diagnosen, Symptome oder Anweisungen für eine Behandlung enthalten und belegen, wie sehr den Ägyptern daran gelegen war, das erworbene Wissen zusammenzufassen und schriftlich festzuhalten.

Wenn die erhaltenen Papyri – so etwa der berühmte Papyrus Ebers, der sich heute in Leipzig befindet – auch nur einen kleinen Teil des Korpus ägyptischer Medizinschriften darstellen –, so ermöglichen sie dennoch einen Einblick in die Heilkunst, die die Griechen und Römer stets lobten und von der sie lange Zeit profitierten.

Bewusst wird hier die Bezeichnung „Heilkunst" verwendet, denn in Ägypten kommt nach dem Ende des Alten Reiches eine zunehmend magische Komponente hinzu – so existieren ganze Manuskripte, die magische Rituale und Beschwörungen zur Heilung eines Kranken verzeichnen.

Seit dem Mittleren und besonders im Neuen Reich galt die Krankheit gemeinhin als eine Strafe der Götter, und der Arzt wurde gleichsam zum Priester und Magier. Konkret bedeutete das beispielsweise, dass man bei offensichtlichen Verletzungen wie Knochenbrüchen oder Verbrennungen zu ausgereiften medizinischen Methoden griff, oft aber bei weniger deutlichen Krankheiten dazu überging, Rituale oder Beschwörungen durchzuführen, indem man etwa versuchte, durch Anrufung eines Krankheitsdämons diesen aus dem Körper des Kranken zu vertreiben oder durch Rituale die dämonischen Verursacher von Krankheiten zu binden.

Ein sehr eindrückliches Beispiel liefert die Beschreibung der Versorgung einer offenen Wunde zu Zeiten des Neuen Reiches: Man war gehalten, Pflanzenfasern auf die Wunde zu legen; dabei handelte es sich höchstwahrscheinlich um eine der damals bekannten Heilpflanzen; sodann konnte die Wunde zusätzlich mit Honig oder einem anderen bekannten Antiseptikum versorgt werden. Die Pflanzenfasern sollten jedoch sieben Mal geflochten werden, um die Dämonen der Krankheit siebenfach zu binden und so durch Zauber zu fesseln und zu besiegen.

In diesem Beispiel zeigt sich die Dualität zwischen Magie und Medizin sehr deutlich – sie prägte die ägyptische Heilkunst und hilft uns, besser zu verstehen, was Krankenfürsorge bei den Ägyptern bedeutete, denn stets erscheint uns der unglaubliche Fortschritt in medizinischer Hinsicht in gewisser Weise gehemmt durch die magischen Praktiken. Auch wenn dies aus heutiger Sicht oftmals so anmuten mag, so bildet die ägyptische Heilkunst ungeachtet dessen doch den unbeirrbaren Glauben der Ägypter an die Macht der Götter ab, denen als Bringer von Fluch und Segen Respekt zu zollen war. Dabei stehen die medizinischen Erkenntnisse, die man im Alten Ägypten erreichte, vollkommen außer Frage.

Durch die Praxis der Mumifizierung konnten erhebliche Fortschritte erzielt werden, war es den Ägyptern dadurch doch möglich, sich umfassende anatomische Kenntnisse zu verschaffen.

Auch wenn die Ärzte scheinbar strikt von den Balsamierer getrennt wurden, so wurden – wie die erhaltenen Papyri beweisen – die gewonnenen Erkenntnisse doch durchaus ausgetauscht beziehungsweise weitergegeben, so dass die Kranken entsprechend behandelt werden konnten. So führte ein Arzt zunächst eine eingehende Untersuchung durch und entschied dann, inwieweit die Krankheit heilbar war und von ihm behandelt werden konnte. Vermochte er dem Kranken nicht mehr zu helfen, empfahl er ihm bestimmte Rituale und Beschwörungen zur Heilung, überließ ihn aber ansonsten seinem Schicksal.

Die Heilkundigen genossen ein hohes Ansehen – besonders die Leibärzte der Pharaonen wurden mit hohen Ehren versehen und entweder vom Pharao selbst oder aus den Kassen der verschiedenen Heiligtümer bezahlt.

Grundsätzlich konnte sich jeder Bewohner des Reiches zu einem Arzt begeben. Rein logistisch bildeten dabei die „Lebenshäuser" wichtige Zentren der medizinischen Versorgung und Forschung. In der Regel waren sie einem Tempelbezirk angegliedert und dienten vor allem der Schriftensammlung – so wurden hier einerseits die Rituale niedergeschrieben, die dem Schutz des Herrschers galten, und andererseits auch kultische Vorschriften zur Ehrung der Götter schriftlich fixiert. Daneben wurden Zeremonien zur Erhaltung des tierischen, pflanzlichen und menschlichen Lebens kanonisiert – man mag sich diese „Lebenshäuser" als Archive, Bibliotheken, Schulen und/oder Ambulanzen vorstellen.

Krankheiten waren im Alten Ägypten weitverbreitet; dabei ist besonders interessant, dass einige davon direkt auf Sand zurückzuführen sind – besonders oft ist von Krankheiten der Augen die Rede. Darüber hinaus nutzten sich die Zähne offenbar stark durch Sand ab. In diesem Fall behalf man sich mit künstlichen Brücken aus Gold, von denen sich einige erhalten haben.

Infektionen der Augen durch Fliegen oder andere Insekten versuchte man dadurch entgegenzuwirken, indem man aus Malachit und Bleiglanz bestehende Schminke – mitunter wurden noch antiseptisch wirkende Substanzen wie Weihrauch oder Honig beigefügt – dick auf die Augen auftrug.

Abgesehen von diesen deutlich zu sehenden und relativ einfach zu diagnostizierenden Krankheiten ist die ägyptische Heilkunst bei inneren Krankheiten oft an ihre Grenzen gestoßen, wodurch sich zum Teil auch die immer größere Hinwendung zur Magie im Verlauf der ägyptischen Geschichte erklärt. Bei einigen erhaltenen Mumien wurden beispielsweise viele innere Erkrankungen oder Erkrankungen der Knochen festgestellt, wie etwa Krebs, Nieren- oder Gallensteine sowie Arteriosklerose, Osteoporose und sogar Tuberkulose.

Die Ägypter verfügten über eine große Vielfalt an Heilmitteln, von denen einige bislang noch immer nicht identifiziert werden konnten. Insgesamt wurde jedoch alles nur Erdenkliche als Medizin verwendet, beispielsweise sämtliche Teile von Tieren und Pflanzen, Minerale, Gewürze, Öle, Sägemehl, sogar Asche und Holzkohle.

Inwieweit die unendlichen Kombinationen dieser Grundsubstanzen auch wirklich wirksam waren, entzieht sich unserer heutigen Kenntnis. Fest steht jedoch, dass die Ägypter die Wirkung heilender Substanzen sehr aufmerksam beobachteten; so war ihnen die abführende Wirkung von Rizinus ebenso bekannt wie die desinfizierende Wirkung von Weihrauch oder Honig.

Wenn die ägyptische Heilkunde auch ein hohes Niveau erreichte, so stagnierte sie doch letzten Endes aufgrund der engen Verknüpfung mit der Magie und Zauberkunst. Letztlich waren es insbesondere die Griechen, die – gestützt auf die Jahrtausende zuvor in Ägypten gewonnenen und katalogisierten Erkenntnisse – neue Impulse setzten und die antike Heilkunst zu einer Wissenschaft machten.

Blicken wir nach Griechenland, so ist hier allen voran der Arzt und Begründer der Ärzteschule Hippokrates (460–380 v. Chr.) genannt. Seine Lehre beruhte auf der Beobachtung von Krankheiten und deren Symptome, deren Ursachen Hippokrates zufolge im Ungleichgewicht der vier Säfte (Blut, Schleim, Schwarze Galle, Gelbe Galle) begründet lagen. Dementsprechend sollte das Ableiten kranker Säfte – durch Aderlass und Schröpfen – den Selbstheilungsprozess unterstützen und das Gleichgewicht der Säfte wieder herstellen.

Doch schon lange vor Hippokrates praktizierten Ärzte bei den Griechen. Die frühesten Quellen über griechische Medizin stammen aus den homerischen Epen *(Ilias, Odyssee)* aus dem 8. Jh. v. Chr. und beziehen sich auf die minoische und mykenische Zeit. In der *Odyssee* beispielsweise wird der Arzt neben dem Zimmermann, Sänger und Seher gleichberechtigt als Beruf bezeichnet, und in der *Ilias* werden die Ärzte Machaon und Podaleirios erwähnt – beide Söhne des Asklepios, die als Ärzte vor den Toren Trojas tätig waren.

Wenn der damaligen Medizin gewiss auch Grenzen gesetzt waren und Kriegsverwundeten nur noch bedingt geholfen werden konnte, so gewährt die *Ilias* doch interessante Einblicke in die geschickte Versorgung einer Pfeilwunde: „[...] Als er die Wunde geschaut, wo das herbe Geschoss ihm hineindrang, sog er das quellende Blut und legt' ihm lindernde Salb' auf [...]" (Ilias 4,217 f.).

Derartige Szenen wurden auch in der Bildkunst verewigt. So zeigt beispielsweise eine griechische Schale aus der Zeit um 500 v. Chr. in den Berliner Antikensammlungen auf der Innenfläche Achill, wie er eine Wunde am Oberarm seines Freundes Patroklos verbindet (Abb. 106); links neben dem Verletzten liegt noch der aus der Wunde gezogene Pfeil.

Da archäologische Funde aus der griechischen Frühzeit sehr selten sind, sei an dieser Stelle besonders auf einige medizinische Bronzeinstrumente mit einer Pinzette und einer schmalen Zange hingewiesen, belegen die aus einer ins 15. Jh. v. Chr. datierten Grabkammer in Nauplion/Argolis stammenden Stücke doch, dass bereits zu dieser Zeit spezielle Instrumente in der Medizin zum Einsatz kamen.

Griechische Ärzte waren sowohl in der Bildkunst als auch in Gräbern leicht anhand ihres Kennzeichens – der Schröpfköpfe (griech. *sikya*) – zu identifizieren; ein Grab auf Rhodos

Abb. 106: Attisch-rotfigurige Schale des Sosias mit einer Darstellung des Achill, der den Patroklos verbindet (Berlin, Staatliche Museen, Antikensammlung)

aus der Zeit um 500 v. Chr. enthielt sogar gleich sechs Exemplare. Zu nennen wäre hier etwa auch das ins frühe 5. Jh. v. Chr. datierte sogenannte Baseler Arztrelief unbekannter Herkunft, das einen Arzt mit zwei Schröpfköpfen zeigt (Abb. 107).

Für die Ausbildung von Ärzten gab es keine staatliche Kontrolle. Jeder, der sich in irgendeiner Weise dazu berufen fühlte, konnte Arzt werden. Die Ärzte in den homerischen Epen waren Söhne des Heilgottes Asklepios, und auch die späteren Mediziner entstammten Ärztefamilien.

Erst durch die Gründung der größeren griechischen Städte und bedingt durch einen Bevölkerungsanstieg wuchs der Bedarf an Ärzten, so dass nun auch Lehrlinge in traditionelle Ärztefamilien aufgenommen werden und den Beruf erlernen konnten – eine Entwicklung, die letztlich dazu führte, dass an einigen Orten – zum Beispiel Kos und Knidos – medizinische Zentren eingerichtet wurden.

Wenn die griechische Heilkunst auch in mancherlei Hinsicht gewiss wissenschaftlicher war als die ägyptische, so spielte doch auch hier der Glaube an die Götter eine wesentliche Rolle, denn die Wissenschaft galt als eine Gabe der Götter.

Asklepios – der Sohn des Apollon und der thessalischen Prinzessin Koronis – konnte sowohl in Gestalt einer Schlange erscheinen als auch als jugendlicher Gott mit einer Schlange als Begleittier, die sich um einen Stab windet. Dieses Bildmotiv hat bis in unsere Tage in Form des sogenannten Äskulapstabs, dem Symbol der heutigen Apotheken, überlebt.

Der Kult um den Heilgott erfreute sich großer Beliebtheit; sein Hauptheiligtum in Epidauros avancierte in kürzester Zeit zu einem bedeutenden Zentrum und zog Pilger aus der gesamten griechischen Welt an. Dabei erfolgte die Heilung, indem die Kranken in den Hallen des Heiligtums ruhten und auf diese Weise durch den Gott von ihren Leiden befreit wurden. Zahlreiche solcher Wunderheilungen wurden inschriftlich festgehalten.

Zur gleichen Zeit, in der Asklepios von großer Bedeutung war, war auch der bereits erwähnte Hippokrates auf der Insel Kos tätig. Die seinen Namen tragende Schrift – *Hippokratische*

Abb. 107: Grabrelief eines Arztes, sogenanntes Basler Arztrelief (Basel, Antikenmuseum und Sammlung Ludwig)

Schriften – enthält jedoch nicht nur seine eigenen Erkenntnisse, sondern vielmehr handelt es sich um ein Kompendium aus 58 Abhandlungen in 73 Büchern über Innere Medizin, Physiologie, die Viersäftelehre, Diätik, Gynäkologie etc. aus der Zeit zwischen dem 5. und dem 3. Jh. v. Chr., die erst dann zu einem Werk zusammengefasst wurden. Im Hellenismus kamen wahrscheinlich die Abhandlungen über die Anatomie und Chirurgie hinzu.

In hellenistischer Zeit lag das wissenschaftliche Zentrum schlechthin in Alexandria in Ägypten, wo im 3. Jh. v. Chr. unter anderem die Ärzte Erasistratos und Herophilos tätig waren. Ihnen verdankt die Wissenschaft erhebliche Fortschritte, gelangten sie doch durch Sezieren von Leichen (im dortigen Museion) zu wichtigen neuen Erkenntnissen, zum Beispiel zum Aufbau des Herzens und des Gehirns, so dass sie letztlich als die Begründer der medizinischen Fachrichtung der Anatomie und Chirurgie betrachtet werden können.

Doch nicht nur das Sezieren von Leichen bringt man mit dem Namen Erasistratos in Verbindung. Die Ptolemäer erlaubten ihm sogar, Vivisektionen an verurteilten Verbrechern vorzunehmen – unter der Voraussetzung, dass diese dabei sterben würden.

Über die Medizin der Etrusker gibt es keine Schriftquellen, doch zeugen ins 6. Jh. v. Chr. datierte Funde von Zähnen und Kieferknochen mit Goldschmiedearbeiten (Brücken) von einer ebenbürtigen Entwicklung wie bei den Griechen; mit diesen Brücken wurden lose Zähne im Kiefer befestigt.

Dem Mythos zufolge kam der Kult des Asklepios im 3. Jh. v. Chr. in Gestalt der Schlange des Heilgottes auch nach Rom (Ovid, Metam. 15, 680–742). Epidemien hatten Roms Macht in den Samnitenkriegen (343–290 v. Chr.) so geschwächt, dass eine Gesandtschaft auf Geheiß des Delphischen Orakels nach Epidauros zum Heiligtum des Gottes geschickt wurde und ihn auf diese Weise gewissermaßen mit nach Italien brachte.

In Rom angekommen, ließ sich die Schlange des Asklepios, der nun Aesculapius hieß, auf der Tiberinsel neben anderen Heiligtümern nieder; in der Folgezeit wurden Kranke hier in seine Obhut gegeben und entsprechend versorgt. Wenn ein Sklave auf der Insel gesundete, schenkte man ihm sogar die Freiheit (Sueton, Claud. 25,2). Noch heute befindet sich auf der Tiberinsel ein Hospital des Ordens der Barmherzigen Brüder.

Die meisten Ärzte der römischen Frühzeit kamen zunächst aus dem Sklavenstand. Ihre Ausbildung bekamen sie von ihren Herren bezahlt, wünschten diese doch, dass sie sowie ihre Angehörigen und Bediensteten im gegebenen Fall ausreichend medizinisch versorgt wurden. Deshalb bestand zunächst auch kein wirklicher Bedarf an freien Berufsärzten.

Der erste griechische Arzt – der aus Lakonien stammenden Archagathos – kam erst wesentlich später, nämlich im Jahr 219 v. Chr. nach Rom.

Durch Plinius (Nat. hist. 29,6,13) wissen wir jedoch, dass er bei den Römern nicht besonders beliebt war und auch den Spitznamen *carnifex* (Schlächter) „verpasst" bekam.

Daraufhin dauerte es fast hundert Jahre, bis sich Asklepiades aus Kleinasien in Rom niederließ. Er verstand sein Handwerk wesentlich besser, verschrieb Medikamente sorgfältiger, achtete auf die Ernährung seiner Patienten und ordnete Bewegungstherapien an. Indem er damit weitaus erfolgreicher war als sein Vorgänger, verhalf er letztlich der griechischen Medizin zu wesentlich mehr Ansehen in Rom und Italien. Bis zu diesem Zeitpunkt hatten sich die Römer auf die traditionelle Hausmedizin *(medicina domestica)* verlassen, für die der Hausherr zuständig war. Dabei hatte man der Kraft der Natur und der Wirkung von Heilkräutern sowie tierischen und mineralischen Stoffen vertraut – denn man hatte ja bereits mit Archagathos und der griechischen Medizin weniger gute Erfahrungen gemacht.

Der Politiker Cato berichtet beispielsweise in seinem Handbuch für den ländlichen Hausgebrauch, man könne Schlangenbisse dadurch heilen, dass man dem Kranken zerriebenen und mit Wein vermischten Schwarzkümmel durch die Nase einflöße und auf die Wunde selbst Mist lege (Cato, De Agr. 102). Besonders lobt er auch die Wirkung des Kohls, den er als Wundermittel für sämtliche Leiden preist – er sollte als Brechmittel wirken, gegen Verdauungsbeschwerden, Geschwüre, Koliken, Gicht und Augenkrankheiten (Cato, De Agr. 156).

Unter Augustus spezialisierte sich das Ärztewesen zunehmend. Analog zum Gemeindearzt gab es nun auch Militärärzte mit einem Sanitätskorps von den unteren Truppenteilen bis hoch zur Legion. Einige dieser Ärzte kennen wir aus Grabinschriften, wie zum Beispiel Anicius Ingenuus, der im Alter von 25 Jahren in Britannien verstarb, oder Lucius Caelius Arrianus, Arzt der 3. Italischen Legion, der nach Ende seiner Dienstzeit in Castra Regina (Regensburg) in seine italische Heimat zurückkehrte.

Die Versorgung der Kranken in den Lagern erfolgte in eigens dafür vorgesehenen Gebäuden – den *valetudinaria* –, die ebenfalls in augusteischer Zeit entstanden und deren frühestes Beispiel sich in Haltern befindet.

Aus militärischem Kontext stammen auch die frühesten medizinischen Instrumente; datiert werden sie ins 1. Jh. v. Chr. So wurden zum Beispiel in den germanischen Militärlagern in Haltern und Augsburg ein bronzener Knochenheber *(elevatorium)* und ein Skalpell mit austauschbarer Eisenklinge gefunden.

Wie bei den Griechen bleiben auch bei den römischen Ärzten die Schröpfköpfe ihr wichtigstes Kennzeichen. Zahlreiche Grabsteine zeigen den Arzt bei Behandlungen oder mit seinen Instrumenten – der Schröpfkopf fehlt dabei fast nie. Die Grabinventare selbst zeigen das gesamte Instrumentenrepertoire: Skalpelle, Lanzetten, Zangen, Heber, Haken, Meißel, Schröpfköpfe, Nadeln, Katheter, *specula* und Brenneisen.

In einem Grab in Wehringen bei Augsburg aus dem 3. Jh. n. Chr. fand man neben allgemeinen Grabbeigaben (Krügen, Münzen) sogar ein mit Leder überzogenes Holzetui mit sechs Instrumenten: Knochenheber, Wundhaken, Pinzette und drei Skalpelle.

Ebenfalls interessant ist auch das Grab eines Arztes aus dem 3. Jh. n. Chr. aus Gallien (Saint-Privat-d'Allier); neben Skalpellen mit Einlegearbeiten enthielt es magische Steine, Zahnzangen und einen Okulistenstempel mit vier Augenrezepten eines Sextus Polleius Sollemnis. Die Funde zeichnen den Verstorbenen als einen Allgemeinarzt und Chirurgen aus, der zusätzlich über Kenntnisse in der Zahn- und Augenmedizin verfügte.

Zu erwähnen bleibt schließlich noch das Grab eines Arztes in Bingen am Rhein; hier wurden ein Satz Trepanationsgeräte in Form eines Trepanationsbogens und zweier Krontrepane gefunden.

Neben den schon genannten Militärärzten gab es unter anderem auch kaiserliche Ärzte *(medici augusti)*. Der berühmteste unter ihnen war Galen von Pergamon (129–210 n. Chr.), der seine Ausbildungen in Athen und Alexandria genoss. Nach zwölf Lehrjahren übernahm er die ehrenvolle Aufgabe des Gladiatorenarztes in Pergamon, bevor er drei Jahre später nach Rom kam. Durch öffentliche Vorlesungen über die Anatomie und Physiologie des menschlichen Körpers, begleitet von Vivisektionen an Tieren, wurde er vom römischen Volk bis hin zu den einflussreichsten Kreisen bald sehr geschätzt. Er wurde Leibarzt von Marc Aurel, Lucius Verus, Commodus, Septimius Severus und Caracalla.

Spezielle Fachrichtungen wie Zahnärzte, Augenärzte und sogar Frauenärzte mag es gegeben haben, doch gibt es zum Beispiel kein Instrumentarium eines reinen Spezialisten; so konnte das *speculum* beispielsweise zusammen mit Nadeln zur Behandlung des Grauen Stars eingesetzt werden.

Die Grabinschriften von Augenärzten vermitteln dagegen jedoch ein anderes Bild; erwähnt sei hier das Grab des Arztes Decimius aus Assisi; dort heißt es: „*medicus clinicus chirurgus ocularius*".

Ab Kaiser Severus Alexander (222–235 n. Chr.) unterlag die Ausbildung zum Arzt der staatlichen Kontrolle. Finanziert wurde sie dabei aus staatlichen Mitteln, wobei die Inhalte nach wie von den Lehrern gesetzt wurden; zudem existierte keine Abschlussprüfung.

In Rom wurden vier medizinische Lehren unterrichtet: die der Dogmatiker, die in der Tradition des Hippokrates mit einer rationalistischen Medizin standen, die der Methodiker, die eine Behandlung je nach Körperspannung oder -erschlaffung vorsahen, die der Pneumatiker, deren Grundlage die Philosophie der Stoa war, sowie die der Empiriker, deren Lehre sich auf die Erfahrung stützte.

Blicken wir auf die Operationen in der Antike, so zeigt sich, dass es sich hierbei in der Regel eher um kleinere Eingriffe handelte – zum Beispiel die Versorgung einer Wunde (Pfeilverletzungen etc.), was sich nicht zuletzt dadurch erklärt, dass man weder über genaue Kenntnisse der Herzfunktion noch des Blutkreislaufs verfügte.

Die größten Eingriffe waren die seit der Frühzeit vorgenommenen Schädelöffnungen (Trepanationen), das Zahnziehen mittels einer Zahnzange und die Augenoperationen mithilfe von Starnadeln; hinzu kommen Geburtsoperationen, die Lithotomie (Blasensteinschnitt) und der Aderlass unter Anwendung von Schröpfköpfen, der in der antiken Kunst bereits vor dem Wirken von Hippokrates in der Vasenmalerei dargestellt wurde.

Bei den Geburtsoperationen werden zwei Methoden voneinander unterschieden: Die Embryoulkía bezeichnet das Herausziehen des toten Kindes mittels eines Embryohakens aus dem Leib der lebenden Mutter; von *sectio in mortua* spricht man dagegen, wenn die Mutter bei der Geburt verstirbt, das Kind aber lebt. Einen Kaiserschnitt, wie er immer für Caesars Geburt postuliert wird, gab es zu dieser Zeit allerdings noch nicht.

Die Geburt erfolgte meist im Sitzen in einem Geburtsstuhl, wie ein Tonrelief aus Ostia sehr anschaulich zeigt (Abb. 108).

Der zweite gravierendste Eingriff war die Lithotomie beziehungsweise der Blasensteinschnitt, der für 30 bis 40 Prozent der Patienten tödlich endete. Hierfür benötigte man ein spezielles Skalpell, das – wie aus den zahlreichen Beschreibungen der antiken Ärzte hervorgeht – hakenförmig gebogen war.

Gewiss riskant, jedoch sehr gefragt war die Augenoperation – der „Starstich" bei Grauem Star. Die hierfür benötigten Starnadeln finden sich im gesamten Imperium wieder und belegen die große Bedeutung der Augenärzte. Hierbei wurde mithilfe der Starnadel in das Auge gestochen und die getrübte Linse ins Innere des Glaskörpers gedrückt, um dem Patienten die Sehkraft wiederzugeben (Celsus, De Med. 6,7, 13 f.).

Die Bedeutung der Augenheilkunde wird zusätzlich durch die sogenannten Okulistenstempel *(signacula ocularium)* unterstrichen. Dabei handelt es sich um Augenarztstempel, die häufig aus Speckstein oder Schiefer in Spiegelschrift geschnitten sind. Mit ihnen wurden Kollyria – pastenartige Arzneien – gestempelt. Sie beinhalteten den Namen des Pharmazeuten sowie den des Medikaments und die Indikation.

Die Operationen wurden ohne professionale Betäubung durchgeführt; bereits seit Homers Zeiten waren betäubende Substanzen wie Alkohol oder Schlafmohn *(opium)* bekannt, hinzu kamen weitere pflanzliche Wirkstoffe, die solche Eingriffe erträglich machten.

Solche betäubenden Substanzen wurden mitunter aufbewahrt in flachen, rechteckigen Käst-

Abb. 108: Terrakottarelief aus Ostia mit der Darstellung einer Geburt (Ostia, Antiquarium)

chen aus Holz oder Metall mit variierender Innenaufteilung, wie sie in einigen Arztgräbern gefunden wurden. Zudem konnten in so einem Arzneikästchen auch kleine Glasampullen mit verschiedenen Medikamenten aufgehoben werden, wie etwa der Wurzelsaft des Lykion (Kreuzdorn), der sowohl bei Hautkrankheiten als auch bei Augenleiden angewandt wurde.

Wie aus den genannten Beispielen bereits hervorgeht, wusste man einerseits durch Beobachtung und Erfahrung, andererseits dank zahlreicher pharmazeutischer Werke recht gut über die Wirkung von Pflanzen Bescheid. Vor allem durch die Alexanderzüge in entfernte unbekannte Gebiete erweiterte sich das Wissen enorm und machte die Pflanzenheilkunde zu einer der bedeutendsten Lehren in der antiken Welt.

Die Heilkräuter wurden von den Ärzten bei speziellen Händlern und Wurzelschneidern gekauft und dann zubereitet. Einer der ersten Autoren, die sich der Botanik widmeten, war Theophrast von Eresos (370–285 v. Chr.). Das aber wohl berühmteste Werk über die Pflanzenheilkunde – *Materia medica* – stammt aus dem 1. Jh. n. Chr. aus der Feder des Dioskurides; bis ins 16. Jh. hinein galt es als die Kräuterbibel schlechthin.

Auf frühere Werke aufbauend (Diokles von Karystos, Theophrast, Philoxenos) widmet Plinius in seiner Naturgeschichte allein zwölf Bücher den Pflanzenheilmitteln; dabei befasst sich ein Buch mit den Aromata (Weihrauch, Myrrhe). Bei dem kaiserlichen Leibarzt Galenus schließlich finden wir die kompliziertesten Rezepturen.

Ein besonderes Heilmittel stellte Theriak dar – das Allheilmittel, das immunisieren und vor Vergiftungen schützen sollte. Erstmalig wird es bei Scribonius Largus, dem Leibarzt des Kaisers Claudius, erwähnt. Seine Ursprünge aber reichen bis ins 1. Jh. v. Chr., bis zum pontischen König Mithridates VI., zurück, war er es doch, der ein Mittel – *Mithridaticum* – entwickelte, um sich vor Giftanschlägen zu schützen. Dabei ging es um die ständige Einnahme eines Giftes in geringen Mengen, um sich zu immunisieren.

Die Zusammensetzung des Mittels ist bekannt und wurde durch Pompeius nach dem Sieg über Mithridates nach Rom gebracht; Theriak stellt gewissermaßen eine Weiterentwicklung dar; es beinhaltete 64 Bestandteile, von denen eines Opium war, das bekanntermaßen abhängig macht, wie es schon Kaiser Marc Aurel aus eigener Erfahrung wusste.

Theriak wurde im Laufe der Kaiserzeit bis ins 19. Jh. hinein als Wunder- und Allheilmittel hergestellt und vielfach abgewandelt (zum Beispiel verwendete man es speziell als Gegengift bei Schlangenbissen).

Die unzähligen Pflanzenextrakte halfen gegen Beschwerden aller Art: Das Harz der Myrrhe wurde zur Behandlung von Wunden, Entzündungen und gegen Verdauungsbeschwerden eingesetzt, der Nieswurz war ein beliebtes Mittel zur Entgiftung des Körpers bei Schlangenbissen oder Ähnlichem, die Brennnessel wirkte gegen Arthritis, Granatapfelsaft senkte das Fieber und linderte Erkältungen, Olivenöl war nicht nur das wichtigste Salbmittel der Antike, sondern half auch bei Schweißausbrüchen, Gebärmuttererkrankungen und Knochenbrüchen; die Blätter konnten zusätzlich bei Geschwüren und Entzündungen eingenommen werden.

Der Vertrieb von Aphrodisiaka – die Kräuter und Gewürze der Liebesgöttin Aphrodite (zum Beispiel Stechapfel, Tollkirsche, Mohn, Hanf, Pfeffer, Safran, Bohnenkraut) – war ein lukratives Geschäft für Kräuterhändler und Magier aller Art, die zusätzlich Zaubersprüche und Amulette für jede Liebesangelegenheit verkauften. Tierische Substanzen wie Stierhoden, Austern, Schlangen, geraspeltes Hirschhorn oder pulverisierte männliche Geschlechtsorgane von diversen Tieren waren beliebte potenzsteigernde Mittel.

Auch an die Wirkung von Steinen und mineralischen Elementen glaubte man bereits in der Antike; im sogenannten *Corpus Hippocraticum* kommen etwa 270 Arzneimittel pflanzlicher und mineralischer Art vor. Ebenso befasste sich auch Plinius im 37. Buch seiner Naturgeschichte mit der Bedeutung und Wirkung der Steine. Das berühmteste Beispiel hierfür ist wohl der Bernstein, der bei Halserkrankungen helfen sollte. Bei offenen Wunden wurden einige desinfizierende Mineralien empfohlen, zum Beispiel bestimmte Kupferverbindungen (Kupferoxid, Kupfersulfat) sowie Zinkoxid in Form von Pulver oder Salbe.

Unter der „Drecksapotheke" versteht man seit der Antike aus tierischen und menschlichen Ausscheidungen hergestellte Arzneimittel, wie Urin, Kot, Fliegenköpfe, Tiergalle etc.; sie waren vor allem in der Magie von Bedeutung, so sollte etwa ein frischer Kuhfladen wunderbar gegen Kopfschmerzen helfen.

Insgesamt starben die Menschen in der Antike auf ähnliche Weise und an ähnlichen Ursachen wie wir heute, doch waren sie trotz ihrer bereits weit entwickelten medizinischen Kenntnisse noch weit von den heutigen Möglichkeiten, Krankheiten zu heilen und Leben zu erhalten, entfernt. Wir können heute viele Krankheiten heilen, die den antiken Menschen das Leben kosteten. Dennoch haben wir unsere eigenen unheilbaren Krankheiten (HIV/Aids, Krebs, Parkinson, Alzheimer, Diabetes oder Multiple Sklerose – um nur einige zu nennen) und können so noch ein wenig von der Allgegenwart des Todes in der Antike spüren – und genauso wenig sind wir heute gegen Katastrophen, Unfälle, Verbrechen und Kriege gefeit, lediglich die Dimension ist eine andere.

Zeittafel I: Ägypten

Epoche	Daten	Dynastien und Ereignisgeschichte
prädynastische Zeit	**bis ca. 3150 v. Chr.**	
frühdynastische Zeit	**ca. 3032–2707 v. Chr.**	
	ca. 3000/2980–2850 v. Chr.	**1. Dynastie**
	ca. 2840–2740 v. Chr.	**2. Dynastie**
Altes Reich	**ca. 2707–2216 v. Chr.**	
	ca. 2740–2670 v. Chr.	**3. Dynastie**
	ca. 2670–2500 v. Chr.	**4. Dynastie**
	ca. 2500–2350 v. Chr.	**5. Dynastie**
	ca. 2318–2180 v. Chr.	**6. Dynastie**
Erste Zwischenzeit	**ca. 2216–2137 v. Chr.**	
	ca. 2166–2120 v. Chr.	**7./8. Dynastie**
	ca. 2120–2025/20 v. Chr.	**9./10. Dynastie**
Mittleres Reich	**ca. 2137–1781 v. Chr.**	
	ca. 2077–1938 v. Chr.	**11. Dynastie**
	ca. 1939/38–1759 v. Chr.	**12. Dynastie**
Zweite Zwischenzeit	**ca. 1648–1550 v. Chr.**	
	ca. 1759–1640 v. Chr.	**13./14. Dynastie**
	ca. 1630–1522 v. Chr.	**15./16. Dynastie**
	ca. 1622–1539/30 v. Chr.	**17. Dynastie**
Neues Reich	**ca. 1550–1070 v. Chr.**	
	ca. 1539–1292 v. Chr.	**18. Dynastie**
	ca. 1292–1190 v. Chr.	**19. Dynastie**
	ca. 1190–1076/70 (?) v. Chr.	**20. Dynastie**
Dritte Zwischenzeit	**ca. 1070–664 v. Chr.**	
	ca. 1069–945 v. Chr.	Hohepriester besteigen den Thron. **21. Dynastie**
	ca. 945–735 v. Chr.	**22. Dynastie**
	ca. 946–880/79 v. Chr.	Fremdherrschaft der Libyer über Ägypten **23. Dynastie**
	ca. 856/55–730 v. Chr.	Fremdherrschaft der Libyer über Ägypten **24. Dynastie**
	ca. 780–657 v. Chr.	Fremdherrschaft der Nubier über Ägypten **25. Dynastie**
Spätzeit	**ca. 664–332 v. Chr.**	
	664–525 v. Chr.	**26. Dynastie**
	525–402 v. Chr.	Fremdherrschaft der Perser über Ägypten **27. Dynastie**
	404–399 v. Chr.	Vertreibung der Perser **28. Dynastie**
	399–380 v. Chr.	**29. Dynastie**
	379–341 v. Chr.	**30. Dynastie**
	341–332 v. Chr.	Erneute Fremdherrschaft der Perser über Ägypten **31. Dynastie**
griechisch-römische Zeit	**332 v. Chr. – 395 n. Chr.**	
	332 v. Chr.	Alexander der Große befreit Ägypten von der persischen Herrschaft und gründet Alexandria.
	332–306 v. Chr.	**Argeaden**
	306–30 v. Chr.	**Ptolemäer**
	51–30 v. Chr.	Kleopatra VII. (letzte Herrscherin aus dem Geschlecht der Ptolemäer und Ägyptens letzte Pharaonin)
	30 v. Chr. – 395 n. Chr.	Ägypten ist römische Provinz.

Zeittafel II: Griechenland

Epoche	Daten	Ereignisgeschichte
frühe ägäische Bronzezeit frühminoisch/-helladisch/ -kykladisch	**3200–2100 v. Chr.**	
mittlere ägäische Bronzezeit mittelminoisch/ -helladisch/-kykladisch	**2100–1700 v. Chr.**	Kreta: Vor-/Altpalastzeit
MM/MH I–II	2100–1800 v. Chr.	Schrift: Linear A
MM/MH III	1800–1700 v. Chr.	
späte ägäische Bronzezeit spätminoisch/-helladisch/ -kykladisch	**1700–1050 v. Chr.**	
SM I A / SH I	1700–1600 v. Chr.	Kreta: Neupalastzeit
SM I B / SH II A	1600–1500 v. Chr.	Ausbruch des Vulkans auf Thera
SM II / SH II B	1500–1450 v. Chr.	
SM III A1 / SH III A1	1450–1400 v. Chr.	Schrift: Linear B
SM III A2 / SH III A2	1400–1350 v. Chr.	Blütezeit der mykenischen Paläste
SM III B / SH III B	1350–1200 v. Chr.	
SM III C / SH III C	1200–1050 v. Chr.	Niedergang der mykenischen Zentren
subminoische/ -mykenische Epoche	**1050–1000 v. Chr.**	sog. Dunkle Jahrhunderte
protogeometrische Epoche	**1000–900 v. Chr.**	
geometrische Epoche	**900–700 v. Chr.**	
frühgeometrisch	900–850 v. Chr.	
mittelgeometrisch	850–760 v. Chr.	
spätgeometrisch (protoarchaisch)	760–700 v. Chr.	Entstehung der Polis-Kultur, erste Koloniegründungen
archaische Epoche	**700–490/80 v. Chr.**	
früharchaisch (orientalisierend)	700–620 v. Chr.	
mittelarchaisch	620–560 v. Chr.	
spätarchaisch	560–490/80 v. Chr.	561–510 v. Chr.: Tyrannis der Peisistratiden 508/07 v. Chr.: Reform des Kleisthenes
klassische Epoche	**490/80–330/20 v. Chr.**	
Strenger Stil	490/80–450 v. Chr.	490–480/79 v. Chr.: Perserkriege, Kimon, Perikles
Hochklassik	450–430 v. Chr.	431–404 v. Chr.: Peloponnesischer Krieg
Reicher Stil	430–400 v. Chr.	
Spätklassik	400–330/20 v. Chr.	
hellenistische Epoche	**330/20–30 v. Chr.**	
frühhellenistisch	330/20–230 v. Chr.	336–323 v. Chr.: Alexander der Große
hochhellenistisch	230–150 v. Chr.	
späthellenistisch	150–30 v. Chr.	

Zeittafel III: Etrusker/Römer

Epoche	Daten	Ereignisgeschichte
Früheisenzeit	**1000–620 v. Chr.**	Villanova-Kultur
archaische Zeit Königszeit	**620–509 v. Chr.**	etruskische Blütezeit
republikanische Zeit	**509–31 v. Chr.**	
frührepublikanisch	509–367 v. Chr.	396 v. Chr.: Eroberung Vejis durch Rom
mittelrepublikanisch	367–202 v. Chr.	264–241 v. Chr.: Erster Punischer Krieg 218–201 v. Chr.: Zweiter Punischer Krieg
spätrepublikanisch	202–31 v. Chr.	149–146 v. Chr.: Dritter Punischer Krieg 146 v. Chr.: Eroberung Korinths 133 v. Chr.: „Vererbung" von Pergamon an Rom 100–44 v. Chr.: C. Julius Caesar
frühe Kaiserzeit	**31 v. Chr. – 68 n. Chr.**	
julisch-claudische Dynastie	*31 v. Chr. – 68 n. Chr.*	
Augustus	31 v. Chr. – 14 n. Chr.	31 v. Chr.: Schlacht bei Actium 27 v. Chr.: Begründung des Prinzipats
Tiberius	14–37 n. Chr.	
Caligula	37–41 n. Chr.	
Claudius	41–54 n. Chr.	43–44 n. Chr.: Eroberung Britanniens, Partherkriege
Nero	54–68 n. Chr.	64 n. Chr.: Brand Roms 66 n. Chr.: Armenien Vasallenstaat
Vierkaiserjahr Galba, Otho, Vitellius, Vespasian	*68–69 n. Chr.*	
mittlere Kaiserzeit		
flavische Dynastie	*69–96 n. Chr.*	
Vespasian	69–79 n. Chr.	70 n. Chr.: jüdischer Aufstand, Einnahme Jerusalems
Titus	79–81 n. Chr.	79 n. Chr.: Ausbruch des Vesuv
Domitian	81–96 n. Chr.	81–89 n. Chr.: Germanenkriege
Adoptivkaiser	*96–192 n. Chr.*	
Nerva	96–98 n. Chr.	
Trajan	98–117 n. Chr.	101–102 n. Chr., 105–106 n. Chr.: Erster Dakerkrieg 113–117 n. Chr.: Zweiter Dakerkrieg
Hadrian	117–138 n. Chr.	132–135 n. Chr.: Jüdischer Krieg
Antonius Pius	138–161 n. Chr.	
Marc Aurel / Lucius Verus	161–180 n. Chr. / 161–169 n. Chr.	161–166 n. Chr.: Partherkriege 169–180 n. Chr.: Markomannenkriege
Commodus	180–192 n. Chr.	

Epoche	Daten	Ereignisgeschichte
späte Kaiserzeit		
Pertinax	193 n. Chr.	
severische Dynastie	*193–235 n. Chr.*	
Septimius Severus	193–211 n. Chr.	194–199 n. Chr.: Partherkriege 208–211 n. Chr.: Krieg in Britannien
Caracalla	211–217 n. Chr.	212 n. Chr.: Constitutio Antoninana
Macrinus	217–218 n. Chr.	
Elagabal	218–222 n. Chr.	
Severus Alexander	222–235 n. Chr.	
Soldatenkaiser	*235–284 n. Chr.*	
Maximinus Thrax	235–238 n. Chr.	238 n. Chr.: Beginn neuer Einfälle von nördlichen Feinden (Balkan)
Gordian I. u. II.	238 n. Chr.	
Balbinus / Pupienus	238 n. Chr.	
Gordian III.	238–244 n. Chr.	
Philippus Arabs	244–249 n. Chr.	
Decius	249–251 n. Chr.	Christenverfolgung
Trebonianus Gallus / Volusianus	251–253 n. Chr.	
Aemilianus	253 n. Chr.	
Valerian	253–261 n. Chr.	Partherkrieg, 259 n. Chr.: Gefangennahme Valerians
Gallienus	260–268 n. Chr.	
Claudius Gothicus / Quintillus	268–270 n. Chr.	
Aurelian	270–275 n. Chr.	
Tacitus / Florianus	275–276 n. Chr.	
Probus	276–282 n. Chr.	
Carus / Carinus / Numerian	283–284 n. Chr.	
Tetrarchie (Auswahl)	*284–312/24 n. Chr.*	284 n. Chr.: Einrichtung der Tetrarchie, Teilung des Reiches, Christenverfolgungen
Diokletian	284–305 n. Chr.	
Maximinian	286–305 n. Chr.	
Galerius	293/305–311 n. Chr.	311 n. Chr.: Toleranzedikt des Galerius gegenüber dem Christentum
Constantius I.	293/305–306 n. Chr.	
Konstantin I. d. Gr.	306–337 n. Chr.	
Maxentius	306–312 n. Chr.	
Licinius	308–324 n. Chr.	
Spätantike (Auswahl)		
Konstantin I. d.Gr.	306–337 n. Chr.	312 n. Chr.: Sieg Konstantins über Maxentius an der Milvischen Brücke 313 n. Chr.: Toleranzedikt von Mailand 324 n. Chr.: Alleinherrschaft Konstantins, Verlegung der Hauptstadt nach Konstantinopel
Konstantin II. / Constans / Constantius II.	337–361 n. Chr.	
Julian (Iulianus Apostata)	(355) 361–363 n. Chr.	kurzfristige Restauration der antiken Kulte
Valentinian I.	364–375 n. Chr.	
Valentinian II.	375–392 n. Chr.	
Theodosius I.	379–395 n. Chr.	391/92 n. Chr.: Verbot der paganen Kulte

Glossar

A

ach/achet	in der ägyptischen Mythologie die Verklärungsseele eines Verstorbenen; übers. „Lichtgeist“
Ädikula	Einfassung von Portalen, Fenstern und Nischen mithilfe von zwei Säulen, Pfeilern oder Pilastern, die ein Gebälk tragen
Agon	musischer oder sportlicher Wettstreit
Akroter	ein Architekturelement der Bekrönung des Giebelfirstes
ankh/anch	ägyptische Hieroglyphe; steht für das körperliche Leben, aber auch für das Weiterleben im Jenseits
Apotheose	Erhebung eines Sterblichen zu einem Gott/Halbgott
Apsis	im Grundriss halbkreisförmiger oder polygonaler, selten rechteckiger Raumteil, der an einen Hauptraum anschließt; oft in Kirchen und an Grabbauten
Architrav	auf einer Reihe von Stützen ruhender Horizontalbalken
Arkosolien	bogenförmig überspannte Nischen in Fels- oder Kammergräbern und Katakomben
Aryballos	kugeliges Salbölgefäß

B

ba	nach ägyptischer Vorstellung Bezeichnung für einen bestimmten Aspekt der Seele, der sich trotz enger Bindung an den Körper von diesem lösen und entfernen kann; meist in Vogelgestalt
Bankett	Festmahl
Bukranie	Nachbildung eines Rinderschädels als Schmuckmotiv, zum Beispiel an römischen Sarkophagen, Altären und Urnen
bustum	Brandbestattung, bei der der Tote oberhalb oder in einer offenen Grube verbrannt wurde

C

Chamosorien	sarkophagähnliche Vertiefungen im anstehenden Fels, auf die Deckel aufgesetzt sind
Cippus	etruskische Grabbekrönung, Grabstein
clipeus	Motiv eines Rundschildes; oft als Rahmen für Porträtköpfe an Sarkophagen oder Urnen
collocatio	Aufbahrung des Verstorbenen im römischen Haus
columbarium	lat.: „Taubenschlag“; römischer Grabbau, in dem mehrere Familien die Urnen ihrer Verstorbenen in Nischen aufstellen konnten
conclamatio	Anrufung des Verstorbenen während der Aufbahrung
Cupa	steinerner oder gemauerter Grabaufsatz in Form eines gewölbten Deckels

D

Dedikation	Weihung einer Sache oder eines Gegenstandes an eine Gottheit oder einen Verstorbenen
Demosion Sema	Staatsfriedhof der Athener
dii manes / Manen	in der römischen Religion die Geister der Toten
Dipteros	griechischer Tempel; umlaufend mit einer doppelten Säulenreihe umgeben
disciplina etrusca	etruskische Lehre von der Interpretation göttlicher Signale
Divinisation	Vergöttlichung
Dromos	Zugang zu Felsgräbern oder Grabkammern

E

eidolon	Scheinbild der Seele eines Verstorbenen; bei Homer die Schatten der Verstorbenen in der Unterwelt
Ekphora	Leichenzug
Elysium	in der griechischen Mythologie Insel der Seligen am Ende der Welt, umflossen vom Okeanos; auf sie wurden die Helden entrückt, die von den Göttern geliebt wurden oder denen diese Unsterblichkeit schenkten
Epitaph	Denkmal, das an einen oder mehrere Verstorbene erinnert und sich im Unterschied zum Grabmal nicht am Bestattungsort befindet
Euerget	griech.: „Wohltäter“; im Hellenismus und in der römischen Kaiserzeit Ehrentitel für verdiente Bürger

F

fossores	lat.: „Gräber“; mit der Anlage unterirdischer Grabstätten und der Totenbestattung beauftragte Bedienstete

funus imperatorum	Bestattungszeremonie der römischen Kaiser
funus indictivum	für die Öffentlichkeit von einem Herold ausgerufene Leichenfeier
funus publicum	öffentliche Leichenfeier durch Senatsbeschluss auf Kosten des Senats für besonders verdiente Bürger
G	
Gräberstraße	Bestattungsareal der Römer; traditionell vor den Toren der Stadt entlang der Hauptverkehrsstraßen
Grabluxusgesetz	Gesetz gegen den übersteigerten Aufwand bei der Gestaltung von Begräbniszeremonien und Grabanlagen; vor allem in Athen
H	
Haruspex	etruskischer (und römischer) Priester, dessen Aufgabe es war, aus den Eingeweiden der geschlachteten Opfertiere vorauszusagen, ob die Götter ein geplantes Vorhaben billigten oder nicht
Heroon	Heiligtum oder Grabdenkmal eines Heros (Helden / heldenhaften Kriegers)
I	
imagines	Totenmasken der verstorbenen Angehörigen aus Wachs
Inhumation	Erdbestattung
K	
ka	in der altägyptischen Mythologie Aspekt der Seele, der den physischen Tod des Menschen überdauert
Kandelaber	Ständer für Kerzen oder Leuchten
Kanopen	ägyptische Gefäße, in denen die Eingeweide separat vom Leichnam beigesetzt wurden
Kantharos	becherartiges Trinkgefäß mit zwei an der Lippe ansetzenden, den Gefäßkörper überragenden hohen Henkeln
Kartonage	Mumienhülle aus Papyrusmaché und Leinen; meist bemalt
Katakomben	unterirdische Bestattungskomplexe im Suburbium von Rom, bei denen die Gänge und Grabnischen in den anstehenden Tuffstein geschlagen wurden
Kenotaph	Scheingrab
Kioniskos	hellenistischer, schlichter Grabstein in Form einer niedrigen Säule
Kistengrab	einfache Grabart in Form einer Kiste; meist aus Steinplatten oder Ziegeln
Kolumelle	s. Kioniskos
Konsekration	Erhebung des Verstorbenen zum Gott; s. auch Apotheose
Kremation	Brand-/Feuerbestattung
Krypta	unterirdische Grabanlage; meist im Untergeschoss eines Grabbaus
Kylix	Trinkschale mit flachem Schalenkörper auf hohem Fuß
L	
Larnax	aus Terrakotta gefertigter Sarg
laudatio funebris	römische Leichenrede
Lebes Gamikos	Hochzeitskessel
lectus funebris	Totenbett
Lekythos	griechische Vase zur Aufbewahrung von Öl; meist im Totenkult und als Grabbeigabe verwendet
lemures/larvae	nach römischer Vorstellung die Geister der Verstorbenen
lemuria	römische religiöse Feier zu Ehren der Verstorbenen
Libation	Trankopfer für Verstorbene
Loculi	in römischen Grabbauten Nischen zur Aufbewahrung von Urnen
Loutrophore	besondere griechische Gefäßform zur Aufbewahrung von Wasser; speziell beim Heirats- und Begräbnisritual (hier bei unverheiratet Verstorbenen) verwendet
lugubria	Trauerkleider
M	
Manen	s. *dii manes*
Marsfeld	militärischer Aufmarschplatz; Exerziergelände und Versammlungsort in der Vorstadt Roms; später Ort für Ehrengräber
Mastaba	ägypt.-arab.: „Bank“; früher ägyptischer Typus flacher rechteckiger Grabbauten

Metope	Element der griechischen Tempelarchitektur; Raum zwischen zwei Triglyphen im dorischen Fries; meist mit figürlichem Relief
N	
Naiskos	kleiner Tempel, als Altar oder Schrein verwendet
Narthex	Vorraum frühchristlicher Kirchen, zwischen Hauptraum und Atrium gelegen; diente als Aufenthaltsraum
Nekropole	Friedhof; kollektive Begräbnisstätte
Nekyia	griech.: „Totenopfer"; Besuch in der Unterwelt
O	
Okeanos	in der griechischen Mythologie der Fluss, der die bekannte Welt und die Insel der Seligen umspülte
P	
parentalia	römisches Totenfest (13.–21. Februar); diente dem privaten Gedenken am Familiengrab; am letzten Tag fand eine öffentliche Feier, die *feralia*, statt
Pelike	spezielle Form der Amphore; nach unten ausgebaucht
Peribolos	Grabbezirk, umfriedeter Hof
Peripteros	rechteckiger Kultbau; allseitig von Säulen umgeben
Peristase	Säulenumgang um den Tempelhauptraum (Cella)
Peristyl	rechteckiger, allseitig von Säulen umgebener Hof innerhalb eines Gebäudes
pietas	lat.: „Frömmigkeit"; römischer Wertbegriff; bezeichnet Handlungsweisen und Eigenschaften, denen bestimmte religiöse Einstellungen zugrunde liegen
Pilaster	Wandpfeiler; Architekturelement, bestehend aus Kapitell, Schaft und Basis
Pithos	großes, dickwandiges, bauchiges Vorratsgefäß aus Ton; meist spitz zulaufend; zum Teil auch für Bestattungen verwendet
pollinctor	„Leichenwäscher", der die Leiche für die Aufbahrung vorbereitete
Pomerium	amtliche, religiös begründete Stadtgrenze Roms
pompa funebris	römischer Trauerzug, bei dem die Ahnenbilder mitgeführt wurden
praeficae	professionelle Frauen, die die Totenklage in römischer Zeit vollzogen
Pronaos	Vorraum antiker Tempel; bezeichnet den Zugang zum Tempelinneren (Cella)
proskepalaion	Kissen, auf dem der Kopf des aufgebahrten Verstorbenen während der Prothesis lag
Prothesis	Aufbahrung und Zurschaustellung des Verstorbenen im eigenen Haus
Pulvini	kissenartige Aufwölbungen an beiden Seiten eines Altars zur Stützung des Aschehaufens
puticuli	Gruben, in denen Mittellose auf Armenfriedhöfen beigesetzt wurden
Pyramidentexte	älteste überlieferte ägyptische Spruchsammlung des sepulkralen Bereiches, die sich vor allem in Pyramiden und Grabbauten findet
Pyxis	kleines Gefäß aus Ton, Elfenbein oder Metall mit Deckel zur Aufbewahrung von Schmuck, Salben oder Gewürzen; oft Grabbeigabe in Frauengräbern
R	
Rhyton	Opfer- oder Trinkgefäß aus Ton oder Metall; meist trichterförmig; oft auch in Gestalt eines Tier- oder Menschenkopfes
rogus	Scheiterhaufen
Rostra	mit Schiffsschnäbeln geschmückte Rednerbühne auf dem Forum Romanum
S	
saff	in Ägypten Grabtyp mit vorgelagertem Hof und Pfeilerfassade
Sargtexte	im Mittleren Reich Ägyptens Texte, die Jenseitsvorstellungen beschreiben; finden sich vor allem auf Särgen, in Grabkammern, auf Stelen, Kanopenkästen, Totenmasken und Papyri
Schachtgrab	Grabgrube, die mit Platten verkleidet ist, die zugleich als Stütze für die Deckplatte dienten (s. Kistengrab)
Sema	griech.: „Grabmal"; Bezeichnung vor allem für das Grab Alexanders des Großen
Spolien	verschleppte Werkstücke, die in anderen Bauwerken wiederverwendet wurden
Steinkistengrab	s. Kistengrab
Styx	in der griechischen Mythologie Hauptfluss der Unterwelt, über den der Fährmann Charon die Seelen in die Unterwelt brachte
suffitio	Reinigungsritual, bei dem die Teilnehmer ihre Körper mithilfe von wassergetränkten Lorbeerzweigen befeuchteten

Symposium/ Symposion	Trinkgelage; meist nach einem gemeinsamen Mahl veranstaltet
T	
tabula ansata	Tafel auf der Vorderseite römischer Sarkophage; diente zur Anbringung von Inschriften mit Name, Alter und Stand des Verstorbenen
Talfest	ägyptisches sepulkrales Fest mit Gesang und Festmahl, bei dem die Grenze zwischen Dies- und Jenseits aufgehoben wurde und Brandopfer für Re-Harachte und Amun-Re stattfanden
Taltempel	Totentempel nördlich des Pyramidenkomplexes
Tänie	Binde, die als Abzeichen, Schmuck oder Auszeichnung um das Haupt oder anderweitig umgebunden wurde; galt als Zeichen der Gottesweihe, des Sieges im sportlichen Wettkampf; besonders bei den Griechen; später Schmuckelement auf römischen Sarkophagen, Urnen und Altären
Terra sigillata	von lat.: „gestempelte Erde/Ton"; moderne Bezeichnung für dünnwandiges, rotes Tafelgeschirr der römischen Kaiserzeit; versehen mit Fabrikstempeln
Tetrapylon	viertoriger Bau an Straßenkreuzungen; meist in Form eines Bogens
Thanatos	griechischer Gott des Todes
Tholos	sakraler Rundbau mit oder ohne Säulenkranz; ursprünglich bauliche Umfassung einer Opfergabe oder eines Grabes
Totenbuch	ägyptische Spruchsammlung auf Papyri, in der Jenseitsvorstellungen überliefert sind
Totenfresserin	ägyptisches Mischwesen aus Krokodil und Löwe; verschlang die Verstorbenen, die vor dem Totengericht für schuldig befunden wurden
Totengericht	seit dem Alten Reich Ägyptens nachgewiesene religiöse Vorstellung: Gericht im Jenseits, bestehend aus Osiris und 42 Totenrichtern, vor dem sich der Tote für sein Erdenleben zu verantworten hatte
Totenklage	Trauerritual, das durch Klage seinen Ausdruck fand
Totenmahl	Festmahl der Trauergäste nach der Beisetzung und zu besonderen Anlässen im Laufe eines Jahres
Totentempel	Tempel der Pharaonen, der in Verbindung mit der Pyramide stand; hier wurde der Pharao zu Lebzeiten und nach dem Tod verehrt
Trepanation	Öffnen des Schädels aus medizinischen Gründen
Triglyphe	Element der griechischen Tempelarchitektur; durch drei Rillen gegliederte Platte zwischen zwei Metopen
U	
Unguentarium	Salbgefäß aus Glas oder Keramik für Balsam, Öl oder Salben; sowohl für medizinische als auch für kosmetische Mittel verwendet; häufige Grabbeigabe
Unterweltsbücher	ägyptische Texte des Neuen Reiches Ägyptens, die sich mit dem Jenseits befassen
ustrinum	Platz zur Einäscherung von Toten
V	
Vignetten	in Ägypten symbolische Bilder in sepulkralem Kontext, zum Beispiel auf Wänden in Grabkammern oder auf Papyri
Vivisektion	nicht therapeutischer Eingriff am lebenden Objekt; heute meist am Tier, früher auch am Menschen; in der antiken Medizin diente die Vivisektion der Erforschung physiologischer Vorgänge
Voluten	spiralförmige Einrollung von Blättern, Ranken und anderen vegetabilen Ornamenten oder ornamental gefassten Körper- oder Gewandpartien; besonders typisch für ionische, äolische oder korinthische Kapitelle
Z	
Zwölftafelgesetz	älteste Niederschrift des römischen Rechts; von einem zehnköpfigen Ausschuss (*decemviri legibus scribundis*) um 450 v. Chr. aufgezeichnet; aufgestellt auf dem Forum; umfasste alle Rechtsgebiete (privates, öffentliches, sakrales und Strafrecht)

Bibliographie

Allgemeine Werke

J. Assmann, Tod und Jenseits im Alten Ägypten. München 2001

G. Binder/B. Effe (Hrsg.), Tod und Jenseits im Altertum. Tier 1991

V. M. Hope, Roman death. The dying and the dead in ancient Rome. London 2009

D. C. Kurtz/J. Boardman, Thanatos. Tod und Jenseits bei den Griechen. Mainz 1985

S. Schrumpf, Bestattung und Bestattungswesen im Römischen Reich. Ablauf, soziale Dimension und ökonomische Bedeutung der Totenfürsorge im lateinischen Westen. Göttingen 2006

J. H. Taylor, Death and the afterlife in ancient Egypt. London 2001

1. Jenseitsvorstellungen

1.1 Ägypten

A. Eggebrecht (Hrsg.), Suche nach Unsterblichkeit. Totenkult und Jenseitsglaube im Alten Ägypten. Ausst.-Kat. Roemer- und Pelizaeus-Museum Hildesheim. Mainz 1990

R. Grieshammer, Das Jenseitsgericht in den Sargtexten. Ägyptolog. Abhandl. 20. Wiesbaden 1970

H. Kees, Totenglauben und Jenseitsvorstellungen der Alten Ägypter. Berlin 1956 (2. Aufl.)

G. Pieke (Hrsg.), Tod und Macht. Jenseitsvorstellungen in Altägypten. Ausst.-Kat. Ägyptisches Museum der Universität Bonn. Bonn 2006

C. Seeber, Untersuchungen zur Darstellung des Totengerichts im Alten Ägypten. Münchner Ägyptolog. Stud. 35. München 1976

1.2 Griechenland

R. Foß, Griechische Jenseitsvorstellungen von Homer bis Plato. Aachen 1997

M. Herfort-Koch, Tod, Totenfürsorge und Jenseitsvorstellungen in der griechischen Antike. Eine Bibliographie. München 1992

W. F. Jackson Knight, Elysion. On ancient greek and roman beliefs concerning life after death. New York 1970

F. Walsdorff, Dionysisch-orphische Jenseitsvorstellungen nach Vasenbildern. Kassel 1989

1.3 Etrurien

F. Prayon, Die Etrusker. Jenseitsvorstellungen und Ahnenkult. Mainz 2006

1.4 Rom

F. Cumont, Afterlife in roman paganism. New York 1959 (2. Aufl.)

W. F. Otto, Die Manen. Darmstadt 1958 (2. Aufl.)

J. Rüpke/J. Scheid (Hrsg.), Bestattungsrituale und Totenkult in der römischen Kaiserzeit. Kolloquium Paris 2009. Stuttgart 2010

J. M. C. Toynbee, Death and burial in the roman world. Baltimore 1996 (3. Aufl.)

2. Bestattungsarten

2.1 Mumifizierung

Ägyptische Mumien. Unsterblichkeit im Land der Pharaonen. Ausst.-Kat., hrsg. vom Landesmuseum Württemberg. Mainz 2007

A. Eggebrecht (Hrsg.), Suche nach Unsterblichkeit. Totenkult und Jenseitsglaube im Alten Ägypten. Ausst.-Kat. Roemer- und Pelizaeus-Museum Hildesheim. Mainz 1990

W. Grajetzki, Burial customs in ancient Egypt. Life in death for rich and poor. London 2009

A. Wieczorek/M. Tellenbach/W. Rosendahl (Hrsg.), Mumien. Der Traum vom ewigen Leben. Ausst.-Kat. Reiss-Engelhorn-Museen Mannheim. Mainz 2007

2.2 Inhumation/Kremation und Grabbeigaben

A. Faber (Hrsg.), Körpergräber des 1. bis 3. Jahrhunderts in der römischen Welt. Kolloquium Frankfurt a. M. 2004. Frankfurt a. M. 2007

E. Kistler, Die „Opferrinne-Zeremonie". Bankettideologie am Grab, Orientalisierung und Formierung einer Adelsgesellschaft in Athen. Stuttgart 1998

I. Morris, Death-ritual and social structures in classical antiquity. Cambridge 1992, 42–69

C. Wells, A study of cremation. Antiquity 34, 1960, 29–37

3. Bestattungsriten

3.1 Ägyptische Riten

H. Guksch/E. Hofmann/M. Bommas (Hrsg.), Grab und Totenkult im Alten Ägypten. München 2003

C. Leitz, Von der Einbalsamierung bis zum Führer im Jenseits. Ein Überblick zu den altägyptischen Totenbüchern. In: Ägyptische Mumien. Unsterblichkeit im Land der Pharaonen. Ausst.-Kat., hrsg. vom Landesmuseum Württemberg. Mainz 2007, 166–177

3.2 Griechische Bestattungsbräuche: Prothesis und Ekphora

G. Ahlberg, Prothesis und Ekphora in the greek geometric art. Göteborg 1971

E. Reiner, Die rituelle Totenklage der Griechen. Tübingen 1938

K. W. Welwei, Heroenkult und Gefallenenehrung im antiken Griechenland. In: G. Binder/B. Effe (Hrsg.), Tod und Jenseits im Altertum. Tier 1991, 50–70

3.3 Bestattung bei den Etruskern

B. Andreae/H. Spielmann, Die Etrusker, Luxus für das Jenseits. Bilder vom Diesseits – Bilder vom Tod. Ausst.-Kat. Museum für Kunst und Gewerbe Hamburg. München 2004

J.-R. Jannot, Les reliefs archaiques de Chiusi. Rom 1984

3.4 *Collocatio, pompa funebris* und *laudatio* bei den Römern

E. Flaig, Die pompa funebris. Adlige Konkurrenz und annalistische Erinnerung in der Römischen Republik. In: Otto G. Oexle (Hrsg.), Memoria als Kultur. Göttingen 1995, 115–148

W. Kierdorf, „Funus" und „Consecratio". Zur Terminologie und Ablauf der römischen Kaiserapotheose, Chiron 16, 1986, 43–69

P. Zanker, Die Apotheose der römischen Kaiser. München 2005

3.5 Leichenspiele und Gladiatorenkämpfe

L. Malten, Leichenspiele und Totenkult. Mitt. DAI / Röm. Abt. 38–39, 1923–1924, 300–340

L. E. Roller, Funeral games in greek art, Am. Journal Arch. 85, 1981, 107–119

3.6 Postfunäre Zeremonien

C. M. Antonaccio, Archaeology of ancestors. Tomb cult and hero cult in early Greece. Lanham 1995

S. R. Braune, Convivium funebre. Gestaltung und Funktion römischer Grabtriklinien als Räume für sepulkrale Bankettfeiern. Hildesheim 2008

H. Lindsay, Eating with the dead. The roman funerary banquet. In: I. Nielsen/H. S. Nielsen (Hrsg.), Meals in a social context. Aarhus 1998, 67–80

4. Friedhöfe

4.1 Ägyptische Friedhöfe

A. Dodson/S. Ikram, The tomb in ancient Egypt. Royal and private sepulchres from the early dynastic period to the romans. London 2008

E. Hornung, Tal der Könige. Die Ruhestätte der Pharaonen. Augsburg 1995 (4. Aufl.)

M. Stammers, The elite late egyptian tombs of Memphis. Oxford 2009

4.2 Griechische Nekropolen

J. Engels, Funerum sepulcrorumque magnificentia. Begräbnis- und Grabluxusgesetze in der griechisch-römischen Welt mit einigen Ausblicken auf Einschränkungen des funeralen und sepulkralen Luxus im Mittelalter und in der Neuzeit. Hermes Einzelschr. 78. Stuttgart 1998

U. Knigge, Der Kerameikos von Athen. Führung durch Ausgrabungen und Geschichte. Athen 1988

I. Morris, Burial and ancient society. The rise of the greek city-state. Cambridge 1987

4.3 Römische Nekropolen und Gräberstraßen

I. Della Portella (Hrsg.), Via Appia. Entlang der bedeutendsten Straße der Antike. Stuttgart 2003

M. Heinzelmann, Die Nekropolen von Ostia. Untersuchungen zu den Gräberstraßen vor der Porta Romana und an der Via Laurentina. München 2000

H. v. Hesberg/P. Zanker, Römische Gräberstraßen. Selbstdarstellung – Status – Standard. Kolloquium München 1985. München 1987

V. Kockel, Die Grabbauten vor dem Herkulaner Tor in Pompeji. Mainz 1983

4.4 Sonstige Bestattungsareale

A. Anan, Die prähistorischen Bestattungen Anatoliens. München 1987

P. Calmeyer, Die Reliefs der Gräber V und VI in Persepolis. Mainz 2009

D. Graen, Sepultus in villa. Die Grabbauten römischer Villenbesitzer. Studien zu Ursprung und Entwicklung von den Anfängen bis zum Ende des 4. Jahrhunderts n. Chr. Hamburg 2008

A. Haller, Die Gräber und Grüfte von Assur. Berlin 1995 (2. Aufl.)

S. C. Humphries, Family tombs and tomb cult in Athens. Tradition or traditionalism? Journal Hellenic Stud. 100, 1980, 96–126

A. Mazarakis Ainian, From ruler's dwellings to temples. Architecture, religion and society in early iron age Greece 1100–700 BC. Jonsered 1997

L. Trümpelmann, Zwischen Persepolis und Firuzabad. Gräber, Paläste und Felsreliefs im alten Persien. Mainz 1992

D. Zakataly, L'authentique tombeau de Cyrus. Teheran 1954

A. Zifferero, Forme di possesso della terra e tumuli orientalizzanti nell'Italia central tirrenica. In: E. Herring/R. Whitehouse/J. Wilkins (Hrsg.), The archaeology of power. Papers of the 4th conference of italian archaeology, London 1990. London 1991, 107–134

5. Bestattungsformen

5.1 Einfache Grabformen: Gruben, Schacht- und Kistengräber

P. Fasold, Römischer Bestattungsbrauch in Süddeutschland. Aalen 1992

J. Fink/B. Asamer, Die römischen Katakomben. Mainz 1997

E.-J. Graham, The burial of the urban poor in Italy in the late roman republic and early empire. Oxford 2006

5.2 Urnengräber

F. Sinn, Stadtrömische Marmorurnen. Mainz 1987

5.3 Sarkophaggräber

H. Brandenburg, Der Beginn der stadtrömischen Sarkophagproduktion der Kaiserzeit. Jahrb. DAI 93, 1978, 277–327

R. Fleischer, Der Klagefrauensarkophag aus Sidon. Mainz 1983

F. Fless, Die frühkaiserzeitlichen Sarkophagbestattungen in Rom und ihre Übernahme in den westlichen und nordwestlichen Provinzen. In: P. Fasold u. a. (Hrsg.), Bestattungssitte und kulturelle Identität. Grabanlagen und Grabbeigaben der frühen römischen Kaiserzeit in Italien und den Nordwestprovinzen. Kolloquium Xanten 1995. Bonn 1998, 319–326

V. v. Graeve, Der Alexandersarkophag und seine Werkstatt. Istanbuler Forsch. 28. Berlin 1970

G. Koch, Sarkophage der römischen Kaiserzeit. Darmstadt 1993

G. Koch/H. Sichtermann, Römische Sarkophage. München 1982

M.-T. Langer-Karrenbrock, Der Lykische Sarkophag aus der Königsnekropole von Sidon. Münster 2000

M. Saleh/H. Sourouzian (Hrsg.), Die Hauptwerke im Ägyptischen Museum Kairo. Mainz 1986

A. Stylianou, Der Sarkophag aus Amathous als Beispiel kontaktinduzierten Wandels / P. Schollmeyer, Der Sarkophag aus Golgoi. Zur Grabrepräsentation eines zyprischen Stadtkönigs. Dynastensarkophage aus Byblos und Zypern 2, Mainz 2007

P. Zanker/B. Ch. Ewald, Mit Mythen leben. Die Bilderwelt der römischen Sarkophage. München 2004

6. Grabbauten

6.1 Mastabas und Pyramiden

U. Fritz, Typologie der Mastabagräber des Alten Reiches. Strukturelle Analyse eines altägyptischen Grabtyps. Achet – Schriften zur Ägyptologie. Berlin 2004

M. Lehner, Geheimnis der Pyramiden. München 1999

R. Stadelmann, Die ägyptischen Pyramiden. Vom Ziegelbau zum Weltwunder. Mainz 1997 (2. Aufl.)

6.2 Felsgräber und Hypogäen

J. Fink/B. Asamer, Die römischen Katakomben. Mainz 1997

V. Fiocchi Nicolai/F. Bisconti/D. Mazzoleni, Roms christliche Katakomben. Geschichte, Bilderwelt, Inschriften. Regensburg 2000 (2. Aufl.)

H. v. Hesberg, Römische Grabbauten. Darmstadt 1992

P. Roos, The rock-tombs of Caunus. Göteborg 1972

C. Strathmann, Grabkultur im antiken Lykien des 6. bis 4. Jahrhunderts v. Chr. Grabanlagen in ihrem baulichen und gesellschaftlichen Kontext. Frankfurt a. M. 2002

M. S. Venit, Monumental tombs of ancient Alexandria. The theatre of the dead. Cambridge 2002

T. Weber/R. Wenning (Hrsg.), Petra. Antike Felsstadt zwischen arabischer Tradition und griechischer Norm. Mainz 1997

6.3 Tumuli

H.-G. Buchholz/H. Matthäus/K. Walcher, Die Königsgräber von Tamassos. Denkmäler der Blütezeit eines antiken Stadtstaates auf der Insel Zypern. Nürnberger Bl. Arch. 19, 2003, 8–26

M. Demus Quartember, Etruskische Grabarchitektur. Typologie und Ursprungsfragen. Baden-Baden 1958

W. Ebel, Die römischen Grabhügel des ersten Jahrhunderts im Treverergebiet. Marburg 1989

B. Gossel, Makedonische Kammergräber. Berlin 1980

G. M. A. Hanfmann (Hrsg.), Sardis from prehistoric to roman times. Results of the archaeological explorations of Sardis 1958–1975. Cambridge 1983

V. Karageorgis, Excavations in the necropolis of Salamis. Bd. 1–7. Nikosia 1967–1978

L. Kealkofer (Hrsg.), The archaeology of Midas and the Phrygians. Recent work at Gordion. Philadelphia 2005

A. Naso, I tumuli in Etruria meridionale: caratteri propri e possibili ascendenze oriental. In: L. Aigner Foresti (Hrsg.), Die Etrusker und Europa. Archäologische Untersuchungen zu den Beziehungen zwischen Altitalien und der Zone nordwärts der Alpen während der frühen Eisenzeit Alteuropas. Kolloquium Regensburg 1994. Regensburg 1998, 117–158

M. Schwarz, Tumulat Italia tellus. Gestaltung, Chronologie und Bedeutung der römischen Rundgräber in Italien. Rahden/Westf. 2002

B. Zapicchi, Die Nekropolen der Banditaccia in Cerveteri. Santa Severa 1996

6.4 Mausoleen und Tempelgräber

J. Fedak, Monumental tombs of the hellenistic age. A study of selected tombs from the preclassical to the early imperial era. Toronto 1990

H. Gabelmann, Römische Grabbauten der frühen Kaiserzeit. Stuttgart 1979

K. Jeppesen, The superstructure. A comparative analysis of the architectural, sculptural, and literary evidence. The Maussolleion at Halikarnassos 5. Aarhus 2002

I. Kader, Heroa und Memorialbauten. In: M. Wörrle/ P. Zanker (Hrsg.), Stadtbild und Bürgerbild im Hellenismus. Kolloquium München 1992. München 1995, 199–229

H. Kovacsovics, Römische Grabdenkmäler. Waldsassen 1983

C. Praschniker, Das Mausoleum von Belevi. Wien 1979

6.5 Kenotaphe und Ehrengräber

A. Adriani, La tomba di Alessandro. Realtà, ipotesi e fantasie. Rom 2000

H. Schörner, Sepulturae graecae intra urbem. Untersuchungen zum Phänomen der intraurbanen Bestattungen bei den Griechen. Münster 2007

R. Stupperich, Staatsbegräbnis und Privatgrabmal im klassischen Athen. Münster 1977

H. Thiersch, Die alexandrinische Königsnekropole. Jahrb. DAI 25, 1910, 55–97

M. S. Venit, Monumental tombs of ancient Alexandria. The theater of the dead. Cambridge 2002

G. Wesch-Klein, Funus publicum. Eine Studie zur öffentlichen Beisetzung und Gewährung von Ehrengräbern in Rom und den Westprovinzen. Stuttgart 1993

6.6 Grabbauten der römischen Kaiser

J. Arce, Funus Imperatorum. Los funerales de los imperadores romanos. Madrid 1988

P. J. E. Davies, Death and the emperor. Roman imperial funerary monuments from Augustus to Marcus Aurelius. Cambridge 2000

St. Elbern/K. Vogt, Wo liegt eigentlich Caesar begraben? Grabstätten historischer Persönlichkeiten. Lexikon. Bd. 1: Alter Orient – Klassisches Altertum. Norderstedt 2006

D. Graen, Das Mausoleum von Tor de' Schiavi in Rom. Ein kaiserlicher Grabbau an der Schwelle zum Christentum. Boreas 30/31, 2007/08, 141–168

G. Waurick, Untersuchungen zur Lage der Kaisergräber in der Zeit von Augustus bis Constantin. Jahrb. RGZM 20, 1973, 107–146

7. Grabmonumente

7.1 Grabvasen

J. Geroulanos, Grabsitten des ausgehenden geometrischen Stils. Athener Mitt. 88, 1973, 1–54

R. Hampe, Ein frühattischer Grabfund. Mainz/Bonn 1960

H. Lohmann, Grabmäler auf unteritalischen Vasen. Berlin 1979

J. H. Oakley, Picturing death in classical Athens. The evidence of the white Lekythoi. Cambridge 2004

K. Schauenburg, Studien zur Grabsymbolik apulischer Vasen. Jahrb. DAI 104, 1989, 19–60

W. Schmaltz, Untersuchungen zu den attischen Marmorlekythen. Berlin 1970

M. Schmidt/A. D. Trendall/A. Cambitoglou, Eine Gruppe apulischer Grabvasen in Basel. Studien zu Gehalt und Form der unteritalischen Sepulkralkunst. Basel 1976

7.2 Grabskulpturen

H. Beck/P. C. Bol/M. Bückling (Hrsg.), Ägypten – Griechenland – Rom. Abwehr und Berührung. Ausst.-Kat. Städelsches Kunstinstitut und Städtische Galerie Frankfurt 2005–2006. Frankfurt 2005

Ch. Karusos, Aristodikos. Zur Geschichte der spätarchaisch-attischen Plastik und der Grabstatue. Stuttgart 1961

G. Koch/K. Wright, Roman funerary sculpture. A catalogue of the collections. The J. Paul Getty Museum. Malibu 1988

W. Martini, Die archaische Plastik der Griechen. Darmstadt 1990

G. M. A. Richter, Kouroi. Archaic greek youths. London 1960

Dies., Korai. Archaic greek maidens. London 1968

7.3 Grabreliefs

J. Bergemann, Demos und Thanatos. Untersuchungen zum Wertsystem der Polis im Spiegel der attischen Grabreliefs des 4. Jahrhunderts v. Chr. und zur Funktion der gleichzeitigen Grabbauten. München 1997

R. Bol/D. Kreikenbom (Hrsg.), Sepulkral- und Votivdenkmäler östlicher Mittelmeergebiete (7. Jh. v. Chr. – 1. Jh. n. Chr.). Kulturbegegnungen im Spannungsfeld von Akzeptanz und Resistenz. Paderborn 2005

C. W. Clairmont, Classical attic tombstones. Kilchberg 1993

R. Drenkhahn, Ägyptische Reliefs im Kestner-Museum Hannover. Hannover 1989

J. Fabricius, Die hellenistischen Totenmahlreliefs. Grabrepräsentation und Wertvorstellungen in ostgriechischen Städten. München 1999

V. Kockel, Porträtreliefs stadtrömischer Grabbauten. Mainz 1993

H. Pflug, Römische Porträtstelen in Oberitalien. Mainz 1989

G. M. A. Richter, Archaic attic gravestones. Cambridge 1944

B. Schmaltz, Griechische Grabreliefs. Darmstadt 1993 (2. Aufl.)

St. Schmidt, Hellenistische Grabreliefs. Typologische und chronologische Beobachtungen. Köln/Wien 1991

7.4 Grabaltäre

W. Altmann, Die römischen Grabaltäre der Kaiserzeit. Berlin 1906

D. Boschung, Antike Grabaltäre aus den Nekropolen Roms. Bern 1987

D. Dexheimer, Oberitalische Grabaltäre. Ein Beitrag zur Sepulkralkunst der römischen Kaiserzeit. Oxford 1998

7.5 Grabinschriften

J. Assmann, Altägyptische Totenliturgien. Bd. 1: Totenliturgien in den Sargtexten des Mittleren Reiches. Heidelberg 2002

L. Brink, Commemorating the dead. Texts and artifacts in context. Studies of roman, jewish and christian burials. Berlin 2008

A. Champdor, Das ägyptische Totenbuch. Freiburg i. Br. 1993

C. W. Clairmont, Gravestone and epigram. Greek memorials from the archaic and classical period. Mainz 1970

W. Eck, Römische Grabinschriften. Aussageabsicht und Aussagefähigkeit im funerären Kontext. In: H. v. Hesberg/P. Zanker (Hrsg.), Römische Gräberstraßen. Selbstdarstellung – Status – Standard. Kolloquium München 1985. München 1987, 61–83

M. Erasmo, Reading death in ancient Rome. Columbus/OH 2008

S. Grallert, Die Fugeninschriften auf Särgen des Mittleren Reiches. Stud. Altägypt. Kultur 23, 1996, 147–165

E. Hornung, Altägyptische Jenseitsbücher. Darmstadt 1997

A. Kolb/J. Fugmann, Tod in Rom. Grabinschriften als Spiegel römischen Lebens. Mainz 2008

M. Müller-Roth, Das Buch vom Tage. Orbis Biblicus et Orientalis 236. Göttingen 2008

A. J. Spencer, Death in ancient Egypt. London 1991

7.6 Sonstige Grabmonumente

M. Blumhofer, Etruskische Cippi. Untersuchungen am Beispiel von Cerveteri. Köln 1993

J. N. Bonneville, Les cupae de Barcelona. Les origines du type monumental. Mélanges de la Casa de Velázquez 17, 1981, 1–83

8. Todesursachen

8.1 Krankheiten und andere Todesursachen

V. M. Hope/E. Marshal (Hrsg.), Death and disease in the ancient city. London/New York 2000

R. P. J. Jackson, Doctors and diseases in the Roman Empire. London 1988

J.-U. Krause, Kriminalgeschichte der Antike. München 2004

W. Westendorf, Das Erwachen der Heilkunst. Die Medizin im alten Ägypten. Zürich 1992

8.2 Heilkunst und Medizin

H. Achner, Ärzte in der Antike. Mainz 2009

H. Froschauer/C. Römer (Hrsg.), Zwischen Magie und Wissenschaft. Ärzte und Heilkunst in den Papyri aus Ägypten. Nilus. Stud. Kultur Ägyptens u. Vorderen Orients 13. Wien 2009

S. Geroulanos/R. Bridler, Trauma. Wund-Entstehung und Wund-Pflege im antiken Griechenland. Mainz 1994

A. Krug, Heilkunst und Heilkult. Medizin in der Antike. München 1993 (2. Aufl.)

F. Kudlien, Der griechische Arzt im Zeitalter des Hellenismus. Wiesbaden 1979

E. Künzl, Medizin in der Antike. Stuttgart 2002

K.-H. Leven (Hrsg.), Antike Medizin. Ein Lexikon. München 2005

C. Rätsch, Heilkräuter der Antike in Ägypten, Griechenland und Rom. Mythologie und Anwendung einst und heute. München 1995

R. Scholl, Der Papyrus Ebers. Die größte Buchrolle zur Heilkunde Ägyptens. Leipzig 2002

C. Schulze, Die pharmazeutische Fachliteratur in der Antike. Eine Einführung. Göttingen 2002

H. Zotter, Antike Medizin. Graz 1980

Register

A

B

C

D

E

F

G

H

N

O

P

Q

R

Bildnachweis

1, 2, 5, 46, 47, 48, 64, 72, 92: picture-alliance / akg-images / Erich Lessing; 3: picture-alliance / akg-images / Andrea Baguzzi; 4, 31: Antikensammlung der Friedrich-Schiller-Universität Jena / Dennis Graen; 6: Schwanke, D-DAI-Rom 1981.4279; 7: Umzeichnung Dennis Graen, nach: A. M. Pfiffig, Religio etrusca. Graz 1975, 173 Abb. 68; 8: Schwanke, D-DAI-Rom 1985.565; 9: Archäologisches Museum Frankfurt am Main; 10, 21, 22, 42, 81, 100, 106: picture-alliance / akg-images; 11: aus: D. C. Kurtz/J. Boardman, Thanatos. Tod und Jenseits bei den Griechen. Mainz 1985, 57 Abb. 6a; 12: aus: A. Eggebrecht (Hrsg.), Suche nach Unsterblichkeit. Totenkult und Jenseitsglaube im Alten Ägypten. Ausst.-Kat. Roemer- und Pelizaeus-Museum Hildesheim. Mainz 1990, 6 Abb. 1; 13: picture-alliance / akg-images / James Morris; 14, 34, 37: The Trustees of the British Museum; 15: picture-alliance / akg-images / Nimatallah; 16: Archäologisches Nationalmuseum, Athen. © Griechisches Ministerium für Kultur und Tourismus / Archäologische Staatsfonds; 17, 33, 51: bpk / Antikensammlung SMB / Johannes Laurentius; 18, 19, 80, 104: picture-alliance / akg-images / De Agostini Pict. Lib.; 20: Akademisches Münzkabinett der Friedrich-Schiller-Universität Jena / Torsten Kleinschmidt; 23: aus: F. Coarelli, Rom. Ein archäologischer Führer. Mainz 2000, 351; 24: aus: H. v. Hesberg/P. Zanker, Römische Gräberstraßen. Selbstdarstellung – Status – Standard. Kolloquium München 1985. München 1987, Taf. 3b (Ausschnitt); 25, 70, 78, 101: Dennis Graen, Jena; 26: picture-alliance / akg-images / Andrea Jemolo; 27: picture-alliance / akg-images / Bildarchiv Steffens; 28: aus: P. Schazmann, Das Charmyleion. Jahrb. DAI 49, 1934, 117 Abb. 5; 29: Klaus Kammerer, Bremen; 30: picture-alliance / akg-images / Bildarchiv Monheim; 32: Rossa, D-DAI-Rom 1976.0427; 35, 38, 39, 40, 103: Roemer- und Pelizaeus-Museum Hildesheim, Foto: Sh. Shalchi; 36: aus: A. Wieczorek/M. Tellenbach/ W. Rosendahl (Hrsg.), Mumien. Der Traum vom ewigen Leben. Ausst.-Kat. Reiss-Engelhorn-Museen Mannheim. Mainz 2007, 76 Abb. 6; 41: Papyrussammlung der Friedrich-Schiller-Universität Jena / Dennis Graen; 43: aus: A. Stylianou, Der Sarkophag aus Amathous als Beispiel kontaktinduzierten Wandels / P. Schollmeyer, Der Sarkophag aus Golgoi. Zur Grabrepräsentation eines zyprischen Stadtkönigs. Dynastensarkophage aus Byblos und Zypern 2, Mainz 2007, Taf. 4 oben; 44: aus: A. Stylianou, Der Sarkophag aus Amathous als Beispiel kontaktinduzierten Wandels / P. Schollmeyer, Der Sarkophag aus Golgoi. Zur Grabrepräsentation eines zyprischen Stadtkönigs. Dynastensarkophage aus Byblos und Zypern 2, Mainz 2007, Taf. 2; 45: aus: A. Stylianou, Der Sarkophag aus Amathous als Beispiel kontaktinduzierten Wandels / P. Schollmeyer, Der Sarkophag aus Golgoi. Zur Grabrepräsentation eines zyprischen Stadtkönigs. Dynastensarkophage aus Byblos und Zypern 2, Mainz 2007, Taf. 45; 49: picture-alliance / Rainer Hackenberg; 50: Rossa, D-DAI-Rom 1976.2879; 52: Rossa, D-DAI-Rom 1976.0750; 53: Felbermeyer, D-DAI-Rom 1961.1418; 54: Schwanke, D-DAI-Rom 1980.1655; 55: Guntram Koch, Marburg; 56: Singer, D-DAI-Rom 1972.0709; 57: picture-alliance / maxppp; 58: Sabine Kubisch, Heidelberg; 59: picture-alliance / Arved Gintenreiter; 60: picture alliance / WaterFrame; 61: aus: R. Stadelmann, Die ägyptischen Pyramiden. Vom Ziegelbau zum Weltwunder. Mainz 1997 (2. Aufl.), 106 Abb. 29; 62: picture-alliance / Colin Jones / Impact Photos; 63: Wikimedia Commons / Jimmy Renzi; 65: aus: A. Dodson/S. Ikram, The tomb in ancient Egypt. Royal and private sepulchres from the early dynastic period to the romans. London 2008, 245 Abb. 277; 66, 73, 85: Melanie Ippach, Stuttgart; 67: Susan Schütz, Jena; 68: picture-alliance / akg-images / Marco Rabatti – Serge Domingie; 69: The Art Archive / Alamy / Gianni Dagli Orti; 71, 75, 77, 84, 97: Fotosammlung der Friedrich-Schiller-Universität Jena / Lehrstuhl für Klassische Archäologie; 74: Chris Hellier / CORBIS; 76: Wikimedia Commons / Yellès Arif; 79, 105: Mareike Rind, Jena; 82: picture-alliance / Burkhard Juettner / vintage.de; 83: aus: H. v. Hesberg/S. Panciera, Das Mausoleum des Augustus. Der Bau und seine Inschriften. Abhandl. Bayer. Akad. Wiss. Phil.-Hist. Klasse N. F., Heft 108. München 1994, 196 Abb. 49 (Zeichnung: I. Boll, nach Angaben von H. v. Hesberg); 86: picture-alliance / Prismaarchivo; 87: Fotosammlung der Friedrich-Schiller-Universität Jena / Lehrstuhl für Klassische Archäologie (Repro nach E. Hébrard/J. Zeiller, Le palais de Dioclétien. Paris 1912); 88: aus: H. Brandenburg, Die frühchristlichen Kirchen in Rom vom 4. bis 7. Jahrhundert. Der Beginn der abendländischen Kirchenbaukunst. Regensburg 2004, 265 Abb. 1 (Entwurf: H. Brandenburg, Zeichnung: M. Bordicchia); 89: Wikimedia Commons / Francesco Gasparetti; 90: Rijksmuseum van Oudheden / National Museum of Antiquities, Leiden; 91, 107: Antikenmuseum Basel und Sammlung Ludwig, Inv. S 25 und BS 236, Foto: Andreas F. Voegelin; 93: nach: Archaiologica Analekta ex Athenon 5, 1972, 300 Abb. 4; 94, 108: picture-alliance / akg-images / Werner Forman; 95: aus: G. M. A. Richter, Archaic Gravestones of Attica. Bedminster 1988 (2. Aufl.), 99; 96: Wikimedia Commons / Filos96; 98: picture-alliance / akg-images / John Hios; 99: Deutsches Archäologisches Institut Istanbul, Foto: Mendel, um 1900, KB 30.933; 102: www.arachne.uni-koeln.de, Mal148-02-13423,01